감성휴먼케어론

신은숙 · 조경미 · 한효상

보문각

저자소개

신은숙

· 현재 중부대학교 보건행정학과 교수
· 충남대학교 일반대학원 보건학박사
· 알기쉽게 설명한 건강보험 청구실무 이론, 고문사(2014)
· 소규모 제조업 사업장 남성 근로자의 수면의 질 및 관련요인, 한국산학기술학회(2014)
· 건강검진 자료에 의한 일반 성인의 생활습관과 혈청지질치와의 관련성, 한국산학기술학회(2014)

조경미

· 현재 중부대학교 노인복지학과 교수
· 공주대학교 사회복지학박사
· 소년원퇴원생의 재사회화 과정, 공주대학교 박사학위논문(2010)
· 제3기 대전광역시 중구 지역사회복지계획 수립(2015-2018)

한효상

· 현재 중부대학교 보건행정학과 교수
· 경원대학교 일반대학원 한의학박사
· 멀티케어학개론, 보문각(2015)
· 알기쉬운 해부생리학, 의학서원(2014)
· 적정진료보장, 고문사(2013)

감성휴먼케어론

초판발행 2015년 12월 18일
초판인쇄 2015년 12월 16일

지은이 신은숙, 조경미, 한효상
펴낸이 이호동
발행처 보문각
블로그 http://blog.naver.com/bomungak
e-mail bomungak@naver.com
주소 서울시 서초구 바우뫼로7길 8 세신우면상가 707호
등록번호 302-2003-00085
전화 02)468-0457
팩스 02)468-0458

값 23,000원

ISBN 978-89-6220-276-2 93510

머리말

노약자, 조손 가정, 한부모 가정 아동, 다문화가정, 장애우 등 취약계층은 특히 감정적으로 불안할 테지만, 이제 감정, 감성은 사회적 차원에서 다뤄야 할 만큼 중요한 문제가 됐다.

최근 잇단 사회적 이슈로 기존 '갑-을' 관계가 재조명되며, '감정노동'이 사회적으로 중요하게 논의되고 있으며, 이런 '감정 노동'에 대한 인식이 확산됨에 따라, 기업들도 인식을 전환해 이를 케어(care)하는 프로그램을 내놓고 있다.

사회적 취약계층의 경우, 자살의 위험에 노출될 가능이 클 뿐만 아니라 정신적 문제를 방치할 시에는 사회의 부담이 크게 늘어날 수 있다. 장기적 미취업, 실직 등 정상적인 사회적 역할 상실이나 상대적 박탈감으로 인해 매사에 비판적이거나 비관적인 태도를 지니게 됨에 따라 작게는 가정의 불행, 크게는 반사회적 집단 형성으로까지 이어져 사회 생산성마저 저해하는 결과를 초래한다.

사회적 감성휴먼케어는 개인 및 집단이 갖고 있는 이런 정신적 · 심리적 문제를 고치는(repair)는 것이 아닌, 돌보고(care) 치유하는(healing) 일련의 프로그램이다. 감성치유 및 보건교육을 통해 감정노동 및 감정적 사회활동의 피로감을 완화함으로써 개인과 집단이'감성 '노동, '감성적' 사회활동으로 전환해 건강한 가정, 행복한 직장생활이 되도록 돕는 것을 말한다.

감성휴먼케어 프로그램은, 전문가를 통한 상담 및 심리 힐링 프로그램 운영, 현 근무여건 모니터링을 통해 해당 기업체에 개선 프로그램 제시 등 감정노동자의 상처를 치유하고, 근무여건 개선에 대한 대안을 제시해 인간의 자기 존중감을 회복시키는 데 목적이 있다.

이 교재는 총 3편으로 구성되어 있다. 서설 감성휴먼케어에 대한 이해에서는 감성휴먼케어(Emotional Human Care; E-HC)에 대한 개념 및 대상자에 대해서 소개하였다.

제1편 자신에 대한 이해에서는 감성휴먼케어를 하고 타인을 이해하기 이전에 자신에 대한 이해 단계를 거쳐야 하는데 이에 필요한 자기성찰(의사소통, 갈등관리, 자기

관리 등)에 대해 서술하였다.

제2편 생애주기별 감성휴먼케어에서는 환자 및 에릭슨(Erik Homburger Erikson)의 심리사회적 성격이론에서 다루었던 유아기에서 노인기까지 일생에 걸친 생활주기(아동기, 청소년기, 청년기, 중년기, 노년기) 속에서 감성휴먼케어적 접근방법에 대해 서술하였다.

제3편 치유방법에서는 감성휴먼케어의 체험으로 신체적 · 정신적 · 사회적 · 문화적 측면에서 접근할 수 있는 치유방법에 대해서 서술하였다.

이 책을 서술할 수 있도록 물심양면으로 도와주신 홍승용 총장님과 이정열 부총장님께 진심으로 감사드리며, 또한 보문각 이호동 사장님과 편집진 여러분에게도 심심한 감사를 드린다.

2015년 11월

중부대학교 멀티케어사업단 저자일동

Contents

Contents

제3편 치유방법

〈서설(序說)〉

감성휴먼케어(Emotional Human Care: E-HC)란?

사회의 흐름이 제조업에서 서비스 산업으로, 단순 제품서비스에서 복잡한 감성서비스 영역으로 점차 확대·전환되고 있는 시대에 살고 있다. 이와 함께 산업의 확대에 따라 감정노동도 크게 증가하고 있다.

감정으로 노동이 이루어지고 있다는 시각은 호흐실드(Hochs child)에 의해 처음 제기되었다. 호흐실드는 감정노동을 '외적으로 관찰 가능한 표정과 몸짓을 표현하기 위한 느낌의 관리'로 정의하였다. 또 '개인이 효과적인 직무수행 또는 조직 내 적응을 위하여 자신이 경험하는 실제 감정 상태와 조직의 감정 표현 규범에 의해 요구되는 감정 표현에 차이가 존재할 때, 자신이 경험하는 감정을 조절하려고 하는 개인적인 노력' 이라고 정의하였다.

감정노동을 구성하는 요소로 감정 표현의 빈도, 표현되는 감정의 다양성, 바람직한 감정 표현에 요구되는 주의의 정도, 감정적 부조화 네 가지로 분류할 수 있다.

첫째, 감정의 빈도이다. 서비스 제공자와 수여자 간의 감정적 상호 작용의 빈도이다. 빈도가 높을수록 서비스 제공자에게 더 많은 주의를 요한다.

둘째, 표현되는 감정의 다양성이다. 상황에 맞추어 감정을 자주 바꾸어야 하는 서비스 제공자의 경우 적극적인 계획 수립과 스스로의 행동에 대한 의식적인 관찰이 더 많이 필요하다.

셋째, 바람직한 감정 표현에 요구되는 주의의 정도이다. 주의의 정도가 클수록 서비스 제공자에게 더 많은 정신적인 에너지와 신체적인 노력이 요구된다.

넷째, 감정적 부조화이다. 감정적 부조화는 서비스 제공자가 실제 느끼는 감정과 조직에서 요구하는 기대감정(또는 감정 표현 규범)이 충돌할 때 경험하게 된다. 감정적 부조화는 역할 갈등으로 인한 역할 스트레스의 한 유형으로, 감정노동을 수행하는 사람의 실제 감정과 조직의 감정 표현 규범에 부합되는 감정 표현·행동이 서로 상충될 때 발생한다.

서비스 분야에 종사하는 근로자가 고객에게 서비스를 제공하는 과정에서 감정노동이 수행된다. 감정노동은 근로자가 감정 상태와 감정적인 표현을 조절하고 통제하는 것으로, 고객과 직접적으로 접촉하는 최종 소비 서비스산업에서 주로 요구되는 노동형태이다.

따라서 근로자의 감정 관리가 업무상 하나의 중요한 요소가 되어 업무 성과의 대부분을 결정하는 호텔 종사자, 콜센터 상담원, 판매원 등 대인 접촉이 많은 직무를 감정노동이라 볼 수 있다.

감정노동은 근로자들의 건강에 부정적인 영향을 미치고, 근로자들의 감정을 억제함으로써 실제 감정으로부터 소외시켜 스트레스, 직무불만족, 우울감 등 심리적 안녕에 좋지 못한 결과를 가져올 뿐만 아니라 육체적인 피로로 인해 불쾌감, 짜증, 분노 등의 감정적인 반응을 일으킨다고 많은 연구들에서 보고되고 있다.

감정노동자들의 고충이 사회적 문제로 빠르게 확산되고 있지만, 현행 법령에는 이들을 보호하기 위한 제도적 방안이 마련되어 있지 않은 상황이다.

감성휴먼케어 프로그램은 전문가를 통한 상담 및 심리 힐링 프로그램 운영, 현 근무여건 모니터링을 통해 해당 기업체에 개선 프로그램 제시 등 감정노동자의 상처를 치유하고, 근무여건 개선에 대한 대안을 제시해 인간의 자기 존중감을 회복시키는 데 목적이 있다.

제1편

자신에 대한 이해

제1장 자신감

제1절 자신을 돌아보라.

1. 스스로에게 긍정적인 말을 하라.

"갈채를 보내는 사람이 없다 하더라도 스스로를 격려하라."

이는 어느 유명 인사의 말이다.

현대를 살아가는 많은 사람은 일에 대한 스트레스, 감정의 불균형, 재정적 어려움 등으로 인해 힘겨워하고 한탄을 한다. 하지만 그들은 근본적인 자신의 내면을 돌아보기보다는 외적으로 보이는 조건들을 바꾸기 위한 노력에 치중할 뿐이다. 그것은 많은 사람이 내적인 '나'를 돌아볼 여유 없이 긴박함 속에서만 살아가기 때문이다.

즐겁고 행복한 삶은 누군가가 만들어 주는 것이 아니라 우리 스스로 만들어 가는 것이다. 나쁜 생각을 하면 불행해지고 긍정적인 생각을 하면 매사가 잘 풀리는 것처럼, 스스로에게 끊임없이 긍정적인 말을 되뇌면서 사고의 방향을 바꾸는 것이 중요하다. 예를 들어, 나는 할 줄 아는 것이 하나도 없다고 투덜댈 게 아니라, 나는 매우 용감하고 자신감에 차 있으며 무슨 일이든 할 수 있다고 격려할 줄 알아야 한다.

스스로에게 자신감을 불어넣는 비결을 본인만큼 잘 아는 사람은 없다. 내가 어떤 말을 듣고 싶어 하는지, 내가 무엇을 잘할 수 있는지, 내가 무엇을 원하는지에 귀를 기울여 생각을 밝고 긍정적으로 전환하는 것이 중요하다.

불가능하다는 생각보다는 할 수 있다는 자신감을 갖고 늘 적극적으로 행동한다면 마음이 더욱 여유로워지고, 세상을 보는 시야 또한 넓어질 것이며, 건강한 정신에서 우러나온 건강한 신체로 인해 유쾌하고 긍정적인 삶을 맞이하게 될 것이다.

2. 자신에게 관대하라.

휘트니 휴스턴의 노래 가사 중 이런 대목이 있다.

"자신을 열렬히 사랑하는 것은 세상에서 가장 위대한 사랑을 배우는 길이다."

자기 자신을 사랑하기 위한 가장 기본적인 자세는 스스로에게 관대해지는 것이다. 그러나 자신에게 관대해지는 것은 말처럼 쉽지만은 않다. 세상에 결점 없는 사람은 없듯이, 하룻밤 사이에 스스로가 완전무결한 사람으로 변하기를 바라는 욕심을 버려야 한다. 자신에 대한 욕심을 버리는 것, 이것이 바로 스스로에게 관대해지기 위한 첫 번째이다.

인간이라면 누구나 실수를 한다. '단점'이 없다면 '장점'이란 말은 생겨나지 않았을 것이다. 아무리 실수투성이일지라도 자신을 책망하고 자책하거나 포기하는 대신 따듯한 시선으로 바라볼 줄 알아야 한다.

당신이 했던 지난날의 어리석은 실수들을 호탕하게 웃어넘겨라. 자신에게 관대하다는 것은 자신이 어떤 잘못을 저질렀을 때 너그럽게 용서할 줄 안다는 것과 같다.

아직 일어나지 않은 미래의 일에 대해 미리부터 걱정 할 필요는 없다. 실패했다면 그 경험으로부터 교훈을 얻고, 그것을 거울삼아 같은 실수를 반복하지 않으면 된다. '실패는 성공의 어머니'라는 말도 있듯이 자신의 실수를 미래의 성공을 위한 거름으로 여겨 관대하게 바라 볼 줄 아는 습관이 필요하다. '나'를 '내'가 사랑하지 않는다면 어느 누구에게서도 사랑받을 수 없다. 거만하지 않을 정도의 적당한 자신감, 이기적이지 않을 정도의 적당한 자기 사랑, 그리 쉽지 않은 세상을 무사히 살아 나가고 있는 당신은 충분히 사랑받을 자격이 있다.

스스로를 사랑하고 자신에게 관대하라. 자기를 사랑할 줄 아는 사람이 다른 사람도 사랑할 수 있다. 자기에게 관대하고 자기를 용서할 줄 아는 사람이 다른 사람에게도 관용을 베풀 수 있다. 과거의 잘못에 묶여 죄의식에 사로잡힌 채 사는 것만큼 어리석은 일은 없다. 지금 당장 거울을 보고 자신과 사랑에 빠져라. 자신의 아픈 곳을 스스로 어루만져 주어라. '그럭저럭 살만한 세상'은 어느새 '살맛나는 세상'이 되어 있을 것이다.

3. 눈 깜작할 사이에 운명이 결정된다.

다른 사람이 무언가 베풀어 주기만을 기다리고 있는가? 그렇다면 당신은 쓸데없는 의존도만 기르고 있는 셈이다. 이는 자신의 운명을 다른 사람의 손에 맡기는 것과 같다. 이처럼 누군가에게 의존하는 습성이 있는 사람들에게 생존의 위가가 닥치면 어떻게 대응할까?

다른 사람이 베풀어 주지 않는다면 이들은 아무것도 얻을 수 없을 것이다. 이런 종류의 사람들은 어려움에 직면하면 자신의 운명을 다른 사람의 손에 맡기고 갈팡질팡하기 일쑤이다.

굶주림에 허덕이던 두 사람이 한 노인에게서 낚싯대 하나와 광주리 안에 담겨 있는 크고 신선한 생선을 얻었다. 한 사람은 생선이 담겨있는 광주리를, 다른 한 사람은 낚싯대를 갖고 각각 제 갈 길을 가게 되었다. 생선을 얻은 사람은 즉시 땔감을 이용하여 모닥불을 지피고 생선을 구운 후 허겁지겁 먹어 치웠다. 그리고 얼마 지나지 않아 그는 빈 생선 광주리 옆에서 굶어 죽었다.

낚싯대를 가져간 또 다른 사람은 낚싯대를 짊어지고 끊임없이 걷기만 할 뿐, 굶주림을 묵묵히 참았다. 겨우 바닷가에 도착한 그는 마지막 온 힘을 다해 바다로 낚싯대를 던졌다. 그러나 광주리를 가져갔던 남자보다 삶을 조금 더 연장했을 뿐, 그 역시 바닷가에서 죽음을 맞이했다.

일하지 않고 생선을 먹어 치운 사람도 곧 죽었지만, 먹지 않고 일만 한 사람 또한 오래 살지 못했다. 이 이야기는 스스로의 삶을 영위하기 위해서는 적절한 시간 안에 자신이 해야 할 일을 터득해 나가는 지혜가 필요함을 강조한다. 그것은 다른 누군가가 가르쳐 주는 것도 아니고, 오로지 자신이 해결해야 할 문제이다. 다른 사람에게 거저 받은 것에만 익숙한 사람은 자신 앞에 주어진 훌륭한 재료를 가지고도 삶을 개척해 나가지 못한다. 최악의 경우 그 재료들을 발견하지도 못한다.

지혜로운 사고나 행동하고자 하는 의지가 없다면 다른 사람의 도움도 하등 소용이 없다. 인간이 지닌 최고의 무기는 두뇌, 정신, 그리고 수행할 수 있는 손과 발이다. 이와 같은 것들은 모든 인간에게 기본적으로 부여되는 것으로서 누가, 얼마나 많은 이것들을 사용하고 발휘하느냐가 관건인 것이다.

4. 자신을 통제할 줄 알아야 한다.

마음속에 자신만의 규칙과 확고한 신념이 있는 사람들은 어떤 일을 해도 결코 쉽게 실패하는 법이 없다. 하지만 성공한 인생을 살기 위해서는 자기 자신을 통제하는 법 또한 알아야 한다. 즉, 스스로에 대한 철저한 관리가 그만큼 중요한 것이다.

현대사회의 경쟁은 날로 치열해지고 있으며, 성공한 사람들은 하나같이 자신들의 성공 비결이 '내일 할 일을 오늘 하는 습관에 있다'고 말한다. 그렇다면 어떻게 해야 자기 관리를 철저히 하고, 내일 할 일을 오늘 할 수 있을까?

첫째, 내일 해야 할 일과 관련된 사전 준비를 한다. 책상 위에 CD와 문서가 질서 정연하게 준비되어 있어야만 짧은 시간 안에 원하는 정보를 찾을 수 있다. 이런 상황이 갖춰지면 필요한 물건을 쉽게 찾을 수 있고, 속도를 늦추거나 일을 중단 할 필요가 없다.

둘째, 메모지는 정해진 위치에 놓아두고 날짜별로 기록하여 필요할 때마다 신속히 찾을 수 있도록 한다.

셋째, 해야 할 일의 순서를 반드시 숙지한다. 'To Do List'처럼 합리적인 순서로 체계화해 놓는다면 원하는 것을 바로 얻을 수 있다. 만약 이런 준비가 되어 있지 않다면 지금 당장 계획을 세워야 한다.

넷째, 충분한 수면과 올바른 식습관으로 건강한 신체를 유지하기 위해 노력한다. 세워 놓은 계획이 아무리 많다 하더라도 몸이 건강하지 못하면 무용지물이 되고 만다. 체력 관리는 자기 통제의 기본이다.

다섯째, 시간을 활용한다. 언제, 어디서 도움이 필요한지 빨리 판단할 수 있는 사람만이 적시에 계획적이고 합리적으로 일을 마무리 할 수 있다.

여섯째, 당신이 누군가로부터 도움이 필요할 때 주변 사람들이 자발적으로 도와줄 수 있도록 평소 동료들과 좋은 관계를 유지한다. 이를 위해서는 상급자나 고객과의 관계에서 그들이 요청한 일은 일관되게 잘 처리해야 한다. 그렇게 그들과의 신뢰를 쌓아간다면 만약 당신이 어쩔 수 없는 상황으로 인해 그들에게 "아니요!"라고 말하더라고 충분히 이해받을 수 있을 것이다.

일곱째, 먼저 하루의 계획을 세워라. 일어날 수 있는 문제에 대해 미리 생각하고 대비하면 그 일에 따른 신속한 조치가 가능해진다. 이렇게 행동해야만 내일 해야 할 일을 오늘 마무리할 수 있다.

여덟째, 문제를 해결하는 것을 즐겨라. 문제가 발생했을 때 공황 상태에 빠져 불안해하지 말고 최악의 상황에 빠지지 않도록 조치를 취하라. 당신이 최우선으로 생각해야 할 것은 '왜 이런 문제가 발생했고, 지금 당장 할 수 있는 일은 무엇이며, 훗날 같은 문제가 되풀이되지 않도록 어떻게 해야 하는가'이다. 미래에 대한 철저한 준비는 당신이 감정을 안정적으로 유지할 수 있게 도와줄 것이다.

5. 독선적인 마음을 버려라.

『홀로 너무나 뛰어나고 향기로운 꽃은 숲으로 보내기 어렵다.』

위 시조에 나타난 '홀로', '너무나 뛰어나고'는 배타적임을 상징한다. 사실 누군가의 인격이 배타적이거나 이기적이라고 해서 큰 문제가 되지는 않는다. 하지만 독선적인 이기심을 버려야 한다. 인간은 혼자서가 아닌 많은 사람과 무수한 관계를 맺고 살아갈 수밖에 없는 사회적 동물이기 때문이다. 사회적인 인간관계에서 독선은 금물이다.

설사 어떤 사람이 배타적이고 이기적이라고 할지라도 자아를 실현하기 위해 끊임없이 노력한다면 그는 자신감이 충만한 사람이다. 자신감에 차 있는 사람은 좀처럼 부정적인 생각을 하지 않는다. 부정적인 생각을 하지 않는 사람은 어리석은 일도 하지 않으며, 이런 사람은 결코 자멸하는 일이 없다.

그러나 자신감이 아닌 교만에서 비롯된 독선은 다른 사람은 물론 자기 자신에게도 독이 된다. 실제의 자신보다 스스로를 더욱 높게 여기고 안하무인으로 사람들을 대하다 보면 주변의 사람들은 하나, 둘 떠나갈 것이며 친구라 부를 만한 사람이 단 한 명도 남지 않게 될 것이다. 그렇게 되면 다른 누군가의 도움이 필요한 결정적인 순간에 힘을 내지 못한 채 쓰러지고 만다. 인간은 혼자서는 나약할 수밖에 없는 존재이기 때문이다.

겸손은 인간이 지닌 최고의 미덕이다. 무슨 일을 하든지 겸손한 마음을 지니고 임하면 주어진 상황을 더욱 진지하게 파악할 수 있는 눈이 생긴다. 겸허하고 성실한 자세는 능력 이상의 것을 성취할 수 있도록 해준다. 또한 주변 사람들에게서 신뢰를 얻을 수 있게 된다.

당신의 독선적인 마음을 버리고 초심으로 돌아가 처음부터 다시 시작한다 하더라도 어느 누가 희망이 없다고 말할 수 있겠는가. 무언가를 버리고 새로운 도전을 할 줄 아는 용기가 있다면 당신은 반드시 희망을 발견할 것이다.

6. 자신을 의심하지 마라.

현대인들은 "내가 과연 잘할 수 있을까?"라며 자신의 능력을 종종 의심하곤 한다. 이는 결국 자신감이 부족하다는 것의 다른 표현에 지나지 않으며, 그러한 성향을 지닌 사람들은 어떤 일을 하더라도 매번 소심하게 행동하다가 중도에 포기하고, 끝내는 더욱 좌절하고 만다.

모든 일은 생각하기 나름이다. 생각을 바꾸면 인생이 바뀌게 되어 있다. 따라서 매사에 자신감을 갖는 태도야말로 가장 중요하다.

이런 우화가 있다.

옛날에 귀가 세 개인 토끼 한 마리가 있었는데, 친구들은 그를 괴물이라 놀리며 가까이 하지 않아 그 토끼는 항상 외톨이였다. 낙담한 토끼는 매일 울기만 했다.

어느 날, 토끼는 남들과 똑같아지기 위해서 귀 하나를 잘라 다른 토끼들과 똑같아졌고, 더 이상 따돌림을 받지도 않았다. 그들과 함께 어울릴 수 있게 되자 토끼는 세 개의 귀중 하나를 잘라 버린 것은 매우 옳은 결정이었다고 생각했다.

얼마 후, 그는 우연히 다른 숲 속에 가게 되었다. 그런데 맙소사! 그 숲속에 살고 있는 토끼들은 예전의 자신처럼 모두 세 개의 귀를 갖고 있는 것이었다. 그 숲 속의 토끼들은 자신들의 모습과 다른 토끼를 외면하였고, 토끼는 결국 그곳을 떠날 수밖에 없었다. 자신이 남들과 다르다고 경솔하게 생각했던 점이 바로 이 토끼의 잘못된 판단이었던 것이다.

이 우화는 우리에게 자신감을 잃으면 그릇된 판단을 하게 되고, 미래를 망칠 수도 있다는 깨달음을 준다. 지금 현대인들은 이 토끼처럼 자신감이 부족하여 무슨 일을 하기에 앞서 두려움부터 느낀다. 이는 자기 자신을 제대로 알지 못하기 때문이다. 자신감을 상실한 미래는 암울할 뿐이다.

분명한 것은 사람들마다 삶에서 희망하는 바가 다르다는 것이다. 당신은 어떤 희망을 갖고 있는가? 희망의 실현이란 당신이 자신감을 갖고 있느냐 아니냐에 달려 있다. 충분하고 당당한 자신감은 고난을 헤쳐 나갈 수 있도록 도와줄 것이다.

그렇다면 자신감을 기르는 방법을 살펴보자.

첫째, 실력을 쌓아라.

실력을 쌓는다는 것은 부족한 전문 지식을 익힌다는 걸 의미한다. 오늘날 엔지니어, 회계사, 변호사 등은 당연히 자격증이 있어야 하는 전문직이며, 심지어 길거리에서 노점상을 하더라도 사람의 심리를 알아야 그 분야에서 달인이 될 수 있다.

둘째, 성취감을 끌어올려라.

어떤 사람은 자신감도 없고, 과거의 성공 경험도 없어서 시도해 보기도 전에 실패할 것이라며 지레 겁을 먹는다. 이런 사람들은 모든 일에 집중하지 못하고 의기소침하므로 성취감을 최대한 끌어올려야만 자신감에도 불이 붙게 된다.

셋째, 스스로를 격려하라.

어떤 사람이 매사에 항상 총명하고, 밝게 빛나며, 자신 만만한 모습을 보인다면 당신은 그 비결을 궁금해 할 것이다. 그들의 비결은 무슨 일을 하든지 스스로를 격려하는 것이다. 자신을 스스로 후원하고 격려하는 것보다 더 큰 칭찬은 없다.

7. 주도권을 가져라.

주도권이란 자신이 의도한 일을 주동적인 위치에서 이끌어 나갈 수 있는 권리나 권력을 말한다. 이는 결코 외부의 힘에 의지하여 행동하는 것이 아니다. 주도권은 억지를 부리거나 다른 사람에게 공격적인 언행을 보임으로써 갖게 되는 것이 아니라 자신과 관련된 모든 일에 따르는 책임을 회피하지 않는다는 의미이다.

매사 적극적인 사람들은 자신의 적성과 능력을 고려하여 이에 맞는 직업을 선택하는 데 비해, 그렇지 못한 사람들은 항상 자신이 처한 상황에 대한 불평만 늘어놓을 뿐이다. 이런 사람들은 저절로 자신의 운명이 변하거나 다른 누군가가 도와주기만을 바란다.

하지만 어느 누구도 자신의 운명을 바꾸어 줄 수는 없다. 다른 사람에게 책임을 전가하거나 누군가 자신의 어려움을 대신 처리해 주길 기대하지 말고, 원하는 바가 있다면 주인공은 다른 누구도 아닌 바로 자기 자신이기 때문이다. 당신이 자신에 대해 주인으로서의 직무를 포기한다면 자신을 보호해 주고 이끌 수 있는 사람은 어디에도 없다.

매 순간 스스로를 일깨우고, 매사에 적극적이고 주도적인 행동 습관을 기른다면 비즈니스에서나 삶에서 훨씬 더 유리한 위치에 오를 수 있을 것이다. 자, 지금부터 인생의 주인이 되어보라!

8. 시간이 날 때마다 자신과 대화하라.

당신은 혼잣말을 하는 습관이 있는가? 어떤 사람은 항상 혼자서 중얼거리기를 좋아하여 길거리에서나 차 안, 혹은 사무실 등에서 곧잘 혼잣말을 하곤 한다. 대부분의 사람들은 이런 사람을 보면 정신이 나갔다고 생각할 것이다. 그러나 혼잣말로 중얼거리는 습관이 꼭 나쁜 것만은 아니다.

혼잣말을 하는 것은 좋은 습관이 될 수도 있다. 자신의 심리 상태를 위로할 수 있는 괜찮은 방법 중 하나이기 때문이다. 스스로에게 자신의 상태를 계속해서 일깨워 주고, 기분이 어떤지, 지금 자신에게 무엇이 필요한지를 묻는 것이다. 또한 앞으로 무엇을 해야 하는지, 무엇이 자신을 위해서 가장 좋은 해결 방안인지 찾아보는 것이다.

저마다 일이 뜻대로 되지 않아 초조해 본 적이 있을 것이다. 불안한 심리 상태가 장기적으로 지속되면 스트레스가 쌓이고 심신의 피로를 초래하여 일에 집중할 수 없다. 스트레스는 만병의 근원이라는 말이 있듯, 이 증세가 심하면 병으로까지 이어질 수 있다.

가끔은 다른 사람이 뭐라고 생각하든 신경 쓰지 말고 혼잣말을 해보자. 자신과의 솔직한 대화는 당신의 마음에 안정과 평화를 가져다줄 것이다.

9. 자신이 최고임을 믿어라.

당신이 어떤 분야에서 세계 제일이 되겠다고 결심했다면 앞만 보고 전진하라. 인간은 이 지구상에서 각각 유일한 존재이다. 자신만의 독창적인 신념을 확고히 굳혀야만 뚜렷한 개성을 지닐 수 있다.

내가 바로 최고라는 생각을 항상 마음속 깊이 새겨두어라. 다른 사람에게 인정받기만을 바랄 것이 아니라 당신 스스로에게 자신감을 불어넣어라. 스스로를 믿고 인정하는 것보다 더 나은 격려는 없다. 자신에게 용기를 북돋우는 데 가장 필요한 사람은 나 자신임을 기억하라. 생각을 바꾸면 운명도 바뀐다. 스스로를 믿고 인정하는 것보다 더 나은 격려는 없다. 자신에게 용기를 북돋우는데 가장 필요한 사람은 나 자심임을 기억하라.

생각을 바꾸면 운명도 바뀐다. 스스로에게 용기를 불어넣어 굳은 믿음을 가지는 것이 자신감을 키우는 가장 좋은 방법이다. 자신감은 도전 의식을 끌어내고 잠재된 역량을 최대한 발휘하게 한다. 이것이야말로 가장 큰 성공 요인이다.

10. 자신감이야말로 모든 것의 기초이다.

누군가의 훌륭한 성과를 절대 능가할 수 없다 여겼더라도 당찬 자신감만 있다면 충분히 성공할 수 있다. 또한 지극히 평범한 사람이라도 확고한 자신감을 지니고 있다면 얼마든지 큰 사업을 벌일 수 있다. 반면에 자신감이 부족한 사람은 아무리 출중한 재능, 높은 품격을 갖고 있다 하더라도 위대한 업적을 이룰 수 없다.

어느 병사가 나폴레옹에게 편지를 전하기 위해 말을 타고 전속력을 다해 달렸다. 말은 매우 빠른 속도로 달려왔기에 목적지에 도착하자마자 쓰러져 죽고 말았다.

나폴레옹은 편지를 받은 후, 즉시 답장을 써서 자신의 말과 함께 그 병사에게 건넸다. 나폴레옹이 그 병사에게 자신의 말을 내준 이유는 빠르게 회신을 보내기 위함이었다. 하지만 병사는 화려하게 장식되어 있는 강인한 준마를 보고 나폴레옹에게 말했다.

“그럴 수 없습니다, 장군님! 이 화려하고 뛰어난 준마는 평범한 병사인 저와 어울리지 않습니다.”

그러자 나폴레옹은 “세상에 똑같은 물건은 없네. 프랑스 병사가 가질 자격이 없는 물건이란 것도 이 세상에 없다네.”라며 그를 격려했다.

이 세상 어디에나 이런 프랑스 병사 같은 사람이 있기 마련이다. 그들은 스스로 자신의 신분이 낮다고 여기며 다른 사람이 소유한 것들을 가질 자격이 없다고 생각한다. 평범한 사람은 위대한 인물과 함께할 수 없다고 여기는 것이다. 하지만 이런 생각은 종종 앞으로 나아가지 못하고 스스로를 한계 속에 가두는 원인이 된다.

어떤 사람은 가치 있고 좋은 물건이란 특별한 권리를 가진 사람들만의 전유물이라 여긴다. 이런 생각을 하는 사람은 위대한 업적을 이룰 수 있는 기회조차 얻기 힘들다. 많은 사람이 큰 업적을 이루기 위해 노력하지만 실질적으로는 작은 일은 하면서 평범하게 살아가는 경우가 대부분이다. 원대한 목표와 확고한 자신감이 부족해 쉽게 포기하기 때문이다.

돈과 권력, 명예를 얻기 위한 여러 조건들 중 자신감만큼 중요한 것은 없으며, 자신감이야말로 여러 가지 어려움을 헤쳐 나가는 데 있어서 가장 근본적인 요소라 할 수 있다. 한 번의 실패가 평생의 좌절을 의미하지는 않는다. 하지만 사람들은 일단 한번 실패를 경험하게 되면 중도에 쉽게 포기하는 경향이 있다. 이는 확고한 자신감이 부족하기 때문이다.

언제, 어디서든 스스로 당당할 수 있는 자신감을 기른다면 고난을 겪거나 심지어는 실패에 이르더라도 쉽게 무너지지 않을 것이다. 긍정적인 사고는 강한 추진력을 일으킨다. 나는 해낼 수 있다는 자신감, 능력이 부족하면 더 노력해서라도 반드시 해내겠다는 의욕만 있다면 용기가 샘솟고 자신 안에 있는 잠재력을 깨울 수 있을 것이다.

11. 왜 나는 남들처럼 성장하지 못하는가?

'왜 나는 남들처럼 성장하지 못하는 걸까?'

이런 의문이 든다면 그 이유는 간단하다. 지금까지 살아온 방식을 버리지 못 했기 때문이다. 성장이란 앞으로 나아가는 것이다. 그러기 위해선 먼저 등 뒤에 매달려 있는 과거의 것들을 과감히 떨쳐버려야 한다. 많이 버릴수록 그만큼의 성장을 다시 채울 수 있기 때문이다.

삶은 늘 우리에게 도전을 강요한다. 인간이 완벽하다면야 자신에게 닥친 모든 것들이 두렵지 않고 도전으로도 느껴지지 않겠지만, 인간은 신처럼 완벽하지 않다. 오히려 단점과 오류투성이다. 때문에 뭔가를 시작할 때면 항상 두려워하기 일쑤이다.

흔히 도전 앞에서 인간은 두 부류로 나뉜다. 그것을 피해가는 사람과 정면으로 부딪히는 사람. 도전을 피해가면 당장은 편할지 모르지만 아무 발전이 없는 삶이 되고 만다. 반대로 도전에 부딪히면 자신의 한계와 단점을 극명하게 느낄 수 있다. 정신적, 육체적 고통 역시 뒤에 따른다. 하지만 분명 의미 있는 일이다. 도전하겠다는 마음을 통해서 이미 자신감을 얻었고, 그 자신감은 분명 좋은 결과를 낳기 때문이다. 한계와 단점은 오기를 불러일으키고 그것을 보완할 새로운 기회를 찾는 계기가 될 수도 있다.

FC 바르셀로나의 세계적인 축구스타 리오넬 메시(Lionel Messi)는 자신의 한계와 단점을 오히려 장점으로 만든 것으로 유명하다.

"나는 11살 때 충격적인 사실을 알았다. 성장 호르몬의 이상으로 키가 더 이상 자랄 수 없다는 것이었다. 축구선수에게 매우 불리한 상황이었지만 오히려 그것이 나를 더 강하게 만들었다. 나는 더 날쌔고, 공을 공중으로 띄우지 않는 기술을 연마했다. 단점이 장점으로 변한 것이다. 그 결과 지금은 누구도 내 공을 함부로 빼앗을 수 없을 뿐만 아니라 어떤 상황에서도 골을 넣을 수 있게 되었다."

하버드대 에드워드 밴 필드(Edward Banfield) 박사는 성공과 행복을 결정짓는 핵심요소로 '시간전망(Time Perspective)'이라는 이론을 발표했다.

시간전망이란 지금의 행동과 의사결정이 미래에 끼칠 영향력을 말한다. 뭔가를 성취하기 위해선 과거의 시간에 머물거나 눈앞의 이익만을 쫓지 말고 멀리 보고 길게 봐야 한다는 것이다. 즉, 시간전망이 길수록 성공과 행복의 비율은 높아진다.

불행과 시련이 닥쳤을 때는 그 시간 속에 갇혀 있지 말고 인생을 크고 길게 봐라. 그러면 시련이 한낱 지나가는 바람처럼 느껴질 것이다. 또 바람이 지나간 뒤엔 따뜻한 햇살이 비추는 봄날이 온다는 걸 안다면 시련 앞에서도 당당해질 수 있다. 시련이나 불행을 극복하는 가장 강력한 수단은 바로 자신감이다. 따라서 '반드시 극복할 수 있다.'는 자신감을 끊임없이 품어야 한다. 자신감을 잃으면 스스로에게 소홀해지고 삶의 의욕마저 놓치게 되기 때문이다.

모든 사람은 최고의 능력을 갖고 태어난다. 비록 구름 속에 가려져 있지만 태양은 항상 존재하지 않던가. 우리는 태양과도 같은 존재이다. 자신을 믿고 자신의 능력을 믿어야 한다. 잠들기 전 자신감 넘치는 상상을 해보자. 미래에 대한 기대감과 설렘으로 머릿속을 가득 태운다면 그 잠재의식은 일종의 명령이 되어 긍정적인 행동을 끌어낼 것이다.

12. 포기하려거든 차라리 실패하라.

여기 20대 후반의 아리따운 여성이 있다. 그녀는 지금까지 살면서 단 한 번도 연애를 해본 적이 없다. 꽃다운 나이에 연애를 못해봤다는 건 실로 안타까운 일이다. 그러나 더 안타까운 건 그녀의 생각이다. 그녀는 연애에 도통 관심이 없으며, 앞으로도 연애를 할 생각조차 갖고 있지 않다. 왜 그런 생각을 갖게 된 걸까?

문제의 원인은 그녀의 어린 시절에 있다. 어린 시절 그녀는 또래 아이들에 비해 다소 뚱뚱한 체격을 가지고 있었는데, 중학교에 입학하면서부터 급격하게 살이 더 쪘다고 한다. 그러나 보니 친구들로부터 놀림을 받은 것은 당연지사. 심지어 그녀의 부모마저 그녀를 놀렸다고 한다. 그래서 인지 언제부터인가 그녀는 자신감을 잃게 되었고 외모에 대해 큰 콤플렉스를 갖게 되었다. 소개팅 기회가 있어도 거절하기 일쑤였고 모르고 남자와 눈이라도 마주치면 금세 눈을 피했다. 급기야 자신은 아무짝에도 쓸모없는 인간이라는 생각을 굳히게 되었다.

주위를 보면 일을 시작하기도 전에 실패에 대한 두려움에 사로잡힌 나머지 제대로 일을 하지 못하는 사람들이 적지 않다.

두려움은 자기 발전과 창조력을 가로막는다. 실패했던 과거의 충격에서 벗어나지 못한 채 늘 그때의 기억 속에서 괴로워하고 힘들게 만들기 때문이다. 물론 그런 아픈 기억을 무 자르듯 과감히 떨쳐 버린다면 좋겠지만 그것이 생각처럼 그리 쉬운 일은 아니다. 과거에 대한 아픈 기억이나 충격을 떨쳐버리는 것이 얼마나 어려운지 심리학자 마틴 셀리히만

(M. Seligman) 박사는 실험을 통해 증명했다.

우선, 개를 세 집단으로 나눠 각각 큰 상자에 넣었다. 첫 번째 집단은 코앞에 스위치를 하나 달아놓았는데, 전기충격을 멈추게 하는 장치였다. 전기충격을 가하자, 개들은 끙끙 거리며 괴로워했다. 그러다가 우연히 개 한 마리가 스위치를 누르게 되었고 곧 전기충격이 멈추었다. 잠시 후 개들에게 다시 한 번 전기충격을 가했다. 그러자 이번에는 개들이 잽싸게 스위치를 눌렀다.

두 번째 집단도 똑같이 전기충격을 줬다. 그런데 첫 번째 집단과 달리 스위치를 눌러도 전기충격이 멈추지 않게 했다. 개들은 끙끙거리며 괴로워했지만 달리 방법이 없었기 때문에 그 자리에 계속 앉아 있었다.

세 번째 집단은 평소 편안한 상태 그대로 내버려두었다. 그리고 24시간 후 세 집단 모두 큰 상자에 넣고 낮은 칸막이를 친 후 그 옆에 전기충격이 없는 안전한 곳을 두었다. 잠시 후 개들에게 전기충격을 가하자 개들은 곧 반응을 보였다.

첫 번째 집단과 세 번째 집단은 전기충격을 받자마자 칸막이를 뛰어넘어 안전한 곳으로 이동했다. 하지만 두 번째 집단은 그 자리에 쭈그려 앉은 채 끙끙거리기며 전기충격을 고스란히 감내해냈다.

이 실험을 통해 셀리히만 박사는 반복적으로 학습된 실패의 기억이나 큰 충격으로 인한 상처는 절망감 내지 무력감을 준다는 결론을 얻어낼 수 있었다. 그는 이 이론을 '학습된 무기력(Leared Helplessness)'이라고 명명했다. 이처럼 학습된 실패의 기억은 머릿속 깊이 각인되어 충분히 그것을 이룰 수 있음에도 불구하고 시도 자체를 포기하게 만든다. 하지만 이 이론이 절대적인 것은 아니다. 실패의 기억이나 큰 충격으로 인한 상처가 머릿속에서 오래 남긴 하지만 그것의 지배 하에서 벗어날 방법이 분명 있기 때문이다.

어두운 숲에 갇혀 있는데, 저 멀리 작은 불빛이 보인다면 어떻게 하겠는가? 당연히 그 불빛을 향해 걸어갈 것이다. 그래야 숲을 빠져 나올 수 있기 때문이다. 생각도 마찬가지이다. 어두운 과거에서 벗어나려면 미래의 문을 향해 걸어가야 한다. 망설이거나 두려워할 이유는 없다. 멈추지 않고 과감히 걸어가면 될 뿐이다.

자동차 사고가 나면 보통 사고에 대한 기억을 대처하는 모습이 크게 둘로 나뉜다. 두 번 다시는 사고지점에 가지 않겠다는 사람들과 사고지점을 다시 가보겠다는 사람들. 전자에 속하는 부류는 아주 오랫동안 그 사고의 기억 속에서 벗어나지 못한다. 또 사고지점이 가까워지면 몸이 떨리고 식은땀이 난다. 그러나 후자에 속하는 부류는 실패에 대해 기억을 오래 간직하지 않고 훌훌 털어버리는 경향이 있다.

중요한 것은 한 번 실패했다고 해서 피하거나 주눅들 필요가 없다는 것이다. 삶의 지혜를 배웠다는 마음으로 다시 시도하고 그것을 교훈삼아 더 크게 도약하면 된다. 실패를 겁내는 것보다 차라리 실패를 해야 한다. 시도조차 하지 않으면 아무것도 얻을 수 없기 때문이다. 부족하고 미숙하더라도, 일단은 부딪혀라. 성공한 사람들은 모두 위대한 실패자라는 사실을 명심해야 한다. 하지만 너무 서둘러선 안 된다. 꿈과 비전을 큰 그림으로 그리되 일단 작은 것부터 하나씩 쌓아가야 한다. 작은 성공을 차곡차곡 모으면서 성공확률을 높여라. 그러다보면 자신감도 회복하고 성공에 대한 신념도 생기게 마련이다.

제2절 일을 돌아보라.

1. 포기란 더 많은 것을 가져다주기도 한다.

회사가 당신의 노력을 등한시하고, 그 노력에 상응하는 보상을 해주지 않는다고 해서 언제까지 상심하고 있을 것인가? 실망하고 낙담하는 대신 스스로를 위한 파이팅을 외쳐 보라.

“내가 열심히 일하는 이유는 지금 당장 눈앞에 놓인 이익을 위해서가 아니라 먼 미래를 위함이다. 나에게는 지금까지 살아온 오늘보다 앞으로 살아갈 더 많은 내일이 있다.”

열심히 돈을 버는 것도 중요하지만, 그보다 더 중요한 것은 어떻게 나의 미래를 달성해 나갈지에 대해 연구하는 것이다. 미래에 더 많은 보상을 받기 위해서는 기초를 잘 닦아주어야 한다. 만약 미래를 보는 안목이 없다면 지금 당장의 풍족한 생활만을 누리며 현재에 안주하기 쉽다.

과거의 젊은이들은 하나의 기술을 익히기 위해 수년 동안 적은 급여를 받고 일하면서도 불평할 줄 몰랐다. 그러나 오늘날 일부의 젊은이들은 일을 해가며 많은 것들을 배우고, 이와 동시에 꽤 넉넉한 급여를 받지만 회사에 대한 불평불만을 늘어놓는다.

이런 현장의 원인은 일에 대한 금전적인 보상, 즉 ‘급여’를 바라보는 관점이 예전과 다르기 때문이다. 하지만 시대가 변하고 문제를 바라보는 관점이 변했다고 해서 현실의 이익만을 추구하다 보면 큰 과오를 범하기 쉽다. 이것은 자칫 자신의 능력을 기르는 데 소홀해짐으로 이어져 미래를 위해 아무런 준비를 할 수 없게 된다.

더 많은 것을 얻기 위해 때로는 포기할 줄도 알아야 한다. 급여가 적다하더라도 주어진 일을 열심히 하다 보면 저절로 축적되는 경험은 또 다른 재산이 되어 있을 것이다. 일은 재능을 높여 한껏 발휘할 수 있게 해주며, 다른 사람들과의 교류와 협력은 인격을 향상시켜 그들과의 의사소통을 원활하게 해준다.

이와 관련된 비스마르크(Bismarck)의 예가 있다. 그가 러시아의 독일 대사관에서 일할 당시 그의 급여는 매우 적었다. 하지만 그는 어느 누구보다 열심히 일했고, 그렇게 축적된 외교 기법에 관한 경험은 이후 그의 정치활동에 큰 영향을 미쳤다.

백만장자들 역시 일을 막 시작했을 당시의 급여는 많지 않았지만 포기하지 않고 최선을 다해 노력하였다. 그들에게는 '돈'으로 따질 수 있는 가치보다 밝은 미래를 위한 현재의 '경험'이 더욱 뜻 깊었기 때문이다. 이처럼 최선을 다해 묵묵히 쌓은 경험은 훗날 엄청난 성과를 불러일으키는 근본이 될 수 있다. 일을 하면서 스스로에게 끊임없이 이런 말을 되뇌어보자.

"오늘의 나는 더 나은 내일의 나를 위해 존재 한다."

현재 당신이 만족할 만한 정도의 돈을 벌고 있느냐 아니냐에 관계없이 지금의 모든 것은 미래를 위한 준비 중 한 부분이다. 자신이 얼마짜리 사람인지, 값을 매길 수 있는 자신의 모습에 집착할 게 아니라 새로운 지식을 수용하고, 새로운 능력을 기르고, 당신의 재능을 발휘하기 위해 노력한다면 머지않아 지나온 노력의 흔적을 뒤돌아볼 때 지금보다 훨씬 더 나은 자신을 발견할 것이다.

잊지 마라. '더 나은 자신'은 돈이 만드는 것이 아니라 능력이 만드는 것이다.

2. 일하는 즐거움을 찾아라.

어려운 상황에 처한다 할지라도 쉽게 포기하지 말라. 환경이 열악하여 일에 흥미를 느끼기 어려워도 매사에 적극적인 자세로 임한다면 생각지도 못한 좋은 결과를 얻게 될 것이다.

일을 하면서 새로운 경험을 할 수 있고, 새로운 지식이나 신념을 얻을 수도 있다. 또한 일에 대한 열정이 높고 결심이 확고할수록 업무의 능률이 오를 것이다. 이처럼 열정적으로 일한다면 자연스레 일은 즐거워지고, 무거운 발걸음을 옮기며 출근할 때마다 심신을 괴롭히던 고단함은 사라져 활기찬 정신과 육체를 마주하게 될 것이다.

대기업에서 일하는 사람들은 대부분 남부럽지 않은 학벌과 지적 능력을 갖추고 있으며, 그에 걸맞은 보수를 받아가며 일한다. 이에 따른 자부심이 크겠지만, 그들이 항상 다른 사람들보다 즐겁게 일하는 것은 아니다. 누가 보기에도 어느 하나 빠지지 않는 사람일지라도 고독할 수 있으며, 진정으로 원하는 일을 한다기보다 생존을 위한 목적으로써 일할 수도 있다. 그렇기에 일하는 것 자체를 고통스럽게 느끼거나, 여러 가지 스트레스로 인해 건강까지 나빠질 수 있다.

자신이 하는 일에 대한 자부심과 즐거움을 느낀다면 어느 누구도 하던 일을 그만두고 바꾸려고 하지 않을 것이다. 하지만 직장에서 계속 스트레스를 받으며 아무런 보람도 찾을 수 없다면 그 일은 정말 본인과 맞지 않는 셈이다. 누구나 '슬럼프'에 빠질 수 있다. 하지만 스스로를 가다듬지 않는다면 어떤 직업을 갖든 만족감과는 동떨어져 끊임없이 직업을 바꿔야 하는 악순환이 계속 될 것이다.

온 정열을 바치는 자세로 최선을 다해 일한다면 자신의 장점을 십분 발휘하여 무슨 일을 하더라도 고생스럽다고 여기지 않을 것이다. 그러나 자신의 일은 경멸하고 싫어한다면 결국 실패로 끝나기 마련이다. 진지하고 낙관적인 정신과 불굴의 의지를 가진 사람만이 성공할 수 있다. 성공한 사람들은 하나같이 자신이 하는 일 속에서 즐거움을 찾으려고 노력한다. 게다가 항상 즐거운 마음으로 활기차게 일하며, 다른 사람들까지도 유쾌하게 만들어 함께 일하고 싶은 마음이 들게 한다.

일은 인생에서 가장 의미 있는 활동 중 하나이다. 직장 동료들과 새로운 관계를 형성하고, 고객이나 사업 파트너들과의 만남에서 즐거움을 찾도록 노력하라. '일'이라는 것 자체가 항상 기쁘고 즐거울 수는 없다. 하지만 일하는 동안 끊임없이 고뇌하는 것은 그 무엇과도 비교할 수 없는 삶의 즐거움으로 이어질 것이다.

잊지말라. 즐겁게 일하는 당신은 인생 또한 즐겁게 살아 나갈 수 있다.

3. 전진하기 전 상사에게 먼저 배워라.

일이란 끊임없이 학습하는 과정이다. 사업을 막 시작했거나, 이미 사업에 성공한 사람들 모두 일을 하는 동안 끊임없이 공부하며 경험을 쌓는다. 반면 본받을 대상을 찾으려 하지도 않고 무엇을 해야 할지 몰라 허송세월만 보내는 사람도 있다.

회사 내의 상사들은 우리가 본받아 학습해야 할 중요한 대상이다. 이들은 먼저 회사에 들어와 근무한 기간이 길기 때문에 경험도 많고 업무에도 능숙하다. 그래서 그들은 대응하기 어려운 돌발적인 상황이 발생해도 당황하지 않고 냉철하고 노련하게 문제를 잘 처리한다.

따라서 상사를 존경하는 습관을 기르는 것이 중요하다. 겸손한 마음으로 그들을 본받는 습관을 기르면 일적으로 많은 도움을 받을 수 있다. 그들은 당신이 슬럼프에 빠졌을 때 잘못된 점을 바로잡아 줄 것이며, 어려운 일이 생겼을 때에는 문제의 답을 찾을 수 있도록 이끌어 줄 것이다.

4. 직장 내에서 볼 수 있는 뛰어난 인재의 습관

우수한 인재란 소질과 능력을 겸비하고, 효율적으로 업무를 수행하는 사람을 말한다. 이런 사람들은 공통적으로 일에 임하는 몇 가지 좋은 습관을 가지고 있다.

첫째, 무슨 일이든 시작하면 끝을 본다.

무슨 일이든 한 번 시작하면 끝을 맺는 습관은 어느 분야에서나 가장 기본이 되는 태도이다. 여기에는 두 번의 창조 과정을 거치게 되는데, 바로 ‘생각’과 ‘행동’이 그것이다. 이처럼 모든 일은 먼저 마음속으로 구상한 다음에 행동으로 옮긴다.

둘째, 일의 우선순위를 정한다.

유능한 직원은 어떤 일을 가장 우선순위로 두어야 하는지 판단하는데 능통하다. 가장 중요한 일을 파악하고 결정한 후에는 그 일을 중심으로 구체적으로 업무 수행에 들어가는데, 이는 정신을 집중하는데 중대한 일을 처리하고 부차적으로 따르는 혼란을 제거하기 위함이다.

셋째, 상대를 고려하는 사고방식을 갖는다.

비즈니스에서 상호 간의 이익을 고려하는 사람은 상대방을 협력자로 생각할 뿐 이익을 독식하는데 방해가 되는 전투적 대상으로 생각하지 않는다. 일반적으로 사람들은 일의 정황을 두 가지로 나눈다. '강하게 또는 약하게, 승리 또는 실패.' 세상은 넓고, 누구든 만족할 만한 성과를 낼 수 있으므로 지나치게 자신의 이익에만 집착해서는 안 된다.

넷째, 상대를 먼저 이해한다.

먼저 상대방의 생각부터 이해한 다음, 상대방이 나를 이해할 수 있도록 설득 한다. 이 원칙이야 말로 인간관계를 돈독하게 할 수 있는 관건이다. 다른 사람을 이해하는 것과 자신을 표현하는 것은 인간관계의 소통에서 없어서는 안 될 중요한 요소이다. 하지만 때때로 우리는 지나치게 참견하면서 다른 사람의 문제까지 해결하려드는 경향이 있음을 유의해야 한다.

다섯째, 방해 요인을 극복한다.

상호 간에 보탬이 되는 요소들은 서로 연결되어 있다.

효과와 이익을 결합하는 것은 발전을 방해하는 습관을 변화시키는 가장 강력한 방법이다. 발전에 상승작용을 일으키는 요소들로는 적극성, 합리적인 자세, 자각 능력, 효율 등이 있다. 반대로 발전에 방해가 되는 요소들은 대부분 소극적이거나 부정적인 태도, 비논리적이고 감정적인 것

등이다. 방해 요인을 극복하지 못하면 효과와 이익은 물론이고 원하는 결과도 얻을 수 없다.

여섯째, 끊임없이 새롭게 변화한다.

삶에서 가장 가치 있는 투자는 자기 자신을 단련하고 연마하는 일이다. 삶에서 이루어지는 모든 결정은 하나하나가 삶의 소중한 수단이며, 이 모두 스스로가 선택하는 것이다. 일 자체가 경제적인 안정감을 가져오지는 않지만 일을 하면서 좋은 사고, 학습, 창조, 활용능력을 발휘한다면 무슨 일을 하더라도 실패하지 않을 것이다.

당장 눈앞에 보이는 부가 경제적인 독립을 의미하지는 않는다. 부를 쌓는 능력을 지니게 되었을 때 진정으로 성공했다고 말할 수 있다.

제3절 더 나은 나를 위해 삶을 돌아보라.

1. 현재의 시간을 효율적으로 활용하라.

다음은 85세 노신사가 쓴 글이다.

“만약 내가 인생을 다시 한 번 살아볼 수 있다면 실수란 실수는 다 해보고 싶다. 항상 노심초사하면서 완벽한 삶을 추구하여 아등바등하지 않을 것이고, 어떤 환경에서도 적응 하려는 노력 그 자체에 만족할 것이며, 인생을 정확하게만 살려 하지 않을 것이다. 죽도록 일만 하기에 인생이란 너무 짧기 때문이다. 무언가에 미쳐 보고 싶고, 한 번쯤은 내게 금지되었던 일도 해보고 싶다. 인생에서 고난도 겪어보고 싶고, 여행도 자주 다니고, 많은 산을 오르고, 바다에서 수영도 해보고, 아직 가보지 못한 수많은 곳으로 여행을 떠나고도 싶다. 번뇌에 휩싸였을 때에는 문제를 방치해 둔 채 해결을 미뤄 보고도 싶다.

자, 이제 당신은 내가 어떤 사람인지 알게 되었을 것이다. 나는 하루하루, 또 매시간을 소중하게 여기는 매우 합리적인 사람이었다. 그러나 정작 나는 그 시간을 즐기지 못했다. 그 시간은 늘 해야 할 일로 가득 채워져 있었으며, 나는 언제나 일만 하는 로봇처럼 살았다. 가족도, 친구도, 애인도 그러한 내 삶에 개입할 수 없었다. 나는 혼자였다.

아! 나도 한번 쯤 방종한 생활을 해보고 싶다. 만약 다시 한 번 인생을 살아 볼 수 있다면 1분, 1초를 아끼려 안달하지 않고 인생을 향유할 것이다. 지금까지의 나는 어디를 가든 온도계, 보온병, 보안경, 우비와 낙하산 들을 항상 구비하고 다녔다. 그러나 내게 인생을 다시 살 수 있는 기회가 주어진다면 이 모든 것은 잊은 채 자유롭게 길을 나설 것이다.

만약 내가 젊은 시절로 다시 돌아갈 수 있다면 초봄에는 맨발로 집 밖에 나가 잔디밭을 실컷 밟아보고, 늦가을에는 신선한 공기를 마시며 밤이 깊도록 바깥 경치를 구경하고 싶다. 나는 아이처럼 목마를 타고 몇 번이고 선회하고 싶고, 몇 번이고 일출을 보고 싶고, 나의 아이들과 많은 시간을 보내고 싶다. 내가 인생을 다시 살 수만 있다면 이 모든 것을 해보고 싶다.

그러나 한번 지나간 세월은 다시 돌아오지 않는다는 것을 나는 이제야 절실히 느끼고 있다."

이글은 우리에게 '인생은 너무나 짧으므로 뒤늦게 후회하지 않도록 보람 있게 살아야 한다.'는 깨달음을 준다.

인생은 꿈처럼 순식간에 흐른다. 성공하고 싶다면 귀중한 시간을 효율적으로 활용하는 것이 무엇보다 중요함을 명심하라.

2. 모든 것은 자연스럽게 흘러가도록 하라.

어느 건축설계사가 사방이 녹지인 곳에 오피스텔을 신축했다. 건물을 완공한 후, 녹지 관리부의 직원이 설계사에게 어떻게 인도를 낼 것인지 물었다. 그러자 설계사는 "건물 사이의 각종 풀들이 자라고 있는 잔디밭에 인도를 낼 생각입니다."라고 대답했다. 하지만 관리부서의 직원은 그 이 말뜻을 이해하지 못했다.

건물사이사이 잔디밭에는 오솔길이 매우 많았는데, 지나다니는 행인이 많은 곳에는 넓게, 행인이 적은 곳에는 좁게 나 있었다. 건축설계사는 이 오솔길을 따라 인도를 냈다. 이것은 인간과의 조화를 이룬 아름다운 설계였고 주민들에게는 만족감을 주었다.

이처럼 무엇이든 자연스럽게 흘러가도록 하는 것이야말로 문제 해결을 가장 쉽게 할 수 있는 방법이며, 그 결과도 자연의 법칙과 자연스럽게 부합한다. 우리 인생 또한 이와 다르지 않다.

사람의 재능은 지식과 경험이 축적됨에 따라 점점 풍부해진다. 여기서 축적된다는 것은 실천과 깨달음이 점점 발전함을 의미한다. 따라서 스스로를 급하게 몰아붙이며 한 술에 배부르기를 바라는 것은 옳지 않다. 그러나 현대의 젊은이들은 쉽게 조바심을 내고, 무슨 일에 착수하든 시작하자마자 섣부른 결과를 얻으려는데 혈안이 되곤 한다. 하지만 이는 경험이 풍부한 사람의 눈에 어리석은 일로만 비칠 뿐이다.

조바심을 내게 되면 과도한 욕심 탓에 당신의 잠재력마저 충분히 발휘하지 못할 것이다. 결국 그때까지 공들였던 노력은 물거품이 되어버리고, 미래 또한 보장되지 않는다.

기억하라! 모든 일에는 순리가 있다. 강을 더럽히기는 쉽지만, 오염된 물을 다시 정화하는데 에는 엄청난 시간과 노력이 필요하다. 순리를 거스르지 않는 것이 좋은 결과를 가져올 수 있음을 명심하여야 한다.

3. 슬플 때는 바쁘게 움직여라.

고통과 상심을 초래하는 일들은 대개 예고 없이 찾아온다. 가까운 사람의 사고와 죽음, 친구나 애인의 변심을 경험하기도 하고, 갑자기 집과 재산을 잃기도 한다. 이 밖에도 우리에게 물리적, 정신적 고통을 안겨주는 일들은 예기치 못한 곳에서 우리를 기다리고 있다. 세상을 살아가려면 이러한 순간들을 슬기롭게 대처해 나갈 수 있는 지혜가 필요하다.

슬프다고 해서 아무 일도 하지 않고 마냥 절망한다면 슬픔의 미로 속으로 끝없이 빠져들 뿐만 아니라 심지어 아무 일도 아닌 것이 최악의 사태로까지 악화되기도 한다. 따라서 슬플 때는 바쁘게 움직이는 것도 하나의 방법이다. 바쁘게 일하다 보면 슬픔 따위는 어느새 저만치 사라져 있는 것을 발견할 것이다. 전력을 다해 일에 몰두하면 슬픔 때문에 발생하는 스트레스는 조금씩 줄어들 것이며, 어느 순간 슬픔으로부터 완전히 해방될 것이다. 뿐만 아니라 다른 생각은 하지 않고 오로지 일에 집중할 때 새로운 기회가 찾아오기도 하는데, 이 순간 비로소 어둠으로부터 벗어날 수 있다.

슬픔이 알아서 사라져 주길 기다린다면 당신은 많은 시간을 아무것도 하지 못한 채 고통 속에서 허비하게 될지도 모른다. 그리고는 긴 시간이 흐른 뒤 상념에 빠진 채 아무것도 하지 않았던 과거의 어리석음을 후회하게 될 것이다. 자신을 감싸고 있는 슬픔의 그림자로부터 진정 벗어나고 싶다면 무엇으로도 꺾을 수 없는 강한 의지로 스스로를 무장하라. 그리고 당장 자신이 할 수 있는 일들을 찾아 바쁘게 움직여라. 이보다 좋은 자연치료는 없다.

4. 꿈의 멘토는 없다, 나 자신이 멘토이다.

양떼는 앞만 보고 달리는 습성이 있다고 한다. 맨 앞에 있는 양들이 먹이를 향해 달리는데 반해 뒤에 있는 양들은 앞에 있는 양이 달리기 시작하면 아무것도 모른 채 무조건 달린다는 것이다. 앞에 있는 양이 노리고 있는 목표물이 뭔지도 모른 채 무조건 달린다는 것이다. 앞에 있는 양이 노리고 있는 목표물이 뭔지도 모른 채 무작정 쫓아가는 것이다. 더 이상한 것은 뒤를 쫓는 양들의 대다수가 대행을 이탈하거나 전혀 게으름을 피우지 않는데 그 이유는 혹시나 홀로 뒤쳐질까봐 두렵기 때문이다. 그래서 앞에 있는 양의 엉덩이만 쳐다보며 죽을힘을 다해 열심히 달리는 것이다.

고수일수록, 앞서 달려 성공한 사람들일수록 자신들의 고난에 대해 늘어놓기를 좋아한다. 또 많은 사람들이 그들의 고난과 역경, 그것을 이긴 노력과 용기에 박수를 보내고 감탄하며 흉내 내고자 한다. 그들이 쓴 책을 읽고, 그들의 방식을 따라해 보기도 하며, 그들의 고난에 경의를 표하기도 한다. 나아가 자신과 그 사람의 차이는 아직 자신이 흘린 땀이 부족하기 때문이라며 끊임없이 노력한다. 하지만 이는 옳지 않다. 만약 이런 방식이 성공을 향한 우리의 지향점이라면 이제 우리의 생각을 바꿔야 한다.

작가 로버타 진 브라이언트(Roberta Jean Bryant)는 20여 년 동안 수천 명의 작가 지망생들을 가르쳤다. 어느 날 그녀의 강의를 들은 예비작가 중 한 명인 앤이라는 여성이 그녀에게 칼럼니스트가 되고 싶다고 말했다. 이에 그녀는 간단명료한 몇 마디를 그녀에게 던졌다.

"정말 칼럼니스트가 되고 싶어요? 그럼 간단해요. 칼럼니스트처럼 행동하세요. 그리고 지금부터 칼럼을 쓰세요."

로버타의 충고대로 앤은 26주 동안 매주 한편씩 칼럼을 썼다. 그리고 그 글을 자신의 글이 실리기를 원하는 신문에 매주 보냈다. 그렇게 19주가 지나자 마침내 신문사로부터 연락이 왔다. 고정 칼럼을 맡기고 싶다는 것이었다.

앤으로부터 그 얘기를 들은 로버타는 그녀의 성공을 당연하게 생각했다.

"축하해요, 앤. 틀림없이 해낼 줄 알았어요."

앤은 로버타의 충고대로 칼럼니스트처럼 행동했고, 실패할래야 실패할 수 없는 것처럼 행동했다. 마치 신문사의 청탁을 받고 글을 쓰는 칼럼니스트처럼 꾸준히 글을 썼으며, 칼럼을 쓴 뒤에는 신문사에 꼬박꼬박 그것을 보냈다. 한편으로는 의심이 들기도 했지만 결국 그녀의 믿음대로 되었다.

앤은 스스로 'No'라는 답변을 받아들이지 않았다. 칼럼을 보낸 지 19주가 되도록 신문사로부터 아무런 반응도 없었지만 끝까지 자신이 칼럼니스트라는 사실을 믿어 의심하지 않는 것이다. 생각이 먼저 앞서가서 그녀를 진짜 칼럼니스트로 만든 것이다.

사실 그녀가 단숨에 고정 칼럼니스트가 될 수 있었던 이유는 스스로 거절당할 생각을 하지 않았기 때문이다. 만약 그녀가 '실패는 성공의 어머니'라는 충고를 염두에 두고 칼럼을 썼다면 26주가 훨씬 지나서도 실패를 거듭했을 것이다. 그리고 기약되지 않은 '그 언젠가'를 기다리며 노심초사했을 것이다. 그렇다. '실패는 성공의 어머니'이니까 실패해도 괜찮다고 생각하면 또다시 실패하게 된다. 패턴은 반복된다. 거듭된 실패 끝에 성공이 오게 된다는 식의 생각이 패턴으로 자리 잡고 나면 일단 초반의 실패는 기정사실화된다. 성공은 아주 멀리 있고 그 언젠가는 영원히 오지 않을지도 모른다.

성공은 그것을 당연히 여기며 기꺼이 받아들이는 사람에게 먼저 돌아간다. 지금 내게 주어진 능력과 환경만으로도 충분하다는 자신감에 힘을 실어주어라. 그리고 당당하고, 당연하게 '나는 할 수 있다.'는 사실을 믿고 행동하면서 하고 싶은 일을 성취하라. 우연한 행운이라며 겸손해 하거나 빨리 얻은 것이라서 빨리 잃은지도 모른다며 두려워할 필요는 전혀 없다. 행운을 향해 넓고 큰 문을 열어놓아라. 크고 좋은 것을 받아들이는데 있어 주저하지 마라. 당신은 충분히 그럴 자격이 있다.

스티븐 스필버그(Steven Spielberg)는 17살에 정장을 차려 입고 진짜 감독인양 유니버셜스튜디오를 들락거렸다. 만약 그가 17살에 '나는 아직 한참 멀었어.'라며 먼발치에서 스튜디오 구경이나 하고 있었더라면 그는 훨씬 더 늦게 세상에 나타났을 것이다. 아니, 어쩌면 아직도 멀리서 스튜디오 구경이나 하고 있을지도 모른다.

자전거를 탈 때 '넘어지지 말아야지'라고 생각하는 사람일수록 넘어질 확률이 더 높다고 한다. 이는 '절대 그 사람을 생각해선 안 된다.'라고 생각할수록 더욱더 선명하게 그 사람을 떠올리는 것과 같은 이치이다.

절대 실패를 떠올리지 마라. '실패는 성공의 어머니'라는 말을 기억에서 지워버려라. '인내는 쓰고 열매는 달다.'는 그럴듯한 말도 잊어버려라. 혹 많은 사람들이 한목소리로 그것이 진리라고 말하더라도 귀담아 듣지 마라. 정말로 힘들게 고생해서 뭔가 해냈다는 말에 경의를 표하되 그것을 내 삶의 샘플로 만들 이유는 전혀 없다.

내 꿈의 멘토는 다른 누군가가 아닌 바로 나 자신이 되어야 한다.

5. 세상을 믿지 말고 자기 자신을 믿어라.

어두운 밤길을 차로 달리다보면 뒤에서 오는 차가 비추는 불빛이 그렇게 고마울 수 없다. 특히 초행의 막막한 시골길일수록 그 고마움은 훨씬 더 크다.

성공한 사람들의 이야기가 주는 깊은 감동과 가르침 역시 이와 비슷하다. 알 수 없는 내일을 향해 달려가는 우리 인생을 비추는 불빛과도 같기 때문이다.

하지만, 간혹 성공한 사람들의 인생을 마치 자신의 인생인양 혼동하는 사람들이 있다. 그들은 자신의 생각과 말 대신 성공한 사람들의 생각과 말로 자신의 삶을 채우곤 한다. '나'라는 존재가 사라지고 없는 것이다. 그들에게 묻고 싶다.

'당신 인생의 주인공은 누구인가?'

성공한 사람들의 이야기가 큰 감동과 가르침을 주는 건 사실이다.

하지만 어디까지나 그건 그 사람들의 이야기일 뿐 그들과는 전혀 다른 삶을 살아가야 할 '나'의 이야기는 아니다. 즉, 유용할 뿐 절대적인 가치를 지니는 것은 아니란 얘기다.

사람들이 흔히 착각하기 쉬운 것 중 하나가 '더 많이 망설이고, 더 많이 고민하면 최선의 결과를 얻을 수 있을 것'이라는 사실이다. 과연 그럴까? 그렇지 않다. 더 많은 시간과 고민을 들인다고 해서 반드시 더 좋은 것을 얻고, 성공할 수 있는 건 아니다.

세상을 믿지 말고, 자기 스스로를 믿어야 한다. 순진하게 살기에는 세상이 너무 거칠고 험하다. 지금 우리가 사는 세상은 말 그대로 '정글'과도 같다. 알다시피, 정글은 힘의 논리에 의해서 좌우된다. 때문에 심약한 사람은 언젠가는 반드시 누군가의 먹잇감이 되고 마는 것이 세상의 이치이다. 힘이 있는 자가 힘이 없는 자를 지배하는 말 그대로 '약육강식'의 세계가 바로 정글인 것이다.

대부분의 사람들은 어떤 일에 대한 결과에 대해 이중적인 잣대를 가지고 있다. 일이 잘 되면 자신 때문이고, 잘못되면 불가피한 어떤 사정 혹은 남의 탓을 하기 일쑤이다. 때문에 처음 진행하는 어떤 일에 대해서는 '내가 과연 할 수 있을까?'하는 막연한 불안감을 갖곤 한다.

정주영 전 현대그룹 회장이 직원들에게서 가장 듣기 싫어한 말 중 하나는 "이래저래 해서 그것은 불가능합니다."였다고 한다. 그럴 때마다 정주영 회장은 이렇게 묻곤 했다고 한다.

"이봐, 해보긴 해봤어?"

물론, 어떤 일을 함에 있어 철저한 분석과 예상되는 문제점들에 대한 확실한 대비는 꼭 필요하다. 하지만, 그것들 보다 더 중요한 것은 '나는 할 수 있다.'라는 긍정적인 마인드가 아닐까?

도대체 언제까지 다른 사람의 먹잇감만 될 것인가. 이제 그 애처롭고 무기력한 삶에서 벗어날 때도 되지 않았는가?

전설의 복서 무하마드 알리(Muhammad Ali)는 이렇게 말한 바 있다.

"자신을 믿어라. '난 최고다. 나는 세계의 왕이다.'최고의 챔피언이 되려면 스스로 최고라고 믿어야 한다. 만약에 그렇지 못하면 그런 척이라도 해야 한다. 스스로 믿는 사람은 의심이 많은 사람보다 언제나 월등한 성취를 할 수 있다."

6. 하루하루 최선을 다하는 삶

공자의 제자 증자가 말했다.

"나는 매일 내 자신을 세 번씩 반성한다. 남을 위해 일을 도모함에 있어 최선을 다했는가? 벗과 교우하는데 있어 신뢰를 잃는 일은 하지 않았는가? 스승에게 배운 바를 실천하는 데 게으르지는 않았는가?

증자는 공자가 아끼던 제자 중 한 사람이었다. 그는 평소 공자로부터 '재빠르지 못하고 어리석다.'는 말을 들었지만, 훗날 후계자로 인정받아

공자아카데미를 물려받았을 만큼 성실하고 인간관계도 뛰어났다.

시대는 다르지만 지금도 여전히 성실성, 신뢰성 그리고 실천력은 리더가 가져야 할 중요한 덕목으로 꼽힌다.

내가 속한 조직 내에서 맡은 일에 최선을 다하는 성실함, 즉 충(忠)이 없다면 그 조직의 발전은 기대하기 어렵다. 그 사람의 미래 역시 보나마나다. 책임감을 갖고 성실하게 일하는 사람이 많을수록 그 조직은 발전한다. 주변 사람들과 인간관계를 유지하는데 있어 믿음을 지키는 것 역시 중요하다. 신뢰를 받지 못하는 지도자는 조직의 구성원으로부터 지지를 받기 어렵고, 결국 설 자리를 잃게 되기 때문이다.

《논어》의 시작이 바로 '학습(學習)' 즉 '배우고 익히는 것'이라는 사실은 참 의미가 크다. 배웠으면 이를 익히고 곧 실천에 옮기는 것이야말로 개인과 조직 발전의 원동력이기 때문이다.

옛 사람들처럼 하루에 세 번씩 스스로를 뒤돌아보기란 결코 쉬운 일이 아니다. 하지만 자신이 무슨 잘못을 하고 있는지도 모르면서 하루하루를 살아간다는 것은 더 큰 잘못이 아닐까? 행동은 하지 않으면서 '꿈은 이루어진다.'고 외치는 몽상가와 다를 바 없을 것이다.

하루일과를 정해놓고 옆도 뒤도 돌아보지 않고 앞만 보고 내달린다고 해서 무조건 성공이 보장되는 것은 아니다. 또 열심히만 한다고 해서 누구나 인생에서 100% 성공 할 수 있는 것도 아니다. 가능성은 높지만 마냥 장담할 순 없다. 어디에나 변수가 존재하기 때문이다.

불교 경전에 다음과 같은 이야기가 나온다.

"하루하루가 흘러 한 달이 되고, 한 달 두 달이 흘러 일 년이 되고, 한 해 두 해가 흘러 어느덧 죽음의 문턱에 이르게 된다. 망가진 수레는 갈 수가 없고, 늙으면 공부도 할 수가 없다. 그런데도 누워서 갖가지 잡념과 게으름을 피운다. 쌓은 공덕이 얼마나 많기에 이토록 허송세월을 하고 있는가? 이 몸은 언젠가는 죽음에 이르게 될 것이다. 다음 생은 어찌 할 것인가. 서두를 지어라, 그대!"

또 한비자는 다음과 같이 말했다.

“사람이 높은 산에 걸려 넘어지는 법은 없으나, 의총(蟻塚, 개미무덤)에는 걸려 넘어진다.”

우리의 일반적인 생각과 달리, 인생에서 실패를 하게 되는 이유는 결코 원대한 꿈 때문이 아니다. 그보다는 사소한 돌부리에 걸려 실패하는 경우가 훨씬 더 많다.

우리의 뜻대로 되지 않는 것이 바로 인생이다. 인생의 원대한 목표를 세웠다면, 작은 돌부리와 같은 하루하루가 중요하다. 눈에 보이는 돌부리는 피할 수 있지만 풀숲 사이에 몰래 숨어 있는 돌부리들이 얼마나 많은가? 그렇기에 중요한 것이 마음가짐이다. 아무리 철저한 계획을 세우고 노력해도 모든 일이 뜻대로 풀리지 않으며, 충분히 돌부리에 걸려 넘어질 수 있다는 사실을 명심하라. 즉, 열심히 노력해도 운이 따라주지 않아 실패하는 경우가 얼마든지 있는 것이다. 그럴 때 마다 우리는 심각한 좌절을 겪게 된다. 자신의 능력을 의심하게 되고, 인생에 대한 회의감에 기가 꺾이기도 한다.

마음가짐을 달리하라. 오늘 당신의 계획은 정말 소중하지만, 어쩔 수 없는 일 때문에 계획한 바를 못 이룰 수도 있다. 실패에 대담해져라. 실패에 주눅 들지 말고, 실패를 생각하지도 마라. 더불어 정확한 목표를 설정하고, 목표를 이루기 위해 가장 효율적인 방법을 찾아 활용하라.

인생은 하루하루가 중요하다. 양파의 마지막은 아무것도 나오지 않지만 껍질 하나하나가 다 중요하게 쓰이듯 우리의 삶 역시 살아보면 아무것도 아니지만 하루하루가 모여서 인생이 되는 것이다. 이에 하루하루 최선을 다해서 살아야만 후회가 없는 것이다.

7. 언제까지 생각만 할 것인가?

중국 춘추전국시대 제나라 환공은 즉위하자마자 궁궐 뜰 앞에 횃불을 밝혀 주위를 환하게 했다. 나라의 앞날은 인재 등용에 달려있다고 생각했기 때문이다. 그래서 궁궐을 환하게 밝혀 재주 있는 사람들이 언제든지 궁궐 안으로 들어올 수 있도록 했다. 하지만 일 년이라는 시간이 흘렀음에도 개미 새끼 한 마리 찾아오지 않았다.

그러던 어느 날, 환공이 인재가 없음을 탄식하고 있는데 시골 사람 하나가 찾아왔다. 그 사람은 구구단을 외우는 재주를 가지고 있다고 했다. 이에 크게 실망한 환공이 혀끝을 차며 말했다.

"겨우 구구단을 외우는 하찮은 재주를 가지고 찾아오다니…"

이에 그 사람이 반문하였다.

"왕께서 인재를 구하기 시작한 지 일 년이 지나도록 한 사람도 구하지 못하셨다는 이야기를 들었습니다. 이는 사람들이 지레 겁을 먹고 있기 때문입니다. 제가 가진 구구단을 외우는 재주는 사실 아무것도 아니지만 이 정도의 재주를 가지고도 능력을 인정받는다는 사실이 널리 퍼지게 되면 많은 사람들이 왕을 찾아올 것입니다."

그제야 환공은 그의 말에 고개를 끄덕였다.

그로부터 채 한 달이 못 되어 그의 말대로 나라 안의 수많은 인재들이 모여들기 시작했다.

발상 하나로 자신과 세상을 바꾼 사람들을 보면서 누구나 '앗! 나도 저런 생각을 한 적이 있었는데'라며 무릎을 친 적이 있을 것이다.

똑같은 생각과 아이디어를 갖고도 어떤 사람은 성공하는데 반해, 어떤 사람은 실패하는 이유는 과연 뭘까? 바로 '실행'을 했느냐, 하지 않았느냐의 차이라고 할 수 있다.

참신한 발상을 떠올렸다가도 귀찮고 복잡해서 금방 포기해버리는 사람은 결코 세상과 자신을 바꿀 수 없다. 이에 반해 생각을 실행으로 옮긴 사람들은 다른 사람들의 존경어린 시선과 함께 성공이라는 멋진 선물을 받게 된다.

세상을 바꾼 아이디어들은 대부분 일반상식으로부터 시작된 것들이다. 크고 거창한 것만을 바라보며 기다리는 사람에게는 결코 기회가 오지 않는 법이다.

세상은 우리가 움직여 주기를 바란다. 지금, 당장 움직여라. 그 언젠가를 기다리기만 하면 평생 기다리다 지칠 것이다. 스스로 구구단도 재능이라고 믿는 사람이 있는가 하면, 초능력조차도 인정하지 않고 무시하는 사람도 있다. 유명브랜드 커피와 거리에서 파는 커피를 섞어놓고 사람들의 눈을 가리고 시음했을 때 사람들은 맛의 차이를 잘 구분하지 못한다는 실험결과가 있다. 그러나 그런 실험결과에 관계없이 사람들은 이미 특별하다고 명명된 브랜드에 아낌없이 돈을 지불한다. 그렇다. 커피의 맛을 바꾸는 건 별다른 재료나 기술이 아니다. '마케팅의 힘'인 것이다.

미국 애틀랜타 선트러스트(SunTrust) 은행 금고 안에는 120년 된 코카콜라 제조 비법이 들어있다고 한다. 코카콜라는 그 비법을 금고 안에 보관함으로써 이를 전설로 만들었으며, 많은 사람들의 호기심을 자극하는데 성공했다.

전문가들은 코카콜라를 복제하는 일은 무의미하다고 말한다. 왜냐하면 코카콜라를 세계 최고의 음료로 만든 성공 요인은 제조 비법이 아니라 상표명이기 때문이다. 코카콜라와 펩시가 다른 점은, 펩시콜라의 제조 비법은 금고에 있지 않다는 것이다.

인생의 최고 전성기는 과연 언제일까? 일반적으로 특정 분야에서 그 일을 가장 능숙하게 잘 해낼 수 있을 때라고 생각하기 쉽다. 이에 많은 사람들이 잔뜩 숨을 죽인 채 자신의 능력이 빛을 볼 그 언젠가를 기다리며 이렇게 말하곤 한다.

"비록 지금은 이렇게 움추려 있지만 언젠가는 반드시 내가 누구란 걸 보여주고 말거야."

하지만 일을 잘 할 수 있는 시기가 따로 정해진 것은 아니다. 그것은 나이와 시기와 전혀 상관이 없다. 따라서 일을 가장 잘 할 수 있는 시기야말로 우리 인생에서 가장 열정적인 순간이자, 최고의 전성기라고 할 수 있다.

성공한 사람들에게 그 비결을 물어본다고 치자. 그들로부터 시원한 대답을 듣고 그대로 따라 하기만 하면 누구나 다 성공할 수 있을까. 그렇게 간단한 방법이 있다면 왜 더 많은 사람들이 성공하지 못하는 걸까.

그들에게 특별한 비결 같은 건 애당초 없을 가능성이 높다. 오히려 그 특별함이란 것은 스스로에게 거는 자기 최면이거나 긍정적인 마음이 아니었을까? 그들은 그 최면상태를 오랫동안 지속시킨 덕분에 특별한 결과를 만들어냈고 결국 모두가 우러러보는 특별한 사람이 될 수 있었을 것이다.

아는 게 없고, 경험이 부족하며, 그저 그런 아이디어 밖에 없다고?

거기에 조금만 더 몰입하고 자기 최면을 걸면 그게 곧 특별한 비법이 될 수 있다. 더 이상 머뭇거리지 마라. 부족하다고 생각하는 바로 지금으로도 이미 충분하다.

8. 넘어지는 걸 두려워하면 결코 일어설 수 없다.

누구나 모두 최고가 되고 싶어 한다. 슬픔도 없고, 아픔도 없으며, 우울함도 없는 햇볕 쨍쨍 내리쬐는 그런 유쾌한 날을 원하는 것이다.

하지만 우리 인생에 행복한 직각만 있는 것은 아니다. 굴곡 역시 있기 마련이다. 나아가 성공과 성취, 승리뿐만 아니라 실패 좌절, 절망 역시 존재한다. 기를 써가며 애를 써도 일이 잘 안 풀릴 때도 있고, 오매불망 기다리던 기회가 바로 눈앞에 있는데도 놓치는 경우도 있다. 승승장구하던 사람이 하루아침에 나락으로 떨어지는 경우도 있다. 이런 일이 특별한 사람에게만 찾아오는 건 아니다. 바로 내 가족, 내 친구, 나 자신에게도 찾아올 수 있다.

실패, 절망, 좌절, 슬럼프와 맞딱드렸을 때 당신은 어떤 자세를 취하는가?

"힘들지만 그 상황을 태연하게 인정해야 한다."고 전문가들은 말한다. 실패를 대단하고 특별한 것으로 받아들여선 안 된다. 지나가는 비가 한 번 세차게 내렸다고 생각하면 된다. 기나긴 인생에 있어 아주 잠깐의 혹한이 찾아왔다고 생각하면 된다.

'구실일득(九失一'得) 구패일승(九敗一勝)'이라는 말이 있다.' 아홉 개를 잃어야 한 개를 얻을 수 있고 아홉 번을 져야 겨우 한번 이길 수 있다. '는 말이다. 이처럼 인생에 있어서 원하는 뭔가를 성취한다는 것은 결코 쉬운 일이 아니다. 실패하고 한계에 부딪히는 게 다반사다. 그러니 실수나 실패를 애써 은폐하려고 해선 안 된다. 그냥 있는 그대로를 보여주고, 있는 그대로 받아들이면 된다. 실패를 당당하게 받아들이는 사람만이 성공도 꿈꿀 수 있기 때문이다. 영국 수상 처칠이 집무실에서 일을 보고 있을 때였다.

똑똑똑, 노트소리가 들려왔다. 잠시 후 한 남자가 들어왔다.

"무슨 일로 오셨습니까?"

처칠이 정중한 표정으로 남자를 향해 물었다.

그러자 남자가 잔뜩 인상을 찌푸리며 말했다.

"존경하는 수상님, 너무나 억울해서 이렇게 찾아왔습니다."

"그래요, 어서 말씀해보세요."

남자는 다소 흥분한 어투로 말했다.

"저는 화가로 며칠 전 미술 전람회에 작품을 응모했습니다. 주위사람들은 모두 입을 모아 제 그림이 입상할 것이라고 말했습니다. 그런데 너무도 어이없는 결과가 나왔지 뭡니까."

"그래, 결과가 어땠나요?"

"보잘 것 없고 수준 낮은 그림들은 모두 입상을 했는데 제 그림은 낙선하고 말았습니다. 수상님은 그림에 조예가 깊다고 들었습니다. 저는 도저히 이 결과를 받아들일 수 없습니다. 심사위원들에게 문제가 있는 게 분명합니다. 심사위원들 중에 그림을 전혀 그리지 못하는 사람들도 있다고 합니다. 이게 말이 됩니까?"

남자의 얘기를 들은 처칠은 빙그레 미소를 지었다. 그리고 나지막한 목소리로 말했다.

"저는 닭이 아니라 달걀을 낳아본 일이 없습니다. 하지만 어떤 달걀이 싱싱한지, 상한 것인지 가려낼 수는 있지요. 심사위원도 마찬가지라고 봅니다. 심사위원이 반드시 그림을 잘 그릴 필요는 없지요. 그림을 잘보고 평가하는 능력만 있으면 됩니다. 당신의 그림이 입상되지 않았다면 분명 당신의 실력이 부족해서일 겁니다. 그래도 억울하다면 다른 사람의 실력을 뛰어넘을 수 있는 최고의 작품을 그리세요. 그럼 분명 입상이 될 것입니다."

우리는 어떤 일이 뜻대로 되지 않거나 자신이 힘으로는 도저히 감당할 수 없는 상황과 맞닥뜨렸을 때 책임을 회피하기 위해 핑계 거리를 찾곤 한다. 물론 외부적인 요인으로 인해 실패할 수도 있다. 그러나 언제까지 그것에 매달리고 한탄할 것인가. 실패를 실패로 끝내지 않고 성공의 발판으로 삼고자 한다면 외부적인 요인보다 실패의 원인을 내부적인 요인, 즉 자기 자신에게서 찾는 것이 훨씬 더 바람직하지 않겠는가? 핑계거리를 찾을 시간이 있다면 먼저 자기 자신의 문제점부터 점검해 보는 것이 좋다. 객관적으로 자기 자신을 들여다 볼 필요가 있기 때문이다. 그리고 실패의 원인이 무엇인지 철저하게 분석하는 것이 중요하다. 그래야만 다음번에는 똑같은 실패를 피해갈 수 있고, 창조적인 발전의 계기로 활용할 수 있다.

커넬 할랜드 샌더스(Colonel Harland Sanders)는 치킨요리 프랜차이즈 계약을 따내기 위해 낡아빠진 포드 승용차를 타고 미국 전역을 돌아다녔다. 그때 그의 나이는 65세였다. 잠은 승용차 안에서 자야했고, 식사는 닭튀김으로 해결했다. 그러나 그 누구도 그의 치킨요리와 사업계획을 인정해주지 않았다. 무려 1,008번이나 퇴짜를 맞았다. 실패와 한계의 나날이었다. 그러나 그는 결코 포기하지 않았다. 하고자 하는 의지가 있다면 성공은 반드시 오리라는 것을 믿었다. 그리고 마침내 1,009번째로 찾아간 레스토랑에서 첫 계약을 따낼 수 있었다. 그렇게 해서 탄생한 것이 바로 KFC이다.

지금까지의 이야기를 통해 우리는 '실패는 끝이 아니라 시작'임을 알 수 있다. 아울러 실패가 누적되는 만큼 그 과정에서 얻은 지혜와 노하우를 통해 성공의 길 역시 가까워짐을 알 수 있다.

"이게 나의 한계야."실패한 사람들은 흔히 이렇게 말한다. 그러나 엄밀히 말하면 한계라는 것은 변명에 불과하다. 생각해보라. 인간이 뛰어넘지 못할 벽이 어디 있겠는가. 우주선을 만들어 우주를 비행하고 버튼 하나로 모든 것을 움직이게 하는 시대이다. 이 모든 것이 가능했던 이유는 한계를 인정하지 않은 사람들의 놀라운 끈기와 열정, 노력의 결과라고 할 수 있다. 따라서 한계라고 말하기에 앞서 스스로 최선을 다했는지 자기 자신에게 물어봐야 한다.

실패는 도약을 위한 잠깐의 멈춤이자 휴식과도 같다. 걸음마를 배웠을 때를 생각해보면 알 수 있다. 그때 만약 넘어지면서 걸음마를 배우지 않았다면 우리는 절대 직립할 수 없었을 것이다. 자전거를 배웠을 때 역시 마찬가지이다. 무릎이 까지도록 넘어진 후에야 비로소 균형을 잡을 수 있으며, 앞을 향해 나아갈 수 있다. 실패를 두려워해서는 안 된다. 실패가 두려워 시작하지 않는 마음, 그 마음을 두려워해야 한다.

9. 삶과 맞서 싸울 때 기적은 찾아온다.

《손자병법》에 '분주파부(焚舟破釜)'라는 말이 나온다. 글자 그대로 '배를 불사르고 솥을 부순다.'는 말이다.

초(楚)나라의 항우(項羽)가 진(秦)나라와 거록(鋸鹿)에서 싸웠을 때의 일이다.

항우는 3만 병사를 이끌고 진나라를 치기 위해 진군했다. 진나라의 병사는 20만에 육박했다. 항우의 병사에 무려 7배에 가까웠다.

그러니 수적으로는 도저히 승산이 없는 싸움이었다.

그러나 항우는 승리를 자신했다. 항우는 병사들에게 강력한 동기 부여를 시켰다. 강을 건너는 배를 가라앉혀 병사들을 도망치지 못하게 만들었으면, 솥을 때려 부숴 3일분의 식량만을 배급하였다.

"이제 우리는 돌아갈 곳도 없고 먹을 것도 없다. 즉, 더 이상 물러날 곳이 없다. 죽을 각오로 싸워야 한다."

항우는 병사들을 물어날 곳이 없는 곳으로 몰아넣어 다른 선택이 없게 만들어 버렸다. 이에 선택의 여지가 없던 초나라의 병사들은 죽기 살기로 싸웠고, 마침내 승리 할 수 있었다.

삶은 늘 우리에게 도전을 강요한다. 인간이 완벽하다면야 자신에게 닥친 모든 것들이 두려움도 없고 도전으로 느껴지지 않겠지만, 인간은 신처럼 완벽하지 않다. 단점과 오류투성이다. 그래서 무언가를 시작해야 할 때는 늘 두렵기 마련이다.

흔히 도전 앞에서 인간은 두 부류로 나뉜다. 그것을 피해가는 사람과 정면으로 부딪치는 사람. 도전을 피해가면 당장은 편할지 모르지만 발전 없는 삶이 되고 만다. 그와 반대로 도전에 부딪치면 자신의 한계와 단점을 극명하게 느낄 수 있다. 정신적, 육체적 고통도 뒤따른다. 하지만 분명 의미 있는 일이다.

도전하겠다는 그 마음에서 이미 자신감을 얻었고, 그 자신감은 분명 좋은 결과를 낳기 때문이다. 한계와 단점은 오기를 불러일으키고 그것을 보완할 새로운 기회를 찾는 계기가 될 수도 있다.

그렇다. 눈앞의 '나무'보다는 눈에 보이진 않지만 우리의 삶을 결정하는 '숲'을 볼 줄 알아야 한다.

멀리 보게 되면 행동 하나하나에 보다 신중할 수 있다. 또한 가까이 보면 잘 안 보이는 것도 멀리서 보면 보이는 경우가 많다. 나아가 그렇게 되면 살아가는 데 있어 일희일비(一喜一悲)하지 않을 수 있다.

불행과 시련이 닥쳤을 때, 그 시간 속에 갇혀 있지 말고 인생을 크고 길게 멀리보라. 그러면 시련이 한낱 지나가는 바람처럼 느껴질 것이다. 또 바람이 지나간 뒤엔 따뜻한 햇살이 비추는 봄날이 온다는 사실을 알게 될 것이다.

제4절 학습을 돌아보라.

1. 집중력을 발휘할 수 있는 시간을 중시하라.

하루 24시간 중 최고의 작업 효율을 낼 수 있는 시간대가 있다. 어느 연구기관이 여덟 시간제 작업 제도를 실행하는 공장의 경우를 분석한 결과, 오전 중에 생산량이 최대치가 되고 오후가 되자 곧바로 떨어짐을 발견했다. 그리고 최대 생산량을 얻기 전 '가열단계'를 거치게 되는데, 이는 보통 출근 직후 잠깐뿐이다.

공부 또한 마찬가지이다. 오전의 학습 능률이 오후보다 높기 때문에 오전에 집중해서 공부하는 것이 유리하다. 학교에서 필수과목과 집중을 요하는 과목을 대부분 오전시간에 배정하는 이유도 이 때문이다. 공부의 효과를 극대화하여 성적을 올리고 싶다면 오전 시간을 효율적으로 사용해 보라. 만약 오전 시간에 집중할 수 없다면 수면이나 식사, 운동 등의 시간을 조정해서라도 일찍 자고 일찍 일어나는 습관을 기르는 것이 중요하다.

오전 시간을 가장 효율적으로 보내기 위해 모든 노력을 총동원하자. 오전에는 중대한 일을 처리하고 자질구레한 일은 오후에 처리해도 늦지 않다. 저녁에는 다음날 오전 시간을 충분히 이용할 수 있도록 시간을 아낄 수 있는 일들을 미리 준비해 둔다. 다음날 입을 옷을 미리 꺼내 놓는 다던지, 아침 식사를 준비하는 등의 작은 일부터 시작하자.

2. 유능한 사람의 업무 처리 방법을 배워라.

사람은 누구나 최소한 한 가지 이상의 장점을 갖고 있다. 이런 사실을 기반으로 다음과 같은 시도를 해보는 것은 어떨까?

업무 처리에 탁월한 수완을 발휘하는 사람을 찾아 그 사람을 닮아 보는 것이다. 이는 그 사람의 능력이나 성격을 닮는 것을 말한다. 이를 위해서는 나보다 우수한 사람을 지표로 삼아 창조적으로 모방하되, 궁극적으로는 그 모방의 대상을 추월하고자 하는 의지가 필요하다. 성공한 사람을 벤치마킹하는 것은 자신이 도달하고자 하는 목표를 위해 능력을 향상시키고, 부족한 점을 개선함으로써 가치관이나 행동 양식의 변혁을 이루기 위한 것이다. 어려움에 빠지거나 어떤 일을 결정하지 못하고 주저하게 되는 순간, 그 사람이라면 이 고난을 어떻게 헤쳐 나갈 것인가를 생각해보라. 그러면 아마도 문제를 해결할 답안이 떠오를 것이다. 만일 자신의 마음속에 그런 역할 모델이 없다면 지금이라도 그런 대상을 찾아 이러한 태도를 익히고 습관화해 보자. 마음속에 동경하는 대상을 한 명쯤 두어 그들의 장점을 본받고자 노력한다면 자신의 발전을 자극하는 데 도움이 될 것이다.

제5절 마음을 돌아보라.

1. '잃어버리다'를 '버리다'로, 사고를 전환하라.

무언가를 잃어버렸을 때 당신의 머릿속은 온통 잃어버린 물건을 찾아야 한다는 강방관념으로 꽉 차 괴롭고 초조할 것이다. 하지만 이미 잃어버린 무언가를 버린 물건이나 필요 없는 것이라고 생각한다면 마음이 한결 가벼워져 그 물건에 더 이상 미련을 두지 않을 것이다.

우리의 인생은 '첫사랑'이나 '청춘' 등의 추상적인 것들을 포함한다. 이처럼 눈으로 보이는 것 외에 추상적인 모든 것을 포함한다면 우리가 그동안 잃어버린 것은 정말 수없이 많다. 하지만 이 모든 것을 잃어버리거나 버렸다고 간주한다면 마음이 한결 편안해짐을 느낄 수 있다.

세상을 살다 보면 운수가 나쁜 날도 있고 좋은 날도 있다. 사람에 따라서 그 시간의 길이가 짧을 수도 길 수도 있을 뿐, 누구나 이런 상황을 겪기 마련이다. 그렇다고 평생 운수가 나쁘기만 하거나 좋기만 한 경우는 없다.

'불운 끝에 행운이 온다.'는 말이 있다. 지금의 당신 모습에 부질없어 보이거나 난관에 부딪혀 허우적거린다 할지라도 그 상황을 오히려 역전의 기회로 삼아 힘차게 나아간다면 반드시 고지에 다다를 수 있을 것이다. 반면 그 밑바닥에 누워서 움직일 시도조차 하지 않은 채 절망에 빠져 있다면 그곳이 바로 자신의 무덤이 될 수 있음을 명심하라.

절망이 아무리 무겁게 어깨를 짓눌러도 희망의 힘으로 극복하고 나면 반드시 성공의 씨앗이 싹을 틔워 커다란 나무로 자랄 것이다.

2. 인내는 미덕이다.

사소한 일로 친구들과 싸우고 나서 벽을 쌓은 채 오랫동안 껄끄럽게 지내는 것은 아무런 도움이 되지 않는다. 그런 사람은 평생 양보와 관용을 뒤로한 채 이기심만 채우며 사는 경향이 있다. 관용은 상대방을 너그럽게 포용하고 잘못을 용서하는 것을 의미하며, 이것은 사람이 가장 기본적으로 갖추어야 할 덕목이다.

고대 그리스 신화의 헤라클레스가 어느 날 울퉁불퉁한 산길을 걸어가고 있었다. 그의 발밑에 어떤 자루 같은 것이 거치적거리자 화가 난 헤라클레스는 그 물건을 발로 짓밟아버렸다. 그런데 그 자루가 부서지기는커녕 오히려 부풀어 오르는 게 아닌가! 그는 더욱 화가 나 자루의 주둥이를 잡고 나무 몽둥이로 내리쳤다. 그러자 그 자루는 놀랍게도 더 커져서 길을 완전히 막아버렸다.

때마침 산 중턱으로 올라가던 성인이 그 관경을 보고 헤라클레스에게 말했다.

“친구여, 그것 자체를 잠시 잊어버리고 멀리 떨어지도록 하게. 그것은 ‘증오의 자루’이므로 관심을 끄면 원래대로 작아질 걸세. 하지만 화를 내면 낼수록 더 크게 부풀어 올라 당신의 앞길을 방해하는 적이 될 것이네!”

세상을 살다 보면 수많은 오해와 마찰을 겪어가며 특정 대상을 증오하게 될 수도 있다. 하지만 그 ‘증오의 자루’를 ‘관용’으로 가득 채워 보라. 각박한 삶을 살아가는 현대인일수록 관용의 미덕을 베풀 줄 알아야 한다. 마음이 옹졸하고 생각이 냉혹한 사람은 모든 것을 얼어붙게 해 성공으로 가는 길목의 벽에 부딪혀 더 이상 나아가지 못하고 만다.

증오는 성공의 방해자이다. 증오를 관용으로 감싸 안아 너그럽고 열린 마음으로 세상을 바라보는 화해와 수용의 자세야말로 당신의 앞길을 더욱 탄탄하게 만들 것이다.

3. 스트레스를 삶의 원동력으로 변화시켜라.

적당한 스트레스는 모든 일의 원동력이 되며, 침착한 태도는 당신의 미래를 바꿀 수도 있다.

어느 회사의 한 부서에서 십여 년이 넘게 일해 온 중년 간부가 있었다. 그는 회사 내에서 어느 정도의 권력이 있었음에도 불구하고 교만하지 않았다. 항상 정직하며 청렴결백했고, 원활한 인간관계를 유지했다. 그런데 어느 날 그가 자신이 살아온 인생에 대해 솔직한 이야기를 털어놓았다.

"제가 대학을 다닐 때는 집안 사정이 여의치 않아 학업을 포기하고 고향으로 내려가 농사를 지어야만 했죠. 마지못해 농사짓는 길을 선택했던 겁니다. 당시에는 시대적인 상황 탓으로 인해 그런 고급 인력들이 많았습니다. 그렇다고 해서 그들은 농사를 짓는 자신의 처지에 낙담하지 않았고, 이를 자연스럽게 받아들였습니다. '흙에서 식량을 얻는다.'는 평범한 진리를 명심하고 미래에 대한 투자로 생각하며 즐겁게 일했습니다. 저 또한 그들을 본받아 항상 명분과 이성을 유지할 수 있었습니다. 사람은 저마다 소유해야 할 것과 소유하지 않아도 되는 것이 있죠. 이 처럼 자신이 해야 할 일은 반드시 마무리해야 하며, 하지 말아야 할 일은 쳐다볼 생각도 말아야 합니다. 그리고 얻는 것이 있으면 잃는 것도 있기 마련이듯, 이미 잃어버린 물건에 대해 아까워하지도 후회하지도 말아야 합니다. 무언가를 얻었다고 해서 반드시 축하할 가치가 있는 것도 아니고, 잃어버렸다고 해서 꼭 불행하기만 한 것도 아니랍니다. 무슨 일을 처리하든 침착한 태도를 유지하여 적절하게 대응할 수 있다면 자신의 품격은 저절로 높아질 것입니다."

대부분의 사람에게는 스트레스와 슬픔으로부터 벗어나 새로운 사고를 받아들일 수 있는 능력이 있다. 우리는 종종 자신의 능력을 가늠하지 못하여 스스로를 하찮은 존재라고 인식하기도 한다. 이런 데서 오는 스트레스를 이성적으로 해결하려고 노력하면 그 긴장이 대뇌의 흥분을 증가시킨다. 이는 대뇌의 생리 기능을 높여주고, 사고에 대한 반응속도를 민첩하게 한다. 또 일상생활에서의 적당한 긴장과 스트레스는 심장을 수축시키고 강화하여 혈류를 증가시킨다. 이것은 각 조직에 혈액을 충분히 보내 신체의 기능을 활발하게 하여 심장 관련 질병을 억제하는 데 결정적인 역할을 한다. 따라서 적당한 긴장감은 신체 각 부분의 근육 활동을 증가시켜 신진대사를 강화할 뿐 아니라 체력 또한 보강하여 면역력이 증진된다.

우리는 살아가면서 갖가지 요인으로 인해 스트레스를 받는다. 물론 적당한 스트레스는 활력을 불어넣고 긴장감을 주는 촉진제가 되지만, 지나친 스트레스는 무시무시한 파괴력을 발산할 수도 있다. 따라서 스트레스를 정확하게 진단한 후 이를 적절하게 해소시켜야 성장의 원동력으로 발전시켜 나갈 수 있다.

4. 항상 큰소리로 "나는 중요한 사람이야!"라고 외쳐라.

살다 보면 누구나 한 번쯤은 고난을 겪게 마련이다. 이때 문제와 정면으로 부딪쳐 극복하려는 자세가 중요하다. 대개 사람들은 난관에 부딪히면 그 속에서 허우적댈 뿐 적절한 해결책을 찾지 못한다. 용기를 내어 자신이 중요한 사람이라고 외칠 수 있는 사람은 고난도 쉽게 극복할 수 있다는 것을 기억하라.

일본은 제2차 세계대전 이후 닥친 경제 위기 속에서 엄청난 수의 실업자와 함께 불황을 맞았다. 이때 도산위기에 처한 한 식품 회사가 기사회생을 위해 직원의 3분의 1을 해고하기로 결정했고, 세 분야의 직원들이 해고 리스트에 올랐다. 첫 번째는 청소부, 두 번째는 운전기사, 세 번째는 아무런 기술도 없는 창고 관리원을 비롯하여 모두 30여명이 거론되었다. 사장이 직접 그들에게 해고 의도를 설명하자 먼저 청소부가 이렇게 말했다.

“우리는 회사에서 중요한 사람들입니다. 만약 우리가 청소를 하지 않으면 깨끗하고 청결한 작업 환경이 갖춰지지 않을 텐데, 그런 환경에서 당신들은 일에만 매진할 수 있겠습니까?”

그러자 이번에는 운전기사가 이렇게 말했다.

“우리도 마찬가지예요. 이렇게 많은 상품을 운전기사도 없이 어떻게 시장으로 신속히 배달할 수 있겠어요?”

마지막으로 창고 관리원도 거들었다.

“우리도 중요하죠! 만약 이런 어려운 상황에서 창고를 지키는 사람이 없으면 여기에 있는 식품들이 모두 도난당할 텐데, 그래도 괜찮겠습니까?”

사장은 그들의 말을 듣고 난 후 고심한 끝에 결국 아무도 해고하지 않기로 결정했다. 대신 그는 새로운 관리 대책을 제정했다. 회사 정문에 ‘나는 중요한 사람이다!’라는 글을 써서 모든 사람이 볼 수 있게 했던 것이다. 그 결과 모든 직원이 스스로가 중요한 존재임을 깨닫고 전보다 더 열정적으로 자신의 일에 몰두하기 시작했다. 짧은 한 문장에 불과했지만 모든 직원이 이로부터 긍지를 느끼고 일에 더욱 적극적으로 임할 수 있었던 것이다. 그 후 회사는 급성장했고, 결국 일본을 대표하는 대기업으로 발돋움했다.

당신은 스스로가 중요한 사람이라고 생각하는가? 이에 내답하기를 주저한다면 앞으로는 “나는 중요한 사람이다.”라는 말을 자신 있게 외칠 수 있도록 연습하자! 긍정적인 사고방식은 긍정적인 결과를 낳는 강력한 힘을 발휘한다. 그러한 자세를 갖춘다면 어떤 어려움이든 극복할 수 있을 것이다.

제2장 의사소통/갈등관리/타인의 이해

제1절 적극적인 인간이 되어야 한다.

1. 대인관계의 장애물은 당신 자신의 성격이다.

사람들 앞에서 나서기만 하면 기가 죽어 소극적이 되고, 불안해하는 사람들이 많다. 이런 사람들은 자신이 그와 같은 열등의식에 사로잡히게 된 까닭이 원만하지 못한 대인관계에 있음을 전혀 깨닫지 못하고 있다.

또 적어도 표면적으로는 이와 정반대의 성격을 가진 사람들도 상당히 많다. 이런 사람들은 가정이나 직장에서의 소위 '연줄 바람'을 일으켜 횡포에 가까운 안하무인적인 태도를 취하기 십상이다. 그러면서도 그들은 원만한 대인관계가 이루어지지 않는 것을 한탄하며, '왜 가족이나 종업원들은 나에게 협력해 주지 않는 것일까?', '왜 언제나 내가 억지로 이끌어 가야하는 것일까?'하고 의아하게 생각한다. 그러나 마침내 자기가 가장 좋은 인상을 심어주고 싶었던 사람들로부터 아무런 이해나 인정을 못 받고 있다는 사실을 깨닫게 된다. 아무리 강요해도 사람들이 자기를 좋아해 주지 않은 것이다.

그러므로 대인관계의 기술을 마스터하지 못한다면 자기가 진정으로 바라는 성공과 행복을 얻을 수 없을 것이다.

2. 사람을 피해서는 살 수가 없다.

당신이 원하든 원하지 않든 당신 곁에는 항상 사람들이 있게 마련이다. 현대사회에서는 이 사람들을 계산에 넣지 않고서는 성공도, 행복도 얻을 수가 없다.

의사나 변호사나 기업가나 세일즈맨으로 성공한 사람이 반드시 머리가 월등히 좋거나, 어떤 분야의 기술을 완벽하게 체득한 사람은 아니다. 매상을 가장 많이 올리는 여자 점원이 가장 아름답고 현명하다고 말할 수는 없다. 또 가장 행복하게 살고 있는 부부가 반드시 가장 아름다운 여성과 가장 매력적인 남성의 결합은 아닌 것이다.

어떤 분야에서건 성공한 사람들은 사람 다루는 비결을 터득하고 있는 사람들이다.

사람을 겉치레나 형식적으로 대하는 것이 아니라, 인간성을 이해하는데 토대를 두고 행동한다는 사실이 있었다. 즉, 형식적인 인간으로서가 아니라 어디까지나 원칙에 입각한 방법을 적용하는 것이었다.

3. 먼저 기본기를 다지자.

대인관계에 대한 숙련도 다른 모든 분야에서와 마찬가지로 가장 기본적인 일반 원칙을 이해하고 습득함으로써 성공을 거둘 수 있는 것이다.

무엇을 해야 하는가에 대해서 뿐만 아니라 왜 그렇게 해야 하느냐에 대해서도 알아야 한다는 얘기다. 그것은 물론 천편일률적인 것이어서는 안되지만, 기본 원칙이란 점에서는 만인 공통의 것이라고 할 수 있다.

당신이 만나는 개개인은 전부가 다른 인간이다. 그 개개인 전부가 각각 다른 방법을 습득해야 한다면, 그것은 한도 끝도 없을 것이다.

그것은 마치 피아니스트들에게 한 곡 한 곡을 전혀 새로운 방법으로 익히라고 요구하는 것과 같다.

피아니스트는 우선 일정한 원칙을 습득한다. 음악에 대한 기본적인 사항을 배운 다음에라야 연주를 잘할 수 있도록 연습을 반복한다. 기본적인 사항을 습득하면, 간단한 연습을 통해 그 어떤 곡이라도 연주할 수 있게 된다.

그러나 피아노를 칠 수 있는 방법을 터득했다고 해서 피아니스트가 되는 것은 아니다. 똑같은 소리를 낸다고 해서 모두 음악이 되는 것은 아니기 때문이다.

사람을 움직이는 것 역시 피아노의 경우와 마찬가지이다. 사람을 움직이는 방법을 배웠다 할지라도, 형식적이고 기계적인 방법으로 적용하려 한다면 아무 소용이 없다.

이 책의 목적은 몇 개의 '화음'에 대하여 설명하려는 것이 아니다. 독자들에게 피아노의 건반을 눌러 음악을 연주할 수 있도록 하는 데 도움이 되는 일. 즉 대인관계의 방법을 전수하려는 것이 아니다.

단지 인간성과 인간 행동의 원인에 대한 이해에 근거한 '기술과 지식'을 당신에게 보여주고자 할 뿐이다.

이 책에서 설명하는 방법은 나의 대인관계 강좌에 참가한 수천 명의 사람들이 실험한 것이다.

그것은 대인관계를 어떻게 해야 하느냐에 대한 나의 지론이 아니라, 이미 여러 사람들에 의해 대인관계를 잘 유지하면서 자기가 바라는 것을 얻으려면 어떻게 하는 것이 좋으냐에 대한 해답인 것이다.

그렇다. 우리는 누구나 성공과 행복을 원하고 있다. 그렇지만 자기가 바라는 것을 자기 혼자 어찌 어찌 해서 손 안에 넣을 수 있었던 시대는 이미 지나가 버렸다. 그렇다고 구걸을 할 수 있는 시대도 아니다. 비굴하게 복종하면서 손을 뻗어 애원하는 인간은 누구한테서도 존경도, 도움도 받지 못한다. 오직 멸시와 학대만을 받을 뿐이다.

오늘날, 자기가 바라는 것을 얻을 수 있는 유일하고도 확실한 방법은 대인관계에 능숙해지는 길뿐이다.

제2절 사람을 움직이는 비결

1. 인간은 누구나 자기중심적이다.

대인관계는 현대 생활에 있어서 가장 중요한 부분임은 두말할 나위도 없다. 그러므로 원만한 대인관계를 위해서는 상대방이 어린이든 가정주부든, 남편이든, 아내든, 또는 사장이든, 사원이든 간에 다음 사항을 명심하고, 그에 따라 적절히 행동하도록 노력해야 한다.

◎ 사람은 누구나 자기중심적이다.
◎ 사람은 누구나 이 세상의 그 무엇보다도 자기 자신에 대하여 흥미를 가지고 있다.
◎ 사람은 누구나 자기를 중요하다고 생각하며, 그렇게 여겨지기를 바라고 있다.
◎ 사람은 누구나 다른 사람들한테 인정을 받음으로써 자신의 존재를 확인하고 싶어 한다.

인간은 누구나 자아에 대하여 굶주려 있다. 그래서 자신의 존재를 잊고 다른 사람에게 주위를 기울일 수 있는 것은 자아에 대한 굶주림이 어느 정도 만족되었을 때뿐이다.

그러므로 타인에 대하여 관대하고 우정을 보여줄 수 있는 사람은 오직 자기 자신을 좋아하는 사람뿐이다.

제3절 상대방을 컨트롤하는 방법

1. 상대방의 반응은 나의 태도에 달려 있다.

사람은 누구나 상대방의 행동이나 태도에 반응함으로써 행동한다는 것은 심리학의 법칙이다. 이 법칙은 그 자체로서는 신비할 것이 하나도 없지만, 그것을 효과적으로 실행하였을 때 얻을 수 있는 성과는 실로 놀라운 것이다.

사람은 누구나 상황에 따라 적절한 행동을 취하길 원하고, 임기응변을 발휘하고 싶어 한다. 항상 눈앞에서 전개되고 있는 무대의 변화에 따라 각자의 인생살이를 연출하는 것이다.

다시 말해, 다른 사람들이 우리에 대하여 지니고 있다고 생각되는 의견에 맞추어 살아가려는 무의식적인 충동을 가지고 있다는 얘기다. 한편, 자신이 다루기 어려운 상대방에게는 마음속으로 언제든지 싸울 수 있도록 두 주먹을 불끈 쥐고 다분히 적의를 지닌 체 대한다.

이와 같은 태도는 상대방에게도 그대로 작용된다. 마치 거울 앞에 서서 연기를 하는 것과 똑같다. 당신이 얼굴을 찌푸리면 거울속의 인물도 찌푸린 얼굴을 당신에게 보내고, 당신이 호통을 치면 거울 속의 인물도 당신에게 호통을 친다.

그런데 이 심리학의 법칙이 얼마나 중요하고 신빙성이 있는 지를 인식하고 있는 사람은 극히 드물다. 이것은 단순히 상대방이 그렇게 행동할 것이라는 식의 공리공론(空理空論)이 아니다. 이는 다른 자연의 법칙과 마찬가지로 냉정하고 공정하게 연구할 만한 가치가 있는 것이다.

캐넌 대학의 언어연구회는 미군 해군과의 공동 연구를 통해, 인간은 누군가로부터 호통을 당하면 그 상대방이 보지 않는 곳에서라도 호통을 되돌려 보내지 않고는 견디지 못하는 존재라는 사실을 확인했다고 한다.

전화를 통해 몇 가지 높낮이의 목소리로 간단한 질문을 한 결과, 전화를 받는 사람은 언제나 질문과 똑같은 높낮이의 목소리로 대답을 한다는 사실이 밝혀졌다. 부드러운 질문에는 부드러운 대답이 되돌아오고, 거친 질문에는 거친 대답이 되돌아왔던 것이다.

이 실험에 의해서 판명된 놀라운 사실은, 수화기 저쪽에 있는 사람이 이쪽 사람 목소리의 높낮이에 영향을 받지 않는 경우는 없었다는 점이다. 수화기 저쪽 사람이 개인적으로 매우 흥분된 상태였을 경우에는 문제가 좀 다르겠지만 말이다. 어쨌든 중요한 것은 상대방의 반응은 이쪽의 목소리의 크기와 부드러움에 정확하게 비례하여 말소리가 크고 거칠어지기도 하고, 작고 부드러워지기도 했던 것이다.

2. 상대방이 화를 내기 전에 부드럽게 말하라.

심리학의 원칙을 잘 이용하면 당신은 상대방을 화나게 하지 않을 수 있다. 이것은 심리학적으로 유명한 두 가지 사실에 기초를 두고 있다. 그 하나는 앞에서 설명했듯이 이쪽 목소리의 상태가 상대방 목소리의 상태를 조절한다는 것이고, 또 하나는 화가 나서 소리를 지르는 것인지, 소리를 질러서 화가 나는 것인지는 닭이 먼저냐 달걀이 먼저냐와 같다는 사실이다. 단, 확실한 것은 부드러운 목소리로 이야기를 하면 상대방은 화를 내지 않는다는 사실에 주목해 주기를 바란다. 부드러운 대답이 상대방의 분노를 몰아내기 때문이다. 이상의 두 가지 사실을 잘 알고 있으면, 다른 사람의 감정을 놀라울 정도로 지배할 수가 있다.

일촉즉발의 긴장 상태에 빠져 있을 때는 의식적으로라도 목소리를 낮추어 부드럽게 얘기해야한다. 그렇게 하면 상대방도 따라서 목소리를 부드럽게 바꿀 것이다. 목소리가 부드러우면 화가 나지 않고, 감정적으로 흐르지 않게 된다.

그러나 상대방이 이미 화가 몹시 나 있는 상태라면, 이 방법도 효과가 없는 경우가 있다. 그러므로 상대방이 화를 내기 전에 이 방법을 활용하도록 해야 한다.

3. 상대방의 능력을 키워줘라.

상대방을 향상시키는 방법으로 위협과 책망, 또는 설교를 선택하는 사람이 있는데, 이와 같은 방법들은 전혀 효과가 없다. 오히려 사태를 더욱 악화시킬 뿐이다.

책망을 듣거나 꾸중을 당한 사람은 '다른 사람의 의견에 맞추어 주어진 역할을 연출한다.'는 인간성의 기본 원칙에 따라 상대방이 예상하고 있는 대로 행동할 것이다. 즉, 상대방의 견해를 반박하지 않으려고 의식적으로 노력한다는 얘기다. 그래가지고는 전혀 발전을 기대할 수 없다.

대인관계의 달인이었던 영국의 윈스턴 처칠은 '상대방에게 어떤 장점을 시니게 하고 싶거든, 그에게 그 장점을 떠맡겨야 한다.'고 말했다.

그러므로 상대방을 신뢰하도록 하라. 상대방에게 '나는 너를 믿고 있다'라는 뜻을 심어주면, 상대방도 그 신뢰에 보답하려고 노력할 것이다.

루이지애나 주의 센세트라는 작은 도시에 있는 신탁은행 은행장인 로버트 캐스테일씨는 담보나 연대보증인 없이도 거액의 돈을 대출해 주고 있다. 심지어는 미성년자인 고교 졸업생에게 부모의 서명도 받지 않고 대출을 해줄 정도이다. 뿐만 아니라 3백 명 이상의 대학생들에게 학자금을 대출해 주고 있다.

지난 15년 동안 이와 같이 대출해 준 돈이 무려 50만 달러를 넘었지만, 은행에서는 단 돈 1달러도 손해를 본 적이 없다. 채무자들이 하나같이 자기가 돈을 대출받은 것은 단 한 가지 이유 때문이라는 사실을 가슴 깊이 새기고 있기 때문이다. 그것은 반드시 그 돈을 변제해 줄 것이라는 믿음을 가지고 은행이 대출을 해주었다는 점이다. 그들은 은행이 자신들을 신뢰해 주었다는 사실에 고무되었던 것이다.

제 1차 세계대전 당시 허버트 후버(Herbert Hoover)가 가격통제위원장으로 근무하고 있을 때의 일이다. 중서부의 한 상인이 눈에 띄게 가격통제 위반을 자행하고 있다고 소문이 들려왔다.

후버 씨는 그 상인에게 다음과 같은 전보를 띄웠다.

귀하를 귀하가 살고 있는 시의 정화위원회 의장에 임명합니다.

전보에는 그 시에서의 공정거래를 위해 노력해 달라는 요지가 첨부되어 있었다. 후버 씨의 예상대로 이 전보는 마법과 같은 효력을 발휘했다. 그 뒤로 그 상인은 통제가격을 충실히 준수했을 뿐만 아니라, 많은 시간과 노력을 기울여 정화위원회 의장의 임무를 수행해냈다.

후버씨는 교사가 그 학급에서 제일 말썽을 피우는 아이에게 '잠시 교실을 비울 테니, 그 동안 아이들이 떠들지 못하도록 네가 감시를 좀 해다오' 하고 말하는 낡은 수법을 이용했던 것이다.

에머슨은 일찍이 이런 말을 했다.

"상대방을 믿으라, 그러면 그도 당신에게 틀림없이 진실을 보여줄 것이다."

당신도 이와 같은 방법을 실행해 보라. 틀림없이 효과가 있을 것이다.

우리가 접촉하는 사람들 중 똑같은 사람은 하나도 없다. 남녀노소를 불문하고 완전한 선인도 없고, 완전한 악인도 없다. 인간의 개성은 제각각 다를 뿐만 아니라. 어떤 일정한 정형이 있는 것도 아니다.

우리가 상대방에게서 인식한 것은 그의 여러 가지 개성 중 한 가지에 불과하다. 그러므로 아무개는 지독한 노랑이라고 다른 사람이 말했다고 해서 당신도 그런 선입관을 가져서는 안 된다. 여기서 제시하는 인간성의 기본원칙을 활용하면, 노랑이라고 소문난 사람에게서 아주 색다른 장점을 발견할 수도 있을 것이다.

제4절 상대방에게 좋은 첫인상을 주려면

1. 자신도 모르게 나쁜 인상을 주는 사람이 많다.

사람은 자기에 의해서만 평가되는 것은 아니다. 그의 직업이나 업적, 경쟁하는 방법에 의해서도 평가된다.

"너희가 평가받고 싶지 않거든 남을 평가하지 말라."

이 말은 성서에 나오는 구절인데, 대인관계의 방법과도 일맥상통하는 말이다. 당신이 어떤 사람을 평가하는 것은 곧 그에게 당신을 평가할 만한 실마리를 제공해주는 것이 되기 때문이다.

예를 들면 "남편이나 아내의 비열하고도 불쾌한 행동을 아무에게나 마구 털어놓는 사람들 중에는, 상대방보다 자신에게 더 문제가 있는 경우가 많다." 는 것은 상대방의 험담을 늘어놓거나 부정적인 면을 얘기할 때는 나쁜 인상을 주게 된다는 사실을 명심해라.

뉴욕에 있는 로웬 직업소개소의 소장인 웰터 로웬은 많은 남녀들에게 근무조건이 좋은 직장을 알선하는 등 눈부신 활동을 하고 있는 사람이다.

이 일을 시작한지 30년이 되는 그는, 구직자들이 면접을 할 때는 절대로 전에 있었던 회사의 고용주를 나쁘게 말해서는 안된다고 경고하고 있다.

"불평분만자를 고용하고 싶어 하는 사람은 없다는 사실을 명심해야 한다."

당신은 당신의 직업이나 직장에 대하여 어떤 평가를 내리고 있는가? 누가 당신의 직장이 어디냐고 물으면, 부끄러운 듯이 '저XX은행입니다만...' 이라고 대답하는가? 아니면 '국내 최고의 은행에서 일하고 있습니다.'라고 자랑스럽게 대답하는가? 상대방은 후자처럼 대답하는 사람을 높게 평가해 줄 것이다.

또한 누가 당신의 고향을 물었을 때, '아주 보잘것없는 작은 고향입니다' 라고 자신 없이 말하는 경우와 '제 고향은 이 세상에서 제일 아름다운 곳이지요.'라고 말하는 경우, 상대방은 과연 어느 쪽을 높이 평가하겠는가?

만약 당신 회사의 사장이 대단찮은 인물이라거나, 당신이 근무하는 회사가 대단찮은 회사라는 인상을 상대방에게 심어준다면, 상대방은 당신에 대해서도 다음과 같이 생각할 것이다.

'이 친구 역시 그렇고 그런 놈이로군. 그렇지 않다면 그 시원찮은 사장 밑에서 지금까지 일을 해왔을 까닭이 없지.'

그럼에도 불구하고 그런 사실을 모르는 사람이 많다. 앞에서도 언급한 것처럼, 다른 사람을 깎아 내리면 상대적으로 자기에 대한 평가가 높아질 것 같지만 사실은 이와 정반대이다.

경쟁 회사의 세일즈맨은 상품을 나쁘게 말해서는 안 된다. 유능한 세일즈맨이라면 자기 상품의 장점만 부각시킬 것이다. 그는 상대방이 남을 깍아내리는 듯한 말투를 싫어할 뿐 만 아니라, 그것이 자신에게 불리한 상황을 초래한다는 사실을 잘 알고 있다.

자기 스스로 그런 상황을 설정해 놓고, 상대방이 '예스'라고 대답하기를 기대하는 것은 언어도단(言語道斷)에 다름 아니다.

2. 긍정적인 대답을 얻으려면 긍정적인 분위기가 필요하다.

유명한 심리학자인 허리 오버스트리는 자신의 저서≪인간의 행위에 대한 영향≫에서 다음과 같이 말하고 있다.

긍정적인 대답을 얻어내기 위하여 심리학이 발견한 최상의 방법은, 상대방에게 '예스'라고 말할 수 있는 기분을 만들어주는 것이다.

그러기 위해서는 무엇보다 긍정적인 분위기를 만들어 놓아야 한다. 그 비결 중 하나는, 상대방으로 하여금 몇 개의 예비 질문에 '예스'라고 대답하게 만드는 것이다.

"이 빛깔은 정말 아름답지요?"

"솜씨가 멋지다고 생각하지 않으세요?"

이렇듯 예비 질문에 상대방이 '예스'라고 대답하게 만든다면, 본론에 들어가서도 '예스'라는 대답을 이끌어 내기가 한결 수월해 진다.

그러나 '예스'라는 대답이 부정을 뜻하는 경우도 있으므로, 이 방법을 실행에 옮기려다 실패한 어떤 사나이의 전철을 밟지 않도록 주의해야 한다.

그는 모든 것을 지나치게 부정적이고 비관적으로 생각하는 사람이었기 때문에, 상대방이 '예스'라고 대답할 만한 질문을 하면서도 부정적인 분위기를 만들어 놓는 잘못을 범하고 말았다.

"오늘은 너무 무덥군요."그가 말하자, 고객은 '예스'라고 대답했다.

"세상이 너무 혼란스럽지 않습니까?" 그러자 고객은 이번에도 '예스'라고 대답했다. "세상이 이 모양이니 무엇을 믿고 살아가지요?" "네, 정말 그렇습니다."

그는 틀림없이 '예스'라는 대답을 얻어내긴 했지만, 고객은 그의 부정적인 질문 때문에 그만 우울한 기분에 사로잡히고 말았다. 그러니 상품을 살 생각이 나겠는가?

사람은 비관적이고 부정적인 분위기에서는 상품이나 아이디어를 사지 않는다. 그럴수록 더욱 더 조심하고 주저하기 마련이다.

그러나 명랑하고 낙관적이고 긍정적인 분위기에서는 이와 정반대이다. 그런 분위기에서는 관대하고 친절해지며 모험을 하고 싶은 기분을 갖게 되기 때문이다.

상대방에게서 '예스'라는 긍정적인 대답을 얻어내는 두 번째 비결은 대답이 암시된 질문을 하는 것이다.

예를 들어 '이것이 마음에 드십니까?' 라고 묻지 않고, '이 쪽이 마음에 드실 줄로 생각합니다만...' 이라거나 '이 빛깔이 마음에 드십니까?'라도 묻지 않고, '정말 빛깔이 아름답지 않습니까?'라고 말하는 것이다.

제5절 사람을 끌어들이는 3가지 비결

1. 있는 그대로 받아들여라.

사람은 누구나 자기 자신이 있는 그대로 받아들여지기를 바라고 있다. 대부분의 사람들은 여러 사람과 함께 있을 때, 자기 자신을 있는 그대로 드러내놓지 않는다. 그러므로 자기 자신으로 돌아가게끔 하는 사람, 즉 자신을 있는 그대로 받아들여주는 사람을 간절히 바라게 되는 것이다.

상대방이 어떻게 행동해 주기를 강요해서는 안 된다. 상대방에게 자기 마음대로 행동할 수 있는 권리를 부여해 주어라, 그가 다소 괴짜일지라도 상관하지 말라. 그저 그의 마음을 편하게 해주면 된다.

상대방을 있는 그대로 받아들이는 사람에게는 무한한 힘이 있다. 그 이유는 과거에는 야만스럽고 난폭했지만 지금은 선량한 시민으로 변신한 사람들에게 물어보는 것이 좋다.

있는 그대로 상대방을 바라보는 것 이상 그 사람을 개조시킬 수 있는 좋은 방법은 없다.

많은 사람들에게 '사람을 움직이는 힘'이 결여되어 있는 것은 한마디로 말해서 그들이 상대방을 있는 그대로 받아들이지 않고, 자신의 생각을 상대방에게 강요하려하기 때문이다.

2. 상대방을 인정하라.

모든 사람들이 지니고 있는 두 번째 갈망은 상대방으로부터 인정을 받는 것이다. 인정은 앞에서 말한 바 있는 '받아들임', 즉 '수용'보다 더 절실한 갈망이다. 단순한 받아들임은 인정에 비하면 매우 소극적인 태도이다. 상대방의 결점이나 단점에도 불구하고 그를 받아들임으로써 성립되는 우정, 그 우정에서 한 걸음 더 나아가 자신이 좋아할 수 있는 점을 찾아내고자 하는 인정은 '받아들임'보다 더 적극적이라 할 수 있다.

우리는 마음먹기에 따라 상대방의 장점이나 단점을 얼마든지 찾아낼 수 있다. 따라서 문제는 무엇을 찾아내려 하느냐에 달려 있다 해도 과언이 아니다.

부정적인 성격을 지닌 사람들은 상대방의 결점을 찾아내려 할 것이고, 긍정적인 성격을 지닌 사람들은 상대방의 장점을 찾아내려 할 것이다. 부정적인 사람은 상대방의 나쁜 점만을 찾고 있기 때문에 나쁜 것밖에 찾아내지 못한다. 그러나 긍정적인 사람은 상대방의 좋은 점만을 찾고 있기 때문에, 자연히 좋은 점만을 찾아내게 된다.

사람은 상대방으로부터 '인정'을 받게 되면, 그 외의 또 다른 '인정'을 받기 위해 노력하기 때문에 스스로 발전에 발전을 거듭할 수 있는 것이다.

3. 상대방을 중시하라.

모든 사람이 공통적으로 지니고 있는 세 번째 갈망은 다른 사람들에게 중요한 인물이 되고 싶다는 것이다. 이것은 자신의 가치를 높이고자 하는 노력에 다름 아니다.

1) 상대방의 중요성

(1) 상대방을 애먹이지 말 것
(2) 가능한 한 빠른 시일 내에 약속을 할 것
(3) 감사할 것
(4) 상대방을 특별 취급할 것

사람을 보통으로 취급하면, 상대방을 의기소침하게 만들고 경시하는 결과를 초래한다. 사람은 누구나 특별한 존재로 취급되기를 원하기 때문이다.

2) 개인 대 개인으로 말하라.

사람들은 '고객 여러분', '대중', '어린이들', '기혼자들' 등과 같은 어떤 일정한 범주에 들어가는 것을 싫어한다. 독자적인 인간으로서 인정되기를 바라고 있다.

'손님은 모두 똑같다'고 말하는 상인은 자신도 알지 못하는 사이에 파산의 길로 치닫고 말 것이다. '사내들은 전부 똑같다'고 말하는 여성 또한 신랑감을 만나기 어려울 것이다.

모든 사람을 똑같이 취급하는 것은 쉬운 일이지만, 이래 가지고는 원만한 인간관계가 이루어지지 않는다. 각 개인을 그들의 특성에 따라 상대해야 하는 것이다.

'손님들'이라는 인간은 없다. 이 세상은 개인이 모여 이루어져 있다. '사람들'이란 말은 단지 추상적인 명칭에 불과한 것이다.

3) 사람은 여러 사람들 중의 한 사람이 아니다.

사람들은 누구나 자기에게 특별한 서비스를 제공하는 식당에 가기를 좋아한다. 대단한 서비스가 아니라도 좋다. 주인이 자기 이름을 직접 부르며, '존 선생님, 오늘밤에는 양고기 요리가 준비 돼 있습니다.'라고만 말해 주어도 충분한 것이다. '보통은 이렇게 하지 않습니다만, 당신에게만 특별히 해드리지요.' 하고 말하면, 저절로 기분이 좋아진다. '스미스 씨, 제가 개인적으로 당신에게만 특별한 것을 준비해 드리지요." "이 옷은 아무에게나 어울리는 것이 아닌데, 손님에게는 정말 잘 어울립니다." 어린이에게도 마찬가지이다. 어린이 역시 '어린이'로서가 아니라, '지미'라는 인격체로서 취급되기를 바라는 것이다. 그를 거리의 아이들과 비교해서는 안 된다. 그것은 그를 경시하는 것과 마찬가지이다. 어른은 대부분 자기 자녀들을 소개할 때 '우리 애들입니다'라고 해버리는 경우가 많다. 왜 이렇게 아이들을 '집단' 취급하는 것일까? 어른 소개할 때와 마찬가지로 왜 한 사람 한 사람

소개하지 않는 것일까? 아이를 소개받았을 때 역시 은행의 지점장을 소개받았을 때와 똑같은 태도를 취해야 한다. 그런데 사람들은 왜 손을 들어 악수를 하면서 '만나게 되어 정말 반갑군.' 하고 말하지 않는 것일까?

4) 자연으로부터 배운다.

꽃은 꿀벌을 끌어들이는 방법을 알고 있다. 그러나 벌을 위협하거나 달래지 않는다. 꿀을 내놓을 뿐이다. 벌이 꿀을 갈망하고 있다는 사실을 알고 있다는 사실을 알고 있기 때문에 그저 벌의 갈망을 충족시켜 줄 뿐이다.

사람을 잘 끌어들이는 개성을 지닌 사람을 분석해 보면, 그가 지금까지 말한 인간의 3대 갈망을 충족시켜 주는 음식물을 적시에 제공하고 있다는 사실을 알 수 있다. '꿀은 식초보다 많은 파리를 끌어들인다.'는 속담이 있는데, 이는 결국 꿀이 파리가 갈망하는 음식이기 때문이다. 그러므로 상대방이 갈망하는 꿀을 준비하도록 하라. 틀림없이 사람들이 떼를 지어 당신에게로 몰려들 것이다.

제6절 상대방에게 우정을 느끼게 하려면

1. 상대방에게서 달아나지 말라.

남을 두려워하는 감정은 상대방과 우정을 나누는 데 장애물이 된다. 상대방이 나를 좋아하지 않을지도 모른다는 생각은 마치 공격을 두려워하는 달팽이가 껍데기 속으로 숨어버리듯이 상황을 더욱 더 악화시킬 뿐이다.

만일 당신이 달팽이처럼 껍데기 속으로 파고 들어가기만 한다면 상대방은 결코 당신에게 접근하지 않을 것이다.

당신의 태도에 영향을 받은 상대방 역시 자기 집 속으로 파고 들 것이 뻔하기 때문이다.

이처럼 사람들이 자신을 좋아하지 않는다는 태도를 취하면, 상대방으로부터 그 사실을 실증하는 경험만을 맛보게 될 뿐이다.

1) 희망은 충분하다.

상대방에게 핀잔을 받을지도 모른다고 두려워하지 말라. 그가 우호적으로 대해 줄 것이라고 믿어야 한다. 이 방법이 언제나 옳다고는 할 수 없지만, 승산은 충분히 있다.

대부분의 사람들이 우정을 그리워하는 것은 당신의 경우와 마찬가지란 사실을 상기하라. 이것은 만인 공통의 보편적인 염원인 것이다. 상대방이 우호적이지 않은 까닭은, 그 역시 당신을 두려워하고 있기 때문이다. 즉 그는 당신에게 거절당할까 봐 두려워하고 있는 것이다.

그러므로 자신이 먼저 선수를 쳐라.

상대방이 먼저 우정을 보여주기를 기다리지 말고 당신이 먼저 행동으로 옮겨라. 반드시 긍정적인 반응이 있을 것이다.

2. 서두르지 말라.

우리 주변에는 상대방에게 인정받기 위하여 눈물겹도록 애쓰는 사람이 한 두명 쯤은 있게 마련이다. 말하자면 그들은 상대방의 우정을 불러일으키기 위해 갈팡질팡하고 있는 것이다. 그러나 이런 태도를 취하는 사람 중에 인기 있는 사람은 거의 없다고 해도 과언이 아니다.

또한 우리 주변에는 결혼을 지나치게 서두르다가 남자에게 버림받은 여자들이 흔히 있다. 이런 여자들은 대체로 얼굴도 예쁘고 매력적이고 여러가지 장점을 지니고 있다. 아마도 그녀들은 지나치게 서두르지만 않았다면 그들이 바라는 대로 쉽게 결혼할 수 있었을 것이다.

이처럼 우리는 어떤 일을 몹시도 하고 싶은 나머지, 그 욕망을 노골적으로 드러내는 바람에 일을 그르치고 마는 경우를 종종 볼 수 있다.

1) 여유 있는 기분으로

대인관계에서는 어떤 경우든, 자기가 바라는 바를 허겁지겁 구하고 있다는 느낌을 상대방에게 주어서는 안 된다. 너무 서두르는 사람에 대해서는 꽁무니를 뺀다든지, 무의식적으로 그 사람의 가치를 낮게 평가한다든지, 혹시 함정이 있는 것은 아닌지 하는 의혹을 갖게 되기 때문이다.

우정을 구걸하며 돌아다니는 사람은 우정과는 인연이 없다. 이것은 심리학의 한 법칙이다. 허겁지겁 서두르는 것은 상대방이 자기를 좋아하지 않을까 봐, 상대방이 자기가 바라는 것을 주지 않을 까 봐 몹시 두려워하고 있다는 증거이다.

또한 지나치게 초조해 하는 것은 자기 자신을 믿고 있지 않다는 사실을 스스로 폭로하는 것과 다름없다.

그러므로 상대방으로부터 호감을 얻으려면 조급하게 행동해서는 안 된다. 여유롭고 편안한 기분으로, 상대방이 우호적이고 사리를 잘 분간하는 사람이라고 생각해라. 아마도 원만한 대인관계를 이룰 수 있을 것이다.

3. 웃음은 기적을 낳는다.

불안이나 걱정을 갖고 있으면 결코 웃을 수가 없다. 웃음은 마음을 편안하게 해주고, 자신감을 나타내준다.

가식 없는 웃음은 상대방의 우정을 그 자리에서 이끌어내는 마법의 스위치이다. 또한 마음으로부터 우러나온 기분 좋은 웃음은 상대방에게 여러가지 말을 대신해 준다.

"나는 당신을 좋아합니다."

"나는 당신의 친구입니다."

"나는 당신이 나를 좋아할 거라고 생각합니다."

웃음에는 또한 '당신은 나의 웃음을 받을 만한 자격이 있는 사람입니다'라는 의미가 담겨 있기도 하다.

1) 마음속에서 우러나오는 웃음

음악교사가 학생들에게 발성법(發聲法)을 가르칠 때는 반드시 '심호흡을 하고 뱃속으로부터 소리를 내라' 고 한다.

이러한 법칙은 대인관계에 있어서도 마찬가지이다. 즉, 상대방과 우호적으로 지내려면 억지웃음이 아닌 마음속에서 우러나는 웃음을 지어야 하는 것이다.

입술로만 웃는 기계적인 웃음은 효과가 없다. 상대방의 마음을 움직이는 것은 어떤 마술이 아니라, 마음속에서 우러나오는 진실 된 감정이란 사실을 명심해야 한다.

2) 자, 모두들 웃자!

사람들이 별로 웃지 않는 이유는 자신의 진실 된 감정을 억제하고 있기 때문이다. 우리는 대부분 어릴 때부터 자신의 감정을 다른 사람에게 그대로 내보이는 것은 천박스럽다는 교육을 받아왔기 때문에, 자신의 감정을 가급적이면 드러내지 않으려고 노력한다. 또 자기는 절대로 기분 좋게 웃을 수 없다고 생각하는 사람들도 적지 않다.

그런데 내 경험에 의하면, 사람은 누구나 기분 좋게 웃을 수 있는 본능이 있다. 단지 그것을 밖으로 나타내느냐 나타내지 않느냐가 문제일 뿐이다. 두려움을 떨쳐버리고, 사람들을 호의적으로 대하면 웃음은 절로 떠오르게 마련이다.

즐거운 감정을 그대로 표현하는 연습을 날마다 함으로써, 찡그린 얼굴이나 무표정한 얼굴을 하던 사람이 매력적인 웃음을 짓게 된 경우를 수없이 보아왔다.

당신도 상대방에 대해 우호적인 기분이 들거든 대담하게 그것을 표현하라. '만나서 정말 기쁘군요!'라는 말이 얼굴에 씌어 있는 것처럼 활짝 웃어라. 그것을 부끄럽다거나 천박하다고 생각해서는 안 된다.

3) 거울을 사용하자.

즐거운 감정을 표현하는 연습은 매일 아침 화장실 거울 앞에서 하는 것이 좋다.

우선 즐겁고 유쾌했던 경험을 생각하라. 오늘 저녁에 있을 멋진 데이트나 좋은 거래가 이루어지는 장면, 또는 다정한 친구들 만나는 장면 등을 생각하는 것이다. 그리하여 기분이 좋아지거든 그 감정을 웃음으로 나타내면 되는 것이다.

혹시 자신이 이와 같은 행동을 바보 같은 행동이라 생각할지 모른다. 또한 그런 연습을 한다고 사람들의 반응이 달라질 까닭이 없다고 생각할지도 모른다. 그러나 그것은 쓸데없는 걱정이다. 적어도 웃는 얼굴에 침 뱉는 사람은 없기 때문이다.

처음에는 웃고 싶은 감정이 일어나지 않더라도 걱정 할 것이 없다. 좌우간 웃어보는 것이다. 웃음이 잘 떠오르지 않거든 거울을 향하여 '치즈'라고 말해 보라. 감정이 동작을 결정하는 것과 마찬가지로, 때로는 하나의 동작이 감정을 결정하기도 한다.

순수한 웃음은 그 자체로써 우호적인 감정을 불러일으킨다.

유명한 심리학자인 윌리엄 제임스(William James)는 '헤 벌어진 입에 비관 없고, 꾹 다문 입에 낙관 없다'고 말했다.

4) 웃음은 100만 불짜리 예금

웃지 않은 사람은 100만 달러의 돈을 은행에 예금해 놓고도 그것을 활용하지 못하는 어리석은 사람과 같다. 웃음은 대인관계의 재산목록 중에서 100만 불짜리 보물에 필적하기 때문이다.

5) 웃음의 또 다른 효력은?

우리는 웃음의 마술로써 다음과 같은 효과를 얻을 수 있다.

(1) 상대방을 칭찬한 다음 웃어라. 천사의 효과는 몇 배 더해질 것이다.

(2) 다른 사람에게 무엇을 부탁한 다음 웃어라. 상대방은 당신의 부탁을 거절할 수 없는 기분이 될 것이다.

(3) 다른 사람의 부탁을 들어줄 때 웃어라. 상대방의 고마움은 배가 될 것이다.

(4) 귀에 거슬리는 말을 할 때 웃어라. 웃음은 말의 가시를 제거 해 줄 것이다.

(5) 무슨 말을 하든 웃어라. 그러면 상대방은 당신의 말뜻을 올바르게 받아들일 것이다.

(6) 초면인 사람에게 웃음을 보내라. 그는 당신을 마치 오래 된 친구처럼 느낄 것이다.

아무리 돈이 많은 부자라 해도 사지 못할 이 웃음을 그저 자신의 마음속에서 꺼내어 사용하기만 하면 되는 것이다.

제7절 효과적인 화술로 성공하려면

1. 대화의 실마리를 잡으려면

세상에는 대화. 특히 잘 알지 못하는 사람과의 대화를 어떻게 시작해야 할지를 몰라서 크게 손해를 보는 사람들이 많다. 재미있는 소재를 충분히 가지고 있으면서도 이야기를 시작하는 방법을 몰라 '어쩐지 비가 올 것 같군요.' 하는 식의 진부한 말만 되풀이하게 되는 것이다.

미국의 한 학자인 윌리엄 제임스(William James)는 많은 사람들이 대화에 익숙해지지 못하는 이유는 '속이 너무 빤히 들여다보이거나 상대방에게 어울리지 않는다고 생각되는 얘기를 하기가 두렵기 때문'이라고 했는데, 정곡을 찌른 말이 아닐 수 없다.

'마음의 브레이크를 제거하고 생각나는 대로 떠들면 대화의 꽃이 피고 분위기가 생생해진다.'는 것이 윌리엄 제임스의 치료법이다. 그러므로 완전해지기를 바라지 말아야한다.

존 머피(John Murphy)는 <유어 라이프>지에 게재한 '완전해지기를 바라지 말라'라는 글에서 다음과 같이 말하고 있다.

"세상에 지혜의 불꽃을 끊임없이 번득이는 사람은 없다. 명언과 명구는 고심한 끝에 짜내서 만들어낸 것이 아니다. 안락한 기분이 되어 자기 자신으로 되돌아갔을 때 자연스럽게 흘러나오는 것이다."

가장 활발한 대화에서 조차 그 내용의 태반은 진부할 뿐만 아니라 전혀 무의미한 것이다. 적어도 처음 얼마 동안은 말이다. 만일 대화하는 사람들이 지나치게 의식하지만 않는다면, 핵심적인 대화에 들어가기 전에 하는 가벼운 워밍업은 대화를 더욱 독창적인 것으로 만들어 줄 것이다.

이것은 마치 금을 캐는 것과 비슷하다. 100퍼센트의 순금이 아니라고 하여 광석을 내버리는 광부는 없다. 소량의 금을 함유한 암석이나 흙을 채굴

하는 단계가 끝나지 않는 한, 절대로 좋은 광맥에 도달할 수 없는 것이다.

사람들은 누구나 진부하다. 그리고 무의미하고 쓸데없는 잡담에 흥미를 느낀다. 그러나 이 무의미한 잡담은 정신의 수레바퀴를 회전시키는 데 없어서는 안 될 윤활유 역할을 한다.

이러한 사실을 인정하고 진부해지는 것을 두려워하지 않는다면, 누구나 초면인 사람과도 자연스럽게 대화를 시작할 수 있다. 그리고 애써 노력하지 않기 때문에 자연스럽게 재치를 발휘할 수 있다.

대화를 시작하면서 분위기를 부드럽게 푸는 단계를 꺼려해서는 안 된다. 어떤 경우에든 처음부터 지혜롭고 논리적인 대화를 나눈다는 것은 무리이다.

텔레비전의 명사회자들을 보라, 그들은 대화를 시작하기 전의 잡담이 자기 자신에게 뿐만 아니라. 상대방의 긴장감을 푸는 데도 매우 유익하다는 사실을 잘 알고 있다. 그러므로 상대방이 준비를 갖출 때 까지는 조급하게 서두르지 않도록 주의하라. 예를 들어 “성함이 어떻게 되시나요?”, “자녀는 몇 명인가요?”, “이 곳에는 처음 오셨나요?” “얼마나 더 머무르실 예정인가요?” 이와 같은 종류의 질문에는 별다른 의미가 들어 있지 않다. 그러나 이런 대화가 오가는 동안 대화는 점차 정상궤도에 진입하게 되고, 더 나아가 상대방의 진지한 얘기도 이끌어낼 수 있는 것이다.

대화에 능한 사람들이 질문에 응답하는 모습을 보라. 그들은 상대방의 관심을 적절하게 불러일으킨다. 상대방이 ‘내 고향은 시카고입니다.’ 라고 말하면, 그는 ‘아, 시카고요!’라고 응수하고, 자녀가 다섯 명이 있다고 하면, ‘다섯 명이나요? 참 대단하시군요!’라고 맞받는다.

그들은 진부하지도 않고, 더구나 바보도 아니다. 그들은 이처럼 무의미한 응답으로 워밍업을 하고 나서 서서히 본론으로 접근해 가는 것이다

주당 수만 달러의 보수를 받는 좌담 전문가들조차 대화를 시작하자마자 본론으로 들어가지 못하는 것을 보면 보통 사람들이 그렇게 하지 못하는 것은 너무나 당연한 일이다.

2. 상대방의 마음을 편안하게 하라.

훌륭한 좌담가가 되기 위해서 재치 있는 얘기를 많이 생각해 내거나 화려한 경험담을 애기해야만 되는 것은 아니다. 상대방의 마음을 누그러뜨려 자연스럽게 얘기를 하게 만들면 되는 것이다. 편안한 마음으로 얘기할 수 있게 하는 사람, 바로 이런 사람이 대화에 능한 사람이다.

'대화의 초점을 상대방에게로 돌려라. 그러면 상대방은 당신에게 청신호를 보낼 것이다.'

다시 말하면, 인간은 자기 자신에 대해 많은 관심을 가지고 있다. 그러므로 으레 '당신'은 청신호, '나'는 적신호라는 사실이 되기 때문이다.

1) 가장 흔한 실수

인간은 본질적으로 이기적인 동물이다. 철두철미하게 자기에 관한 것, 즉, 자기 자신과 자기 가족, 자기 고향, 자기 직업, 자기 생각이 최우선이다. '고향이 어디시지요?'라는 질문만으로도 자기에게 관심을 가지고 있다고 생각하기 때문에, 상대방에 대하여 흥미를 느끼게 되는 것이다.

한 젊은 극작가가 당신에게 두 시간 동안이나 자기 자신과 자기 작품에 대하여 도도하게 자랑을 늘어놓은 다음 '이제 나에 대한 이야기는 그만 두고 당신 얘기를 들어봅시다. 당신은 내 작품을 어떻게 생각하시죠?' 하고 물었다면, 당신의 기분은 어떻겠는가? 아마 두 번 다시 그를 만나고 싶지 않을 것이다. 이런 식의 이야기는 대화의 가장 나쁜 표본이라고 할 수 있다.

상대방에게도 역시 당신과 마찬가지로 자신에 대해 얘기하고 싶은 욕망은 있는 것은 당연하다. 그러므로 화제를 상대방에게 돌리는 것이 보다 현명한 방법이라는 사실을 명심하라.

그렇게 하기 위해서는, 대화를 할 때 우선 '내가 정말로 바라고 있는 것은 무엇인가'라는 질문을 당신 스스로에게 해보아야 한다. 당신 자신을 추켜세움으로써 자아를 만족시키고 싶은가, 아니면 상대방과의 유대 관계를 좋아지기를 바라는가? 만일 당신 자신을 추켜세우는 것만을 바라고 있다면, 당신에 관해서만 떠들어라. 단 그 대화에서 무엇인가 얻기를 기대해서는 안 된다.

3. '나도...'의 테크닉을 활용하라.

강연하는 연사들은 흔히 자기의 경험이나 여행담, 의견이나 생각 등 자기 자신에 관한 이야기를 한다. 그러나 연사들은 청중들의 요구에 의해 자신의 얘기를 하는 것이므로 청중들은 아무런 불쾌감도 갖지 않고 그의 강연을 들을 수 있는 것이다.

당신에 관한 얘기를 해도 좋은 경우는, 연사의 경우처럼 상대방으로부터 그런 요청을 받았을 때이다. 만일 상대방이 어떤 일에 대하여 흥미를 가지고 있다면, 그는 반드시 당신에게 '당신의 경우는 어떻습니까?' 하고 의뢰를 할 것이다.

이런 때는 냉정하게 거절하지 말고 잠시 동안만 당신에 관한 얘기를 해주어라. 그러면 상대방은 당신이 친절을 베풀었다는 느낌을 갖게 될 것이다. 그러나 이 경우에도 장황하게 떠들어서는 안 된다. 상대방의 질문에 가볍게 응답하는 기분으로 간략하게 말해야 한다.

당신 자신에 관한 이야기를 해도, 상대방이 심리적으로 잘 받아들이는 또 한 가지 경우가 있다. 그것은 상대방의 말이 당신의 경우와 일치하거나, 두 사람 사이의 유대감이 돈독할 때이다.

예를 들면 '나는 농촌에서 자라서....' 라고 상대방이 말했을 때, '나도 그렇습니다.' 하고 당신의 농촌 생활을 약간만 얘기한다면, 상대방은 자신이 중요하다는 것을 느끼게 될 것이다.

또한 상대방이 아침마다 우유를 먹는다고 말했을 때나, 산악지대의 작은 도시에서 태어났다고 말했을 때 등등 '나도...'의 테크닉을 활용하여 이야기 해보라.

이 테크닉을 잘 활용한다면 돈독하고 원만한 대인관계를 유지할 수 있을 것이다.

4. 동의의 마력을 활용하라.

두 사람 사이의 유대관계를 돈독히 하기 위해 당신의 일을 화제에 올렸을 때 상대방이 좋아하는 이유는, 그것이 자신이 공감할 수 있는 이야기이기 때문이다. 그럴 경우 상대방은 자연히 당신에게 호의를 가지게 된다.

자기에게 동의하는 사람을 좋아하고, 반대하는 사람을 싫어하는 것은 인간의 본능이다. 동의하는 사람을 좋아하는 까닭은, 자신의 가치와 자존심을 높여주기 때문이며, 반대하는 사람을 싫어하는 까닭은 은연중에 자신의 가치와 자존심이 손상됐다고 생각하기 때문이다.

결국 상대방의 의견이나 생각에 찬성한다는 것은 그가 당신을 더 좋아할 수 있는 계기를 만드는 것이다.

그러므로 상대방에게 반대하지 않을 수 없는 경우라 하더라도, 반드시 동의할 점이 있는가를 찾도록 노력하라.

5. 즐거운 이야기를 하라.

세계는 파멸한다든가, 자신은 몹시 고통을 겪고 있다는 등 언제나 비관적인 말만 하는 사람은 절대로 사람들의 인기를 얻지 못한다.

누군가의 의견을 듣지 않으면 안 될 만큼 중대한 문제나 고통이 있을 때에는 목사나 심리학자, 또는 신뢰할 수 있는 친구를 찾아가라.

자기가 받은 수술에 대하여 병원에 입원한 순간부터 퇴원할 때까지의 괴로움을 사람들에게 일일이 말할 필요는 없다. 그런 얘기를 한다고 해서 영웅이 되지는 못한다. 오히려 듣는 사람을 지루하게 만들 뿐이다.

가슴이 답답해 아무에게라도 당신의 괴로움이나 울분을 털어놓지 않고는 견딜 수 없을 때에는 당신 자신에게 편지를 쓰는 것이 좋다. 그 편지에서 당신의 감정을 모두 털어놓도록 하라. 사람들이 당신을 얼마나 불공평하게 취급하며 괴롭히고 있는지를 자세히 쓰는 것이다.

그런데 편지를 다 쓴 다음에는 그것을 그 누구에게도 보여주어서는 안 된다. 그대로 불살라버려라. 답답한 감정을 다 털어놓은 것으로 만족하라.

경우에 따라서는 두 번이나 세 번씩 써야 하겠지만, 이렇게 편지를 쓰고 나면 그 일에 대해서는 더 이상 생각하고 싶지 않게 될 것이다. 더구나 다른 사람에게 얘기하고 싶은 생각 같은 것은 깨끗이 사라지고 말 것이다.

6. 조롱하지 말라.

인기 있는 사람이 되고 싶거든 절대로 상대방을 조롱하거나 비웃는 말을 해서는 안 된다.

조롱이나 비꼬는 말은 상대방의 자존심을 건드리게 마련이다. 자존심에 상처를 준다는 것은 설사 그것이 장난일 경우에도 몹시 위험하다. 그 속에는 반드시 잔인한 요소가 포함되어 있어, 상대방에게 수치감을 주기 때문이다.

어느 연구 결과에 의하면, 인간은 친한 친구에게조차 조롱받는 것을 싫어한다고 한다. 그런데 사람들은 싫은 내색을 하지 못한다. 왜냐하면 '농담과 진담도 구별 못하는 답답한 놈' 이라고 치부될까 두려워서이다. 아마도 당신의 친구 역시 그런 경우 싫은 내색을 하지 못할 것이다.

그러나 간혹 조롱이 통하는 경우가 있다. 그것은 몹시 친한 친구사이에 호의적으로 통하는 조롱으로서, 그것도 대단찮은 일에 대한 뒷맛이 깨끗한 경우이다. 상대방이 당신을 너무나 잘 알고 있고 몹시 커다란 호의를 가지고 있는 경우라면, 지나치지 않을 정도의 조롱은 별문제가 없다. 그러나 그렇지 않은 경우가 더 많기 때문에 서로 주의하는 것이 현명하다.

제8절 대인관계를 향상시키려면

1. 남의 말을 잘 듣는 재주꾼이 되어라.

인간은 누구나 다른 사람들로부터 '재치가 있다.', '사리에 밝다.', '멋을 안다.' 는 말을 듣고 싶어 한다.

그러나 언제나 멋진 말만을 하고, 재치 있는 태도를 취하는 사람은 상대방으로부터 '지혜 있는 사람'이란 말을 듣지 못한다. 반대로 '잘난 체하는 친구', '허풍쟁이', '이지주의자'라는 낙인이 찍히게 마련이다.

상대방으로 하여금 '이렇게 머리가 좋은 사람은 지금까지 만난 적이 없다.'는 생각을 갖게 하려면, 그가 하는 말을 주의 깊게 들어주면 된다.

그가 얘기하는 동안 한마디도 흘려보내지 않겠다는 태도를 보여 주면, 그는 당신을 분명히 현명한 사람이라고 생각할 것이다.

반대로 주의를 기울여 듣지 않는다면, 그는 당신을 바보로 여길 것이다. 이것은 틀림없는 사실이다.

2. 듣기만 해도 상대방의 속셈을 알 수 있다.

미국에서 가장 우수한 자동차 디자이너의 말에 따르면, 자동차업계에서 성공하기 위해서는 손가락을 대중들의 맥박에 대고 두 귀로 그들의 요구사항을 잘 듣지 않으면 안 된다고 한다.

그는 다음과 같이 말하고 있다.

"자동차를 디자인하는 것은 우리가 아닙니다. 그것은 대중들이 합니다. 우리는 단지 그들의 요구 사항을 주의 깊게 듣고 있을 뿐입니다. 그들이 어떤 모양을 요구하면, 우리는 재빨리 그것을 공급하도록 하도록 노력하는 것입니다."

야구 용어로 말하자면, 우리는 누구나 상대방을 향하여 '히트'를 치고 싶어한다. 따라서 대인관계에 '히트'를 치려면, 야구에서와 마찬가지로 자기를 향하여 날아오는 공에 적당히 반응하면 된다.

바람직한 대인관계는 서로의 의사전달에 의하여 성립된다. 이것은 Give and Take이며 행동과 그에 따른 응답이다. 상대방의 희망이나 감정을 모르고서는 그와의 일치를 기대할 수가 없다. 그와의 의사가 일치하지 않으면, 그를 움직일 수가 없다. 그의 위치를 전혀 모르기 때문이다. 그의 위치를 알지 못한 상태에서는 절대로 '히트'를 치지 못한다.

상대방의 위치를 정확하게 알려면, 우선 그의 희망이나 감정의 상태를 충분히 알아야 한다. 이것은 당신이 마음만 먹는다면 그렇게 어려운 일은 아니다.

3. 말이 많으면 본심이 드러난다.

너무 서둘러 당신의 속셈을 상대방에게 보여주어서는 안 된다. 상대방을 잘 탐색하는 것이 중요하다.

비즈니스에서 흔히 사용되는 작전은 이쪽의 속셈을 드러내기 전에 상대방이 무엇을 바라고 있는가를 발견하는 일이다. 상대방의 말을 잘 듣고 있으면, 그의 위치를 탐지할 수 있다. 그러나 당신이 말을 많이 하면, 자연히 당신의 속셈이 먼저 드러나게 된다는 사실을 명심하기 바란다.

상거래를 잘하는 사업가들에게는 남의 마음을 읽는 기술이 있다. 그런데 알고 보면 어떤 특수한 비법이 있는 것은 아니다. 그들은 단지 상대방으로 하여금 말을 하게 할 뿐이다.

그들은 경험을 통하여, 또는 본능적으로 정신분석학의 비조인 프로이트(Freud)가 처음 과학적으로 밝혀놓은 진리를 잘 터득하고 있는 셈이다.

프로이트는 무의식중의 실언에 대하여 긴 논문을 쓴 바 있는데, 그 논문의 요점은 상대방의 말을 주의 깊게 듣고 있으면, 무의식중에 튀어나오는 말로 그의 본심을 알아낼 수 있다는 것이다.

당신도 부디 이 사실을 명심하기 바란다. 그리고 당신의 속셈을 상대방에게 알리고 싶지 않거든 입을 다물고 상대방의 말을 듣기만 하라. 만일 당신이 계속해서 말을 한다면, 당신도 모르는 사이에 당신의 속셈을 상대방에게 드러내 보이게 된다.

4. 경청은 자의식을 극복하는 지름길이다.

상대방의 말을 주의 깊게 들어주게 되면 뜻밖의 효과를 얻을 수 있다. 자의식과 자기중심적인 버릇을 극복할 수 있다는 게 바로 그것이다.

오늘날의 심리학에서는 '이기주의'와 '자존심'을 별개의 것으로 간주하고 있지만, 이 두 가지는 여전히 인간관계의 큰 장애물로 취급되고 있다. 그러나 상대방의 말을 주의 깊게 듣고, 부드러운 목소리로 말하려고 노력한다면 당신은 이와 같은 장애를 얼마는지 극복할 수 있을 것이다.

상대방이 말하는 것과 바라는 바를 당신의 온 신경을 집중시켜들어라. 그러면 결코 이기주의에 빠지는 일은 없을 것이다. 그리고 상대방을 무시하지도 않게 될 것이다.

만일 당신이 상대방을 무시하고 있다는 사실을 상대방이 깨닫는 다면, 결코 원만한 인간관계를 유지할 수 없을 것이다. 만일 당신의 안중에 당신의 일밖에 없다면, 당신은 환경의 변화에 대처해 나가지 못한다. 이런 사람은 마치 자동차의 창문을 통하여 앞을 보지 않고 창문만을 응시하며 운전하는 사람과 같다. 이런 사람은 반드시 충돌 사고를 일으키게 마련이다.

두 사람 사이의 의견 충돌도 따지고 보면 한쪽이 상대방에게 주의를 기울이지 않고 자기 일에만 정신을 쏟기 때문에 일어나는 것이다.

심리학자들은 '당신 스스로를 억압함으로서 이기적인 본능을 깡그리 없애버려라.'고 말하지 않는다. 그 대신 '주의를 당신에게서 남에게로 돌려라. 어리석고 비천하게 이기적이 되어서는 안 된다.'고 말한다.

그러나 인간은 원래 자기애를 떠나서는 존재할 수 없기 때문에, 이와 같은 충고는 도리어 인간을 더욱 자기중심적으로 만들어 자기 자신의 사소한 욕망에 얽매이게 한다.

그러므로 자의식을 극복하려면, '당신에게 관한 것을 생각해서는 안 된다.'고 말하기 보다는 '당신의 일만 생각하는 것은 결코 이득이 되지 않는다.'고 말해야 한다.

무용가는 음악에 맞추어 춤을 춘다. 그들은 무용의 기초적인 스텝을 습득하고 나면, 의식적으로 다리에 대해서는 생각하지 않는다. 다리에 신경을 쓰면 음악을 제대로 들을 수 없고, 음악을 제대로 듣지 못하면 적당한 때에 올바른 스텝을 밟을 수가 없기 때문이다.

대인관계에서도 이와 똑같은 테크닉이 필요하다. 상대방이 연주하는 '음악'을 들어야만 하는 것이다. 그렇지 않고서는 하모니를 이루는 응답을 할 수 없고 불협화음만 내게 될 뿐이다.

두 사람 사이의 대화가 따분해지는 까닭은 흔히 양쪽 모두가 지나치게 노력하기 때문이다. '무언가 그럴듯한 이야기를 해야 하는 데...' '좀 더 중요한 이야기를 해야 하는 데...' 라는 강박관념에 사로잡혀 있으면, 상대방에게 인정받지 못할지도 모른다는 근심을 하게 마련이다. 그러므로 양쪽 모두가 마음을 풀고 자연스럽게 대화를 풀어나가도록 해야 한다. 그러면 그때그때 적절한 말들이 헤아릴 수 없을 만큼 많이 쏟아져 나올 것이다.

5. 참고 들으면 인생이 풍요로워진다.

주의를 기울이고 인내심을 가지고 참을성 있게 상대방의 말을 듣지 않고서는 절대로 다른 사람을 이해할 수 없다.

상대방의 말에 귀를 기울여 주의 깊게 들음으로써 인생은 풍부해지는 것이다. 경제적으로도 풍부해지고, 많은 친구를 사귀게 되고, 성공과 행복도 얻게 된다.

상대방의 말을 주의 깊게 들어주는 것은 상대방을 가장 기쁘게 해주는 방법 중 하나이다. 이야기를 들어줌으로써 '당신의 말은 정말 들을 가치가 있습니다.'라는 말을 대신하는 것이다. 이런 태도는 상대방의 자존심을 높여준다. 모든 사람들은 '나는 가치 있는 존재' 라고 생각한다는 사실을 명심하라.

이와 반대로 상대방의 자존심을 가장 손상시키는 것은 그의 말을 들어보기도 전에 거절하는 태도를 취하는 것이다. 그러므로 '사람은 누구나 다른 사람의 주목을 끌고 싶어한다.'는 인간성의 기본 원칙을 잊지 말도록 하라.

"글쎄 우리 남편은 제 말은 한마디도 들으려 하지 않는다구요. 제가 '급수탱크가 망가졌어요.' 하고 말해도, 남편은 '응, 그래?'하고는 계속 신문만 보고 있다니까요."

인생 상담소에는 아내들의 이와 같은 불만이 매일 같이 밀려들고 있다.

"우리 과장님이 내 말을 들어주기만 하면 업무 처리가 훨씬 수월 해질 텐데... 그는 내가 어떤 문제에 대해 이야기하려 하면, 말도 꺼내기 전에 적당히 얼버무리곤 합니다. 내가 하려는 이야기의 내용이 무엇인지도 모르고 말입니다. 그는 결코 나쁜 사람은 아니지만, 그럴 때는 정말 싫어집니다."

기업의 애로사항 처리위원회에는 이와 같은 불평이 수없이 밀려들고 있다.

"아버지는 제 입장 같은 것은 전혀 이해하려 하지 않습니다. 저의 기분과 문제를 말씀드리려 해도 들어주시지 않습니다. 아버지는 저를 아직도 어린애로 취급합니다. 그저 설교만 하실 뿐, 저에 관해서는 아무것도 모르십니나."

소년재판소의 판사도 매일같이 이와 같은 넋두리를 듣고 있다.

이처럼 대부분의 불행이나 실패는 상대방의 말을 잘 들어주지 않기 때문에 일어나는 것이다. 그러므로 당신은 사람들이 무엇을 바라고 필요로 하고 있는지, 그리고 그의 인간성을 알기 위해 노력해야 한다. 이 말을 마음 속 깊이 새겨두기 바란다. 그러면 당신은 훌륭한 대인관계를 가질 수 있을 것이다.

이것은 어른에게나 어린이에게나, 위대한 사람에게나 소인배에게나, 친한 사람에게나 그렇지 않은 사람에게나 똑같이 적용되는 말이다.

6. 경청의 7가지

1) 상대방을 중시하라.

상대방의 말이 들을 가치가 있다면, 그를 주시하도록 하라. 이것은 당신이 주의를 상대방에게 집중시키는 데 큰 도움이 된다.

2) 상대방의 말에 깊은 관심을 가지고 있다는 사실을 태도로써 나타내라.

상대방의 말에 찬성할 때는 응답을 하고, 재미있는 얘기에는 미소를 보내라. 그의 신호에 응답하고 기분을 그에게 맞추어라.

3) 상체를 상대방 쪽으로 내밀어라.

사람은 재미있는 얘기를 들을 때는 상체를 앞으로 내밀고, 지루한 얘기를 들을 때는 상체를 뒤로 뺀다.

4) 질문을 하라.

질문을 함으로써 상대방은 당신이 그의 말을 듣고 있다는 사실을 확신한다.

5) 말을 중간에서 가로막지 말라.

인간은 누구나 자기의 말을 가로막지 않고 끝까지 들어주는 것을 좋아한다. '그 부분에 대해 다시 한 번 말씀해 주십시오.' 또는 '마지막 말을 좀 더 자세히 설명해 주셨으면 합니다.'라고 말한다면 상대방은 더욱 좋아할 것이다.

6) 상대방의 화제에 충실하라.

설사 이야기 도중에 다른 화제를 꺼내고 싶더라도 그의 이야기가 끝날 때가지는 화제를 바꾸어서는 안 된다.

7) 당신의 의견을 말할 때 상대방의 표현을 이용하라.

상대방의 얘기가 끝나면 그의 말의 일부를 반복하라. 그럼으로써 당신이 그의 이야기를 잘 들었다는 것이 실증될 뿐만 아니라 자연스럽게 당신의 의견을 말할 수 있게 된다. '선생님이 지적하신 바와 같이...' '선생님의 말씀대로...' 이렇게 전제를 하고 당신의 이야기를 진행시켜 나가면 된다.

제9절 논쟁에서 이기려면

1. 냉정하게 사실만을 이야기하라.

인간은 상반된 의견이나 생각에 마주치게 되면, 반대 의견을 펴고자 하는 충동이 자연스럽게 일어나게 된다. 이런 경우는 어느 야구팀이 가장 잘하느냐 하는 사소한 문제에서부터, UN에서 각 국의 정치가들이 토의해야 할 중대한 성질의 문제, 또는 인간의 본질을 다루는 철학적 문제에 이르기까지 이루 헤아릴 수 없이 많아도 할 수 있다.

그러나 불행하게도 이러한 자연적인 충동, 즉 상대방의 의견에 반대를 하고자 하는 충동은 곧 상대방을 굴복시키려는 충동에 다름 아니다.

당신의 의견과 상반되는 의견을 말하는 사람에게 다시 반대 의견을 펴서 그를 꼼짝 못하게 해주고 싶은 것은 물론 자연스런 충동이다. 그런데 이때 당신이 진정으로 바라는 것은, 단순히 상대방을 굴복시키는 것이 아니라, 그를 납득시켜 당신의 의견에 따르게 하는 것이다.

어떤 사람이 당신의 의견에 반대하고 나서면, 당신은 그것을 당신의 자아에 대한 모욕이나 위협이라고 생각한다. 그래서 적의를 품고 상대방에게 덤벼들며 소리를 지르고 위협하고 창피를 주면서까지 당신의 의견에 강제로 굴복시키려 한다. 당신의 이유나 주장은 모두 정당한 것으로 생각하고, 상대방의 이유나 주장은 보잘 것 없는 것으로 생각하는 것이다.

그러나 이와 같은 방법으로는 절대로 상대방을 이기지 못한다. 상대방을 이기는 유일한 방법은, 그의 생각을 바꾸어 당신의 의견에 따르게 하는 것뿐이다.

'논쟁에는 승자가 없다.'는 속담은, 논쟁을 이웃이나 자아와의 싸움으로 보았을 때 진리의 말이 아닐 수 없다.

그런데 실제로 상대방을 당신의 의견에 따르게 하는 방법이 있다.

과학적인 방법으로 논쟁에서 이기려면 우리가 보통 자연스럽게 사용하고 있는 것과 반대의 방법을 쓰면 된다.

2. 상대방을 누르려하지 말라.

현재까지 논쟁에 대하여 실시된 조사 중에서 뉴욕 대학 변론학부의 알빈 버츠와 리처드 보딘 두 교수가 실시한 조사를 예를 들 수 있다.

그들은 7년간에 걸친 1만 건이나 되는 실제의 논쟁을 조사했다. 수많은 부부 싸움을 비롯하여 택시 운전사 간의 논쟁, 백화점이나 이 업체의 협력을 얻어 점원들과 세일즈맨들의 논쟁, 백화점이나 기업체의 협력을 얻어 점원들과 세일즈맨들의 논쟁도 폭넓게 조사했다. 그들은 또 UN의 토론에 대해서도 조사했다. 이렇게 하여 그들은 누가, 어떻게 하여 논쟁에서 이겼는가를 철저히 기록해 나갔다.

그 결과 그들은 정치가나 UN의 각국 대표들과 같은 직업적인 토론가들이 호별 방문을 하는 세일즈맨들보다 상대방을 자기의 의견에 따르게 하는 데 훨씬 서툴다는 흥미 있는 결론을 내리게 되었다.

그 가장 큰 원인은, 직업적인 토론가들은 자신과 반대되는 의견을 누르고 그 결점을 폭로하는데 열을 올리는 데 비해, 세일즈맨들은 고객을 자기 의견에 따르게 하기 위해 노력하기 때문이었다.

3. 인간성에 호소하라.

당신이 진정으로 사람들을 움직이는 힘을 가지고 싶다면, 상대방의 인간성에 호소해야 한다.

만일 당신이 어떤 사람에게 '당신의 생각은 어리석기 짝이 없다.'라고 말한다면 그는 당신의 비웃음으로 인해 상처받은 자존심을 회복하기 위해서라도 자신의 생각을 고수하려 할 것이다. 그렇다고 위협하거나 강요한다면 그는 마음의 문을 굳게 닫고, 설사 당신의 생각이 아무리 좋을지라도 이를 받아들이려 하지 않을 것이다. 자기 방위는 인간이 지니고 있는 가장 강한 본능 중의 하나이다. 자기 방위 본능은 육체뿐만 아니라 자아를 지킬 때도 작용한다. 그러므로 당신은 상대방의 인간성을 파악하고, 이에 따르는 상대방의 생각에 주의를 기울여야만 하는 것이다.

4. 상대방의 잠재의식을 자극하라.

당신이 당신의 생각을 상대방에게 납득시키려고 노력한다는 것은, 곧 상대방의 잠재의식을 움직이려 한다는 뜻이다.

그러므로 상대방의 잠재의식이 당신의 의견을 받아들이지 않는 한, 당신은 결코 당신의 생각을 상대방으로 하여금 받아들이게 할 수가 없는 것이다. '마음에 젖어들지 않는 방법으로는 상대방의 의견을 바꾸어 놓지 못한다.'는 말이 있다. 이것은 의식적으로는 그의 의견을 받아들여도 잠재의식으로 이를 받아들이지 않은 경우를 가리키는 말이다. 이런 경우 상대방은 겉으로는 당신의 의견에 찬성할지 모르지만 마음속으로는 납득하고 있지 못하는 것이며, 따라서 당신의 의견을 따르는 행동을 하지 않게 되는 것이다.

여러 심리학자들에 의하면, 상대방의 잠재의식으로 하여금 당신의 의견을 받아들이게 하는 방법은 오직 한 가지밖에 없다고 한다. 그것은 바로 '암시'에 의한 방법이다.

심리학자들의 연구 결과, 상대방의 잠재의식 속에 이쪽의 생각을 억지로 집어넣으려고 하면 할수록 이에 대한 저항은 커진다는 사실이 판명되었다. 그것은 자기 방위본능이 작용하기 때문이다.

5. 대답하기 전에 잠깐 사이를 둔다.

이 법칙은 두드러진 의견 대립이 없는 대화에서도 효과가 있다. 상대방이 질문을 하거든 대답하기 전에 상대방을 주시하고 잠깐 사이를 두라. 이렇게 하면 상대방은 자기의 말이 고려할 만한 가치가 있는 중요한 것으로 받아들여졌다고 생각할 것이다.

이때 그 시간은 아주 잠깐이어야 한다. 만일 너무 오래 끌면 상대방은 당신이 대답을 회피하려 한다는 인상을 받게 된다.

특히 상대방에게 반대의 의견을 말해야만 할 경우, 잠깐 동안 뜸을 들이는 일은 몹시 중요하다. 만일 그 즉시 '노'라고 대답한다면, 상대방은 자기의 의견이 일고의 가치도 없는 것으로 받아들여지고 있다는 느낌을 받게 되기 때문이다.

6. 100퍼센트 이기려고는 생각하지 말라.

사람들은 대개 토론을 시작하면 자기의 의견은 전부 옳고 상대방의 의견은 모두가 잘못임을 증명하려고 애쓴다.

그런데 설득력이 있는 사람들은 반드시 어느 시점에서 상대방에게 양보함으로써 의견의 일치점을 찾아낸다.

상대방이 주장하는 것을 인정하라. 특히 아무래도 좋은 사소한 부분을 양보하면, 상대방은 본론으로 들어갔을 때 당신에게 양보를 해주게 마련이다.

미니애폴리스 시에 위치한 데이톤 회사의 부사장 겸 인사담당 중역인 데이비드 보브콕은 이 법칙을 잘 활용하는 사람이다.

그는 종업원의 요청을 들어줄 수 없는 경우에는 반드시 그 이유를 설명해 준다. 예를 들어 한 종업원을 다른 부서로 전속시킬 경우, '자네는 내일부터 XX부로 전속이야.' 라고 말하지 않는다. 그 대신 왜 전속해야 하는지를 본인이 납득할 수 있도록 잘 설명해 주는 것이다.

텍사스 주 댈러스에 있는 내서널 벙커스 생명보험회사의 사장이자 ≪여섯 시간으로 성공하는 법≫의 저자이기도 한 피어스 브룩스(Fears Brooks) 박사는 '네, 그러나...'의 테크닉을 적극 권장하고 있다.

예를 들면 다음과 같이 말하는 것이다.

"네, 그 점에 대해서는 저도 당연하다고 생각합니다. 그러나 이렇게 생각해 보신 일은 없습니까?"

"네, 그렇게 생각하시는 이유는 충분히 알고도 남습니다. 그러나..."

"네, 확실히 당신의 말씀이 옳다고 생각합니다. 그러나..."

7. 제 삼자를 통하여 대변시켜라.

자기가 취급하는 사건의 재판에서 이기려는 법률가는 자신의 주장이 옳다고 증명해 줄 증인을 찾아 나선다. 그것은 그 사건과 직접적인 이해관계가 없는 제 삼자가 '그 사건은 이리저리하여 일어났다'고 말하는 편이 자기 입으로 말하는 것보다 훨씬 설득력이 있다는 사실을 잘 알고 있기 때문이다.

8. 상대방의 체면을 세워주어라.

상대방의 생각을 바꾸기 위해서 절대로 잊어서는 안 될 철칙이 있다. 상대방은 일단 자기의 생각을 표명한 이상 여간해서는 번복하지 않을 것이다. 만일 당신의 의견에 찬동(贊同)한다면, 그것은 자기의 생각이 잘못되었다는 것을 시인하는 것과 마찬가지이기 때문이다. 즉, 당신의 의견에 강경하게 반대하는 의견을 사람들 앞에서 공언(公言)한 뒤라면, 자기의 의견을 번복한다는 것은 자기가 거짓말을 한 것을 시인하는 것과 똑같은 것이다.

그러나 뛰어난 설득력을 가진 사람들은 상대방으로 하여금 원래의 의견을 번복하게 하고도 체면을 손상시키지 않는 방법을 터득하고 있다. 만약 빠져나갈 방법이 없다면, 상대방은 자기 의견의 포로가 되어버리고 말 것이다.

여기에는 두 가지 방법이 있다.

첫째, 상대방이 그 사실에 대하여 충분히 알고 있지 못한 경우라면 '당신이 그때에는 그 일에 대해 잘 모르고 계셨기 때문에, 그렇게 생각하신 것도 무리가 아닙니다.'라고 체면을 세워주는 것이다.

둘째, 상대방이 그 잘못의 책임을 다른 사람에게 전가시킬 수 있는 방법을 시사(示唆)해 준다.

제3장 자기관리

제1절 자기관리에 대한 이야기

1. 화가의 열정

한 젊은 화가가 사람들이 자신의 작품을 알아보지 못한다고 스승에게 불평했다.

"스승님, 저는 2~3일에 걸쳐서 작품 하나를 완성하는데, 그 작품을 팔려면 2~3년이 걸립니다." 그러자 스승은 젊은 화가의 등을 토닥이면서 말했다.

"이보게, 한 작품을 2~3년에 걸쳐서 완성해보게. 그럼 2~3일 만에 팔릴 걸세."

사람은 자신이 붙들고 씨름하는 비전의 크기와 비례한다.

작품의 가치도 얼마나 껴안고 철학과 노력을 쏟아 부었느냐에 비례한다.

서머셋 모음(Somerset Maugham)은 '어떤 면도의 방법에도 철학이 있다.'라고 말했다.

아무리 하찮은 일이라도 매일 계속하다 보면 나름의 철학이 우러난다는 뜻이다. 2~3일 동안 같은 옷을 입으면 보풀은 묻어날지 모르지만, 2~3일 동안 실천해서 철학이 묻어나는 일은 없다. 일에서 가치를 갖고 철학을 갖는 사람이 고수이다.

2. 구두닦이의 지혜

경기가 나빠지자 사람들이 구두방에서 구두를 닦기보다 집에서 닦았다. 매출이 떨어지자 한 구두닦이가 아이디어를 냈다. 그는 구두방 앞에 다음과 같은 안내문을 붙여놓고 들어오는 사람들을 웃으면서 맞았다.

"구두 한 짝은 완전 무료로 닦아드립니다. 나머지 한 짝은 2,500원입니다."

존 메이저(John Major) 전 영국 총리는 말한다.
"하늘은 표정이 밝고 긍정적인 사고를 가진 사람에게 복을 내려준다."
세상에 있는 축복, 인복, 돈복, 행복을 모두 끌어당기길 원한다면 세상에서 가장 강력한 자석인 긍정으로 무장하라.

3. 성형수술의 비극

한 여자가 하나님께 간절히 기도했다. "하나님, 100살까지 살게 해주세요."
여자가 너무나 간절히 기도해서 하나님이 소원을 들어줬다. 일단 100세를 보장받은 이 여자는 예쁘게 살려고 큰돈을 들여 완벽하게 성형수술을 했다. 그런데 그 다음날 여자는 교통사고로 죽고 말았다. 죽어서 하나님을 만난 여자는 하나님께 억울한 마음으로 따졌다.
"100살까지 살게 해준다고 하셨잖아요~ 흑흑흑."
그러자 하나님께서 매우 곤란한 표정으로 말씀하셨다. "야 넌 줄 몰랐다."

얼굴의 어원은 '얼+꼴'이라고 한다. 한마디로 사람의 얼굴은 얼, 생각, 사상, 마음을 담는 틀이다. 좋은 얼을 만들려고 노력하면 좋은 꼴을 갖게 되어 얼굴에서 향기가 난다. 잭 웰치(Jack Welch)는 다른 사람이 아닌 당신 자신이 되라고 말한다. 우리는 매일 얼굴화장을 하듯이 마음화장을 해야 한다. 그리고 얼굴화장보다 마음화장이 훨씬 아름답다.

4. 사장의 꿈

연초에 회사의 한 해 비전을 이야기하는 자리에서 사장이 말했다.
"올해 목표를 달성하면 바닷가 내 별장으로 모두 2박3일씩 휴가를 보내주겠습니다."

한 직원이 물었다. "그런데 사장님, 언제 별장을 갖게 되셨나요?"
그러자 사장이 말했다. "하하하. 여러분이 목표를 달성하면 내가 별장을 살 겁니다."

혼자서 꿈꾸면 혼자의 꿈이지만, 함께 꿈꾸면 만인의 꿈이 된다는 칭기즈칸의 말이 떠오른다. 함께 꿈꾸면 멀리 갈 수 있다. 그래야 즐겁게 갈 수 있다.

5. 생각의 기준

술을 좋아하는 사람에게 길을 물으면 이렇게 대답한다.
"저쪽 코너에 호프집이 있거든요. 거기서 오른쪽으로 돌면 막걸리집이 보입니다. 거기서 300미터 직진하시면 됩니다."
목사님에게 길을 물으면 이렇게 대답한다.
"저기 교회 보이시죠? 네, 그 교회를 지나서 100미터 가면 2층에 교회가 보입니다. 그 교회에서 오른쪽으로 돌면 됩니다."

사람들에게 '+'가 그려진 카드를 보여주었더니 수학자는 덧셈이라 하고, 산부인과 의사는 배꼽이라고 대답합니다. 목사는 십자가라 하고, 교통경찰은 사거리라고, 간호사는 적십자라고, 약사는 녹십자라고 대답한다. 사람의 생각은 투명하기 때문에 말로 다 보이나 본다. 여러분에게 길을 물으면 무엇을 기준으로 말하겠습니까?

6. 칭찬의 중요성

한 사진작가가 사진여행을 하는 중에 밥을 먹으러 한 식당에 들어갔다.
그런데 식당주인이 사진을 보여 달라고 졸라서 작가는 자신이 정성스럽게 작업한 사진들을 보여줬다.

사진을 다 본 후 식당주인이 말했다.
"사진기가 좋아서 그런지 사진이 참 잘 찍혔네요."
사진작가는 기분이 나빴지만 꾹 참았다. 그리고 식사가 다 끝나자 한 마디 했다.
"냄비가 좋아서 그런지 찌개가 참 맛있네요."

칼에는 두 개의 날이 있지만 사람의 입에는 백 개의 날이 있다. 그래서 조금만 잘못 놀려도 자신뿐 아니라 모두를 상하게 한다.
비판하는 입은 아무리 잘 써도 사람을 상하게 한다. 혀를 칼같이 쓰면 달콤한 인생이 아니라 쓰디쓴 인생이 되고 만다.

7. 실패의 지혜

캐나다 출신의 미생물학자였던 에이버리(Avery)는 수많은 실험을 했지만 대부분 실패했다. 하지만 그는 한 번도 낙담도, 절망도 하지 않고 꾸준하게 실험을 진행했다.
안타깝게 생각한 그의 동료들이 지치지 않느냐고 물었다. 그러자 에이버리가 대답했다.
"넘어질 때마다 뭔가를 주워서 일어나는 재미가 얼마나 큰데 이걸 포기하나?"

많이 엎어져 본 놈이 일어서는 방법을 더 많이 알고 있는 법이다.
일어서는 것을 즐기는 순간, 우리는 진정한 프로가 된다. 시행착오를 통해 배운 지식은 세상 어느 누구도 결코 빼앗아 갈 수 없다.

8. 말은 최고의 모범

한 아주머니가 어린 아들과 교회에 가고 있었다. 하지만 아들이 자꾸

만 장난을 쳐서 교회 가는 시간이 점점 늦어졌다. 참다못한 아주머니가 소리를 쳤다.

"지랄하지 말고 빨리 가."

교회에 도착하니 마침 목사님께서 교회 마당에서 기다리고 계셨다. 목사님은 어린아이가 기특해서 머리를 쓰다듬으며 물었다.

"교회 오는 데 얼마나 걸렸니?"

아들이 대답했다.

"지랄하면서 오면 20분 정도 걸리구요, 지랄하지 않으면 10분 만에 와요."

어디를 가든 가장 빨리 가는 방법은 사랑하는 사람과 함께 가는 것이다. 그리고 사랑하면 말이 고와지고 예뻐진다. 고운 말을 유전시킨다. 그것이 사랑을 유전시키는 길이다.

9. 소크라테스의 삶

역사상 가장 공처가 중의 한 명 이었다. 소크라테스는 어느 날 부인이 잔소리를 하다가 화가 나서 소크라테스의 머리 위에 바가지로 물을 퍼부었다. 그러자 소크라테스는 태연하게 말했다.

"천둥이 친 다음에는 큰비가 내리는 법이지."

소크라테스처럼 살라는 말이 아니다. 큰일을 위해서 작은 일은 웃어넘길 필요가 있다. 사소한 것을 웃어넘길 수 있도록 돕는 것이 바로 긍정이며 유머이다.

"물레방아 돌아가는 소리도 귀에 익으면 음악이 된다."고 소크라테스는 말했다. 세상 돌아가는 소리를 즐기려면 긍정으로 무장하라.

14. 진정한 비전

한 기자가 유명한 화가의 집을 방문해 집안 곳곳에 걸려 있는 화가의 작품들을 보면서 감탄했다.

"정말 멋집니다. 그런데 저 많은 작품 중에서 어떤 작품이 가장 훌륭하다고 생각하십니까?"

그러자 화가가 웃으면서 말했다.

"다음에 그릴 그림이지요."

최고의 인기 사극드라마인<선덕여왕>. 최초의 여왕이 되겠다는 덕만이 미실 앞에서 했던 이야기가 떠오른다.

"당신은 황후를 꿈꾸었지만 나는 여왕을 꿈꾼다. 그래서 당신은 권세만 보이겠지만 나는 백성이 눈에 보인다. 당신과 나는 꿈의 크기가 이미 다르다."

꿈이 크면 내일은 작품을 넘어 걸작이 된다.

15. 인생의 미완성

얼굴에 주름이 가득한 한 여인이 탄식하며 말했다.

"나의 인생은 왜 이다지도 괴롭단 말인가? 차라리 인간으로 태어나지 않았으면 좋았을 텐데."

옆에서 듣고 있던 한 여인이 웃으면서 이렇게 말했다.

"당신은 아직 완전하게 만들어진 것이 아닙니다. 하나님께서는 온전하게 당신의 몸을 만드셨고 이제 당신과 함께 당신의 마음을 만들어가고 있는 중입니다."

완성된 마음으로 살아가는 사람은 거의 없다. 부족하지만 그래도, 그럼에도 불구하고 행복을 찾아가는 사람도 있고, "나는 어쩔 수 없어." "내 인생은 왜 이따위야?" 라고 말하면서 불행을 마음속에 초대하는 사람들도 있다. 다행인 것은 하나님은 언제나 불행의 편이 아니라 행복의 편이며 영원히 당신 편이라는 것이다.

16. 사람의 욕심

아주 옛날에 한 유람선이 난파되어 가라앉았다. 후에 이 유람선을 건져냈는데 한 부자가 금괴 2백 파운드를 넣은 허리띠를 두른 채 죽어 있었다. 그리고 두 손에는 두르지 못한 금괴를 잔뜩 쥐고 있었다.

사람들은 의문을 던졌다. 부자가 그 금을 가지고 있었던 것인가? 아니면 금이 부자를 가지고 있었던 것인가?

죽음 앞에서도 결코 풀지 못하는 것이 탐욕과 욕심이라고 했던가?

당신이 돈을 가지고 있습니까?

돈이 당신을 가지고 있습니까?

언제든지 나눌 수 있다면 부유한 부자겠지만 결코 나눌 수 없는 돈을 가지고 있다면 부자노예일 뿐이다. 사랑과 나눔을 아는 부유한 부자가 되었으면 좋겠다.

17. 작은 지혜, 큰 열매

얼마 전 충남 대천에 들른 적이 있다. 해산물을 사러 선착장 가는 길에 본 엿 장수의 리어카에 재미있는 글이 있었다. 무심코 지나가다가 이 문구를 보고 호박엿을 사고야 말았다.

"먹고 죽을래? 맞고 죽을래?"

무엇을 팔든지 사람을 즐겁게 하는 것은 경쟁력이다. 재미있으면 사니깐요. 지난 겨울, 집 앞 군밥아저씨의 매력적인 문구도 떠오른다.

“군밤 드실래요? 꿀밤 맞을래요?” 재미있으면 끌어당깁니다. 자석처럼!

18. 스승의 열정

미국 최고의 아동교육 전문가였던 존 듀이(John Dewey)는 90세가 넘은 어느 날 제자들이 존 듀이에게 말했다.

“스승님, 이제 편히 쉬세요.”

그러자 듀이가 대답했다.

“산 정상에 오르면 또 다른 정상이 보인다네. 만일 바라볼 산봉우리가 보이지 않는다면 내 인생은 끝난 것이나 다름없지. 하지만 감사하게도 내 눈앞에는 끝없는 산봉우리가 펼쳐져 있네.”

꿈꾸는 자는 미래를 들여다보며 희망을 보고, 꿈꾸지 않는 자는 그저 미래만 바라볼 뿐이다. 희망은 비전과 행동으로 연결되지만, 미래는 그저 미래로만 남아 있게 된다.

19. 열정의 정체

미국 최고의 민속화가인 그랜드마 모제스(Grandma Moses)는 백한 살로 타계 할 때 천 6백 점의 작품을 남겼다.

모제스는 일흔다섯 살까지는 10남매를 길러낸 평범한 주부였다. 하지만 그때부터 그림을 그리기 시작해 최고의 명성을 얻었다. 그녀는 자손들에게 멋진 유산 한마디를 남겼다.

“열정이 있는 한 늙지 않는다.”

문득 자신이 늙었다는 생각이 들거나 나이를 많이 먹었다는 생각이 든다면 100부터 거꾸로 세어보아라. 당신은 결코 늙은 것이 아니다. 생각이 늙었을 뿐이다. 지금 다시 한 번 마음속에 불꽃을 피울 때 이다.

20. 욕심의 한계

한 선생님이 수업시간에 학생들에게 물었다.

"돈 1억을 가진 사람과 아이 열 명을 가진 사람 중 누가 더 행복할까요?"

그러자 한 학생이 또박또박하게 대답했다.

"아이 열 명을 가진 사람이 더 행복할 것 같습니다."

선생님이 이유를 물었더니 학생은 이렇게 대답했다.

"1억을 가진 사람은 더 많은 돈을 원하겠지만 아이 열 명을 가진 사람은 더 이상의 아이를 원하지 않을 테니깐요."

많이 가진 사람이 부자가 아니라 더 이상 원하는 것이 없는 사람이 진정한 부자라고 한다. 말은 쉬운데 마음으로 받아들이기는 쉽지 않다. 그래서 사람들은 무덤에 들어가기 전에서야 욕심을 버리고 모두 부자가 된다고 하지 않던가?

21. 고민의 속성

한 한생이 캠퍼스에서 낮술을 마시고 있었다. 그때 지나가는 교수님께서 보시고 물있다.

"대낮부터 술을 마시는 이유가 무엇인가?"

"전 고민이 너무 많습니다. 술이라도 마셔서 고민과 근심을 모두 익사시키려고요."

그러자 교수님이 웃으면서 말했다.

"이해가 가네, 하지만 소용없을 거네. 왜냐하면 그 녀석들은 전부 최고의 수영선수들이거든."

아프리카의 어느 마을에 강이 하나 있는데 그 강을 건널 때 사람들은 모두 큰 돌덩이를 지고 건넌다고 한다. 돌이 무거울수록 거센 물살에 휩쓸리지 않기 때문에 가능하면 무거운 돌을 애써 선택한다고 한다. 우리 삶의 모든 아픔들을 익사시킬 수 없다면 함께 살아가는 지혜를 터득해야 한다. 아픔이 나를 키우고 있다는 것을...

22. 노력의 결과

20세기 최고의 연주가로 존경받는 첼리스트 파블로 카잘스(Pablo Casals)는 95세 때에도 꾸준하게 연습했다. 한 기자가 물었다.

"선생님께서는 올해 95세인데 아직도 하루 6시간씩 연습하는 이유가 무엇입니까?"

그러자 카잘스는 이렇게 대답했다.

"지금도 연습할 때마다 내 연주 실력이 조금씩 향상되고 있음을 느끼기 때문이지요."

'일근천하무난사(一勤天下無難事)'라는 말이 있다. 한결같이 부지런하면 세상에 어려움이 없다는 의미이다. 부지런함보다 가치 있는 일은 한결같은 즐김에 있다. 재치 있는 발상과 유머, 위트로 유명한 링컨(Lincoln)은 평생을 통틀어 교육받은 기간이 채 1년도 안 된다. 하지만 그는 틈만 나면 독서를 하며 철저한 준비와 연습을 통해 자신을 만들어 나갔다. 그는 배움을 즐겼던 진정한 영웅이었다.

23. 인간의 몫

몇 년 전 한 모임에서 만났던 분이 자기 딸은 천둥과 번개 치는 것을 너무나 두려워했는데 이제는 천둥, 번개 치는 날을 좋아한다고 말했다.

신기해서 물었다.

"어떻게 했기에 아이들이 천둥과 번개를 좋아합니까?

사실 천둥 치면 저도 아직 무서운데..."

그러자 그분이 별거 아니라는 듯이 대답했다.
"별거 아닙니다. 천둥, 번개는 하나님께서 사람들을 위해서 쏘아주는 폭죽이라고 말했거든요. 이제는 천둥만 치면 폭죽이라고 좋아합니다."

태양은 양지와 음지를 동시에 만들어준다. 하지만 태양을 볼 것인지, 그림자를 볼 것인지에 대한 선택은 온전히 인간의 몫이다.
천둥, 번개를 두려움으로 볼 것인지, 축제의 시작으로 볼 것인지는 늘 인간의 선택 문제이다.

24. 시계의 교훈

한 남자에게 오래되고 멋있는 벽시계가 있었다. 어느 날 남자는 무거운 추를 달고 움직이는 시계바늘을 보며 생각했다.
"오래된 시계바늘이 저렇게 무거운 추를 달고 있으면 얼마나 힘들까?"
그래서 곧바로 시계추를 떼어버렸다.
그러자 시계는 더 이상 움직이지 않았다.

우리 인생도 시계이다. 끊임없이 움직여야 하는..
누구나 느끼는 삶의 무게처럼 우리 인생에는 주어진 몫이 있다. 무겁다고 내던지는 순간, 조금 편할 수는 있지만 우리 자신은 무의미해진다. 혹시 당신의 발밑에 보이지 않는 추가 있습니까? 그렇다면 이젠 그걸 밟고 즐겨야 한다. 롤러스케이트처럼...

25. 되는 이유

한 면접관이 고개를 저으며 지원자에게 말했다.
"당신은 종교학을 전공했군요. 그런데 당신이 근무할 영업부서에서는 주로 영업을 해야 하는데 고객들에게 거짓말도 못 할 거 아닙니까?"

그러자 지원자가 웃으면서 대답했다.

"하하하, 그렇게 생각하실 수도 있지만 고객의 입장에서 보면 이렇게도 생각할 수 있겠죠. '이 사람은 종교학을 공부했으니 설마 거짓말은 안 할 거야.' 라고요."

성공한 사람이 긍정적인 것이 아니라 긍정적인 사람이 성공하는 법이다. 니시다 후미오(Nishida Fumio)의 책 『된다, 된다 나는 된다』에서 후미오는 어떤 분야에서든 마지막 승자가 된 사람들은 운의 법칙을 현명하게 활용하는 법을 알고 있다고 말한다. 그들은 한숨이나 부정적인 말 대신 '나는 된다.' '나는 운이 좋다.' '나는 할 수 있다.'는 긍정의 말과 느낌을 달고 산다고 한다.

된다고 믿는 믿음이 우리를 전진하게 만든다.

26. 멋진 자기소개

내가 좋아하는 선배님이 계신다. 그분은 평소 유머감각이 흘러넘치시는데 자기소개 자리에서는 아예 사람들의 혼을 뺄 정도로 뒤집어지게 만든다.

"안녕하세요? 전 서울대 법대를 나와 사법고시를 합격하고 20년간 검사로 근무하다 이번에 새롭게 개업한 변호사 사무실....(잠시 멈춘 뒤)에서 근무하는 사무장 김차성입니다."

그 선배와의 첫 번째 만남은 재미난 자기소개 멘트로 사람들의 웃음과 관심을 독점하는 모습이었다. 웃는 표정은 최고의 명함이지만 웃기는 자기소개 멘트는 최고의 브랜드를 만든다. 자기 소개할 때, 유머러스한 소개에 도전해보자.

27. 소크라테스(Socrates)의 해석

그리스 철학자 소크라테스(Socrates)의 아내는 악처로 유명하다. 매일 남편에게 갖은 욕설을 퍼붓기도 하고, 가끔씩 때리기도 했다. 보다 못한 동네 사람들이 물었다.

"왜 그렇게 악한 여자를 데리고 사는 겁니까?"

그러자 소크라테스가 대답했다.

"훌륭한 기수는 성질이 가장 사나운 말을 고르는 법이지요. 그런 말을 길들여서 탄다면 세상 어떤 말도 다 탈 수 있습니다."

소크라테스의 삶을 보면 아내에 대해서는 대나무와 같았음을 느낀다. 대나무가 쉽사리 죽지 않는 이유는 바람이 하루에 300번씩 흔들어 주기 때문이라고 한다. 300번의 바람이 불 때마다 뿌리들이 서로 끌어안기 때문에 더 튼튼해지고 단단해진다는 것이다. 부부생활의 지혜를 소크라테스의 긍정에서 배울 수 있다.

28. 마음의 여유

평소 아는 분이 매우 비싼 외제차를 구입했다. 두 달 정도 지난 어느 날 우연히 차를 봤는데 여기저기에 긁힌 상처가 보였다.

"완전 새 차인데 상처가 나서 어떡해요?"

걱정스러운 표정으로 말하자 그분이 웃으면서 대답했다.

"괜찮아. 처음 차를 샀을 때는 너무 깨끗해서 누가 훔쳐갈까 봐 걱정했는데 이젠 차에 적당히 상처가 나니 오히려 마음이 편해. 하하하."

비싼 차에 여러 군데 흠집이 났는데 마음이 오히려 편하다고 이야기할 사람이 얼마나 되겠습니까? 짜증나겠지만 그래도 웃자는 이야기겠지요!

유머가 있다면 어떠한 상황도 기분 좋게 웃어넘길 수 있는 탁월한 능력이 생긴다.

29. 최고의 조언

옥스퍼드 대학에 입학한 학생들이 유명한 루드야드 키플링(Rudyard Kipling)으로부터 조언을 들으려고 50파운드를 보내며 부탁했다.

"선생님의 가장 좋은 말씀 한마디를 보내 주세요."

얼마 후 띠어 루드야드가 추천한 좋은 단어가 돌아왔다.

"땡큐"

아카데미 시상식에서 해리슨 포드가 감사 인사를 했다.

"땡큐"

너무 짧은 것 같아 잠시 후 포드는 다시 한 번 감사 인사를 했다.

"땡큐 베리 머치."

세상에서 감사만큼 파워풀한 단어는 없다.

세상의 모든 아름다운 말을 다 삼킨 단어, 바로 감사이다.

30. 비오는 날의 행복

한 할아버지가 아들 때문에 불평을 하자 사람들이 그 이유를 물었다.

"나에게는 두 아들이 있는데 큰아들은 소금장수고, 작은아들은 우산장수라오. 그런데 오늘같이 비가 오는 날에는 큰아들이 걱정이고, 날씨가 좋은 날에는 우산장사 하는 놈이 걱정 된다오."

그러자 한 사람이 말했다.

"할아버지는 참 복도 많으십니다. 날이 좋으면 큰아들의 소금장사가 잘될 것이고, 비가 오면 우산장사 하는 아들이 잘 될 것이니 참 부럽습니다."

불행을 행복으로 바꾸는 것은 순식간이다. 사실 우리 마음 속엔 이미 차고도 넘치는 행복이 있는데 어리석은 생각이 우리의 행복을 막는다.

행복은 선택이다. 밝고 긍정적인 것을 선택해야 한다.

31. 꼬마의 비전

한 꼬마가 엄마와 함께 시장에 들렀다. 땅콩가게 앞을 들렀는데 주인 아저씨가 말했다.

"참 귀엽네, 꼬마야, 땅콩 한 줌 집어먹어라."

하지만 꼬마는 가만히 듣고만 있었다.

"괜찮아. 한 줌 집어먹어도 괜찮다니까."

이번에도 가만히 있자 아저씨가 한 줌을 집어서 꼬마의 호주머니에 넣어주었다. 돌아오는 길에 엄마가 왜 땅콩을 집지 않았느냐고 묻자 꼬마가 웃으면서 말했다.

"나도 집고 싶었는데, 내 손보다 아저씨 손이 더 크잖아."

"사람들은 내 꿈을 듣고 비웃지만 내 꿈을 생각하면 저절로 웃음이 나온다."는 말이 떠오른다. 아저씨의 큰 손을 볼 수 있는 마음이 바로 꿈이며 비전이라 믿는다. 잠깐의 인내는 큰 열매를 향한 시작이다.

32. 사장의 열정

『긍정이 걸작을 만든다』는 베스트셀러를 지은 윤석금 회장이 한 경제신문사 사장에게 매출증대를 위한 조언을 했다.

"만나는 사람마다 신문 한 부씩만 구독해 달라고 말해보세요. 진짜로 한 달 정도만 이렇게 말한다면 그 결과는 엄청날 겁니다."

그 신문사 사장은 실제로 행동에 옮겼고 사람들은 매우 호의적인 평가를 했다.

"이 정도로 적극적이고 열정적인 사장은 처음 봤다. 무슨 일이든지 해낼 것이다."

'설마 사장이 신문구독을 권유할까.' 라는 기존의 편견을 멋지게 깨버린 것이다. 보채는 아이에게 젖을 물리는 법이고 적극적인 사람에게 우리는 마음의 문을 연다. 열정은 뜨거운 법이어서 주위 사람 모두 그 따뜻한 온기를 느낀다.

33. 9,000가지의 선택

미첼이라는 남자가 오토바이 사고로 화상을 입어 얼굴을 알아볼 수 없게 되었다. 4년 후 이번에는 비행기 사고로 하반신 마비가 되었다. 하지만 이후 그는 백만장자가 되었고, 유명한 연설가가 되어 많은 사람들에게 삶의 희망을 주었다. 그는 늘 말했다.

"내게 불행이 닥쳐오기 전까지 내가 할 수 있었던 일은 10,000가지였다. 장애인이 되면서 내가 할 수 있는 일은 9,000가지로 줄었다. 할 수 없게 된 1,000가지 일을 슬퍼하면서 고통 속에 살든지, 아니면 나에게 남아 있는 9,000가지 일을 하며 살든지 두 가지 중에 하나를 선택해야 했다. 결국 나는 내게 남은 9,000가지를 선택해서 최선을 다했다."

스웨덴의 경제학자이며 노벨평화상을 받은 다그 함마르셸드(Dag Hammarskjold)는 감사의 중요성에 대해 이렇게 말한다.

"지나간 모든 것에 감사하며 다가올 모든 것을 긍정합니다."

인생은 선택이다. 잃어버린 1,000가지를 끌어안고 울 것인지, 아니면 9,000가지의 기회를 안고 웃을 것인지.

감사와 긍정으로 도배하는 인생이 되었으면 좋겠다.

34. 당신은 가능성

가난한 집 아들이 갑자기 아버지가 원망스러워 따졌다.

"아버지는 왜 재벌이 아니에요? 아버지가 재벌 이였으면 나도 재벌 2

세가 되어서 편하게 잘 먹고 잘살았을 거 아녜요!"

그랬더니 아버지는 아들을 보고 말했습니다.

"이놈아, 그러는 너는 왜 박지성으로 안 태어났냐?"

전신애 전 미 노동부 차관보는『너는 99%의 가능성이다』라는 책에서 긍정의 중요성을 이렇게 말한다.

"긍정적인 사람은 인생이라는 경기를 시작할 때부터 100미터 정도의 보너스를 미리 받는 셈이다."

그녀는 대학 졸업 후 미국에 갔을 때 어떠한 상황 속에서도 긍정적인 사고방식과 태도로 살기로 다짐했다고 한다. 그 다짐이 인생의 가장 중요한 선택이었다고 말한다.

불편은 스스로를 100미터 후퇴시키며 영원히 그곳에 머물게 한다.

35. 아이의 창의력

초등학교 산수 시간에 선생님이 한 학생에게 물었다.

"만일 내가 너한테 토끼를 두 마리 주고, 또 세 마리를 주었다면 너는 몇 마리의 토끼를 가지고 있게 될까?"

학생이 여유 있게 대답했다.

"일곱 마리요"

"다섯 마리지, 왜 일곱 마리냐?"

그러자 학생이 대답했다.

"우리 집에 두 마리가 더 있거든요."

아이들의 창의력은 끝이 없다. 창의력의 시작은 남과 다르게 생각하는 데서 온다. 하지만 요즘 부모들은 창의적인 것을 원하면서 아이가 다른 생각을 하면 저지한다. 넬슨 만델라(Nelson Mandela)는 말한다.

"물이 끓기 시작할 때 불을 끄는 것은 어리석은 일이다."

아이들의 열정적인 창의의 불을 끄는 일이 없었으면 좋겠다.

36. 기분 좋은 느낌

조엘 오스틴(Joel Osteen) 목사 부부가 아이들과 함께 시내 근처의 공원으로 소풍을 갔다. 공원은 온통 사람과 자동차로 가득 찼다. 이미 다섯 대의 차가 주차장을 돌면서 주차할 장소를 찾고 있었다. 초조해하던 아이들에게 조엘 오스틴이 말했다.

"아빠가 곧 좋은 자리에 주차할 것 같다. 왠지 좋은 느낌이 오거든. 아빠는 어디에 있는지 하나님의 은혜가 따라다니거든."

그때 놀랍게도 앞에 주차해 있던 차가 빠져나가서 쉽게 주차 할 수 있었다.

자신은 운이 좋은 사람이며, 늘 신이 자신과 함께 한다고 말하는 사람의 곁에 있으면 행복해진다. 성경은 겨자씨만 한 믿음으로도 산을 움직인다고 말한다. 산도 움직이는데 사람의 일을 못 움직이겠습니까?

37. 간절함

한 남자가 간절하게 기도하자 천사가 나타나서 물었다.

"네 소원이 무엇이냐?"

남자는 기쁜 마음으로 소원을 나열했다.

"네, 전원주택도 하나 주시고요, 100억이 들어 있는 통장도 하나 주시고, 또 예쁜 여자와 결혼하게 해주고..이것도 해주고 저것도..."

다 듣고 메모를 끝낸 천사가 말했다.

"설문에 응해주셔서 감사합니다."

세상에 맨입으로 되는 건 키스밖에 없는 줄 알았다. 하지만 하나가 더 있었다. 바로 간절한 기도이다. 그 간절함은 단순함에서 이루어진다. 뱃속에 군것질로 사탕, 오징어, 쥐포, 음료수 다 채워 넣어도 갓 지은 밥 한 공기를 이기지 못한다. 간절하려면 하나에만 집중해야 한다. 세상 모든 것이 다 그렇듯이...

38. 시한부 인생의 교훈

한 잉꼬부부가 있었는데 아내가 암으로 시한부 인생을 선고 받았다.

하지만 그때부터 아내는 더 밝은 표정으로 즐겁게 살아갔다. 임종의 순간이 왔을 때 남편은 아내에게 물었다.

"여보, 시한부를 받아놓고 하루하루 살아가는 것이 어땠소?"

그러자 아내가 웃으며 대답했다.

"여보, 마치 죽지 않을 것처럼 하루하루 살아가는 것은 어떤 느낌인가요? 저는 정해진 시한부 인생 동안 더 행복하고 즐거웠던 것 같아요."

딱 한 번뿐인 인생, 딱 한 번뿐인 것처럼 살자고 다짐했다. 두 번 살 수 있다면 지금의 삶은 대충 찡그리고, 아파하고, 괴로워하면서 살아도 되는데 두 번 살 수 없으니 더 웃고, 더 행복하고, 더 즐거운 인생이어야 한다.

39. 등불의 의미

한 시각장애인이 등불을 들고 어두운 밤길을 걷고 있었다.

그때 지나가는 나그네가 물었다.

"앞도 안 보이는 사람에게 등불이 무슨 소용입니까?"

그러자 시각장애인이 말했다.

"이것은 나를 위한 것이 아니라 등불을 볼 수 있는 당신을 위한 것입니다. 등불이 있어야 당신이 나를 볼 수 있잖아요."

3%의 소금이 바다를 썩지 않게 하듯, 3%의 따뜻한 마음이 세상을 밝히는 등불이 된다. 남을 행복하게 하며 배려하는 데는 3%까지 필요하지도 않다. 0.01%의 웃음이면 충분하다.

만나는 사람에게 던지는 기분 좋은 미소 하나! 그것이 사람 간의 마음을 밝히는 등불이다.

40. 아이의 명품 대답

만두를 맛있게 먹고 있는 아이에게 엄마가 물었다.

"엄마랑 아빠, 둘 중에 누가 더 좋아?"

잠시 생각하던 아들은 만두를 하나 집어든 후 만두를 둘로 쪼개며 되물었다.

"엄마는 어느 쪽이 더 맛있을 것 같아?"

사람의 무게는 무한대이다. 무한대를 비교하는 것은 불가능하다.

아이의 대답이 예술이다. 어른이 되어서도 그런 대답이었으면 좋겠다.

41. 자기 사랑

이탈리아 영화배우 안나 마니냐가 늙어서 사진을 찍었다.

사진을 찍기 전에 그녀는 사진사에게 조용히 이렇게 부탁했다.

"사진사 양반, 절대 내 주름살을 수정하지 마세요."

사진사가 그 이유를 묻자 안나 마니냐가 대답했다.

"그걸 얻는 데 평생이 걸렸거든요."

하워드 가드너(Howard Gardner)가 말했다.

"행복한 사람은 가지고 있는 것을 사랑하고, 불행한 사람은 가지고 있지 않은 것을 사랑하는 사람이다."

주름살까지 사랑한다는 것은 자기 사랑의 극치가 아닐까 생각해본다.

42. 승자의 이유

한 아이가 선생님께 물었다.

"선생님, 태권도 9단과 유도 9단이 싸우면 누가 이겨요?"

잠깐 생각하더니 선생님이 대답했다.

"글쎄다, 센 놈이 이기지 않을까?"

오랫동안 한국의 바둑계를 평정하고 있는 이창호 9단은 싸우기 전에 이미 마음속에서 승부가 결판이 난다고 한다. '이길 수 있어'라고 생각할 때는 이기고, '이길 수 없을 것 같아'라고 생각할 때는 지게 된다는 것이다. 생각해 보면 세상의 승부는 말 속에서 이미 판가름 나는가 보다.

43. 신생아의 어려움

전국의 신생아 500명에게 물었단다.

"아가들아, 너희는 언제 제일 힘드니?"

7위: 싸고 또 쌌는데 "요즘 기저귀 정말 좋아"하면서 안 갈아줄 때.

6위: "누굴 닮아 이렇게 못생겼지?"라고 푸념할 때, 내가 누굴 닮았겠는가?

5위: 아빠, 엄마도 말하지 못하는데 "작은 외숙모 해봐" 할 때, 혀 꼬인다.

4위: 아무리 빨아도 젖이 안 나와 현기증 날 때, 누가 다 빨아먹은 거야?

3위: 아무데서나 벗기고 기저귀 갈 때, 나도 자존심이 있는데 말야..

2위: 기지도 못하는데 고작 과자 하나를 미끼로 사꾸 설어보라고 꼬실 때.

1위: 자꾸 웃으라고 윽박지를 때. 자기가 먼저 웃어야 내가 웃을 거 아냐?

사람들은 말한다. “네가 먼저 웃어야 내가 웃을 것 아냐?”
하지만 진짜 현명한 사람은 자신부터 웃는다.
그것이 사람을 편안하게 하며 세상을 평화롭게 하는 방법임을 알기에...

44. 장관의 지혜

영국의 한 장관이 의회에서 국민 보건에 대한 주제로 연설을 하는데 한 의원이 일어나 말했다.
“장관은 수의사 출신인데 사람의 건강에 대해 얼마나 안다고 그렇게 떠드시오?”
의원들은 이 공격적인 질문에 장관의 대답이 궁금해 귀를 모았다. 잠시 후 장관은 부드럽고 침착하게 대답했다.
“네 잘 모릅니다. 그런데 나중에 혹시 어디 아프시면 언제든지 저를 찾아오세요.”

한 명에게 밉다고 말하면 백 명에게 밉다는 말을 듣게 된다. 한 명에게 사랑한다는 말을 듣고 싶다면 내가 백 명에게 사랑한다는 말을 해야 한다.
사람의 입은 너무 간사하다. 좋은 것은 쉽사리 퍼지지 않지만, 나쁜 것은 너무나 빠르다. 그래도 좋은 것만을 말해야 한다.

45. 인생은 셀프

초등학교 2학년 영어시간에 선생님이 물었다.
“공기는 영어로 air입니다. 그럼 물은 영어로 뭘까요?”
한 아기가 기세 좋게 손을 들더니 말했다.
“물은 셀프입니다.”

언젠가 한 식당에 들어갔는데 '물은 셀프'라는 스티커가 붙어 있기에 말했다.

"아줌마, 여기 셀프 한 컵하고 순두부 하나요!"

누군가 인생은 장작 패기라고 했다. 스스로 장작을 패면 몸과 방 안이 따뜻해진다. 긍정도 셀프이다. 누구도 대신해줄 수 없는.

46. 최후의 승자

미국 대선 후보였던 매케인(McCain)의 대선 탈락 후, 한 기자가 물었다.

"어떻게 지내세요?"

그러자 매케인이 대답했다.

"제 손자 녀석과 똑같은 생활을 하고 있습니다. 3시간 자고 일어나서 울고, 또 3시간을 자고 다시 일어나서 울고 그렇게 지내고 있습니다."

누구나 실패한다. 그리고 누구나 슬퍼한다.

하지만 그 슬픔과 실패를 해학과 유머의 소재로 삼을 수 있다면 실패는 더 이상 실패가 아니다. 넘어져도 웃을 수 있다면 분명 그 사람은 최후의 승자가 될 것이라고 믿는다.

47. 아내의 긍정

한 아줌마가 남편에게 전화했다.

남편: 무슨 일이야?

아줌마: 여보, 좋은 소식과 나쁜 소식이 있어!

남편: 시간 없으니깐 좋은 소식만 빨리 말해봐!

아줌마: 있잖아... 자동차 에어백이 제대로 작동했어!

긍정과 부정은 떼어놓을 수없는 쌍둥이 형제이다. 그리고 둘 중에 무엇을 선택할지는 늘 인간의 몫이다. 사고가 나서 자동차가 박살나는 불행으로 볼 수도 있고, 그럼에도 불구하고 에어백이 작동해 목숨을 건진 행운으로 볼 수도 있다.

중국 당나라 때의 시인인 한산이 했던 말이 떠오른다.

“백 년도 못 사는 인간이 천 년의 근심으로 산다.”

살아가는 동안 기쁨으로 살았으면 좋겠다.

48. 아이의 순진함

학년 말 성적표를 받아온 아들이 밝은 얼굴로 엄마에게 말했다.

“엄마, 우리 반에서 제가 인기가 제일 좋은가 봐요.”

엄마도 웃으면서 이유를 물었다.

“선생님이 저 보고 진급하지 말고 1년만 더 있어달라고 부탁했거든요.”

누구도 자신의 허락 없이 자신을 불행하게 할 수 없다. 아픔도 내가 인정해야 통증을 느끼게 된다. 열심히 공부해야겠지만, 공부 못한다고 마음의 긍정까지 기죽을 필요는 없다. 공부 잘하는 놈보다 긍정적인 놈이 더 멋진 인생을 사는 것을 많이 봤기 때문이다.

49. 마음의 때

조선 말 당시 최고의 세도가였던 민씨 집안에 처음으로 비누가 들어오자 수많은 대감들이 비누를 신기해하며 앞 다투어 비누로 손을 씻어보고 최고라며 아부했다.

이때 손님 중의 한 사람인 이상재 선생이 갑자기 선물 받은 비누를 씹어먹는 것이 아닌가! 사람들이 깜짝 놀라면서 어떻게 비누를 먹을 수 있느냐고 말했다. 그때 이상재 선생이 돌아서서 말했다.

“여러분 모두는 비누로 얼굴과 몸의 때를 벗기지만 나는 뱃속에 낀 때를 벗기려고 먹고 있소이다.”

목욕탕에서 살갗이 벗겨지도록 때를 밀어본 기억은 있지만, 마음의 때를 벗겨본 적은 없다는 생각을 해본다.

마음의 때, 뱃속의 때, 머릿속의 때들이 참 많아 보인다.

버리고, 비우고, 가벼워지라는 말의 의미를 알 것 같다.

50. 복을 받는 법

아일랜드 출신의 영국 작가로, 『걸리버 여행기』를 집필한 조나단 스위프트(Jonathan Swift)는 어느 날 잔꾀를 부리는 하인과 여행을 하다가 점심을 1인분만 시키고서는 자기가 다 먹었다.

하인이 왜 혼자서만 먹느냐고 묻자 조나단이 대답했다.

“어차피 점심을 먹어도 또 배고플 텐데 뭐하러 먹나.”

얼마 후에 조나단은 하인에게 구두를 닦아오라고 시켰다.

하지만 하인은 구두를 닦지 않고 그대로 돌려주며 말했다.

“어차피 신다 보면 지저분해질 텐데 뭐하러 닦습니까?”

소크라테스(Socrates)는 말했다.

“개가 짖는다고 같이 짖고 나귀가 뒷발로 찬다고 같이 차겠는가?”

되로 주면 말로 받는 것이 세상의 흐름이다.

그것에서 독이 나오기도 하고 복이 오기도 한다.

51. 나름대로 해석

의사가 한 아주머니의 감기를 진단하고 나서 처방했다.

“먼저 따듯한 물에 푹 담그세요. 그리고 따뜻한 옷으로 온몸을 따뜻하게 유지하세요.”

이 말을 듣고 집에 온 아주머니는 남편에게 물었다.
"의사선생님께서 먼저 온천에 가서 푹 쉬고 나서 밍크코트로 온몸의 체온을 보호해야 한다고 말했어요."

의사의 처방을 마음대로 해석한 아줌마의 실력이 놀랍다.
'아' 다르고 '어' 다른 것이 말이다. 정확한 소통은 소리의 나눔이 아니라 의미의 소통이다. 상대가 하는 말에서 상대의 마음을 읽으려고 노력하는 것이 필요한 세상이다.

52. 감사에 감사를

영화 <백 투더 퓨처>의 주연 마이클 J. 폭스(Michael J. Fox)가 파킨슨 병에 걸렸다. 기자들이 병과 싸우느라 얼마나 힘든지, 병이 인생에 어떠한 영향을 미쳤는지 물었다.
마이클은 단 1초도 머뭇거리지 않고 대답했다.
"감사하지요. 왜냐하면 제가 이 병에 걸렸기 때문에 사람들이 파킨슨병에 대해서 더 알게 되었고, 나아가 파킨슨병으로 고통받는 사람들에게 작은 힘이 될 것이기 때문입니다."

노벨 평화상을 수상한 엘리 비젤(Elie Wiesel) 박사는 이렇게 말합니다.
"감사하는 마음이야말로 베풂의 시작입니다. 감사가 내 인생을 지배할 수 있도록 해준 하나님께 감사를 드립니다."
진정으로 감사를 알 때 하나님도 감동할 것으로 믿는다.

53. 비밀의 중요성

한 나라의 총리가 병으로 갑자기 죽었다. 신하들은 누가 다음 총리가 될 것인지 무척 궁금했다. 미리 아부를 해야 출세 할 수 있었기 때문입니다.

왕이 후임자를 한동안 공표하지 않자 한 신하가 물었다.

"폐하, 누가 다음 총리가 되는 것이옵니까?"

"그대는 비밀을 지킬 수 있겠는가?"

"물론이옵니다. 폐하"

왕은 지극이 웃으며 말했다.

"그래야지요, 과인도 그대만큼 비밀을 지킬 줄 안다오."

입이 가벼우면 마음이 무거워지는 법. 그래서 세상을 휘두를 권세가 혀에 있나 보다. 망나니의 칼과 같이 쓸 것인지, 나라를 지키는 장수의 칼과 같이 쓸 것인지 입을 열 때마다 생각해봐야겠다.

54. 인생에서 가장 중요한 '지금 이 순간'

인터넷에서 아주 흉측하게 생긴 발 사진을 본 적이 있다. 처음에는 '희귀병에 걸린 사람의 발인가 보다.' 라고 생각했다. 하지만 사진 밑에 적혀 있는 글을 읽어보고 나서야 비로소 그 발의 주인공을 알 수 있었다.

칡뿌리처럼 거칠고 마른 땅처럼 갈라진 발의 주인공은 바로 축구 선수 박지성이였다. 그런데 그 바로 밑에 더 끔찍하게 생긴 사진이 하나 더 있지 뭔가. 나믄 축구선수의 발이겠거니 하며 화면을 내렸다. 하지만 놀랍게도 그 발의 주인공은 발레리나 강수진이였다. 독일 슈투트가르트 발레단에 최연소로 입단하고, 발레의 오스카상이라고 불리는 '브누아 드 라 당스(Benois De La Danse)' 최고 여성 무용상 수상에 이어 '캄머탠저린(Kammertanzerin, 궁중무용수)'이라는 독일 최고의 작위까지 받은 사람의 발이라고는 도저히 생각할 수 없었을 만큼 엉망인 발이었다. 특히 '발레리나'하면 아름답고 우아하다는 생각에 발 역시 일반 사람들보다 훨씬 더 예쁠 것이라고 생각했기에, 순간 너무나 혼란스러웠다.

두 사람의 발은 우리에게 '뿌린 만큼 거둔다.'라는 진리를 다시 한 번 얘기하고 있다. 만일 그들이 그만큼 땀을 흘리지 않았다면 과연 그 자리에 설 수 있었을까?

그런 점에서 땀은 매우 정직하다. 땀을 흘리지 않은 사람에겐 산이 정상을 내주지 않듯 땀을 흘리지 않은 사람에게 삶은 성공의 문을 쉽게 열어주지 않는다. 오직 땀을 흘린 사람에게만 시원한 바람을 내어주고, 열심히 노력하는 사람에게만 삶의 정답을 알려준다.

성공과 행복으로 가는 길이 따로 있는 것은 아니다. 땀과 열정, 노력으로 수놓은 길이야 말로 밝고 행복한 내일로 가는 가장 빠른 지름길이기 때문이다. 힘들고 어려운 만큼 보람도 크고 성취감도 크다. 따라서 '지금 이 순간'이야말로 우리 삶에서 가장 중요하다고 행복한 시간이라고 할 수 있다. 지금을 어떻게 사느냐에 따라 미래가 결정되기 때문이다.

뭔가를 실현하고 싶다면, 지금 우리의 머릿속은 그것으로 이미 꽉 차 있어야 한다. 그러니 일단 불리한대로 달려라. 시작하고 나면 모든 상황이 바뀔 수 있다. 먼저 바꿔야 하는 건 당신의 마음가짐이지 결코 상황이 아니다. 주저하지 말고 시작해라, 지금이 가장 좋을 때이다.

제2절 행운을 부르는 좋은 습관 - 자기관리

1. 말은 항상 신중히 하라.

말을 하기 전 신중히 생각해 보는 자세는 매우 중요하다. 말을 너무 많이 하거나, 무슨 일이든 잘 생각해 보지 않고 무조건 '예스'를 외치는 것은 공든 탑을 순식간에 무너뜨릴 만큼 위험한 일이며, 결과적으로 신뢰를 잃을 수도 있다.

신뢰를 잃는 것은 순식간이다. 신뢰는 얻기도 힘들지만, 지켜 나가는 것 또한 결코 쉬운 일이 아니다. 그렇기에 말을 할 때는 항상 신중해야 한다. 누구에게나 쉽게 약속을 하고, 약속을 소홀히 여기거나 이행하지 않는다면 아무리 능력이 뛰어난 사람이라도 다른 사람들로부터 신뢰를 얻기 힘들다. 게다가 한 번 잃은 신뢰는 훗날 아무리 노력한다 해도 다시 회복하기 힘든 법이다. 정직과 성실이 선행되어야 신뢰를 쌓을 수 있으며, 경쟁 사회에서 신뢰를 싹틔우고 키워 나가는 것은 성공의 기초이다. 신뢰를 잃으면 모든 것을 잃는다 해도 과언이 아니다.

2. 소망을 열망으로 변화시켜라.

사람은 누구나 마음속 깊은 곳에 자신만의 소망을 키우며 살아간다. 하지만 소망을 이루고자 하는 마음만 갖는다고 해서 행복한 미래가 보장되는 것은 아니다. 소망을 열망으로 바꿀 수 있는 사람만이 미래에 대한 원동력을 이끌어 내 원하는 바를 이룰 수 있다. 그렇다면 소망과 열망의 차이점은 무엇일까?

우리가 말하는 소망이란, 열망이라고 하기에는 2% 부족한 단계를 의미한다. 소망만으로는 행복한 미래를 꿈꿀 수 없지만, 열망은 글자 자체만으로도 에너지를 발하여 우리가 꿈꾸는 행복한 미래를 향해 힘차게 돌진할 수 있는 원동력으로 부여한다. 따라서 강렬한 소망을 바탕으로 미래에 대한 계획을 세워 실천한다면 언젠가는 반드시 목표를 달성할 수 있다.

막연한 소망으로만 간직하던 것을 미래에 대한 뚜렷한 소신과 강력한 열망으로 전환하는 것이 무엇보다 중요하다. 소망을 열망으로 변화시켜 성공에 이르고 싶다면 먼저 자신의 역량이 빛을 발하도록 싹을 틔우는데 골몰하라. 평소에 꿈꾸던 소망에 집중하는 동안 무의식중에도 스스로에게 계속 동기부여를 한다면 내가 바라는 것이 무엇인지, 무엇을 해야 할지에 대한 뚜렷한 방향을 잡을 수 있을 것이다.

삶에 대한 소망과 열망을 갖는다면 목표나 기대 없이 살아가는 인생보다 훨씬 값진 삶을 살 수 있다. 확고한 소신을 가지고 끊임없이 앞으로 나아가는 자세는 당신이 소망하는 목표를 반드시 이룰 수 있도록 이끌 것이다.

3. 중요한 일부터 처리하라.

사람들은 일상생활에서 다양하고도 많은 일을 처리한다. 우리는 회사일과 집안일만으로도 하루 24시간이라는 시간이 항상 부족하고, 시간에 쫓기다 보면 일이 잘 풀리지 않는다며 투덜대기도 한다. 하지만 이때 사물의 본질을 알고 사소한 문제를 떨쳐버린다면 작은 노력으로도 큰 효과를 볼 수 있다.

우선적으로 사물의 이치에 밝아야 한다. 이는 무엇을 먼저 처리하고, 무엇을 나중에 처리해야 하는가를 정확히 판단할 줄 아는 능력을 말한다. 여기서 반드시 기억해야 할 것은 가장 중요하고 복잡한 일부터 처리해야 한다는 것이다. 구체적인 계획도 없이 막무가내로 일을 처리하는 것은 효율성을 떨어뜨린다. 따라서 시간을 어떻게 관리하는지가 성공의 관건이다.

우리는 종종 일을 처리할 때 중요한 것과 부차적인 것을 제대로 구분하지 못할 때가 있다. 그래서 중요하지 않은 일을 먼저 처리하다 보면 정작 급한 일은 시도조차하지 못한 채 귀중한 시간만 낭비하고 만다. 그러나 일의 우선순위를 정하면 질서 정연하게 일 처리를 하면서 적당한 긴장감까지 부여할 수 있다. 여기서 가장 중요한 것은 우선순위를 정하는 능력이다.

간단한 예를 들어보자. 지금 당신은 학생이다. 오늘 당신이 해야 할 일들로는 세탁하기, 목욕하기, 친구를 초대해 식사하기, 내일 있을 시험을 위해 복습하기 등이다. 이 중에서 가장 중요한 것은 내일 있을 시험에 대한 복습이고 나머지는 부차적인 것 즉, 그다지 시급하지 않은 것들이다. 그런데 만약 당신이 친구와 같이 식사를 하는 일을 먼저 선택하게 되면 금방 오후가 될 것이다. 그 다음 세탁을 하고, 목욕을 하고 나면 벌써 저녁이 되어버린다. 이럴 경우 시간이 부족해져 다음 날 있을 시험에 대비해 충분히 공부하지 못할 것은 뻔하다.

해야 할 일을 모두 적어본 후 그 중에서 가장 중요하고 시급한 일부터 수행하고, 자질구레한 일은 뒤로 미루자. 작은 일이든 큰일이든 항상 우선순위를 정하여 일을 처리하는 습관을 들이면 시간에 쫓기는 법 없이 모든 일을 순조롭게 풀어갈 수 있을 것이다.

4. 항상 즐거운 마음을 가져라.

'항상 즐기운 마음으로 일하라.'

리처드 카오치라는 작가가 최근 이에 해당하는 한 가지 조사를 실시했다. 그것은 즐거운 마음으로 일하는 수천, 수백 명의 사람을 대상으로 한 설문 조사하였는데, 그들이 말하는 즐거움이란 사소한 것에서부터 시작된다는 결론을 얻었다. 그렇다면 과연 무엇이 그들을 즐겁게 일 할 수 있도록 하는 걸까? 이에 대해 카오치는 다음과 같이 대답했다.

"즐거운 마음의 소유자에게는 '다섯 가지 좋은 습관'이 있다. 그 습관은 짧은 시간 안에 자신은 물론 주위 사람들까지 즐거운 기분이 들도록 전염시킨다.”

다음은 그런 습관을 행동으로 옮길 수 있는 방법들이다.

첫째, 다른 사람을 진심으로 돕는다.

운전을 할 때는 늘 양보하는 태도를 가져 보라. 특히 할인 마트 계산대 앞에 줄을 서서 차례를 기다릴 때 고령의 할머니, 할아버지들이 보이면 망설이지 말고 자리를 내드리자.

미국의 사회 심리학자 겸 철학 박사인 데이비드 마이더스는 이렇게 말했다.

“사람은 사회적 동물이기에 인맥 관리가 무엇보다 중요하다. 부족하나마 최선을 다해 다른 사람에게 도움을 주는 행동을 진정으로 즐길 수 있다면 견고한 인간관계를 유지할 수 있다.”

다른 사람을 도움으로써 얻을 수 있는 것은 이뿐만이 아니다. 도움을 받은 사람들의 진심 어린 감사의 말 한마디는 지친 몸과 마음의 스트레스를 씻어주고 상쾌한 기쁨을 가져다 줄 것이다.

둘째, 친지들에게 때맞춰 안부를 묻는다.

서른다섯 살의·회계사 브렌다 마이얼스는 일로 인한 스트레스가 너무 컸다. 그러나 친한 친구와 이런저런 이야기를 나누고 나면 금방 아무 일 없던 듯 즐거워졌다. 이런 심리 상태를 오랜 시간에 거쳐 조사한 결과, 친구란 즐거움을 얻는 데 없어서는 안 될 중요한 존재라는 걸 알 수 있었다. 즐거움을 누릴 줄 아는 사람은 친구에게 매일 안부 전화를 한다, 비록 단 5분 동안의 짧은 전화 통화라 할지라도 그 효과는 말로 표현할 수 없을 만큼 크다.

마이얼스는 이를 이렇게 표현했다.

“기쁨은 함께 누려 배가시키고, 근심 걱정은 나누어 반으로 줄이는 것은 바로 관심으로부터 비롯된다.”

셋째, 자신에게 관대함을 베푼다.

하루 종일 재수가 없다고 느끼는 날 먹고 싶은 음식을 마음껏 먹거나, 두 다리를 쭉 펴고 잠깐 동안 휴식을 취해 보자. 이런 행동으로 자신에게 즐거움을 부여하는 순간 당신의 마음은 긍정적으로 바뀔 것이다. 항상 즐겁게 사는 사람의 가장 큰 특징은 가끔씩 자신에게 관대함을 선사해 즐거운 기분을 충분히 만끽할 줄 안다는 것이다.

워싱턴 대학의 심리학 교수인 렌지 랄슨은 이렇게 말했다.

“자신에게 보상을 한다는 것 자체는 본인이 그것을 받을 자격이 충분히 있음을 뜻한다. 이런 행동은 스스로의 자존심을 회복시키고, 이를 통해 즐거움도 찾을 수 있다.”

넷째, 적당한 운동을 한다.

엘리베이터 대신 계단을 이용하거나 버스에서 한 정거장 먼저 내려 걷는 등의 가벼운 활동은 삶의 활력을 증가시킨다. 항상 즐겁게 사는 사람은 매일 이런 식으로 가벼운 운동을 한다. 카오치는 운동이 팽팽하게 긴장되어 있던 신경을 효과적으로 이완시켜 홀가분한 기분을 느끼게 해 준다는 것을 발견했다. 그리고 5분간의 한가로운 산책은 정신을 맑게 하는 효과가 있다고 한다.

다섯째, 새로운 일을 시도해 본다.

신문을 읽거나 낱말 퍼즐 맞추기, 특이한 물건 관찰하기, 새로운 방법을 시도해 문제를 해결하기 등은 정신적 쾌감을 증진시킨다. 이처럼 매사에 즐거움을 느끼는 사람은 항상 새로운 일에 도전하여 기쁨과 만족을 느낀다.

제3절 걱정에 대해 알아야하는 기본적 사실들

1. 오늘에 충실하기

『행복한 사람, 홀로 행복하여라.
오늘을 나의 것이라고 말할 수 있는 사람,
확신을 갖고 이렇게 말할 수 있는 사람,
내일이여, 무슨 짓이든 해 보아라. 나의 오늘을 살리니.』

↳ 이 시는 태어나기 30년 전 로마의 시인 호라티우스(Horatius)가 지은 것 이다.

『새벽에 바치는 인사
이 하루를 잘 살피라!
이 하루가 인생이고, 인생 중의 인생이니.
그 짧은 흐름 안에
들어 있다, 네 존재의 진실과 실체가
성장의 축복이
행동의 영광이
아름다움의 찬란함이.
어제는 한낱 꿈이고
내일은 오직 환상이니,
오늘을 잘 보내는 이에게
어제는 행복한 꿈
내일은 희망으로 가득 찬 환영.
그러니 잘 살피라, 이 하루를!
이것이 새벽에 바치는 인사』

이 시는 고대 인도의 유명한 극작가 칼리다사(Kalidasa)가 쓴 것이다.

《과거와 미래를 철문으로 막아라. 오늘을 충실히 살라.》

당신 자신에게 이런 질문들을 던져 보고 그 답을 적어 두는 것은 어떨까?

(1) 나는 미래에 대한 걱정이나 '지평선 너머의 매혹적인 장미 화원'에 대한 동경으로 오늘의 삶을 미루는 경향이 있는가?

(2) 나는 과거에 일어난, 이미 끝나 버린 일에 대한 후회로 현재 괴로워하지 않는가?

(3) 나는 아침에 일어나면서 '오늘을 잡을' 결심, 즉, 내게 주어진 24시간을 최대한 활용할 결심을 하는가?

(4) 나는 '오늘에 충실한 삶'을 통해 내 인생을 더욱 밀도 있게 살 수 있는가?

(5) 언제부터 그것을 실천하면 좋을까? 다음 주? 내일? 오늘?

2. 걱정스러운 상황을 해결하는 비법

『아, 아직 쓸 것이 남아 있다면, 지금 아낌없이 쓰라
우리 역시 한 줌의 먼지가 되기 전에
먼지에서 먼지로 돌아가 먼지 아래 누울지니
술도 없이, 노래도 없이, 노래 부르는 이도 없이, 그리고 끝도 없이!』

오마르 하이얌이 지은 시의 한 구절이다.

《걱정되는 문제가 있다면 윌리스 H. 캐리어(Willis Haviland Carrier)의 마법에 공식에 나오는 다음의 세 단계를 실행하라.》

제1단계. '일어날 수 있는 최악의 상황은 무엇인가?' 라고 스스로에게 물어보라.

제2단계. 필요한 경우에는 최악의 상황을 받아들일 준비를 하라.

제3단계. 침착하게 최악의 상황을 개선하기 위해 노력하라.

3. 걱정이 미치는 영향

걱정에 대처하는 전략을 모르는 사업가는 요절한다.
-알렉시스 캐럴박사-

『걱정이 심장에 미치는 영향
걱정을 먹고 자라는 고혈압
걱정이 유발할 수 있는 류머티즘
당신의 위장을 위한 걱정 줄이기
걱정은 어떻게 감기를 유발하는가?
걱정과 갑상선
걱정하는 당뇨병 환자』

에드워드 포돌스키 박사가 쓴《걱정을 멈추면 건강을 얻는다》라는 책의 챕터 제목들이다.

『긴장 완화와 원기 회복
긴장을 완화하고 원기를 회복하는 가장 큰 힘은 건전한 신앙과, 수면, 음악, 웃음이다.
신을 믿고, 숙면하는 법을 배우고, 좋은 음악을 사랑하고, 삶의 유쾌한 면을 바라보라.
그러면 건강과 행복은 당신의 것이 될 것이다.』

이스라엘 브람 박사의 병원 대기실 벽에 걸린 목판에 적힌 권고 사항이다.

제4절 걱정을 습관을 버리는 방법

1. 마음속에서 걱정을 몰아내는 방법

《걱정하는 습관을 버리기 위한》
바쁘게 움직여라. 걱정하는 사람이
절망의 늪에 빠지지 않으려면 행동에 몰두해야 한다.

2. 딱정벌레가 당신을 쓰러뜨리게 놔두지 마라.

당신을 무시하고 잊어버려야 할 만큼 사소한 일들이
당신을 뒤흔들도록 놔두지 마라. 이 말을 기억하라.
"사소한 일에 신경 쓰기에는 인생이 너무 짧다."

3. 대부분의 걱정보다 더 강력한 법칙

기록을 살펴보고 자신에게 이렇게 물어보자.
"평균의 법칙으로 보았을 때 내가 걱정하는 일이
실제로 발생할 가능성은 얼마나 되는가?"

4. 피할 수 없다면 받아들여라.

『오, 마치 나무들과 동물들처럼
밤, 폭풍, 굶주림, 조롱, 사고, 냉대에
맞설 수 있기를』

미국의 시인 월터 휘트먼의 시이다.

『태양 아래 모든 아픔에는
치료법이 있거나 없으니,
있다면 찾아보고
없다면 신경 쓰지 말아야지.』

콜롬비아 대학의 호크스 학장은 영국의 전래 동요인 '어미 거위의 노래' 중 일부를 자신의 좌우명 중 하나로 삼은 것이다.

『주여, 제게 허락해 주시옵소서.
바꿀 수 없는 것을 받아들이는 평정과
바꿀 수 있는 것을 변화시킬 용기를
그리고 이 둘을 분별할 수 있는 지혜를
허락해 주시옵소서』

유니온 신학대학 응용기독학 교수 라인홀트 니부르 박사가 썼다.

《걱정하는 습관이 당신을 무너뜨리기 전에 그것을 버리고 싶다면》
피할 수 없는 것과 협력하라.

5. 당신의 걱정을 손절매하라.

살아오면서 이미 저지른 잘못 때문에
더 큰 잘못을 저지르고 싶어질 때면,
아래의 세 가지 질문을 자신에게 던져 보라.
1. 내가 지금 걱정하고 있는 일은 실제로 얼마나 내게 중요한가?
2. 나는 이 걱정을 어느 선에서 '손절매'하고 잊어버릴 것인가?
3. 이 피리에 대한 대가를 정확히 얼마나 지불할 것인가? 혹시 이미 너무 많이 지불한 것은 아닌가?

6. 톱밥을 다시 자르려 하지 말라.

《걱정이 당신을 쓰러뜨리기 전에 걱정하는 습관을 없애는 방법》

1. 바쁘게 움직여라. 그러면 마음에서 걱정을 몰아낼 수 있다. '생각의 병'을 고치는 가장 좋은 방법은 많이 활동하는 것이다.

2. 사소한 일에 과민 반응하지 말라. 손톱만 한 가치도 없는 하찮은 일에 신경을 씀으로써 당신의 행복을 망치지 마라.

3. 평균의 법칙을 사용해서 쓸데없는 걱정을 없애라. 자신에게 다음과 같이 물어보라. '평균의 법칙으로 보았을 때 내가 걱정하고 있는 일이 실제로 일어날 가능성은 어느 정도나 되는가?'

4. 피할 수 없는 것과 협력하라. 당신이 바꾸거나 개선시킬 수 없는 상황 이라는 판단이 들면 자신에게 이렇게 이야기하라. '이게 현실이야. 결코 달라지지 않아.'

5. 당신의 걱정에 손절매 주문을 걸어라. 한 가지 일에 어느 정도나 많이 걱정해야 하는지를 결정하고, 그 이상은 걱정하지 마라.

6. 과거나 죽은 자를 묻게 하라. 톱으로 톱밥을 다시 자르려 하지 마라.

제5절 자기관리 명언

1. 고민해결법

1) 우선 최악의 사태를 생각해 본다.
2) 아무리 해도 피할 수 없다는 것을 알게 되면, 결연한 각오를 새롭게 한다.
3) 그 다음, 마음을 침착하게 먹고 사태의 개선을 위한 일에 착수 한다.

2. 기회포착법

1) 과거를 보지 않고 미래를 보자.
2) 모든 사람들이 '되기만 하면 정말 좋은 텐데'라는 것을 찾자.
3) 모든 장애물이 곧 기회라는 것을 명심하고 장애물을 찾자.
4) 문제를 찾자
5) 삶의 버려진 곳에서 기회를 찾자.
6) 일단 기회라고 생각되면 그 기회를 활용하자.

3. 건강관리법

1) 주식시장 대신 추리소설을 읽어라.
2) 때때로 거울을 보라.
3) 테이블 위에는 머리가 아니라 발을 올려 놓아라.
4) 당신을 긴장시키는 습관을 버려라.
5) 차를 운전할 때는 여유를 가져라.
6) 괴로움을 잊자.
7) 천천히 말을 하고 조급한 행동을 버리자.
8) 사람을 손가락질하지 말자.
9) 인생을 즐기고 인생을 사랑하자.

자기 자신에게 이기는 것은
승리 중에서도 최대의 것이다.
- 플라톤 -

노여움이 일면 그 결과를 생각하라.
- 공자 -

희극은 유예된 비극에 불과하다.
- 피코 아이어 -

스스로를 소유하는 특권을 위한
대가는 아무리 비싸도 과하지 않다.
- 프레드리히 니체 -

한갓 맹세보다는 고매한 인격을 더 믿어라.
- 솔론 -

자신에 관해 많은 말을 함으로써
자신을 감출 수도 있다.
- 프레드리히 니체 -

모든 행동의 성격은
그 행동이 취해진 상황에 따라 달라진다.
- 올리버 웬델 홈스2세 -

만일 당신이 자신을 조절할 수 없다면 당신은
그 무엇도 경영할 수 없을 것이다.
- 린드 B.존슨(미국 36대 대통령) -

인격은 꿈꾸듯 쌓을 수 있는게 아니다.
망치로 두드리고 다듬듯
꾸준히 노력해 스스로 쌓아나가야 한다.
- 제임스 A. 프루드 -

화가 치밀어 오를 때, 그 결과를 생각하라. - 공자 -

지나치게 도덕적인 사람이 되지 마라,
인생을 즐길 수 없게 된다.
도덕 그 이상을 목표로 하라.
단순한 선함이 아니라 목적있는 선함을 가져라.
- 헨리 데이비드 소로우 -

정직하고 용기있게 인생을 살면
경험을 통해 성장할 수 있다.
바로 이것이 인격을 쌓는 방법이다.
- 엘리노어 루즈벨트 -

고민은 제 자리 걸음이요
생각은 앞으로 나아가는 것이다.
- G. becks -

다른 일을 하고 싶다면, 지금 당장 시작하라.
새로운 사랑을 하고 싶다면, 바로 지금 시도하라.
세상에 이름을 남기고 싶다면, 오늘부터 노력하라.
우리가 살아 숨쉬는 시간은 그리 길지 않다.
- 오츠 슈이치 '죽은 때 후회하는 스물다섯 가지' -

<참고문헌>

니콜로 마키아벨리 (2012), 군주론, 책만드는집
데일 카네기 (1985), 마음의 門은 열리다, 일중당(一中堂)
데일 카네기 (2007), 카네기 지도론 사람을 움직여라, 일호
데일 카네기 (2013), 5분 명상록, 더클래식
데일 카네기 (2014), 자기관리론, 더클래식
데일 카네기 (2014), 인간관계론, 더클래식
도리스 매틴, 카린 뵉 (1997), [EQ] 감성지능 개발 학습법, 해냄
레스 기브린(2010), Yes를 부르는 대화의 기술, 새벽이슬
론다 번 (2007), 시크릿, 살림 Biz
마빈 토케이어 (1993), 탈무드, 을지출판사
메리 케이 애시(2013), 핑크 리더십, 씨앗을 뿌리는 사람
박진희 (2007), 성공을 코칭하라, 건강다이제스트
수영, 전성민 (2014), 삶은 속도가 아니라 방향이다, 루이앤휴잇
스티븐코비 (1995), 성공하는 사람들의 7가지 습관, 김영사
안경전 (2010), 생존의 비밀, 상생출판
월리스 D. 월틀스 (2008), 부의 지혜, 느낌이 있는 책
유영, 강민구 (2010), 365 매일읽는 행운을 부르는 좋은 습관, 눈과마음
이지성 (2009), 스물일곱 이건희처럼, 다산 라이프
존 거제마, 마이클 단토니오 (2014), 아테나 독트린, 조윤
최규상(2010), 365일 유머 넘치는 긍정力사전, 작은씨앗
칼릴 지브란 (2011), 예언자, 궁미디어
한비야 (2009), 지도 밖으로 행군하라, 푸른숲
혜민 (2012), 멈추면, 비로소 보이는 것들, 쌤앤파커스
http://blog.naver.com/riverstar23/220081584001
http://flow21y.blog.me/220427999618
http://blog.naver.com/ncd00/220437323782
http://yujeong0902.blog.me/208217679

제1장 아동기 · 청소년기 감성휴먼케어

제1절 아동기의 감성휴먼케어

1. 아동의 개념

아동이란 우리나라 아동복지법과 입양촉진 및 절차에 관한 특례법에 의하면 만 18세 미만의 모든 연령의 집단을 지칭하는 것으로 정하고 있으나 교육법에서는 만 6~12세 까지 초등학교 의무교육을 받아야 할 연령범주의 집단을 아동이라 칭하고 있다. 본서에서는 청소년기와 구분하여 만 6~12세까지를 아동기로 보고자 한다.

아동기는 신체적 · 정신적 측면에서 아직 성숙이 완성되기 이전의 발달단계로 활동공간이 가족의 보호와 도움을 받았던 가정 중심의 생활에서 학교중심으로 이동하여 또래, 친구, 선생님 등과의 만남을 통하여 다양한 학습과 사회생활을 경험하게 되는 초등학교시기이다.

이 시기에는 이미 습득한 운동능력과 지각을 효과적으로 사용할 줄 아는 능력을 향상하고 자기중심성에서 벗어나 사물을 객관적으로 보고 판단하는 구체적 조작적 사고와 친구, 매스컴, 책 등의 영향으로 사회화를 습득하는 시기이다.

또한 긍정적인 자손감과 적응력을 키우는 결정적인 시기로 교사 혹은 부모와 자기를 동일시하거나 또래와의 유대 강화를 통해 성격과 도덕성이 발달하는 단계에 해당하는 시기이다.

2. 아동의 발달 특성

2.1 신체발달

아동기의 신체발달은 영유아기에 비해 완만하게 이루어지는 시기로 학령전기에는 신장과 체중이 여아가 남아보다 약간 작고 덜 나가는 경향이 있으나 학령말기(10세~11세)에는 여아의 키와 몸무게가 남아보다 더 앞서기 시작한다. 그러나 12세 이후 청소년기에는 다시 남아의 성장이 여아의 성장보다 앞서게 된다.

키와 몸무게 및 생리적 관계에서 나타나는 성장 및 발달과 성숙의 진행 속도는 아동의 유전 및 건강상태 등의 영향으로 다르게 나타날 수 있으므로 아동에게 충분히 설명하여 이해시키는 것이 정서적인 문제를 예방하는데 도움이 된다.

아동 중기 이후와 청소년 초기는 발육 상 나타나는 생리적 특징이 중복되는 시기로 사춘기가 가장 빠르게 나타나는 나이는 여아는 10세이고 남아는 12세이다.

이러한 현상은 여아가 지방세포를 더 많이 가지고 있기 때문에 여아가 남아보다 먼저 사춘기가 시작되고 여아의 생리적 첫 증후는 9세에 시작되어 11~12세에는 확실히 나타난다.

표 Ⅱ-1-1 만 7세~12세 아동의 평균신장 및 체중(2008년 기준)

신장(cm)		연 령	체중(kg)	
남 자	여 자		남 자	여 자
127.4	126.2	7세	27.9	36.4
133.1	131.7	8세	31.9	29.9
138.7	138.5	9세	36.0	34.3
143.5	144.6	10세	40.1	38.6
150.2	151.0	11세	45.5	44.0
158.1	155.9	12세	50.8	48.1

신체비율은 신체를 움직이는 조정력과 효율성의 증진으로 자세가 좋아지고 신체균형이 잡히기 시작하여 안정감이 있어 보인다. 특히 머리둘레와 허리둘레가 줄어들고 다리길이가 길어지는 특징은 학교생활 및 왕성한 신체활동에 도움을 주는 필요한 준비라고 볼 수 있다.

이러한 균형 잡힌 신체의 발달은 근육의 협응력이나 정교화를 가져와 달리기, 자전거 타기, 줄넘기 등 자신의 몸을 이용하는 운동을 활발히 할 수 있는 여건을 만들어주고 12세경이 되면 수영, 축구, 야구등과 같은 구기종목도 성인이 할 수 있을 만큼의 능력을 가지게 된다.

그러나 운동능력에는 남녀의 차이와 개인차가 있다. 남아는 17세까지 운동능력이 계속 발달하지만 여아는 13세를 기점으로 최고에 이른 후 점차 쇠퇴하거나 기존의 능력을 유지하게 된다.

신체가 건강하고 운동을 잘하는 아동은 운동을 잘하지 못하는 친구와 비교하여 자기능력 평가를 높게 하여 명랑하고 적극적인 반면 신체가 허약하고 운동을 잘 하지 못하는 아동은 겁이 많고 소심하며 소극적이어서 친구가 많지 않으며 인기가 없다.

얼굴은 안면골의 성장속도가 두개골의 성장보다 빠르고 젖니가 6세부터 1~2개가 영구치로 교체되기 시작하여 12세가 되면 24~26개 대부분이 영구치로 교체됨으로 인해 영구치가 크게 드러나 입의 모양이 달라지고 얼굴의 하악부가 커져 유아기 때의 얼굴 모습이 사라지고 얼굴 균형이 변화되어 나타난다.

12세가 되면 뇌중량이 성인의 95% 정도가 되며 심장은 출생 시의 7배가 되고 폐는 10세까지 완만하게 진행한다. 그리고 운동량 증가에 따른 식사량의 증가로 위의 용적도 성인의 2/3 정도가 된다.

골격은 압력을 이겨내고 근육을 끌어당기는 힘이 약해 쉽게 변형을 가져올 수 있으므로 무거운 것을 한쪽으로만 들지 않고 번갈아가며 들 수 있도록 하고 책상에 앉아서 공부를 하거나 TV 등을 볼 때도 바른 자세를 취하여 척추만곡이 생기지 않도록 올바른 생활습관 형성을 위한 지도가 필요하다.

때때로 성장기 아동의 10~20%가 성장통을 경험하기도 한다.

아동기 때의 균형 잡힌 성장과 발달 그리고 건강함은 학교생활과 또래활동에서 긍정적인 적응여부와 정신건강에 영향을 주어 자존감·자아개념·자신감 형성에 주요 요인이 되므로 꾸준한 건강관리와 관심이 필요하다.

2.2 정서 및 도덕성 발달

1) 정서

정서란 사전적 용어로 사람의 마음에 일어나는 여러 가지 감정을 말하는 것으로 인간이 어떤 자극에 동요되고 흥분될 때 경험하는 심리상태나 감동으로써 감정보다는 격화된 상태로 포괄적인 정서적 경험을 말한다.

아동의 정서에 영향을 주는 요인으로는 피로상태, 수면상태, 출생순서와 환경, 영양상태, 건강상태 등과 깊은 관련이 있다.

자아중심성에서 벗어난 아동기 때의 정서는 유아기 때보다 세분화되고 표현력이 증가하여 소리를 지르고 물건을 던지는 등의 직접적인 정서표현의 방법이 효과적이지 않다는 것을 이해할 뿐 아니라 자신의 감정을 억제할 수 있는 방식들을 터득하여 간접적으로 자신의 감정을 표현한다.

또한 다른 사람의 감정을 상하지 않게 하기 위해 감정을 숨기거나 공감할 줄 알고 감정이 변할 수 있다는 것을 알게 된다.

사회적 관계범위가 넓어지면서 또래관계에서의 이탈, 친구들의 놀림이나 무시, 교사와의 갈등, 학업부진, 부모님으로 부터의 질타 등 다양한 경험과 과업을 수행 하는 과정에서 적어도 하나의 사건에서 한 가지 이상의 다양한 정서를 경험한다.

또한 상상력이 풍부해지면서 존재하지 않은 대상에 대한 두려움 불안 등의 다양한 감정들을 언어나 표정 등을 통해 표출하고 해소하기도 한다.

그러나 자연스럽게 표출되지 않고 적절히 처리되지 않았을 경우에는 자아개념 및 자존감 형성에 좋지 않은 영향을 끼쳐 정서적 안정은 물론 학교

생활에 부적응을 초래하게 된다.

아동의 정서 발달은 성인이 되어 사회적 관계를 위한 기초가 되므로 바른 지도가 필요하며 아동의 성장수준과 요구수준을 고려하여 정서발달을 지도해야한다.

아동기에 나타나는 정서적인 특징으로는 공포, 불안, 분노, 질투, 애정 등이 있다. 질투는 강한 경쟁심 때문에 일어나며 또래의 외모, 성적 등에 대하여 질투를 느끼고 놀리거나 헐뜯는 말 등으로 자신보다 더 뛰어난 아동에게 표현한다. 따라서 질투의 원인을 규명하여 부당한 질투가 일어나지 않도록 지도할 필요가 있다.

불안은 공포보다 강렬하지 않은 지속적인 기분이나 감정상태로 상상력 발달과 생활권의 확대에 따른 다양한 문제로 발생하며 친구·부모님·교사의 기대에 미치지 못하게 될 것을 염려하여 나타난다.

이시기의 불안은 학업성적을 떨어뜨리는 부정적인 면과 사회통제의 구실을 하거나 양심을 형성하는데 도움을 주는 긍정적인 면도 있다. 때로는 불안이 공포로 연결되어 학교거부 및 학교 공포증의 문제로 발생할 수도 있다.

공포는 자신이 안정성을 보장받지 못하고 있다고 느낄 때 위협받는 것으로부터 개체의 안정성을 유지하기 위하여 나타나는 감정으로 시각, 청각적으로 보이는 사물, 동물, 사람 등에 대한 무서움 보다 유령, 귀신 등의 비현실적이고 초자연적인 것에 대한 공포를 많이 느낀다.

그러나 죽음의 공포, 도덕적 부정에 대한 분노, 애정, 웃음, 유우머 등에 대해서는 점차 안정되어 가는 것을 볼 수 있다.

분노는 주위사람으로 부터 놀림이나 꾸중을 듣거나 또래들과 비교당하면서 무시를 받았거나 욕구가 좌절되었을 때 분노의 감정이 빈번하게 발생하나 흥분이나 혼란은 비교적 적게 나타난다.

애정은 아동이 좋아하는 대상과 계속 함께 있고자 하는 욕구로 전화나 편지로 교제를 나누기도 한다. 아동이 다른 사람으로부터 애정을 받는 것은 아동기의 애정발달에 큰 영향을 미친다.

애정의 대상은 가족에서 또래 친구에게로 이동되어 가며 자신의 애정을 방해하는 경쟁자에 대해서 강한 질투감정을 느끼기도 한다. 그러나 다른 사람들의 감정에 민감하여 타인의 감정이 상하지 않도록 간접적으로 표현하거나 잘 통제한다.

아동기는 다양한 사회·환경적 요인들 간의 복잡한 상호작용을 통해 서로 영향을 받으며 정서적인 감정의 분화가 진행된다. 따라서 아동의 정서를 이해하기 위해서는 환경체계와 아동과의 상호작용에 대한 이해가 필요하다.

2) 도덕성

사전적 의미의 도덕이란 인간이 지켜야 할 도리나 바람직한 행동규범을 말하며 도덕성은 도덕적인 품성, 선악의 견지에서 보는 인격 판단, 행위 등에 관한 가치를 말한다.

즉 도덕성이란 다른 사람과의 관계에서 지켜야할 사회 집단의 규칙을 인식하는 능력이며 아동의 양심과 도덕적 기준은 자기중심에서 벗어나 논리적으로 발전할 때 발달한다.

피아제(piaget)는 아동기 때의 도덕적 판단을 타율적 도덕성에서 자율적 도덕성으로 발달해 간다고 보았고 콜버그(Kohlberg)는 아동의 도덕성이 순서대로 진행되고 상위로 갈수록 분화된다고 하였으나 최상의 수준까지 가는 것은 아니라고 하였다. 또한 도덕성의 변화를 일으키기 위해서는 인지적 발달과 함께 아동의 자발적인 호기심이 전제되어야 한다고 보았다.

콜버그(Kohlberg)는 도덕발달 수준을 전 인습적 수준(pre-conventional level: 4-10세), 인습적 수준(conventional level: 10-13세), 후 인습적수준(post-conventional level: 13세 이상)으로 나누고 각 수준에 따라 2단계 씩 6단계를 거쳐 발달한다고 보았다.

전 인습적 수준에서의 아동은 벌을 피하기 위해 또는 보상받기 위해 외부의 규칙을 따르고 인습적 수준에서는 벌과 보상 대신 사회적 칭찬과 비난에 대한 회피가 도덕적 행위의 동기가 되어 타인의 승인을 얻기 위해 또는 사회적 질서를 유지하기 위해 규칙과 사회적 규범을 따른다.

그리고 후 인습적 수준은 옳고 그름을 정의의 원리에 의해 판단한다. 즉 도덕적으로 무관한 자율적이고 독립적인 사고를 한다.

콜버그(Kohlberg)가 제시한 아동의 도덕성 발달 여섯 단계에 대하여 살펴보면 다음과 같다.

첫째, 벌과 복종에 의한 의도성이다. 구체적이고 외부적인 결과만으로 도덕적 판단을 하며, 벌이나 고통을 피하기 위하여 도덕적 행위를 하는 단계이다.

둘째, 욕구충족수단으로서의 도덕성이다. 자신의 욕구를 만족시키는 도구적 가치유무를 도덕적 판단의 근거로 선택하는 단계이다.

셋째, 대인관계의 조화를 위한 도덕성이다. 다른 사람으로부터 인정을 받고 비난을 피하기 위하여 도덕적 행동을 하는 단계이다.

넷째, 법과 질서준수로서의 도덕성이다. 법과 질서의 권위 및 책임을 존중하며 이를 준수하는 것을 절대 의무로 받아들일 뿐 아니라 이를 도덕적 판단의 근거로 삼는 단계이다.

다섯째, 사회계약정신으로서의 도덕성이다. 법의 절대성과 고정성에서 벗어나 사회적 유용성을 고려하여 법을 바꿀 수 있으며 개인의 존엄성과 의견의 상대성을 인정하고 개인의 권리를 존중한다.

여섯째, 보편적 도덕원리에 대한 확신으로서의 도덕성이다. 즉, 사회의 법과 질서를 준수할 뿐만 아니라 스스로 선택한 양심의 결정을 따라 도덕적 판단의 기준으로 삼는 단계이다.

따라서 6~7세의 아동은 상벌에 따라 판단하는 시기이므로 사고가 발생하거나 불운이 발생하였을 경우는 자신이 나쁜 행동을 한 결과에 대한 벌이라고 생각한다. 그러나 학령말기에는 결과보다 결과를 가져오게 하는 행동에 대한 다양한 부분들을 참작하여 판단한다.

2.3 인지 및 언어발달

1) 감각발달

지각은 감각기관을 통하여 사물이나 현상을 식별하는 과정을 말하며 영유아기와는 달리 발달에 큰 변화가 없으나 지적기능이 분화됨에 따라 객관적 지각이 가능하다.

공간개념은 6~7세경에 형성되고 8세경에는 모험심이 강하여 탐험여행 등을 시도하며 9세경에는 한두 번 방문했던 곳이라도 교통수단을 이용하여 혼자서 찾아갈 수 있다.

시간지각도 발달하여 8세경에는 과거, 현재, 미래에 대하여 정확히 구분하고 시간에 대해서도 정확히 이해하며 9~10세경에는 시간표에 따라 규칙적으로 계획된 일을 실행한다.

또한 추상적인 시간의식이 고학년이 되면서 점차 확립되어 졸업시기가 되면 성인과 유사한 수준의 시간의식을 지닐 수 있게 된다.

따라서 시간 속에서 사건(역사)들의 관계를 알고 공간속에서(지리학적) 위치를 정하는 법 그리고 시간과 공간의 관계 즉 지질학과 천문학을 결합시키는 법을 획득할 수 있게 된다.

2) 인지발달

피아제(piaget)에 의하면 아동기는 자신이 직접 경험한 구체적 세계에 대해서만 한정하여 수행하는 구체적 조작기에 해당한다.

구체적 조작사고의 특징은 정신적 조작이 가능하여 사칙연산과 수리적 조작을 할 수 있다. 따라서 읽기, 쓰기. 셈하기 등의 기본적 학습이 가능하고 언어의 표현능력과 집중력과 기억력의 발달로 시나 이야기 또는 놀이들을 창조적으로 만들어 활동할 수 있으며 체계적으로 문제를 해결하기 위해 책략을 사용하기도 한다.

그리고 직접적으로 관찰이 가능한 구체적 사물을 중심으로 논리적 조작이나 규칙을 적용하는 논리적 사고로 전환되고 비가역적 사고에서 변화된 상태를 역으로 밟아 가면 원상복귀가 된다는 가역적 사고로 전환된다.

또한 대상을 일정한 특징에 따라 다양한 범주로 나누는 분류의 능력과 물건을 크기, 무게, 부피, 길이 등 일정 특징에 따라 배열할 수 있는 서열화, 동일한 부피의 고무찰흙이 모양이 변해도 같은 양임을 구분할 수 있는 보존의 개념을 획득한다.

아동기의 사고는 성인의 사고와 유사하며 자기중심성의 감소로 탈중심화가 이루어져 한 요소에만 집중하는 경향에서 벗어나 타인의 입장과 감정을 이해하고 공감하는 능력이 유아기 때보다 발달하고 자율적 도덕성을 획득한다.

사건을 해결하는 과정에서는 융통성 있게 다양한 변수를 고려하여 상황과 사건을 파악한다. 그러나 논리적인 생각보다 구체적인 사물의 경험에 대해서만 한정되어 있기 때문에 가설적이고 추상적인 복잡한 문제를 다루는 데에는 아직 미숙하다.

피아제(piaget)가 제시한 인지발달단계를 정리해보면 <표 -1-2> 와 같다.

표 Ⅱ-1-2 피아제의 인지발달단계

단 계	특 징
감각운동 0~2세	목적지향적 행동 대상영속성 : 경험을 통해 형성되어 발달하기 시작, 애착확립
전조작 2~7세	상징적 표상 사용 시작 → 추상적 개념 이해 대상영속성 획득(확립) 자아중심성, 집중성(중심화), 비가역성 → 논리적 사고 방해, 논리보다 지각에 더 의존 물활론, 상징(상상놀이), 언어습득, 보존개념을 어렴풋이 이해하기 시작
구체적 조작 7~12세	자아중심성에서 벗어남, 경험에 기초한 사고, 구체적 사물을 중심으로 한 이론적 사고 발달. 분류화, 탈중심화, 가역적 사고, 자율적 도덕성, 조합적 사고, 서열화, 보존개념 획득. 보존 개념 획득 : 동일성, 보상성, 역조작 원리 이해
형식적 조작 12세 이상	추상적 사고가 최고로 발달 가설의 설정, 검증, 연역적 사고가 가능 체계적 사고능력, 논리적 조직에 필요한 문제해결능력 발달

3) 지능과 창의성 발달

웩슬러(Wechsler, 1939)는 지능을 성격과 분리 될 수 없는 것으로 보고 인지적, 정서적, 정의적 측면을 모두 포함한 global capacity로 정의하였다. 즉 개인이 목적의식을 가지고 합리적으로 생각하고 행동하는 능력으로 환경에 적응하고 대처하는 총체적 능력이라고 하였다. 비네(Binet, 1905)은 지능의 구성요소를 판단력, 이해력, 논리력, 추리력, 기억력이라고 제안하였다.

클라이버그(klineberg)는 지능의 발달은 11~12세까지는 직선적으로 발달하고 그 후부터는 점차 완만하게 발달하다가 17~18세경에 절정에 이른다고 하였다. 데이비스(Davis)는 11세 무렵에 성인의 50% 정도까지 발달하고 20세 무렵에 지능의 발달이 절정에 이른다고 하였다.

지능 발달 수준은 지능지수(IQ)로 표현하고 IQ가 70미만 일경우를 지적장애라고 하며 IQ 140이상을 고도 지능아, 영재라고 한다.

아동의 지능 발달을 위해서는 가정, 학교, 지역사회가 아동이 언제나 활용하고 참여할 수 있는 건전하고 다양한 경험과 체험이 가능한 창의적인 환경을 조성해 주는 것이 중요하다. 또한 아동이 지역사회 내의 열린 공간 속에서 대인관계 및 문제해결능력, 언어, 수리, 공간능력 등을 수시로 향상할 수 있도록 지지해 주는 것이 필요하다.

최근에 이슈가 되고 있는 아동의 창의성은 불확실한 변화에 대처하기 위하여 융통성 있는 해법을 찾고자 판에 박힌 사고에서 벗어나 새로운 아이디어와 혁신적인 해결책을 창출해내는 능력으로 지능보다는 확산적 사고에서 비롯된다.

따라서 아동의 창의성을 발달시키기 위해서는 일상생활에서 발생하는 변화상황에 대응하고 문제를 새로운 방법으로 해결하고 개선해 나가는 것이 중요하다. 이러한 과정에서 자발적 참여를 촉진할 때 가치 있는 참신한 아이디어가 생성되어 창의성이 증진된다.

따라서 아동의 사고능력을 바탕으로 행동과 연결된 창의성이 표현될 수 있도록 자아를 개발할 필요가 있다.

4) 자아개념의 발달

자아개념은 “나는 누구인가”를 깨닫는 것으로 타인과 구별되는 자신의 독특한 특성을 인식하는 것으로부터 시작한다.

스트랭(Strang, 1954)은 자아개념을 4가지로 분류하였다.

첫째, 자신의 능력, 신분, 역할에 대한 전반적인 인식인 전체적 자아개념. 둘째, 순간적인 기분에 영향을 받는 일시적 자아개념. 셋째, 다른 사람이 자신을 어떻게 보느냐에 따라 자신을 평가하는 사회적 자아. 넷째, 자신이 그렇게 되었으면 하는 이상적 자아개념으로 구분할 수 있다.

이러한 자아개념은 자기 존재에 대한 정서적 느낌인 자아존중감으로 나타나기 때문에 자신에 대한 객관적인 평가와 타인의 견해 수용 능력 등에 의해 재조정된다.

아동기에는 자신에 대한 자기이해가 증가하여 자신의 특성을 또래와 비교하며 우월감과 열등감을 느끼고 경쟁을 통해 자신의 장·단점과 능력의 한계를 인식하면서 자신감과 자존감을 형성하게 된다.

에릭슨(Erik H, Erikson)에 의하면 아동은 부모나 교사의 칭찬이나 보상 또는 친구들의 인정이나 관심을 받으면 근면성과 높은 자존감을 경험하게 되고 주위로부터 부정적 평가나 불신을 받는 등의 실패를 경험하게 되면 열등감과 낮은 수준의 자아존중감이 발달한다.

자아존중감이 높은 아동은 솔선수범하고 능동적으로 행동하며 자아존중감이 낮은 아동은 소극적으로 행동하고 의기소침하며 불안을 경험한다. 그러므로 아동의 긍정적인 자존감을 증진시키기 위해서는 환경의 변화, 성취감, 자신이 가치 있고 특별하다는 느낌 등을 갖게 함으로서 자존감을 향상할 수 있다.

즉 아동기의 자아개념 형성은 자신의 가치와 신념, 그리고 의미에 대한 것으로서 부모나 교사의 평가 또는 외부 사회와의 상호작용을 통해 비판적인 자기평가나 자신이 이해한 인지가 합해져 이루어진다고 볼 수 있다.

5) 언어발달

언어를 구사하는 능력이 증가한다. 틀린 문장을 정정하고 바르게 쓸 줄 알며 복잡한 문법을 사용하는 능력이 증가하고 책이나 문서 없이 전화로 방향을 알려줄 수도 있다.

언어에 관심을 가지고 어학적 지식을 응용하며 기억력이나 주의력 향상으로 어휘 수나 언어적 표현력이 증가한다. 7세경의 어휘 수는 약 3,000개 정도로 늘어나고 9세가 되면 하나의 주제로 길게 대화가 가능하다.

언어의 발달은 유전보다 가정환경, 교육적 기회, 생활 문화적 배경과 사회계층과 같은 환경의 지배를 많이 받으며 지능, 신체, 성별, 형제자매 수와 출생순위, 부모의 사회경제적 지위, 지역 간의 차이 등이 언어발달에 영향을 미친다.

따라서 읽기, 듣기, 쓰기에 대한 학습 및 언어발달을 위한 환경조성과 올바른 언어를 적절히 구사하여 자유롭게 표현할 수 있는 기회를 제공하는 것이 필요하다.

의사소통은 자기중심성에서 벗어나 타인의 입장을 고려한 대화가 가능하고 자신의 의사를 자세하게 효과적으로 전달할 수 있다. 또한 낱말의 이중의미나 추성적인 개념을 이해하고 적절한 유머나 속담 등을 이용하여 은유법과 비유법을 구사하고 이해할 수 있다.

2.4 사회성발달

아동의 사회성은 생활중심이 가정에서 학교생활로 이동하게 됨에 따라 또래의 아동들과 놀이를 형성하게 되고 가족에서 교사, 또래, 이웃 등으로 영역을 확장해서 관계를 맺게 된다. 이러한 관계 속에서 인지적 기술의 습득과 소속집단의 가치에 동화되고 사회성이 발달하게 된다.

마스텐(Masten,1998)과 코츠워스(Coatsworth, 1998)의 발달단계별 발달과업에 의하면 아동기 때에는 학교적응(출석, 선생님의 지시 따르기), 기본 학습능력 갖추기, 또래와 잘 지내기(수용, 친구사귀기), 규칙 지키기(사회규범 따르기)를 습득하는 시기이다.

프로이드(Sigmund Freud)는 아동기의 성적에너지가 신체의 성장과 지적 활동, 또래와의 우정에 집중되어 잠정적으로 감소하기 때문에 성적욕망이 무의식 속에 잠복되어 동성끼리 어울리며 사회화를 형성한다고 보았다.

이시기는 이드(id)보다 자아와 초자아가 강하다. 따라서 잠복기에 고착되면 동성 간의 우정에 집착하여 성인이 되어도 이성에 대한 정상적인 관심이 발달하지 못한다고 하였다.

프로이드가 제시한 연령별 심리성적 발달단계의 특징에 대하여 살펴보면 <표 Ⅱ-1-3> 과 같다.

표 Ⅱ-1-3 프로이드의 심리성적 발달단계의 개념과 특징

발달단계	개념과 특징	성격특성
구강기 (출생-18개월)	입의 자극과 상호작용의 초점 수유와 이유, 신뢰감형성	수다, 냉소, 험담 과잉섭취, 흡연
항문기 (18개월-3세)	항문의 자극과 상호작용의 초점 배변훈련, 대상관계 발달, 사회적통제	결벽증, 적대감 잔인함, 파괴성
남근기 (3-6세)	생식기 자극의 초점, 성역활과 도덕발달 (초자아발달), 이성부모 사랑 남 : 거세불안, 외디푸스 콤플렉스 여 : 남근선망, 엘렉트라 콤플렉스	마마보이, 고부간의 갈등
잠복기 (6세-사춘기)	성본능 잠재, 성 본능과 관련 없는 기술 습득, 동성끼리 어울림, 경쟁의식 사회화, 신체발달과 지적발달	특별한 성격유형이 나타나지 않음
생식기 (사춘기-성인이전)	정신적 · 신체적 성숙이 거의 완성됨 제2의 외디푸스 콤플렉스, 성숙한 성적 관계로 발전, 이성 갈망, 성행위추구	의존적인 성격 반사회적 성격

에릭슨(Erik H, Erikson)은 아동기의 발달단계를 근면성 대 열등감이라고 보고 인지적, 사회적 기술의 습득으로 자아성장이 가장 결정적으로 이루어지는 시기라고 하였다.

근면성이란 외부의 도전을 스스로 극복할 수 있다고 믿는 태도로 아동이 자신의 역할이나 의무에 맞는 학업이나 기술을 습득하고 활용하여 외부의 도전을 스스로 극복할 수 있다고 믿음으로서 근면성이 발전하여 능동적이고 활발한 성격을 형성한다고 하였다.

그리고 근면성은 아동의 성취동기와 경쟁심, 효능감을 통해서 강화되는 특징이 있으며 놀이뿐 아니라 지적인 기술을 습득하는 과정에 몰입하면서 근면성과 자아개념을 발달시킨다.

그러나 도전에 대처하고 극복 할 수 없는 실패를 반복하면 열등감이 생겨 무능력하며 무가치한 존재로서 위축된 모습을 보이는 등 부정적인 성격을 형성한다고 하였다.

에릭슨이 제시한 심리사회적 발달단계의 특징에 대하여 살펴보면 <표Ⅱ-1-4>와 같다.

표 Ⅱ-1-4 에릭슨의 심리사회적 발달단계의 개념과 특징

연 령	적응 대 부적응	중요한관계범위	중요사건	주요병리
유아기 출생-18개월	신뢰감 불신감	어머니	스스로 먹기	위축
초기아동기 18개월-3세	자율성 수치심	부모	용변	강박적 행동
학령전기 3-6세	주도성 죄의식	가족	운동	억제
학령기 6-12세	근면성 열등감	이웃, 학교, 교사	취학	무력함
청소년기 12-20세	자아정체감 역할혼란	또래집단 모델링	또래집단	부인 (불확실)
성인초기 20-24세	친밀감 고립감	협동대상	애정관계	배척
성인기 24-65세	생산성 침제	직장, 확대가족	부모역할	창조 거절
노년기 65세 이후	자아통합 절망	인류, 동족	인생회고 수용	경멸

1) 학교와 사회적 발달

최근 산업화와 핵가족의 영향으로 가족구조가 크게 변화됨에 따라 가정기능이 약화되어 아동에 대한 가정교육이 소홀해지는 현상이 나타나고 있다. 또한 맞벌이 부부가 늘어남에 따라 아동의 사회화를 전담하는 기관으로서 학교의 역할이 중요하게 되었다.

학교는 인성교육과 사회 구성원으로서 지켜야 할 올바른 행동과 사회규범 등을 실시하여 사회 문화 등 다양한 지식을 습득할 수 있는 학습 공간이며 교사와 또래친구들과 생활하면서 사회화를 위한경험을 제공하는 생활공간이다.

아동은 학교라는 사회에서 조직적 생활에 따른 규칙과 사회생활 규범 등에 관한 사회기술들을 배우며 잠재력과 창의력, 개성 등을 개발한다.

그리고 친구들을 사귀고 놀이문화를 만드는 과정에서 학교에 흥미를 느끼고 적극적이며 긍정적인 태도로 학교생활에 임한다. 뿐만 아니라 학교의 과제물, 부모의 요구사항, 또래와의 약속 등을 스스로 이행하고 완성하며 책임지는 과정에서 성취감과 자주성을 획득한다.

아동은 부모와 가족중심의 보호에서 벗어나 학교라는 사회에서 주어진 과제를 스스로 수행하고 새로운 환경에 적응하면서 그 동안 경험하지 못했던 다양한 어려움들을 극복하며 성장한다.

획일적인 운영과정과 기준적용을 경험하고 공평성을 습득하게 되며 처벌과 보상이라는 상관관계를 통해 타인의 능력과 성취도를 비교하고 그 결과를 수용하게 됨으로써 사회적 지위의 차별화를 이해하게 된다.

아동의 고민은 학교성적, 교우관계, 가정환경, 급우와 다툼, 숙제 및 예습, 언어습관, 도벽, 고립, 장기결석, 절도 등 다양한 원인에 의하여 학교에 적응하지 못하는 것으로 나타났다.

위와 같은 원인으로 아동이 학교공포증이나 왕따의 피해자가 되어 학교생활에 부적응이 나타날 경우 발달과업 습득에 지장을 주게 되고 자신감 저하, 학업성취, 또래관계의 실패로 이어져 좌절 등의 감정이 분노로 표출

된다. 그리고 공격적인 성향으로 변화되거나 억제하다가 자신만의 세계에 빠져들어 인터넷이나 게임중독, 자살 등으로 이어지게 된다.

따라서 아동이 학교생활에 실패하여 부적응을 경험하였을 경우에는 성장과 성숙, 발달에 영향을 줄 뿐 만아니라 자아개념과 심리사회적 발달에 영향을 미치게 되므로 보호자와 교사의 지속적인 관심과 지도가 필요하다.

그리고 아동의 학교생활에서 저학년인 경우에는 교사의 지도방법이나 행동이 직접적으로 영향을 미치지만, 고학년인 경우에는 교사보다는 또래들의 영향을 많이 받으며 사회적 정체감을 형성하는 것으로 나타나고 있다. 이런 점에서 아동에게 교사로서의 역량과 역할, 그리고 또래 집단의 특성은 매우 중요하다고 할 수 있다.

교사가 갖추어야할 조건은 교사 스스로 자신의 정서적 안정과 학생에 대한 이해심을 가지고 접근해야 한다. 아동의 정신건강에 부정적인 영향을 주는 교사 유형으로는 다음과 같다.

첫째, 과민한 교사로 지나치게 변화를 좋아하는 교사, 잔소리가 많고 성가시게 구는 교사 등은 불안정하고 침착성이 없고 무게가 없는 성격을 지닌 교사로서 학생들로 하여금 역시 침착성 없이 흥분하기 쉽고 질서 없는 성격의 특성을 갖게 한다.

둘째, 자애롭지 않고 염려와 보살핌이 결핍되어 있는 교사 또는 매사에 혼란하고 불안정한 교사는 학생들을 비굴하고 결단성이 없으며 방황하게 만든다.

셋째, 냉정하고 흥미 없는 교사는 무기력하고 목적이 없는 학생을 만든다.

넷째, 지배적 교사는 학생들을 지나치게 지배적이고 매사에 공격적으로 만들거나 혹은 오히려 겁쟁이로 만든다.

따라서 훌륭한 교사는 아동 개인의 차이점을 인정하고 맞춤별 강점을 찾아 칭찬과 격려로 창의력과 잠재력을 키워주는 사람이다.

또한 열등감 대신 근면성으로 아동이 자신의 역할을 즐겁고 흥미롭게 수행할 수 있도록 상황을 설정해 주며, 따뜻하고 이해심이 많아 사랑으로 이끌 수 있는 인성을 갖춘 사람이어야 한다.

교사 외에 부모의 양육방식이 아동의 성장에 영향을 미친다는 것도 분명한 사실이다. 부모가 애정적·수용적으로 자녀의 성취에 칭찬을 해주며 적절한 통제와 독립심·자율성을 격려해 주는 양육행동은 아동이 긍정적으로 학업을 성취 하는데 영향을 미친다.

따라서 부모들도 아동기의 발달단계에 따른 특성을 이해하고 자녀의 성격과 특수한 재능을 고려한 양육방식을 찾아 말보다는 행동으로 올바른 생활습관의 모범적인 행동을 보임으로써 아동들이 보고 배울 수 있는 존경받는 모델로서 훌륭한 가정교육이 이루어지도록 하는 것이 필요하다.

2) 또래친구와 사회적 발달

또래란 비슷한 연령 또는 비슷한 성장과 발달, 비슷한 성숙이 이루어진 수준에 있는 아동을 말한다. 또래친구는 사회적 상호작용을 제공함으로써 아동의 사회화에 영향을 미쳐 사회성을 형성하게 한다.

아동은 또래와의 관계 속에서 상호의존적 감정과 집단고유의 가치를 공유하고 서로 협동하며 친밀감을 형성한다. 또한 자기중심적 사고방식을 감소하고 자기와는 다른 다양한 관점을 수용하게 되는데 이는 성인이 되어 이성애적 관계를 맺는데 기초가 된다.

아동이 9세경이 되면 또래집단을 형성하게 되는데 아동초기의 저학년은 앉는 자리나 집이 가까운 친구끼리 사귀며 동성과 이성 구분 없이 활동에 참여한다. 학령 후기인 고학년은 성격이 맞고 공통의 관심사를 중심으로 친구를 사귀며 이성보다 동성의 또래관계에 친밀감을 갖고 둘만이 통할 수 있는 비밀스런 방법으로 소통하고 인정받고자 노력 한다. 그리고 애정을 방해하는 경쟁자에게는 강한 질투의 감정을 느끼기도 한다.

또래집단이 형성되면 인기가 높은 아동은 또래집단과 우호적이고 사교적이며 참여율이 높고, 소심하고 무관심한 아동은 인기가 적다.

아동은 또래집단내의 또래를 통해 동질감이 형성되고 또래집단의 지지가 정서적 안정감과 소속감을 주어 긍정적인 자아개념이 형성됨으로써 부모로부터 독립할 때 외로움에서 벗어나게 하는데 도움이 된다. 또한 지금까지 아무런 비판 없이 받아들인 부모의 가치관에 대해 회의하기 시작하며 나름대로의 태도나 가치관을 형성하게 된다.

또한 아동의 또래집단에서는 외모, 성숙정도, 운동기술, 학업성적이나 지도력 등에 따라 서열이 정해져 추종자 역할을 경험하면서 타인의 관점을 이해할 수 있게 되고 눈치를 보면서 사회적 맥락을 해석하게 된다.

그리고 갈등의 해결과 문제해결능력이 증진되어 또래집단 내에서 논쟁, 협력, 타협 등을 배우며 우정을 쌓아가는 과정에서 성취감과 유능감을 경험하고 정의감, 용기, 인내 등의 사회적 태도가 발달한다.

또래집단의 특징은 비밀스런 암호가 있고 행동기준을 만들어 자기들끼리 정한 집단구성원간의 수용(합격-불합격)과 일치(conformity)로 집단규범을 지킬 수 있도록 서로에게 도움을 주어 안정감을 얻는다.

그러나 초기의 집단은 결속력이 약하고 느슨하게 조직되어 구성원이 자주 바뀐다. 그러나 또래집단이 안정되면 결속감을 가지고 윤리적 규범과 행동기준이나 태도 등 자기들만의 문화를 형성하여 사회적 규칙이나 압력에 반응하는 방법들을 학습하며 우월감과 적개심을 경험하고 자신감을 형성한다.

이 시기의 아동은 단체놀이를 좋아해 규칙과 팀워크를 중심으로 활동하는데 또래들에게 인정받기 위해 또래집단에서 규정한 기준에 맞게 말하고 행동하는 것을 배워 일치하고자 노력한다.

아동은 단체놀이를 통해서 세가지 중요한 규칙을 배우게 된다.

첫째, 아동은 개인의 목표가 단체의 목표에 종속된다는 것을 배우게 된다. 단체놀이에 참여하는 아동은 승리해야 한다는 단체놀이 목표를 위해서 개인목표의 성취를 유보시키며 의기투합하여 협동하고 성원들을 돕는 것이 중요하다는 것을 깨닫게 된다.

둘째, 아동은 단체놀이를 통해서 분업의 원리를 학습하게 된다. 즉 단체놀이에서 아동은 각자에게 부여된 위치와 역할을 충실히 수행해야만 놀이에서 승리를 확신할 수 있다는 사실을 인식하게 된다. 이러한 과정에서 아동은 자신이 잘 할 수 있는 역할이 있지만 다른 아동이 더 잘할 수 있는 역할도 많다는 것을 터득하게 된다.

셋째, 아동은 단체놀이를 통해서 경쟁의 본질과 승리의 중요성을 학습하게 된다. 단체놀이에서 패배하는데 역할을 한 아동은 다른 아동들로부터 비웃음을 당하는 경우를 체험하게 된다. 그 결과 아동들은 단체놀이의 패배에 따른 비난을 받지 않기 위해서 더욱 열심히 노력하고 서로 협력하는 가운데 선의의 경쟁이 필요하고 정당한 승리가 중요함을 배우게 된다.

때때로 반사회적 행동을 하는 또래집단에 참여하여 술, 담배, 본드 흡입, 폭력, 왕따 가해자 등의 비행학습으로 사회적 발달에 부정적인 영향을 받기도 한다. 특히 아동이 왕따를 경험한 경우에는 우울과 불안, 낮은 자아존중감, 부정적 자아개념, 학교 부적응 등의 행동이 오랫동안 지속된다.

3) 대중매체와 사회적발달

최근 TV, 인터넷, 게임 등 대중매체들이 아동의 사회성 발달에 큰 영향을 미치는 요인이 되고 있다. 대부분의 아동들이 TV를 시청하지만 일반적으로 맞벌이 가정이나 사회경제적으로 낮은 계층의 아동들이 그렇지 않은 아동보다 TV를 더 많이 시청하는 것으로 나타났다.

대중매체들은 도덕적 판단이나 새로운 정보, 정서적 반응 등을 배우는 순기능도 있으나 TV를 통해 공격적 행동을 본 아동들이 공격적 행동을 하는 모델을 동일시하여 더 공격적이 되고 있다는 보고가 있어 TV에 나타나는 폭력은 공격적 행동뿐 아니라 도덕적 가치나 행동에 영향을 미친다고 할 수 있다. 또한 잘못된 성적 자극 유도로 현실과 가상을 구분하지 못하고 성폭력, 성추행 등의 문제를 일으키는 역기능도 있다.

그리고 TV에서 남성과 여성에 대한 고정된 성역할을 보여주는 경우가 많다. 여성을 순종적이고 수동적 이미지의 대상으로 표현하거나, 폭력성을 남성의 특성으로 미화시키는 경우가 많다.

따라서 폭력적인 언어나 행동, 부정적인 태도 등을 반복적으로 시청하여 통제력을 잃고 폭력적이 되거나 인식의 틀이 변화되어 신념체계나 자아개념 형성에 부정적인 영향을 주는 프로그램에 무방비로 노출되지 않도록 사회, 가정에서 관심을 기울일 필요가 있다.

그 외 아동이 대중매체에 몰입할 경우에는 가족과 함께할 수 있는 시간이나 대화할 수 있는 시간을 뺏어 가족과의 관계를 약화시키거나 공부하거나 책을 읽을 수 있는 시간들을 빼앗아 학습에 영향을 미치는 경우도 있다.

또한 또래와의 놀이나 활동 등을 감소시켜 사회성 발달에 지장을 초래하여 자기중심성 극복을 제한하거나 시각, 청각 등 신체적, 정신적 건강에 악영향을 미치는 경우도 발생한다.

따라서 대중매체를 이용할 때에는 사용하기 전에 주의해야 할 사항에 대한 적절한 지도와 감독이 필요하고 부정적인 영향을 최소화 할 수 있는 보호 대책이 필요하다.

4) 성역할 발달

성역할은 개인이 소속된 문화권내에서 남성 또는 여성의 특징을 지닐 수 있는 자질을 말하고 문화권에 따라 남성과 여성에게 기대되는 행동양식이 다르다.

아동기 성의 특징은 프로이드(Sigmund Freud)에 의하면 성적에너지가 안정되고 잠재되어 성적 본능이 휴면상태인 잠복기에 해당한다. 성적충동은 학교생활, 또래활동, 취미, 스포츠 등을 통해서 승화시킨다. 그러나 과도한 성(性)적 억압은 수치심, 도덕적 반동형성, 협오감에 빠질 수 있으며 이 시기에 고착되면 성인이 되어도 이성에 대한 친밀감을 갖지 못할 수도 있다.

그리고 아동기의 성은 사랑 없이 순간적인 성적충동이나 본능적인 호기심으로 성적놀이를 경험한다. 이러한 성적놀이 후에 발생하는 감정의 결과나 죄의식은 부모나 어른들의 태도에 영향을 받으며 간접적으로 배운 성은 성장하면서 성에 관한 정보를 취득하는 방법에 영향을 미친다.

아동기는 남, 여를 구분할 수 있는 능력이 발달함에 따라 자신의 성역할을 인식하고 성에 맞는 행동을 하려는 경향이 있다. 성역할을 이해하기 위해서는 성 정체성(gender identity), 성 안정성(gender stability), 성 항상성(gender consistency)의 개념을 확실히 이해했을 때 성역할을 받아들이게 된다.

성 정체성은 3세경의 유아가 최초로 자신을 남자 또는 여자로 범주화하는 능력이며, 성 안정성은 4~5세경의 유아가 남아는 성장하여 남자어른이 되고 여아는 성장하여 여자어른이 된다는 사실을 받아들이는 것을 말한다. 그리고 성 항상성은 5~7세경의 유아가 사람의 행동이나 겉모습이 달라지더라도 성은 변하지 않는다는 사실을 인식하게 되는 것을 말한다.

성의 고정관념은 6세경 아동에게 강하게 나타나다가 9세 이후에 융통성 있는 사고를 보이며 과거보다 약화하거나 모호해졌지만 아직 존재하고 있다.

성역할은 사회화의 한 부분이므로 아동 자신이 성에 대해 올바르게 이해하고 인식할 수 있도록 발달단계에 맞는 체계적인 성교육을 실시하여 긍정적인 성문화를 정착할 수 있도록 도움을 주는 것이 필요하다.

제2절 아동기의 특수 욕구에 따른 감성휴먼케어

1. 아동기의 특성에 따른 감성휴먼케어

아동을 위한 휴먼케어접근은 성장 중심과 문제 중심 접근으로 나눌 수 있다.

첫째, 성장 중심은 일상생활에서 부딪히는 문제에 효과적으로 대처할 수 있도록 능력을 극대화하는데 초점을 둔다. 즉 개인의 발달적 위기를 잘 처리하여 정상적인 발달을 이룰 수 있도록 하는 것이다. 또래와의 우정, 자아개발과 같은 발달적 과제와 관련하여 개인의 생각과 태도, 느낌, 가치, 신념, 행동 등을 조사하고 탐색하여 자신과 타인을 이해하고 수용할 수 있는 폭을 넓혀 성장하도록 한다.

성장 중심의 아동은 연령이나 환경이 유사한 아동들과 생각, 감정, 행동을 논의하고 비교하는 기회를 가짐으로서 안전, 자기 확신, 소속감을 증진하고 수용, 보호, 지지, 격려 등의 느낌을 받으며 발전한다. 그리고 증진된 자기 인식을 통해 생활에 대한 통제력을 얻고 효율적인 생활을 할 수 있다.

둘째, 문제 중심의 휴먼케어접근은 감당하기 힘든 문제가 있는 아동들의 개인적 갈등을 해결하는데 초점을 두고 있다. 즉 현재 개인적 갈등을 겪고 있거나 지금 해결하지 않으면 향 후 건전한 성장과 발달에 장애가 될 수 있는 문제를 가지고 있거나 또는 과거에 발생한 문제가 미해결 과제로 남아 이를 극복하지 않으면 성장에 방해가 될 수 있는 아동들에게 문제를 해결하는데 도움을 주는 접근이다.

아동들이 고민하고 있는 문제들을 살펴보면 대체적으로 다음과 같다.

아동들이 고민하는 문제

낮은 자존감, 학업부진, 학교부적응, 무단결석, 학교에 대한 부정적인 태도, 또래와의 대인관계부족, 왕따 경험, 공격적인 폭력, 비행, 약물남용, 실패감, 성학대, 신체적 학대 및 방임, 비만, 부모의 이혼, 상실감과 슬픔, 고립감과 외로움, 우울, 두문화사이의 갈등 등

감정이란 단순히 몇 개의 정보를 조합하여 만드는 것이 아니라 어렸을 때부터 살아온 삶의 모든 경험이 반영되어 나타난다는 것을 이해하고 문제 중심의 아동을 케어하기 위해서는 아동 스스로가 문제행동 뿐만 아니라 문제행동과 자신과의 관계를 탐색하도록 돕는다.

감성휴먼케어자는 처음부터 "아동 스스로가 어떻게 되길 원하는지"에 대한 확실한 기대치를 정확히 파악하고, 아동의 행동이 의미 있게 변화되는지 관찰하는 것도 중요하다.

그런 점에서 아동을 위한 감성휴먼케어자는 인내, 보살핌, 쾌활함, 유머감각, 자신의 아동기에 대한 개방, 솔직함, 관심과 배려, 공감, 이해, 지지, 처벌적이지 않는 단호함, 융통성, 냉소적이지 않은 분노 표현능력 등을 갖추어야 한다.

그리고 아동의 발달과업은 물론 발달단계에 따른 성장과 발달에 대하여 충분히 이해하고, 가능한 허용적이고 수용적인 분위기 내에서 아동의 기본적 욕구를 충족시키며 아동과 긍정적 관계를 형성하는 것이 필요하다.

특히 초기 아동기 때 의미 있는 타인과의 관계가 무의식 세계에 부적절한 정서로 자리 잡은 경우 그 정서는 일생동안 그 사람의 생각과 정서와 행동에 끊임없이 영향을 미친다.

따라서 지금 - 현재의 시점에서 아동자신의 감정을 개방하도록 분위기를 조성하여 감정을 솔직히 주고받도록 한다.

예를 들면 가정 내에서 부부간의 갈등이 아동의 심리정서에 영향을 끼치게 되는 경우가 있다. 이러한 경우 아동은 마치 자신의 잘못으로 부모의 갈등이 유발된 것으로 잘못 생각하고, 가정내 화목이 깨진 것을 자신의 탓으로 여겨 우울해 하거나 대인관계를 멀리하는 경우가 발생하기도 한다.

이런 상황이 발생하였을 경우에는 아동이 상황을 직시하여 생각을 전환할 수 있도록 지도하는 것이 필요하다. 아동이 생각을 바꾸도록 지도하는데 필요한 부분을 예로 들면 다음과 같다.

아동들의 사고전환이 필요한 예시

너는 특별하다. 너는 이 힘든 시기를 극복할 수 있다. 너에게 관심을 가지고 있는 사람들이 있다. 이혼이나 별거는 너의 잘못이 아니다. 네가 비난을 받아서는 안된다. 너의 이혼이 아니고 엄마와 아빠가 이혼하는 것이다. 부모사이의 문제에 원인을 제공하지 않았고 문제를 고칠 수 없다. 너는 부모를 각각 도울 수 있다.

아동을 위한 감성휴먼케어자는 아동이 가정, 학교, 또래집단에 소속된 한 사람으로서 자신에게 주어진 역할에서 경험했던 감정과 행동과 언어가 타인들에게 영향을 미치고 있다는 것을 인지하도록 하는 것이 필요하다. 그리고 대인관계에 도움을 줄 수 있는 행동이 무엇인지를 스스로 느끼며 배우는 학습과정이 될 수 있도록 역할극 등의 체험학습에 참여하도록 하여 아동이 습득해야 할 과업을 성공적으로 성취할 수 있도록 한다.

또한 이 시기의 아동들에게는 칭찬과 격려로 자존감을 증진할 수 있는 격려자, 긍정적 자아개념 형성과 근면성 발달에 도움을 줄 수 있는 조력자, 스스로 학습을 실천할 수 있는 학습경험의 제공자 역할을 한다.

제3절 청소년기의 감성휴먼케어

1. 청소년의 개념

청소년기는 인지적 발달 및 사회적 행동양식 등 인간적 성숙과 사회화가 급격히 이루어지는 아동기에서 성인기로 이행하는 과도기이다. 그리고 성적성숙으로 생산(production)이 가능한 사춘기 또는 아동기와 성인기의 심리적 특성을 공유하고 있는 주변인으로서 제2의 탄생기라고도 한다.

청소년 보호법에 의한 청소년의 연령은 만 19세 미만인자를 말하고 청소년 기본법에서는 9세 이상 24세 이하의 자를 말한다.

그리고 대부분 청소년 초기는 중학생 시기를 말하고 청소년 후기는 고등학교시기를 말한다. 여기에서는 중학생, 고등학생 시기에 해당하는 만 13세~18세 까지를 청소년기로 보고자 한다.

2. 청소년의 발달 특성

2.1 신체발달

1) 신체적 성숙

신장 및 체중이 이전보다 2배 정도 급격히 증가하여 신체적 성숙이 뚜렷이 나타나는 제2의 성장급등기이다. 17세의 평균신장이 남자는 173.9cm 여자는 161.2cm이며 평균체중은 남자는 67.7kg 여자는 55.1kg이다. 신체구조의 발달로 간, 폐활량, 소화기능이 현저히 발달하고 특히 내분비선의 발달로 제 2차 성징이 나타난다.

남자는 어깨가 넓어지고 여자는 체지방의 증가로 골반부위가 발달하고 가슴이 커진다. 그러나 개인차로 성장과 발달에 불균형을 초래하여 신체 이미지에 문제가 발생하였을 경우에는 자아존중감에 부정적인 영향을 미칠 수도 있다.

시력과 청력은 14세를 기점으로 차차 저하되어 가는 경향을 보이고 신체의 감각과 반응은 절정에 도달한다.

이 시기는 사망률이 가장 낮아 심각하게 생명에 위협을 주는 건강문제는 그리 많지 않으나 알코올이나 흡연, 약물과 같은 잘못 선택한 기호품으로 중독이 발생할 수 있다.

그리고 잘못 형성된 생활습관, 과도한 식이요법으로 인한 영양실조나 비만 등이 나타날 수 있다. 따라서 올바른 건강관리로 면역력과 저항력 등을 향상하여 질병을 예방할 수 있는 기본체력을 증진하는 것이 필요하다.

2) 운동발달

사춘기 전까지는 신체적인 능력에 별 차이를 보이지 않으나 사춘기 동안에는 남자 청소년들의 대근육 활동이 증가하고 여자청소년들은 변함이 없거나 감소한다. 이것은 운동이 근육의 발달을 촉진하나 이 시기의 여자 청소년은 남자 청소년보다 운동에 대한 흥미가 낮음으로 인하여 신체적 활동이 적기 때문으로 보인다.

3) 성적 성숙

청소년기는 내분비의 호르몬 변화로 남녀의 성(性)적 성숙이 현저하게 이루어져 성인으로서의 생식기능 및 성역할이 가능해지는 시기 이다.

남자 청소년은 남성 호르몬인 안드로겐(androgen)의 분비가 활성화되어 남성다워지고 목소리가 변하고 수염이 자라며 몽정을 경험한다. 이러한 경험은 성적 쾌감과 죄의식을 동반한다.

그리고 남자 청소년은 성적 표현의 한 방법으로 자위행위를 하는데 이는 비정상인 행위가 아닌 성적 긴장을 해소하는 정상적인 수단이다.

일부 청소년들은 잘못된 정보로 인해 죄책감이나 수치심을 느끼는 경우가 있는데 이것은 정신건강을 해치고, 부정적인 경험으로 성역할 및 성정체감 형성에 혼란을 경험하기도 한다.

여자 청소년은 여성 호르몬인 에스트로겐(estrogen)분비가 활성화되어 여성다워지고 초경의 경험으로 생식력을 갖추게 되어 임신이 가능해지고 가슴이 발달하는데 이러한 신체의 변화에 불안해하고 신체의 변화를 숨기려는 경향을 보인다. 이때 신체의 변화를 준비할 수 있도록 조기 교육과 긍정적인 지지가 필요하다.

청소년기에 발생하는 신체적·생리적 변화에 대한 특성을 살펴보면 다음과 같다.

첫째, 자신의 신체에 관심이 많아 키가 작거나 비만할 때 심각하게 고민을 하며 사회문회적 측면에서 대중방송이나 매체의 영향력으로 연예인이나 모델의 외모 및 신체를 모방하고자 노력한다.

둘째, 자신의 신체 평가기준이 자아존중감, 대인관계 형성에 중요한 변수로 작용한다. 자신의 신체변화와 친구들의 변화 정도를 비교하여 자신의 신체발달이 정상인지 아닌지 고민하고 신체적 열등감을 갖기도 한다.

셋째, 성호르몬의 분비는 성적욕구를 갖게 하여 남녀로서의 성역할 및 성정체감의 심리·사회적 과제를 동반한다.

따라서 성교육을 현실적이고 체계적으로 실시하여 신체에 대한 자아존중감을 증진하고 성에 대한 올바른 인식과 태도로 긍정적인 성문화를 정착할 수 있도록 한다.

2.2 정서 발달

청소년기는 감수성이 예민하여 쉽게 흥분하고 감정조절이 어려워 훈계나 간섭 등을 민감하게 표현하고 지나치게 남을 의식하며 부끄러워하고 남과 비교하여 모순된 감정을 보인다.

또한 진로 및 진학 등 확실하지 않은 미래에 대하여 고민하고 불안해하며 여러가지 감정변화로 스스로를 통제하기 어려운 질풍노도의 시기 또는 제2의 반항기라고 할 정도로 정서적으로 불안정하고 다양한 역할로 역할

혼란을 경험하기도 한다.

이러한 정서적 불안정은 부적응을 초래하고 우울증, 정서장애, 정체성장애, 약물남용, 자살, 가출, 도벽, 폭력 등과 같은 다양한 정신장애와 비행 그리고 범죄 행위로 까지 발전되어 개인뿐만 아니라 사회에 바람직하지 못한 결과를 초래하기도 한다.

청소년기의 정서적 특징을 살펴보면 다음과 같다.

첫째, 격렬함과 동요성을 보인다. 사소한 상황변화나 주변 사람의 반응에 쉽게 감정을 유발하는 정서표현을 한다.

둘째, 정서의 자극 대상이 변한다. 주위사람의 죽음, 부모의 불화, 교우관계의 실패와 같은 무능력감과 불안정감을 일으키는 대상에 대해 정서자극을 많이 받는다.

셋째, 성적 성숙의 영향에 힘입어 정서에 성적인 색채를 띠는 경우가 많다. 예를 들면 신체적 성숙과 더불어 성에 대한 관심과 욕구가 증가하지만 이를 수치스럽게 생각하여 이성에 반대되는 감정을 표현하거나 주변사람들에게 과장하여 반항하기도 한다.

넷째, 정서표현이 내면화 된다. 청소년기의 정서는 의식적으로 억제하는 경우가 많아 공포심이 불안 혹은 우울로 나타나거나 우울감이 분노 혹은 비행 등으로 나타나기도 한다.

2.3 인지 및 자아정체감 발달

1) 인지발달

청소년기의 뇌구조와 기능의 변화는 인지능력을 급격히 발달시켜 주의력 및 판단력과 논리전개나 동기부여 등 정서적 측면에 변화를 준다.

청소년기는 피아제(Piaget)의 인지발달이론에 의하면 형식적 조작기로 사물이나 상황을 직접적으로 경험하지 않아도 추상적인 가설 설정이 가능하고 미래사건의 예측이 가능하다. 따라서 새로운 지식을 습득하고 이해하고 이용하는 것이 가능하다. 그러나 어느 정도의 지능과 교육수준이 뒷받침 되어야 한다.

또한 체계적인 사고능력과 논리적 원리의 지배로 과학적 사고를 할 수 있고 가설을 통한 연역적 사고로 문제해결 능력이 발달한다. 그리고 타인의 사고과정을 이해하고 이상주의적인 사고를 할 수 있는 특징을 가지고 있다.

또한 청소년기의 인지 발달은 자신이 사고를 비판적으로 검토할 수 있고 자신과 세계에 대해 상대론적 관점에서 이해하지만 미래에 일어나게 될 일에 대한 지나친 염려로 인해 과도한 불안감을 경험하기도 한다.

그리고 죽음의 불가역성과 도덕적 판단의 다양성 및 상대성에 대해 인식하게 된다. 인식의 확대는 철학, 정치, 종교에 대한 관심이 확대되고 사고를 깊게 하기도 한다. 그러나 지나치게 자신만의 생각에 빠져들게 되기도 한다.

따라서 청소년기에는 스포츠나 동아리 등의 많은 활동에 참여하여 다양한 사람들과 상호작용을 하는 경험이 필요하고 체계적으로 지식을 습득하여 논리적으로 사고 할 수 있는 능력을 향상한다.

엘카인드(Elkind, 1978)의 사회인지적 특성에 의하면 청소년기는 자아중심성이 강한 시기로 자신을 특별한 존재로 착각하고 자신이 우주의 중심이 된다고 믿을 만큼 강한 자의식을 보인다고 하였다.

여기에서 자아중심성이란 첫째, 자신은 독특한 존재로 감정이나 경험세계는 다른 사람과 근본적으로 다르다고 믿는다. 이러한 생각은 청소년들에게 자신감과 위안을 주지만 심해지면 과격한 행동에 빠져들어 음주운전이나 폭주, 마약, 성문란 등 파괴적인 행동을 범하게 되기도 한다.

둘째, 상상의 청중형태로 나타난다. 이는 과장된 자의식으로 자신이 타인의 집중적인 관심과 주의의 대상이 되고 있다고 믿는다. 이로 인하여 자신의 위신이 손상된다고 생각되면 심한 분노를 보이는데 이것은 상상의 청중을 의식하고 있기 때문이다.

상상적 청중의식이 높은 청소년들은 부정적 자아 개념을 갖고 있는 경향이 높으며 자아존중감 및 자아정체감 확립의 수준이 낮고 사회적 기술부족과 부정적인 관계가 형성된다.

이러한 상상적 청중의식은 청소년들이 기성세대와는 다른 독특성을 가지고 있다고 생각한다. 따라서 대화가 통하지 않고 문화를 이해하지 못한다고 생각하여 무시하거나 대화를 차단하기도 한다.

2) 자아정체감 발달

자아정체감은 자신이 보는 자신의 모습과 다른 사람이 보는 나의 모습이 일관되게 통합되는 것을 의미하는 것으로 자신은 타인과 다르고 어떤 상황에서도 자신은 언제나 동일한 사람이라고 인식하는 것을 말한다.

청소년기는 자신의 내면을 깊이 있게 생각하며 자신이 누구이고 왜? 무엇 때문에 사는가? 에 대하여 고민하고 자신을 발견하는 과정에서 자아정체성을 확립해 간다.

에릭슨(Erik H, Erikson)은 자아정체감이란 "내적으로 축적된 확신"으로 자신의 독특성이 과거와 현재를 연결하여 느끼는 비교적 안정된 느낌으로 내가 누구인가를 아는 것이며 자신의 느낌과 타인이 나를 보는 방식과 일관성이 있어야 한다고 하였다.

에릭슨(Erikson)은 청소년기에 습득해야 할 발달과업을 자아정체감 형성이라고 하였다. 그러나 청소년이 자신에게 적합한 것을 결정하기 위해 여러 가지 다른 역할이나 이데올로기를 시험해 보는 과정에서 정체감 형성에 실패하고 불안해 할 경우 자아정체감 혼란이 일어난다고 하였다.

그러나 이 단계의 심리사회적 위기를 잘 극복하면 자아는 성실이라는 기본적 강점을 얻게 되어 타인과의 관계에서 기본적인 의무감, 순수함, 정직함을 유지한다고 하였으며 이것은 자아정체감에서 비롯된다고 보았다.

정체감 혼란이 오면 첫째, 책임감 있는 성인으로서의 행동이 지연되고 둘째, 충분히 생각하지 않고 충동적인 행동을 하며 셋째, 성인으로서의 책임을 회피하기 위해 아동기로의 퇴행이 일어날 수 있다.

또한 자신의 문제를 내면화하여 우울, 불안 등을 경험하고 외현화 하면 가출, 폭력 등을 경험하기도 한다.

안정된 정체감을 형성하기 위해서는 신체적·성적 성숙 및 추상적 사고와 정서적 안정이 필요하며 동시에 부모나 또래의 영향권에서 어느 정도 벗어나야 한다.

마르시아(Marcia)는 정체감 위기가 있을 때 사람들이 대응하는 네 가지 방식을 제시하였다.

(1) 정체감 성취

정체감 성취란 자아정체감의 위기를 성공적으로 극복하여 신념, 직업, 정치적 견해 등에 대해 스스로 의사결정을 할 수 있는 상태를 말하는 것으로 정체감을 획득한 사람은 넓고 다양한 영역에서 긍정적이다. 또한 자아정체감 형성은 이성과 상호 의존할 수 있는 능력이 생기고 성행위를 즐길 수 있으며 자신이 상실된다는 두려움 없이 타인과 의미 있는 친밀한 관계를 맺을 수 있다.

(2) 정체감 유예

정체감 유예는 위기 상태에서 자아정체감 형성을 위해 다양한 역할, 신념, 행동 등을 실험하고 있어서 아직 의사결정을 내리지 못한 상태이다. 대부분은 정체감 성취로 옮겨가지만 소수는 정체감 혼란 쪽으로 가는 사람도 있다. 정체감 유예를 보이는 사람은 가장 높은 불안을 보이고 스트레스를 가진 만성적 상태에 있기 때문에 정서를 조절하는데 어려움이 많다. 그리고 유예는 탐색상태에 있기 때문에 사고와 행동 모두에 반영되고 적극적으로 찾으려고 하는 만큼 가장 안정되지 못한 정체감 지위이다.

(3) 정체감 유실

정체감 유실은 자신의 신념, 직업 선택 등의 중요한 의사결정에 있어서 자신의 대안을 생각해보지도 않고 부모의 가치에 순응하거나 다른 사람의 가치나 기대 등을 그대로 수용하여 그들과 비슷한 선택을 하는 경우이다. 타인이 내린 결정을 수용하기 때문에 청소년은 호기심을 갖고 있는 또래친구가 경험하는 불안과 위기, 실패를 자신은 경험하지 못하는 경우가 많다.

(4) 정체감 혼란

정체감 혼란은 자아가 안정되고 통합적인 견해를 갖는데 실패한 상태로 직업이나 이념 선택에 의사결정을 하지 않는 것이다. 정체감 유예와 다른 점은 정체감 유예는 자아에 대해 통합된 견해를 가지고 있지 못하더라도 자아정체감과 관계된 갈등을 해결하려고 열심히 노력하나 정체감 혼란은 아예 문제에 관심이 없다. 정체감 혼란의 청소년들은 부모와 거칠고 부정적인 관계를 경험했고 부모의 가치를 별로 동일시하지 않은 경우가 일반적이며 대인관계가 어렵다. 그리고 개인적인 실패를 환경이나 주위의 탓으로 돌린다.

2.4 사회성 발달

청소년기는 부모로 부터 개별화하여 독립성과 자율성을 획득하려고 시도하며 또래친구들과의 관계에 몰입하여 원활히 사회적 상호작용이 이루어지는 시기이다.

1) 부모와의 관계

청소년 전기는 가족의 지지와 보호 속에서 독립을 준비하는 시기로 부모보다 친구와의 대화를 선호한다. 자기주장이 강하여 자기의지에 따라 행동하고 논리적 모순을 들어 부모 요구에 거부하고 반항하며 비판적으로 대한다. 그러나 후기에는 생각하는 능력의 발달과 함께 반항은 사라지고 부모에 대한 새로운 인식으로 부모-자식간의 애정이 생기고 부모로부터 심리적으로 독립한다. 형제자매 관계는 반대 성의 형제자매보다 동성의 형제자매와 더욱 가깝게 지각하고 서로 간에 애착을 느낀다.

2) 교사와의 관계

청소년들은 모욕을 주고 빈정거리는 교사나 권위주의적인 교사에게는 자기주장을 공격적으로 강하게 표현하고 반항적이다. 청소년 초기에는 자유의 속박 때문에 반항하지만 중기 이후부터는 비판적 반항이 많아진다.

청소년들이 신뢰하고 존경하는 교사는 명랑한 성격, 공평한 태도, 풍부한 교양과 학식, 청년에 대한 이해심, 열성적인 지도력 등을 지닌 교사이다.

3) 친구와의 관계

자아가 확립되면서 또래와의 무조건적 협조나 동일화 하려는 경향은 사라지고 목적에 따라 상호 신뢰가 가능하고 서로 공감할 수 있는 친구들과 대인관계를 맺는다.

집단 내에서 심리적 안정과 소속감을 갖고 자아정체성을 개발하며 사회적응력을 향상한다. 그리고 또래집단으로부터 소외당하지 않기 위해 행동기준에 맞추어 똑같이 행동한다. 그러나 이러한 행동으로 가출을 하거나 비행을 하는 등의 문제가 발생하기도 한다. 때로는 진로·진학문제, 이성친구 등에 관한 인생문제로 심각한 고민에 빠져 친구와의 관계에서 떨어져 회의적 비판적이 되기도 하고 고립하기도 한다.

이성교제는 자기에게 관심을 보이는 사람에 대해서 관심을 보이고 소극적 이다. 이성교제의 긍정적인 기능은 성 정체성 확립과 자신을 가치 있는 존재로 인식할 수 있도록 하고 부정적인 기능은 학업소홀이나 비행과 접할 수 있는 기회가 많아진다는 것이다.

따라서 긍정적인 이성교제를 위해서는 무조건 억압하는 것보다 성(性)적 호기심을 이해하고 부정적인 시각 보단 긍정적인 시각으로 관심을 기울여 청소년들이 성(性) 체성 확립과 자아존중감을 증진하도록 한다. 그리고 눈높이에 맞는 현실적인(피임법, 성행위 등) 성교육으로 올바른 성문화를 정착하는 것이 필요하다.

4) 직업선택

청소년 후기에 달성해야 할 과업은 직업선택이다. 직업을 선택하기 위해서는 자아정체감이 우선적으로 형성되어 자신의 성격과 적성에 맞는 직업을 찾아 능력을 개발하는 것이 중요하다. 따라서 직업적성 검사나 인성검사 등을 통하여 진로방향과 전공을 결정하여 자신이 원하는 방향으로 직업선택이 가능하도록 토대를 마련한다.

그리고 직업선택은 단순히 생계를 결정하는 것이 아니라 개인 자신에 대한 개념을 규정하는 과정이며 직업에 의해 타인이 그 사람을 확인하고 판단한다. 따라서 사회의 일원으로 어떤 일에 종사하느냐는 개인의 사회적 지위를 인정받고 개인의 정체감을 표현하는 것이다.

또한 직업자체가 노후 삶의 질에 영향을 미칠 수 있음을 생각하고 원하는 목표를 달성하기 위한 개인적 성장이 될 수 있도록 준비하는 것이 필요하다.

긴즈버그(Ginzberg)는 개인이 직업을 선택하는 세 가지 단계를 설명하였다.

첫째, 환상기: 아동기의 직업관으로 개인적 소망을 근거로 직업 선택을 고려하는 시기이다. 즉 자신의 능력이나 직업 기회와 같은 현실적 문제를 전혀 생각하지 않는다.

둘째, 시험기: 청소년 초기의 직업선택으로 자신 스스로 현실적인 문제를 고려하기 시작하며 다양한 직업에 대해 심사숙고하고 직업선택을 위해 진학문제를 심각하게 고려한다. 그러나 우리나라의 현실은 진학과 전공 선택이 적성보다는 학교성적으로 결정되는 경우가 많아 직업 선택의 과업이 오히려 지연된다.

셋째, 현실기: 청소년 후기에 해당하는 시기로 실제적인 경험이나 교육과 훈련을 통하여 특정한 직업을 선택한다. 이러한 단계는 남자, 여자 청소년 모두가 동일하게 거치는 단계이지만 여자는 육아와 가사의 중요성 때문에 더 복잡한 현실을 고려하여 직업을 선택하는 경향이 있다.

오늘날 여성의 사회참여가 많아지고 권리가 신장되면서 직업 선택이 남성 못지않게 중요한 의미를 갖는다.

5) 컴퓨터와 가상공간

청소년들은 숨 막히는 입시 위주의 교육 현실과 여가와 문화를 즐길 수 있는 공간의 부족으로 자신의 욕구나 스트레스를 분출할 수 있는 가상공간을 자신만의 휴식공간으로 만들어 자신을 알리고 감정을 표현한다. 그리고 현실공간의 규제나 규범 또는 감시나 억압으로부터 벗어나 자유롭게 친구들과 소통하며 가상공간에서 공동체 활동을 한다.

사이버공간의 긍정적 측면은 원하는 정보를 빠르게 얻을 수 있고 학업과 관련된 지식을 습득하며, 새로운 자아정체성의 실험과 새로운 참여의 공간에서 다양한 사람들과 친구관계 등을 유지 할 수 있다.

부정적 측면은 인터넷 중독, 은둔적 외톨이의 심화, 사이버일탈 등이다. 사이버공간에서 익명성 보장과 사이버일탈로 인한 행위는 도덕성이나 사회적 책임성의 발달에 부정적 영향을 끼치게 되고, 또한 잘못된 정보를 주고받음으로서 자신은 물론 타인에게도 악영향을 끼치게 된다.

사이버 공간에서 발생하는 청소년 일탈의 유형으로는 인터넷 중독 및 개인정보 침해와 사이버폭력, 사이버 성매매, 불법복제, 다운로드, 자살사이트 등을 들 수 있다.

따라서 부정적 사건들을 감소시키기 위해 네티켓 교육을 지원하고 있으나 오프라인상의 규칙이나 규범은 통용되지 않는다. 온라인 사회는 다양성, 개인성, 자율규제를 통해서만 완성되는 세계이므로 미래사회의 중심이 될 "자율적인 규제와 사회적 조화"를 향상하는 인터넷 미디어 교육이 요구된다.

3. 청소년기의 발달과업

청소년기는 아동에서 성인으로 성장하고 성숙해 가는 과정에 있는 시기로 청소년 초기에 신체변화와 성적성숙이 현저하게 일어나고 청소년 중기에는 친구들과의 관계를 통해 동일한 관심사를 공유하며 자아정체성과 가치관을 형성한다. 그리고 청소년 후기에는 직업을 갖거나 성인과의 관계를 발전시켜 나가는 시기이다.

하비거스트(Havighurst, 1972)는 청소년의 발달 과업이 한 개인의 생리적·심리적 요인, 사회적 요인, 자아의 철학적 요인 등이 상호작용하여 이루어진다고 보았다.

하비거스트(Havighurst, 1972)가 제시한 청소년 발달과업에 대하여 살펴보면 다음과 같다.

첫째, 자기의 신체변화와 남성 또는 여성으로서의 역할을 받아들인다.

둘째, 동성이나 이성과 새로운 관계를 이룬다.

셋째, 부모나 다른 성인으로부터 정서적으로 독립한다.

넷째, 경제적으로 자립한다.

다섯째, 직업을 선택하고 준비한다.

여섯째, 시민으로서의 자격을 갖추는데 필요한 지적 기능을 발전시킨다.

일곱째, 사회적 책임을 수행하는 행동을 요구하고 달성한다.

여덟째, 결혼과 가정생활에 대하여 준비한다.

아홉째, 자신의 행동을 지배하는 과학적인 세계관과 조직화된 가치관을 확립한다.

제4절 청소년기의 특수욕구에 따른 감성휴먼케어

1. 청소년기의 특성에 따른 문제별 감성휴먼케어

청소년기는 독자성과 자아정체감을 발전시키는 시기로 이 시기의 경험이 인격형성에 중요한 영향을 미친다. 청소년기를 3단계로 구분해 보면 다음과 같다.

청소년 초기(11-14세)는 성적 성숙과 급성장으로 신체변화가 두드러지게 나타나는 사춘기로서 여자는 첫 월경 등 분명한 변화를 뚜렷하게 감지한다.

청소년 중기(15-17세)는 또래 친구들에게 관심이 많고 자신과 같은 신념이나 가치를 가지고 있는 또래들과 집단을 형성하여 소속된 일원으로 외모, 의복, 언어와 행동에 동조하는 경향을 보인다.

청소년 후기(18-20세)는 성인기로 전환하는 시기로 직업을 갖거나 성인과의 관계를 발전해 가는 과정이다.

청소년기는 성년기로 넘어가는 전 단계로 신체적·성적으로는 성숙하지만 인지능력과 자아정체감, 그리고 사회성이 발전되어가는 과정에서 대부분 내면적인 갈등과 혼란을 겪는다. 이러한 과정에서 일부 청소년의 경우에는 순조로운 적응과정을 거치지 못하고 좌절을 겪으며 도덕적, 법률적 일탈 행동이 나타나게 된다.

그 중 몇 가지 일탈의 유형을 살펴보고 문제의 근원을 찾아 치유하는 감성휴먼케어 실천접근법을 이해하는 것이 중요하다.

1) 비행

최근 급격한 산업화에 따른 전통적인 가족구조의 해체와 자본주의 물질만능 시대는 우리 사회의 이면에서 어두운 그림자를 드러내며 청소년의 일탈을 부추기고 있다. 사회에 적응하지 못한 하위 계층의 일탈적 생활, 우범지역에의 거주, 유년기 불행한 성장배경에서 오는 성격장애 등 복합적인 요인은 청소년 비행의 증가로 이어져 사회문제로 발전되고 있다.

이러한 청소년 비행의 원인은 엄밀히 말하면 청소년 자신들의 잘못이 아니라 결손 가정이나 입시위주의 학교생활에서 오는 스트레스 등 외적인 요인으로 인해 제도권 밖으로 밀려나게 됨에 따른 반작용의 결과라고 할 수 있다.

그러나 청소년기의 일탈은 스스로의 행동이 옳지 못한 행동이라는 것을 인식하면서도 현실적인 패배감과 좌절감에서 오는 충동성과 즉흥성이 가미되어 일어나는 경우도 있다.

청소년에 의해 저질러지는 비행은 무단결석, 가출, 음주, 흡연, 폭력, 유해업소 출입 등 청소년의 신분에 어긋나는 행동을 모두 포함한다. 이러한 청소년의 비행은 최근 크게 증가하는 추세에 있다.

가정적으로 불우한 환경에서 성장한 경우나 입시를 앞두고 스트레스와 불안감 등 학교 부적응에서 오는 자포자기, 또는 심적 부담에서 오는 반작용 등에 의하여 청소년들이 각종 비행의 유혹에 많이 노출되고 있다.

그런 점에서 청소년 비행의 치료적 접근은 사후대책 위주의 접근보다는 사회경제적 측면과 가정과 학교의 교육적 측면 등이 고려된 사전적 종합적인 접근이 필요하다. 즉 보호관찰, 교정교육, 갱생보호 등이 사후대책 위주의 개입이라면, 청소년의 내면적인 긴장과 불안을 해소할 수 있는 근원적인 문제를 찾아 해결해 주는 감성휴먼케어적인 접근의 노력이 필요하다.

가정과 사회에서 청소년의 자아정체성이 바르게 확립될 수 있도록 가정의 기능을 강화하고 가족으로부터 인정받는 가족구성원으로서 가정의 문화를 배울 수 있는 가정교육이 바로 서야 한다. 학교는 건전한 사회적 역할을 학습하는 곳으로 잠재력과 특성을 존중하는 학교분위기를 형성한다. 시험성적으로 사람을 평가하지 않고 인성과 하고자 하는 일에 열정을 가지고 창의적으로 행동하는 개인의 차별화된 역동성을 인정하여 누구나 학교 내에서 긍정적인 적응이 이루어질 수 있는 분위기 조성이 필요하다.

그리고 경제적 불평등 해소를 위한 사회경제정책 등 보다 체감할 수 있는 실제적이고 실천이 가능한 중・장기 전략의 다각적인 접근이 함께 이루어져야 한다. 따라서 청소년들 스스로 자신의 미래를 위해 긍정적인 변화를 선택하고 성공적인 삶을 살기 위한 자신감과 자아정체성을 형성할 수 있는 감성휴먼접근이 필요하다.

2) 자살

청소년의 자살은 요즈음 자주 듣는 말이다. 그만큼 우리사회에서 청소년의 문제가 심각하다는 증거다. 청소년 자살의 원인은 학업, 임신, 부모의 이혼, 실연, 과잉 성취욕 등과 같은 과도한 스트레스와 부모의 정신질환, 학대, 의사소통 부재로 인한 가족문제, 우울증, 낮은 자존감 등의 심리적인 문제, 충동 등과 같은 것을 들 수 있다.

이러한 이유는 신체적·성적으로는 성숙되었지만 정신적·심리적으로는 성숙되지 않아 주어진 상황에 대한 과도한 불안감, 인성교육의 부족으로 자아정체감이 형성되지 않은 상태에서 극단적인 자포자기 등 다양한 정신장애를 수반하는 데서 올 수 있다.

특히 맞벌이 가정의 증가로 부모와의 대면접촉 시간이 줄어들고 가족 간의 유대감 저하와 또래 친구로 부터의 왕따 등으로 마땅히 자신의 문제를 상담할 곳이 없는 상황적 스트레스가 클 때 충동적인 자살을 시도하는 경우가 많다.

따라서 이들 청소년을 위해서는 정서적인 안식처를 제공하는 것이 무엇보다 중요하다. 가정기능 회복을 통한 가족 간의 정서적·실질적인 지원과 자살동기의 탐색을 위한 개별상담, 가족치료 프로그램 등의 임상적 프로그램 개발을 통한 접근이 필요하다.

3) 성문제

청소년은 성적 성숙이 특징적으로 나타나는 시기이다. 이에 따라 성적인 충동과 성적 행동도 비약적으로 증가하고 있으나 성정체성이 확립되어 있지 않아 충동적으로 성관계를 갖고 책임지지 못하고 있다.

최근 성교를 하는 10대 비율이 증가하고 첫 성경험의 나이가 어려지는 경향을 보이고 있으며 성에 대한 가치관이 사랑을 하면 성관계가 가능하다고 생각하는 초·중등 학생이 늘어나고 있다.

청소년 성문제의 원인은 성적충동, 성교육 부재, 향락문화의 영향, 매춘, 경제적 요인 등이 포함된다.

따라서 가정과 학교에서 개방된 표현의 성문화를 조성하고 성교육 전문가를 통한 현실적이고 체계적인 교육이 필요하다. 그리고 성관계를 통해 발생할 수 있는 임신, 성병, 분만, 미혼모 등의 프로그램을 개발하여 성에 대한 올바른 이해와 가치관을 심어주고 성문제로 고민하는 청소년들이 비밀을 털어놓고 해결할 수 있는 상담문화정착도 필요하다.

4) 인터넷 중독

오늘날 인터넷의 발달로 우리는 과거와는 다른 새로운 환경에서 살고 있다. 컴퓨터를 통한 이메일 주고받기의 의사소통과 채팅, 카페, 블로그 등 가상공간을 통하여 필요한 정보수집은 물론, 컴퓨터 게임 등 취미와 여가생활의 공간으로 자리 잡아 가고 있다. 그러나 이러한 문명의 이기는 단순히 스트레스 해소라는 공간을 넘어 청소년들에게 인터넷 중독이라는 것을 가져다주었다. 인터넷 중독은 현실세계에서의 대인관계 위축으로 인한 비인간화와 익명성으로 인한 정제되지 않은 무분별한 유언비어와 비속어의 남용 등으로 도덕성이나 사회적 책임성의 발달에 부정적인 영향을 미치기도 한다. 뿐만 아니라 음란 인터넷사이트, 폭력과 범죄행위와 같은 유해 환경에 쉽게 노출될 수 있으며, 또한 가상세계와 현실세계를 구분하지 못하고 가상세계에서의 경험을 현실에서 재현하기도 한다.

이러한 인터넷 중독 집단의 청소년은 현실 도피적이며 자존감이 낮고 이미 현실세계에서 도외시된 경우가 많다. 뿐만 아니라 친구수가 적고 가족간의 유대감이 적어 소통을 통해 사회적 지지를 받지 못하거나 심리적으로 우울 성향이 높으며 충동성과 공격성이 강하고 자기통제력이 낮아 사회적으로 고립된 경우가 많다.

따라서 중독의 원인을 스스로 파악하여 해결점에 이를 수 있도록 감성휴먼케어접근을 통한 치유가 필요하다. 심적치유를 위하여 자기조절능력을 강화할 수 있도록 도와주어야 하며, 부모나 교사의 세심한 주의와 보살핌 등으로 사이버 공간에서 해결하고자 하는 욕구를 현실에서 해소할 수 있도록 이끌어 주어야 한다.

상담을 통하여 부모와 교사를 이해시키고 공감을 통한 치유프로그램 동참을 유도해 내는 것도 필요하다. 뿐만 아니라 치료기관의 확보와 치료 프로그램 개발, 전문인력 양성 등 국가차원의 지원 하에 사회복지사, 교사, 부모, 치료병원, 지역사회 단체 등의 유기적이고 종합적인 치료연계 체제를 구축하는 것이 필요하다.

5) 집단따돌림

청소년은 부모로부터 신체적 정신적 독립을 추구하며 가족보다는 친구와의 집단생활 속에서 사회화의 과정을 거치는 단계이다. 그러나 이 과정에서 힘의 우위에 있는 집단 구성원들에 의해 집단 따돌림을 당하는 피해자 그룹이 나타난다.

대체로 친구가 없고 외모가 빈약하거나 비만하여 신체적 만족감이 떨어지며 사회적 기술이 낮은 특성을 지닌다. 이러한 집단 따돌림은 주로 학교생활에서 대화 거부하기, 약점 들추기, 바보 만들기, 비난하기, 괴롭히기 등 정신적 신체적인 공격으로 나타난다.

이러한 경우 피해자는 가해자로부터 벗어나고 싶으나 학교생활의 속성

상 이를 벗어날 수도 없다. 그렇다고 다른 학생들로부터 도움을 받기도 어렵다. 다른 학생들도 피해자가 되지 않기 위해 가해자 그룹의 표적이 되지 않도록 방관하는 경우가 대부분이기 때문이다.

따라서 한번 집단따돌림을 당하면 스스로는 벗어나기 힘들며, 피해자는 이로 인하여 우울증, 등교거부, 자살, 학업부진, 자신감 상실 등 심각한 후유증을 겪게 된다. 이러한 피해자 구제를 위해서는 학교 교사와 학생, 학부모, 사회단체, 국가 등이 적극적으로 개입하여야 한다.

감성휴먼케어자는 가해학생과 피해학생에게 현재 시점에서 나타난 문제 상황의 원인은 무엇이며, 가해학생과 피해학생이 경험한 것은 무엇인가? 라는 질문에 답을 솔직하게 표현하도록 지지해주고 상황이 어떻게 바뀌었으면 좋겠는가에 대한 상황변화의 결과를 학생들과 함께 상상하여 그림으로 그려본다.

그리고 해결방안을 마련하기 위하여 각자가 노력해야 하는 것들이 무엇인지 깨닫고 구체적으로 어떻게 실천할 것인지 계획을 수립하여 실천하도록 하고 수시로 점검하고 지도하는 것이 필요하다.

또한 교사·학부모·사회단체가 함께 참여하고 상담하는 협력 프로그램을 운영하는 등 역할 분담을 통한 지속적인 관심과 지도가 이루어져 집단따돌림 없는 건전한 학교생활과 가해집단으로 부터 받은 피해학생의 후유증이 빨리 극복될 수 있도록 많은 도움을 주어야 한다.

제2장 청년기 · 중년기 감성휴먼케어

제1절 청년기 감성휴먼케어

1. 청년의 개념

청년기는 청소년기 이후 20세 부터 중년기가 시작되는 40세 이전의 시기를 말한다. 이시기의 발달내용은 학업이 끝나가고 자신이 삶의 진정한 주체로서 일을 통한 사회적 참여와 함께 사회생활을 시작한다.

적성에 맞는 일을 찾아 직업을 결정하고 경제적 여건과 자아실현에 조금이라도 더 많은 도움을 줄 수 있는 직장을 선택하여 적응해 간다.

그리고 생활문제에 있어서도 독자적으로 사물을 결정하여 행동한다. 직업을 갖게 되면 경제적인 독립과 배우자를 선택하여 결혼하게 되고 가정을 이룬다. 완전한 가정을 이루기 위하여 가정이나 사회생활에서 발생하는 여러 가지 문제들에 대하여 부모의 역할 또는 직장인의 역할 그리고 사회인으로서의 책임감을 가지고 해결하고 사회활동 참여와 사회집단에 소속되어 시민으로서의 의무를 수행 한다.

2. 청년기의 발달 특성

2.1 신체발달

신체적 성숙이 거의 완성되는 시기다. 근육과 내부기관 등의 신체적 발달도 25~30세에 최고의 수준에 도달하여 신체적 활동, 에너지, 건강 등 신체적 기능이 가장 좋은 시기로 남자가 여자보다 우세하다.

청년기가 되면 신장, 체중, 간을 포함하는 일반곡선(general curve), 생식기관의 성장곡선(reproductive curve), 두뇌, 눈, 귀 등을 포함하는 두뇌곡선(brain and head curve), 아데노이드, 림프노이드 등의 임파선곡선(lymphnode curve) 등이 성장률 100%에 도달하는 등 성장의 최고수준이 된다. 그 후 30세 이후가 되면 신체적 기능이 점점 쇠퇴하기 시작한다.

시각, 촉각, 후각 등의 감각은 어느 시기보다 예민하며 20세경에 최고에 달했다가 40세경에 감퇴하기 시작한다.

2.2 심리발달

청년기에는 삶의 중심이 가족과 또래관계에서 친밀한 이성과의 관계로 전이된다.

에릭슨(Erikson)은 이 시기의 발달과업을 친밀감 대 고립감의 시기로 보고 심리사회적 위기를 잘 넘기면 상호 헌신하는 사랑이라는 강점을 얻게 된다고 하였다. 친밀감은 다른 사람과의 상호관계에서 정체성을 상실할지 모른다는 두려움 없이 다른 사람과 개방적이고 유연하게 지지적인 관계를 맺을 수 있는 능력을 말한다. 사랑은 성적인 것 이상의 우정, 인류애적인 사랑이 모두 포함된다.

즉 친밀감은 청소년기의 발달과업인 자아정체성을 확립한 사람만이 다른 사람과의 상호관계에 몰두하고 자신의 정체감과 다른 사람의 정체감이 서로 상호관계를 맺을 수 있다.

따라서 친밀감은 자아 개념의 발달에서 시작하여 청소년기에 습득해야 할 자아정체감의 확립이 전제되어 "내가 누구인가"를 확실히 아는 것이 우선되어야 친밀감 획득이 가능하다는 것을 알 수 있다.

그러나 친밀감 형성에 실패하였을 경우에는 고립이 일어나 친구 또는 이성과의 대인관계가 원만하지 않거나 직장에서 소외되는 등 융통성 없는 삶을 산다.

또한 독립성을 획득하지 못하여 타인과 지나치게 밀착된 관계로 의존하게 되어 배우자를 선택함에 있어서 의존 할 수 있는 대상을 찾으며 자의식이 강하고 방어적이 되기 쉬워 타인에 대한 관심과 배려를 하기 힘든 성향을 보인다.

친밀감을 성취하기 위해서는 감정이입능력, 자기통제능력, 타인의 장단점 수용능력을 갖추어야 한다. 친밀감의 과업을 성취한 성인은 타인과 서로 논의하고 개인적 감정표현도 서로 허용하고 자신을 가치 있고 유능한 존재로 인식하게 된다. 그러나 자아정체감을 확립하지 못한 성인은 고립감을 형성할 가능성이 높으며 상황적 요인도 고립감 형성에 기여한다. 진정한 친밀감속에는 성적인 친밀감도 포함되며 타인과의 상호관계에서 진실된 심리적인 친밀감을 발전시킨다.

청년기의 친밀감은 결혼생활을 통해 확립된다. 그러나 결혼이 친밀감으로 반드시 이어지는 것은 아니다. 결혼초기 배우자 간의 상호작용에 대한 요구, 자녀출산과 양육, 부모나 친척의 기대 등이 친밀감 형성을 방해할 수도 있다. 따라서 가정내에서 친밀감을 유지하기 위해서는 서로간의 배려와 이해, 수용, 원활한 대화와 지지 그리고 사랑 등이 필요하다.

그리고 지적기능은 18세에서 25세 사이에 최고조에 달한다. 지적능력에는 유동성 지능과 결정성 지능으로 나누어 볼 수 있다.

첫째, 유동성 지능에서 유동적이라는 말은 지적 기능이 여러 다양한 형태의 지적 활동(지각, 인식, 새로운 정보를 인지적으로 처리하는 것)으로 전달될 수 있다는 것을 의미한다. 유동성 지능은 광범위한 기능 영역을 차지하는데 운동속도, 새로운 정보를 인지적으로 습득하는 것, 기억과 같은 지적능력을 포함한다.

둘째, 결정성 지능은 정보를 처리하고 기록하는 능력으로 공식적, 비공식적 교육을 통하여 획득할 수 있으며 전 생애를 통하여 증가한다. 즉 유동성 지능은 청소년기까지 증가하다가 나이가 들면서 뇌세포의 손상으로 점차 감퇴하고 결정성 지능은 언어, 이해력 등 후천적 경험이나 반복적 학습에 의해 습득되고 발달되는 지능으로 20~30대 이후 떨어지지 않고 유지되거나 발달할 가능성이 있다.

따라서 인지변화를 판단하기 위해서는 개인의 건강상태, 교육수준, 경험, 직업, 사회경제적 지위 등을 고려한다.

그 외 청년기는 현실적이고 문제해결능력이 발달하고 자기조절능력이 발달함에 따라 사회에서 활동 주체로서의 역할을 담당하기도 한다.

따라서 청년기에는 사회적으로 책임 있는 행동을 수행해야 하고 자신의 삶에 있어서 도덕적·윤리적·사회적·경제적·정치적 능력을 발달시켜야 하는 과제를 갖는다. 또한 바람직한 성격 특질을 촉진시키고 의사소통기술과 결혼생활을 위하여 건강한 준비와 태도를 갖추어야 한다.

2.3 사회성 발달

1) 결혼

원가족에서 독립하여 배우자를 만나 가정을 이루는 시기이다. 결혼하게 되는 이유는 자녀출산, 경제적 안정, 사회적 지위, 사랑, 부모의 기대, 도피의 수단, 혼전임신 교제, 성적매력, 공통된 관심사, 모험, 사회적 기대, 심리적 보상 등이 있다.

결혼과 독신은 개인의 가치관에 따라 다르게 선택될 수 있으나 결혼은 성숙한 사회관계를 성취하는데 중심이 되고 만족스러운 결혼생활을 통하여 행복을 꿈꾸며, 결혼으로 삶의 질 향상과 안정된 생활을 하고자 하는 것이다.

결혼상대자를 선택하는 것과 결혼하겠다는 결정을 내리게 되는데 에는 4단계가 있다.

첫 번째 단계, 상호작용의 가능성과 기회가 있는 사람들 중에서 파트너가 선택되고 상호작용의 관계망에 의하여 만나는 사람들 간에서 관심을 끄는 정도가 다르다는 것을 안다.

두 번째 단계는 상대방에게 자신에 관한 정보를 드러내기 시작하며 관계가 깊어지는 방향으로 상호작용한다. 즉 서로 간에 근본적인 유사성의 발견과 대화가 잘되는 조화적 관계라는 느낌이 관계를 지속하는데 중요한 요소이다. 자신을 이해하고 정서적 지지를 제공해 줄 수 있는 결혼 대상자를 원하기 때문에 유사성은 매력을 증가 시킨다.

반대되는 견해를 가졌거나 자신과는 다른 기질을 가졌거나 아주 다른 가족배경을 가진 사람에게는 잘 끌리지 않는다.

세 번째 단계에서는 역할조화와 공감의 발견이 관계의 지속에 중요하다. 자신을 드러내는 영역이 확장되면서 상대방의 긍정적이고 지지적인 반응이 관계의 신뢰수준을 깊게 해준다. 만약에 부정적인 반응을 받게 되면 관계는 종결된다.

네 번째 단계가 되면 서로 간에 많은 부분을 드러냄으로서 다른 사람에게 시도해 보지 않은 자신을 드러내는 위기를 극복했다는 감정이 존재한다. 그리고 이에 새롭게 다른 사람에게 끌리는 것보다 서로 간의 관계에 확신을 갖는 편안함과 공감이 형성된다.

결혼하게 되면 결혼초기는 상호적응의 과정으로 사회계층적, 문화적 배경의 차이로 서로 간에 타협을 하는데 긴장이나 갈등을 경험할 수 있으며 실제적으로 결혼 후 2~4년 정도의 기간에 이혼율이 가장 높다는 보고가 있다.

따라서 서로의 차이점을 인정하고 갈등을 처리하는 능력을 익히는 것이 필요하다. 청년기 친밀감과 성숙한 사회적 관계의 중심은 사랑과 결혼이고 행복의 가장 중요한 결정요인은 만족스런 결혼생활이다.

2) 자녀양육 및 부모의 역할

결혼하여 부모가 되는 시기는 다 다르며 자녀출산으로 인하여 느끼는 감정 또한 다양하다. 원하는 임신으로 자녀를 갖게 되면 충분한 준비기간과 정보수집으로 엄마, 아빠로서의 부모 역할에 대한 기대감과 행복감 등의 만족감을 느낀다.

그러나 결혼초기에 원하지 않는 임신, 준비되지 않은 자녀의 출산은 부부간의 삶의 방식과 관계를 변화시키고 새로운 적응을 해야 하는 스트레스와 부담감으로 부부간의 친밀감을 악화시키는 위협요인이 될 수도 있다.

일반적으로 자녀는 결혼생활의 낮은 만족도와 관련되기도 하는데 이것은 자녀를 가진 후에도 결혼생활은 지속되나 만족도가 낮아진다는 뜻으로 자녀의 출산에 따른 새로운 책임과 책임의 분담, 자녀에게 맞춘 일과 등을 들 수 있다.

그 외 경제적 부담, 육아정보의 부족, 맞벌일 경우 직장 생활 후 가사나 육아로 인한 신체적·정신적으로 오는 피로감, 자유의 구속 등이 결혼생활에 위협을 가져오기도 한다. 따라서 부부간에 어려움을 같이 나눌 수 있는 충분한 대화와 이해, 가족관계의 변화에 따른 부부간의 역할과 책임에 대한 새로운 가치관 형성 등으로 부부간의 불화와 부부관계의 균열을 예방할 수 있는 합의가 필요하다.

40세 이하의 부부에게 자녀가 있음으로써 얻는 효과가 무엇인지에 대하여 조사한 결과 아기가 사랑을 주고 애정을 나눌 수 있는 기회를 제공하며 어른들을 외로움에서 보호하여 준다는 것이다. 즉 사람들은 누군가를 보호하고 사랑하고자 하는 욕구가 만족되어야 정신적인 편안함과 행복감을 얻는다는 것을 알 수 있다.

따라서 결혼초기에 삶의 변화에 따른 여러 가지 어려움은 있으나 부모됨으로 인하여 진정한 한 인격체로서의 성장을 경험 할 수 있다.

또한 양육과정에서 부부의 삶이 변화될 수 있고 가정에서 자녀로 인한 만족감이 가정화목에 미치는 영향이 크다는 것을 알 수 있다.

따라서 감성휴먼케어자는 자녀 양육을 위해서 청년기에 필요한 지식이 무엇인지를 알아 부모역할을 준비할 수 있도록 한다. 유아의 발달 상태에 대한 지식, 바람직한 자녀 양육법과 훈육에 관한 지식, 부모의 행동과 태도가 자녀에게 미치는 영향 등에 대한 지식이 필요하다.

최근에는 사별, 이혼 등 다양한 원인으로 한부모 세대가 증가하고 있는데 부부가 해야 할 역할을 한부모가 함으로써 가정 내에서 담당해야 할 역할의 증가로 많은 어려움을 경험한다. 따라서 한부모 가족일 경우에는 가족의 지지체계가 중요하다. 지지체계가 적절하지 못할 경우에는 부모의 역할에 따른 과업수행이 유지되기가 어려우므로 사회적 관계망 등을 활용한다.

3) 직업발달

직업은 청년기에 달성해야 할 과업중의 하나로 원하는 직업을 갖기 위해 준비한 노력을 기반으로 직업 선택을 위해 중요한 의사결정을 내리는 시기이다.

직업발달은 직업을 선택하기 위해 노력하는 준비과정으로 개인의 적성 및 능력 등의 특성과 사회적 현실을 고려하여 준비하는 것이 이상적이다.

직업에 대한 태도는 사회적 계층, 연령, 성, 성격 등에 따라 달라지고 직업은 대부분의 사람들에게 생존을 위해 필수적이며 어떤 사람들에게는 창의력을 발휘하거나 자부심을 획득하는 기회로 간주되기도 한다.

긴즈버그(Ginzberg)는 청소년의 직업 선택의 근거는 흥미, 능력, 가치 등과 같은 개인 내적인 요인인데 비해 청년기에는 현실에 근거를 두고 욕구와 현실을 절충한다고 보았다.

직업은 경제 및 자아실현 등의 삶의 질을 결정하는데 중요한 영향을 미치므로 자신의 관심분야인 흥미나 적성, 전문지식과 기술의 능력, 신체·정신적 여건, 성격과 가치관 등의 요소들을 고려하여 결정해야 한다.

그러나 최근 취업난으로 취직이 힘든 상황이고 평생직장 개념이 무너져 직업과 직장이 자주 전환되고 있는 현실 속에서 확실한 입장을 정하지 못하고 무직인 상태로 방황하고 있거나 다양한 직업선택으로 시행착오를 거듭한 후 취직만 준비하는 실업자가 늘어나고 있다.

메이어(Mayer, 1992)는 직장인이 개발해야 할 능력으로 ① 정보를 수집, 분석, 조직하는 능력 ② 아이디어와 정보의 의사소통 능력 ③ 활동을 계획하고 조직하는 능력 ④ 팀원들과의 협동하는 능력 ⑤ 문제해결능력 ⑥ 수리적 개념과 기술의 사용능력 ⑦ 기술 활용 능력을 개발해야 할 능력으로 제시하였다.

따라서 빠르게 변화되고 있는 지식산업 시대의 흐름을 읽고 변화에 대처할 수 있는 직업 선택과 취업 준비에 필요한 정보를 습득하며 직장인으로서 성공적인 역할 수행을 위해서 직무에 필요한 전문지식과 기술을 습득한다. 그리고 동료들 간에 원만한 인간관계를 맺을 수 있는 인성을 갖추고 여가와 취미로 스트레스를 해소하여 너그럽고 편안한 이미지를 각인할 수 있는 자기관리가 필요하다.

4) 미래에 요구되는 직장인의 능력

산업사회에서 지식사회로 넘어가는 과정에서 청년층 및 중년층의 실업률이 높아지고 평생 직업이란 개념이 사라지고 있다.

따라서 지식산업이 요구하는 창의성과 혁신적인 전문지식, 그리고 기술의 습득을 통하여 직장에서 자신의 직무와 역할을 지속적으로 재창조할 수 있는 능력을 향상할 수 있도록 준비를 하는 것이 필요하다.

위디그(Wedege, 1995)가 주장한 미래의 직장인이 갖추어야 할 세 가지 능력에 대하여 살펴보면 다음과 같다.

첫째, 전문적 능력(professional qualifications)으로서 업무처리와 조직을 이해하고 개발할 수 있는 능력, 기술과 관련된 전문지식, 그리고 기술의 발전 및 조직과 업무방식과의 관계를 예측하고 이에 적응하는 능력을 말한다. 특히 직장인은 기술과 시장이 급변하는 상황에서 경영자나 상사만이 미래에 대한 의사결정을 내리고 따르기만 하는 존재가 아닌 시장과 기술의 변화와 같은 불확실성에 대하여 적극적으로 탐구하고 대처해야 할 의무를 부담해야만 한다.

둘째, 사회적 능력으로 타인을 건설적으로 비판할 수 있는 능력과 직장에서 문제를 초래할 수 있는 새로운 상황을 미리 파악하여 이에 적응하고 대처할 수 있는 조직적·전략적 상호 협조 그리고 의사소통 능력들이 포함된다. 즉 원할 한 인간관계로 인한 협동과 통합 그리고 의사소통을 통하여 성공적인 기술융합이 이루어진다면 직장과 사회의 경쟁력이 향상된다는 점이다.

셋째, 민주적 능력으로 직장 또는 사회에서 새로운 기술에 관한 의사결정 과정에 참여하고 능동적으로 평가하는 시민의식을 갖춘 능력이다. 즉 자신의 지적 능력을 함양하고 민주사회의 가치기준에 비추어 자신의 생각과 행동을 스스로 비평할 수 있는 능력을 말한다.

국제노동기구(ILO, 2007)에 따르면 미래사회에서 직장인이 갖추어야 하는 능력으로 인지적 문제해결능력, 학습능력, 동기부여와 리더십능력, 개인적·행태적·윤리적 능력을 열거하고 있다.

청년기 때는 직업 선택과 직장인으로서의 능력을 향상하여 사회적으로 안정을 취하는 것이 무엇보다도 필요하다. 따라서 감성휴먼케어자는 급변하는 환경과 기술의 발달로 지식의 수명이 짧아지고 있으므로 새로운 환경에 적응하고 지속적인 학습을 통하여 지적 능력을 향상할 수 있도록 도와야 한다. 또한 사회생활에 적응할 수 있도록 직장에서 필요로 하는 지식과 기술을 습득할 수 있는 다양한 정보를 제공하여야 한다.

그 외 지식창조모델을 이용하여 유연한 직업인의 다섯 가지 능력을 개발한 노나카와 타케우치(Nonaka & Takeuchi, 1995)가 제시한 내용을 살펴보면 <표 Ⅱ-2-1>과 같다(정현주 외 2013. 재구성).

표 Ⅱ-2-1 유연한 직장인의 다섯 가지 능력

직장인의 자아실현 – 창조와 혁신	
정체성 능력	자기 존중감, 자신감, 목표의식
감정적 능력	열정, 인내력, 긍정적 자세
사회적 능력	의사소통능력, 협동능력, 리더십능력
민주적 능력	참여와 소속감, 민주적 가치기준, 윤리적 태도
전문적 능력	전문적 지식, 인지적 능력, 학습능력

3. 청년기의 발달과업

하비거스트(Havighutst)는 청년기에 습득해야 할 발달과업을 다음과 같이 제시하였다.

첫째, 배우자를 선택한다.

둘째, 배우자와 함께 생활하는 방법을 학습한다.

셋째, 가정을 꾸민다. 넷째, 자녀를 양육한다.

다섯째, 가정을 관리한다.

여섯째, 직업생활을 시작한다.

일곱째, 시민의 의무를 완수한다.

여덟째, 마음에 맞는 사람과 사회적 집단을 형성한다.

제2절 중년기 감성휴먼케어

1. 중년의 개념

중년기는 30세 또는 40세부터 60세 또는 65세까지의 나이에 해당하나 여기에서는 40세~65세 까지 노년기가 시작하는 65세 이전의 나이를 중년기로 규정한다.

중년기는 청년기 이후부터 노년기가 시작되기 전까지의 시기로 경제적으로 안정되고 직장에서도 인정받는 높은 지위에 있으며 생활하는 과정에서 다양한 경험을 통해 지혜를 터득한 인생의 전성기이며 또한 다음 단계인 노년기를 준비해야 하는 부담감을 가지고 있는 시기이다.

중년기는 두 가지 견해가 있다. 첫째는 결혼이 늦어져 자녀가 대학에 다니는 경우 학비와 생활비가 많이 들어가야 하는 상황이 발생되어 오히려 생활에 안정을 위협받는 등의 위기가 발생하여 정신적으로 불안한 시기가 될 수 있다. 또한 인생의 목표를 성취 하는 데에 따른 자신의 한계를 인정하고 늙어가고 있음에 대한 삶의 허무함을 느끼는 격동과 혼돈이 혼재하는 위기의 시기라고 보는 견해가 있다.

둘째는 안정되고 성숙한 시기로 자신을 이해하고 정리하며 신체적 정신적 건강의 조화에 관심을 가지고 이타적인 사고로 남을 위한 봉사를 아끼지 않으며 물질 등의 외적인 만족감보다 내적인 만족감을 성취하는데 관심을 더 많이 가지는 시기로 안정적이고 성숙되는 시기로 보는 견해가 있다.

스펙트(Specht, 1982)와 크레그(Craig, 1982)는 이 시기를 노인세대의 권력을 위임받고 젊은 세대의 장래를 책임져야 하는 세대라고 하였다.

즉 노화된 부모님을 보호하고 자녀들의 교육과 진로를 책임져야하는 시기로 부모님과 자녀세대의 중간에 끼여 있는 세대로 샌드위치세대라고도 한다.

에릭슨(Erikson)에 따르면 정립된 자아로 의미 있는 일을 실천하고 경제적으로 안정되어 있는 단계로 이 시기의 발달과업을 생산성 대 정체성을 경험하는 시기라 하였다.

생산성은 다음 세대를 세우고 지도하는데 관심을 두는 것으로 문화와 사회질서를 발전시키며 살아갈 기초를 구축하는 것을 의미한다. 자녀의 양육과 직업을 유지하고 사회발전에 관심을 갖으며 자신의 능력을 개발하여 생산성이라는 발달과업을 잘 이행하면 만족감을 성취한다는 것이다.

정체성이란 심리적 성장의 결핍과 자신의 능력을 사회를 위해서 기여하지 못하고 자기만족만을 위해서 사용하지만 개인적 만족감이 감소하는 경우 이때 정체성을 경험한다.

즉 자기중심적이거나 자신의 능력 이상의 쾌락에 몰입하거나 타인을 돌보면서 만족을 경험하지 못하는 경우 그리고 실직이나 고용 부담의 외부적 요인으로 자신이 생각하는 것 보다 인생의 목표를 달성하지 못하고 실패하여 침체를 가져오는 것을 말한다.

이 시기는 자녀양육과 노부모 부양과 관련한 이중 부담감과 신체적 노화, 경제문제, 사회 적응 문제, 이별과 상실감으로 인한 빈둥지증후군, 갱년기 증상, 우울증 등의 정신건강 문제와 같은 다양한 위기에 직면한다.

이외에도 맡은바 역할에 대한 책임을 져야하는 부담감과 성인으로서 자신의 내적인 충동 조절과 지혜로움이 타인의 모델링이 되어 존경받을 만한 행동을 해야 한다는 심리적 압박감이 있다.

그러나 그 동안 다양한 경험에 의해 축적된 지혜로움과 대처로 이전보다 보람이 될 수 있는 일들을 찾아 사회에 기여하거나 현실지향적인 자신의 목적을 수립하여 달성하고자 한다. 그리고 자신의 한계를 인정하고 역량을 발전시키며 가치 있는 교훈을 배우면서 현실적인 만족감을 느끼기도 한다.

결혼한 부부인 경우에는 배우자를 변화시키려는 생각보다 수용하고 이해하며 부정적인 측면 보다 긍정적인 측면으로 부부가 적합한 생활유형을 만들어 서로가 편안하고 안정된 가정생활을 유지하고자 한다.

그리고 노년기에 접어들면서 자녀의 결혼, 퇴직, 질병과 같은 다양한 삶의 변화와 노년기를 준비해야하는 부담감으로 삶의 허망함 등의 우울감을 경험하기도 한다. 그러나 자녀가 떠난 빈둥지증후군 등을 극복하기 위하여 부부만의 행복한 인생을 살기 위한 방법을 고민하며 새로운 여가와 자기를 개발한다.

최근에는 사회적 흐름이 평생직업, 평생직장이란 말이 무색할 정도로 사회적으로 다양한 변화가 일어나 조기퇴직이나 명예퇴직 등을 요구하는 직장이 많아져 제2의 직업을 위해 준비하는 시기이기도 하다.

고울드(Gould,1975)는 중년기 사람들이 비합리적 가정(assumption)에서 벗어나야 할 다섯 가지를 제시하였다.

첫째, 안전이 영원히 지속될 것이라는 가정은 비합리적이다. 그 이유는 부모로 부터의 보호가 상실되며 또는 생존해 있다고 해도 역할전환이 일어나기 때문이다.

둘째, 자신과 자기가 사랑하는 사람들에게 죽음이 일어나지 않을 것이라는 가정은 비합리적이다. 그 이유는 부모의 사망이나 자신의 죽음에 대해서도 신호를 받는다.

셋째, 배우자 없이 사는 것이 불가능하다는 가정은 비합리적이다. 여성들은 배우자 없이도 살수 있다는 생각을 하고 더욱 광범위한 사회적 접촉을 하면서 인격의 발달을 도모할 수 있다.

넷째, 가족 밖에서는 어떠한 생활이나 변화도 존재하지 않는다는 가정은 비합리적이다. 오히려 자신을 재 정의하고 자신의 변화가능성을 발견할 수 있다.

다섯째, 자신만은 순수하다는 가정은 비합리적이다. 중년기가 되면 자신도 시기, 경쟁, 탐욕과 같은 속성이 있음을 깨닫고 자신의 장단점을 안다.

2. 중년기의 특성

2.1 신체변화

중년기는 신체적 능력과 생리적 기능의 감소로 신체적인 많은 변화를 가져와 차차 쇠퇴해 가는 현상을 현저하게 볼 수 있는 시기다.

외부로 나타나는 현상은 머리카락이 회백색으로 변하고 주름이 늘어나고 피부가 건조해지고 지방성 조직이 늘어나고 몸의 신진대사 저하로 비만 등 성인병이 많이 생긴다. 따라서 많은 사람들이 신체적인 변화를 극복하고 건강함을 유지하기 위해서 운동, 미용, 영양 등에 관심이 많다. 그리고 감각기관의 둔화로 시력과 청력이 약해져 교정렌즈나 돋보기 등의 안경을 착용하고 미각과 후각, 통증에 대한 민감성이 감소한다.

이 시기는 심장과 신장 등의 장기 기능이 떨어져 건강에 적신호가 커지고 만성질환이 잘 생길 수 있는 시기이므로 건강에 관심을 두어야 한다. 특히 정서적·심리적 요인으로 생길 수 있는 천식, 위염이나 십이지장궤양, 대장염 등의 증상과 고혈압, 관절염, 골다공증과 골격의 경직 등이 흔히 나타난다. 그리고 위암, 폐암, 심장질환, 뇌출혈로 인한 뇌졸중이 주된 사망원인이 되므로 건강검진을 실시하여 조기에 질병을 예방하고 치료하는 것이 필요한 시기이다.

또한 호르몬의 변화가 오는 시기로 여성일 경우는 여성호르몬의 저하로 폐경이오고 갱년기가 찾아와 얼굴이 붉게 달아오르는 홍조현상이나 잦은 감정의 변화로 감정기복이 심해지는 등의 신체적·생리적으로 변화가 생긴다. 남성은 전립선이 비대해지고 비뇨기계의 문제와 생리적 기능의 감소로 성기능과 성적인 문제가 발생하고 감각운동기술이 감소한다.

따라서 중년기에는 신체적인 쇠퇴와 호르몬 변화에 따라 발생할 수 있는 신체적·정서적·심리적인 변화에 대한 정보를 습득하여 변화에 적응하고 건강을 유지할 수 있는 대처가 필요하다.

2.2 성기능의 변화

40대 후반 50세를 전후로 남성·여성 호르몬의 불균형이 오는 갱년기가 찾아와 신체적·생리적인 변화를 경험한다.

여성은 50대를 전후해 여성호르몬인 에스트로젠의 영향으로 폐경이오고 자궁의 질 위축이나 가슴의 위축, 안면홍조, 야간발한, 심계항진, 두통과 현기증, 메스꺼움, 방광염, 근골격계 통증 및 요통 등이 오며 심리적으로 의욕감퇴, 우울, 무력감, 신경과민, 불안, 초조 등 여러 가지 신체적인 이상 징후와 신경성 질환을 갖게 된다. 때에 따라서는 여성으로서의 매력적인 부분이 상실되었다고 생각하는 심리적인 징후도 나타난다.

그러나 모든 여성이 똑같은 어려움을 경험하는 것은 아니다. 폐경이 되기 전에 정서적으로 잘 적응해온 여성이라면 폐경에 따르는 심리적인 어려움을 별로 겪지 않는다. 따라서 갱년기에 발생할 수 있는 여러 가지 변화를 긍정적으로 받아들이고 운동이나 취미생활, 자아실현 등으로 여가를 즐길 수 있는 여유를 가져보는 것도 좋다.

남성은 남성호르몬인 테스토스테론의 분비저하로 골밀도 및 근육의 감소. 피로, 두통, 현기증, 성기능 감소 등의 신체적 증상과 여성과 마찬가지로 불안, 초조, 불면증 등의 심리적 증상도 경험한다. 특히 남성은 전립선 비대, 성기능 약화 등이 발생하여 성생활에 어려움을 겪는다는 것에 대한 두려움으로 갱년기를 부정적으로 받아들이는 경우가 있다. 남·여 모두 갱년기 때에 발생할 수 있는 이러한 증상으로 서로가 예민하져 감정조절에 실패할 경우 부부간에 마찰이 자주 발생할 수 있으므로 갱년기의 특징을 이해하여 배우자의 특성을 존중하는 마음가짐이 필요하다.

2.3 인지적 변화

중년기는 지적 판단 기능과 어휘력 그리고 언어능력이 발달되어 있고 다양한 경험과 지식습득으로 통합적 사고능력이 향상되어 있다.

기억력은 단기기억에는 다소 어려움이 있으나 장기기억에는 변화가 없다. 지능에서 유동성 지능은 나이가 들면서 뇌세포가 손상되어 점차 감퇴할 수 있으나 결정성 지능은 언어, 이해력 등 후천적 경험이나 반복적 학습에 의해 습득되고 발달되는 지능이므로 20~30대 이후 떨어지지 않고 유지되거나 발달할 가능성이 있다.

부부의 역할, 자녀보호를 위한 부모의 역할, 노부모를 봉양해야하는 자녀로서의 역할, 직장생활에서 책임있는 일을 맡아 수행하는 사회인으로서의 역할 등 다양한 역할을 통해 보고 들으면서 쌓은 지혜로움과 정보습득으로 통합된 사고가 발달하여 문제해결 능력이 향상되고 창조적 생산이 가능하다.

또한 풍부한 경험 및 지식과 기술 등을 통해 젊은 세대들을 지휘하는 기성세대로서 사회에서 인정받고 존중받는 세대이다.

그러나 한편으로는 자신의 지적 능력을 충분히 활용하지 않고 과거의 다양한 경험으로부터 얻은 지혜를 가지고 대처하고 보상받으려는 경향이 있다. 따라서 지적 능력의 활용저하로 지능이 쇠퇴하기도 한다.

뿐만 아니라 새로운 기기의 등장으로 '나이 듦'을 인식하는 시기이기도 하다. 중년기는 순발력은 줄어드나 지속적인 학습이 가능한 시기이므로 새로운 기기의 사용법 등을 익혀 세대 간의 차이를 극복하고 변화되는 사회 여건에 맞게 전문지식을 습득할 수 있다.

유동성 지능이 감소하더라도 인생경험을 통해서 증가하는 결정성 지능은 초기의 지적 수준을 유지시켜 줄 수 있으므로 평생교육이나 평생학습에 관심을 가지고 세대에 뒤떨어지지 않기 위한 노력이 필요한 때다.

2.4 부부관계의 유지 및 가정운영

최근에는 핵가족으로 인해 성인 자녀가 결혼하여 집을 떠나 독립을 하면 부부 둘만이 생활하는 시간과 공간이 많아짐에 따라 부부간의 생활에 새롭게 적응해야 하는 경우가 많이 늘어난다.

특히 50대 중반 이후에 자녀가 떠난 후 부부만 남는 시기를 “빈둥지”라고 하는데 이러한 상황에 잘 적응하지 못하여 부부간에 심리・정서적으로 안정감을 찾지 못하면 여러 가지 문제가 발생하여 갈등을 겪기도 하는데 이것을 빈둥지증후군이라고 한다.

특히 이시기에 남성은 한 집안의 가장으로써 경제적 보장을 책임져야 하는 시기로 사회생활과 직장의 일로 바쁘다. 그러나 여성은 직업이 없고 집안에만 있으면서 자녀에게 관심을 두고 보호해줌으로 인해 얻었던 그 동안의 만족감은 사라지고 자신을 위해서 베풀고 성취한 것이 없이 살아온 과거의 삶에 대한 회한과 후회를 하게 되고 자녀와 남편으로부터 받는 소외감으로 심리적 고통을 느낀다. 이는 부부간의 갈등으로 이어져 부부관계의 질이 저하되고 삶의 만족도에 영향을 미치게 된다.

따라서 중년기는 성인자녀의 출가이후 부부간에 정서적 유대감을 발전시키고 관심을 유지시키는 것이 더욱 더 중요하다.

뉴만과 뉴만(Newman & Newman)은 건강한 결혼관계를 유지하기 위한 소건을 제시하였다.

첫째, 부부는 각자 개인적인 성장과 부부로서의 성장을 위하여 헌신해야 한다.

둘째, 부부는 효과적인 대화체계를 개발해야 한다. 직업이나 자녀양육에만 몰두하면 부부간의 상호작용의 기회가 적어지므로 부부간의 효과적 대화체계를 만들어 서로에 대한 불만이나 갈등을 해소할 수 있는 장을 만들어야 한다.

셋째, 갈등을 창의적으로 활용해야 한다. 가정생활에서 갈등은 항상 존재한다. 갈등의 유무가 문제가 아니라 의견의 불일치나 갈등이 있을 때 이것을 어떻게 해결해 나가느냐가 더욱 중요하다. 그러므로 부부는 상호 간에 갈등을 해결하기 위한 방안을 개발해야 한다.

건강한 부부관계를 유지하기 위해서는 지속적인 관심과 배려 그리고 이해가 중요하다. 이를 통하여 심리적·정서적으로 안정감과 친밀감을 가지고 신뢰관계를 쌓아 나가면서 현실에 맞는 부부간의 가치관 형성을 재정립하는 것이 필요하다.

최근 결혼 연령이 높아지고 자녀의 수가 감소하면서 장년기 부모의 자녀 연령대는 점차 낮아지고 있다. 그리고 가족구조의 변화에 따라 핵가족에서는 가정은 의식주와 경제적인 단위로서 기능하며 부모는 자녀에게 모델을 제공하고 규범이나 인성 등의 가정교육을 담당하고 있기 때문에 가정은 사회 내에서 중요한 역할을 감당한다. 그러나 맞벌이 등의 영향으로 자녀에 대한 가정교육과 지도 감독의 소홀로 갈등이 심화되고 자녀들의 비행과 가출 등이 발생하여 가정 내 위기가 발생한다.

따라서 부모는 자녀의 발달단계에 따라 나타나는 발달과업과 특성을 이해하여 자녀의 발달 특성에 맞는 부모의 역할로 접근하는 것이 필요하다. 예를 들면 자녀가 청소년기이면 사춘기의 특징적 발달과업과 진로문제가 겹쳐 예민해져 있는 자녀의 특성을 이해하고 접근하는 것이 필요하다. 그리고 이 시기의 중년기의 부모는 자녀양육과 교육문제에 대한 부담감이 커진다. 자녀가 청년기일 경우에는 자녀를 성인으로 인정하고 자녀가 직업 선택과 결혼을 잘 할 수 있도록 지원해야 한다.

그리고 중년기는 부모가 만성적인 질병이 있거나 부모 중 한사람이 사망하면 부모에게 경제적 지원, 건강관리 및 가사일 등을 부양하고 보호해야 하는 책임까지 맡아야 한다.

부양해야 할 부모와 평소에 관계가 좋았다면 서로 적응하는 과정에서 현실에 처한 상황에 맞추어 커다란 부담감 없이 잘 지내게 되어 큰 문제가 발생하지 않을 수 있다. 그러나 중년기에 부모를 모셔야 하는 상황이 발생되면 부모에게 맞추어 새로운 생활패턴을 만들어야 하는 상황이 발생하고 부모는 성인자녀들에게 맞추어 그 동안의 생활습관 등을 변화해야 한다는 부담감으로 상호간의 적응문제가 발생할 수 도 있기 때문에 부모를 부양해야 할 경우 다양한 문제가 발생하기도 한다.

2.5 직장적응

중년기에는 새로운 직업을 찾기보다는 기존의 직업 안에서 경력을 발전시키며, 중요한 위치에서 책임 있는 일을 맡게 되는 시기로 사회와 국가에 대한 경제적 뒷받침에도 상당한 역할을 하는 시기이다.

뿐만 아니라 사회적 인정과 성취를 이루며 안정되는 시기로 직업에서 지위를 얻고 그에 상응하는 수입을 얻게 되는 등 가정적으로나 사회적으로 중요한 책임이 개인에게 부과된다.

중년기의 성공적인 직업선택은 삶의 만족을 높이고 경제적 안정을 이루며, 신체적·정신적 건강을 유지하는 것과 직접적으로 연관된다. 그러나 최근 경제 위기 또는 급속한 기술 발전으로 새로운 직종들이 생기고 기존의 직종들이 쇠퇴함에 따라 본인의 의지와 상관없이 조기퇴직이나 명예퇴직 등의 비자발적인 실직상태에 처하는 경우가 많이 늘어나고 있다. 이는 인간의 평균수명은 증가하는데 일을 할 수 있는 기간은 오히려 단축되어 고용 불안의 부정적 영향을 더욱 가중시키는 결과를 가져온다.

이러한 고용 불안에서 벗어나기 위해 어떤 사람들은 사회의 흐름에 따라 중년기에 전혀 다른 업종의 일에 참여하거나 새로운 기술을 배워 새로운 직업에 도전하기도 하나, 기존 직종에서 벗어나 새로운 기술을 배우는 것이 쉬운 일은 아니므로 새로운 직업으로의 전환은 무척 어려운 일이다.

따라서 중년기의 고용 불안 및 실직 문제는 개인적인 문제뿐만 아니라 가정적 · 사회적인 문제를 야기 한다. 또한 고용불안은 변화에 의한 저항, 이직 의도, 조직 몰입, 노조 몰입, 직무 만족, 직업에의 노력과 성과, 스트레스, 직무태도, 건강 등에 영향을 준다.

따라서 평생직장, 평생직업의 개념이 무너진 현 시대를 살아가는 중년기는 자녀의 교육과 보호, 부모부양, 고용불안이라는 삼중고 외에도 노년기를 위해 준비해야 하는 부담 등으로 스트레스를 많이 받는 시기이다. 이러한 문제를 해결하기 위해서는 국가차원의 사회정책적 측면에서 보다 구체적인 실천방안을 마련하여 시행하는 것이 중요하며, 중년기의 성인들은 제2의 인생을 위한 준비에 세심하게 주의를 기울이는 것이 필요하다.

제3절 청년·중년기의 특수 욕구에 따른 감성휴먼케어

1. 청년기·중년기의 특성에 따른 문제별 휴먼케어

청년기·중년기는 청소년기를 벗어나 노년기에 이르기까지의 시기로서 성인기가 이에 해당된다.

청년기·중년기는 자신이 인생의 주체로서 스스로 삶을 개척하고 인생을 주관적으로 이끌어 갈수 있는 시기로 적극적이고 의욕적으로 꿈을 실현할 수 있다.

배우자로서 부모로서 자식으로서의 역할과 사회가 요구하는 가치증진을 위하여 사회적·경제적 역할을 충실히 수행해 나가며 중추적인 역할을 한다.

그러나 이러한 과정은 끊임없는 갈등과 후회, 도전과 극복, 성취와 만족, 절망과 포기 등을 요구한다.

청년기에 있어서의 결혼, 직업선택, 자녀양육 등과 중년기에 있어서의 신체적·심리적인 변화, 성기능 감퇴, 직업전환의 위기, 부부관계의 위기, 노후대책의 위기 등에서 다양한 선택의 기로에 놓이게 된다.

따라서 청년기·중년기의 이러한 위험요소를 슬기롭게 해결할 수 있도록 도와주는 전문적인 지원과정이 감성휴먼케어 접근방식이다.

이는 또한 더 큰 사회문제로 확산되지 않도록 예방해주는 안전장치의 역할도 담당한다.

감성휴먼케어 접근은 개인이 가지고 있는 문제해결 능력을 강화하고자 하는 것으로 자기문제를 명료하게 인식하여 심리적 안정을 저해하는 원인을 찾아 스스로 문제에 대한 해결책을 찾도록 도와주고 해결할 수 있는 역량을 강화해 주는 것이다.

1) 건강

최근 경제발전과 더불어 식품영양학적으로 우수하고 다양하며 풍부한 음식문화의 발전과 제조·유통·소비에 이르기까지 철저한 위생관리의식, 그리고 의약학의 비약적인 발전으로 과거에 고치지 못했던 각종 질병의 치료 등을 통하여 많은 사람들이 최상의 건강을 유지하면서 웰빙의 삶을 유지하고 있다.

그러나 성인기 후반의 중년기에 이르게 되면 신체적으로 노화가 오고 신체기능이 급격히 저하되어 성인병에 쉽게 걸리는 등 건강한 삶을 유지하는데 어려움을 겪게 된다.

이를 예방하기 위해서는 주민들을 위한 운동시설의 설치와 체육활동 프로그램을 개발하여 보급하고, 성인병 예방을 위한 건강교육과 주기적인 건강검진을 제공하는 것이 필요하다.

뿐만 아니라 만성질병이나 장애를 앓고 있는 가정에는 가정봉사원을 파견하거나 간병인을 연결할 필요가 있으며, 갱년기에 나타나는 정서적·신체적인 변화에 잘 적응하고 정신장애를 사전에 예방하기 위해서는 개인상담, 집단상담, 부부상담 등을 강화할 필요가 있다.

2) 실직

성인기에는 가장 왕성하게 경제적 활동을 하는 시기이다. 그러나 이 시기에 본인의 의지와 관계없이 경제적 기반을 잃게 되는 경우에는 가족구성원 모두에게 심각한 위기를 가져오게 된다. 또한 실직은 수입의 상실로 인한 경제적인 어려움뿐 아니라 자존감 저하 등의 심리적인 위축 문제가 더 크게 작용할 수 있다.

가장의 실직은 사회적인 체면 손상과 심한 모욕감 등으로 불안, 우울증, 건강악화, 알코올 중독 등의 증상을 유발할 수 있으며, 심지어 자살에 이르게 할 수도 있다.

따라서 감성휴먼케어자는 실직자가 고용관련 서비스를 받을 수 있도록 정보를 제공하여 실천을 도우는 등의 정보제공자와 촉진자의 역할을 수행하는 것이 중요하다. 실업보호, 재정지원 상담, 직업훈련과 고용알선 등 재취업관련 정보제공, 심리상담 서비스, 창업정보 제공 등을 통하여 자존감을 유지할 수 있는 기회를 제공해야 한다.

또한 청년 실업률이 높아지고 있는 상황에서 청년기의 취업 준비활동을 지원하는 방안으로는 취업 및 진로상담은 물론 직업에 대한 다양한 정보와 전문적인 자질을 갖출 수 있는 환경을 마련해 주는 것이 필요하다. 그리고 전문기관 연계를 통하여 직업적성 검사를 실시할 수 있도록 도움을 주고 직업훈련, 고용정보제공, 취업알선 사업, 직업체험 프로그램 등에 대한 정보를 제공한다.

3) 이혼

최근 우리 사회는 이혼율이 급격히 증가하고 있는 추세다. 이는 과거와 달리 이혼이 갖는 사회적 의미가 크게 변화하고 있기 때문이다. 사회적인 편견이 과거에는 도저히 용서받을 수 없는 사회적인 낙인 수준이었으나, 이제는 혼인을 지속하는 것이 치명적일 경우 결혼생활의 어려움을 해결하는 하나의 대안으로서 고려되는 시대이다.

이혼의 원인으로는 성적인 문제, 의사소통의 문제, 친척과의 문제, 외도, 배우자의 알콜중독, 실직이나 기타 재정상의 문제로 인한 경제적 어려움, 언어적 또는 신체적 확대 등 다양하다.

그러나 이혼은 당사자들에게 매우 큰 상실감을 제공한다. 부부관계를 인위적으로 해체시킴으로써 가족구성을 붕괴시키고 가족 구성원에게 변화를 요구한다. 이혼을 문제해결 수단의 한 가지로 긍정적으로 보기보다 부정적인 측면으로 보는 것은 이로 인한 여러 가지 부담이 크기 때문이다.

자녀양육의 문제, 경제적·사회적 문제, 정서적 적응의 문제, 재혼으로 인한 인간관계 단절의 문제, 경제적 독립의 문제, 법적인 문제 들이 얽혀져 긴장과 갈등을 겪게 된다.

그리고 부모의 이혼에 의해서 가족 연대감이 파괴되었을 때 자녀들은 감정적·정서적 타격을 받는다. 따라서 이혼가정의 자녀들은 가정, 학교, 사회, 이성문제에 부적응 현상을 초래하는 경향이 있다.

감성휴먼케어 접근법으로서 일차적인 역할은 상담이다. 감성휴먼케어자는 부부가 문제를 정확히 파악하고 그 문제를 스스로 해결하기 위한 문제해결 방법을 활용하여 서로의 노력을 촉진한다.

또한 이혼으로 인한 스트레스에 대처하기 위해 이혼 후의 생활에 빨리 적응할 수 있는 프로그램에 대한 정보를 제공하고 취업 및 취직이 필요할 경우에는 기술을 습득할 수 있는 전문가를 연계해준다.

그리고 가족구조의 변화로 인한 문제발생을 예방하기 위해 한부모 역할에 대한 교육 또는 위기를 해결할 수 있는 상담이나 치료를 받을 수 있도록 한다.

4) 성(性)적 부적응

결혼 생활에서의 친밀감은 정서적인 유대감이 내포된 성적인 친밀감을 포함한다. 그런 점에서 부부간의 성생활은 결혼생활에 만족도와 밀접한 관계를 가진다. 그러나 성인기 후반에 이르면 대부분 성위기를 경험하게 되는데 이러한 경우 부부관계는 급속도로 친밀감이 약해지는 경우가 많다. 부부생활에 있어서 활력이 없고 권태와 냉담한 분위기가 지배하게 되는 것이다. 이러한 성적 부적응 부부의 심리적・육체적 고통을 해결하고 지원하기 위해서는 부부상담이나 성 상담을 통한 전문적인 도움과 부부간의 대화와 노력이 필요하다.

5) 배우자 학대

일반적으로 배우자 학대는 신체적·언어적·정신적·성적학대를 모두 포함하며 주로 가정이라는 울타리 안에서 발생하기 때문에 학대를 견디다 못해 이혼을 요구하는 정도에 이르거나 폭력으로 인한 신체적 손상으로 병원에서 치료받기 전에는 가정 내에서의 학대가 제대로 밝혀지지 않고 있다.

배우자로부터 학대를 당하는 사람은 메스꺼움, 구토, 타박상, 근육긴장, 심한 두통과 같은 신체적 어려움뿐만 아니라 불안, 충격, 공포, 무력감, 우울증, 자살충동과 같은 정서적 어려움을 경험한다.

따라서 배우자 학대가 신속히 해결되지 않으면 시간이 지남에 따라 그 심각성이 더욱 증가되어 부부관계를 훼손시키고 자녀들에게도 심각한 폐해를 초래하여 가정을 파괴하고 사회문제로 확대되기 때문에 문제의 심각성이 더욱 가중된다.

이를 해결하기 위한 감성휴먼케어적 접근법으로는 학대 가해자를 위한 집단치료와 학대 가해자와 피해자 모두가 참여하는 부부치료가 있다.

감성휴먼케어자는 학대 가해자를 위한 집단치료에서 폭력행동에 대한 책임의식을 고취하고 분노를 조절할 수 있도록 통제하며, 부부문제 이외의 좌절감을 찾아내고 합리적이고 건강한 대처를 할 수 있도록 돕는 역할을 한다.

부부치료에서는 폭력의 원인과 결과에 대한 교육, 분노조절훈련, 의사소통기술교육, 문제해결기법훈련, 스트레스 관리, 가정 내의 권력과 통제협의 등을 다룬다.

배우자 학대는 부부간의 소통단절이 주요 원인이다. 대화를 통한 이해와 설득, 그리고 공감이 매우 중요하다. 그러나 대화하는 도중에 감정이 먼저 폭발하는 경우 이는 다시 대화의 단절로 이어지는 악순환을 반복하게 된다.

따라서 이러한 부부들은 자신의 배우자와 부부관계를 재정립하는 것이 중요하다. 함께 살아온 세월만큼이나 신체적인 노화의 변화를 같이 해왔고 또한 자신과 다른 생활방식 등을 충분히 경험해온 만큼 소중한 인생의 반려자임을 인정해야 한다.

긍정적인 면에 대해서는 격려와 지지를 해 주고, 부정적인 면에 대해서는 상대를 배려하는 아량을 보일 수 있도록 감성휴먼케어자의 도움과 지원이 필요하다.

6) 빈곤

빈곤은 누구에게나 인간다운 삶을 영위하는데 커다란 장애로 작용한다. 그러나 중년기의 빈곤은 청년기에 비하여 회생이 어려워 더욱 심각한 결과를 가져올 수 있다.

젊었을 때의 고생은 얼마든지 감내할 수 있으나 나이 들어 어느 정도 안정기에 접어들 시점에 빈곤이 찾아오면 가정불화는 물론 자녀들의 과외 및 학습지원 부재로 인한 빈곤의 대물림까지 되는 경우가 많기 때문이다. 또한 중년기의 빈곤은 스스로의 열등감과 절망감, 그리고 낮은 자아존중감으로 이어져 자포자기 하게 되는 경우도 많다.

이러한 빈곤의 원인으로는 사업실패, 실직, 자산관리 실패, 건강문제, 낮은 교육수준, 성적 차별 등이 있다.

감성휴먼케어자는 빈곤의 유형에 따라 원인을 제거하기 위한 프로그램에 참여할 수 있도록 한다. 그리고 열등감에서 벗어나고 취업을 포기하지 않도록 하는 전문적인 상담 등의 감성적 접근과 취업정보 제공, 기술교육 등의 구체적인 지원방안이 요구된다.

7) 우울증

중년기는 인생에 있어서 후반전이라고도 하고, 특히 갱년기는 제2의 사춘기라 부르기도 한다. 가족들을 위하여 앞만 바라보고 정신없이 달려 왔을 뿐인데 어느덧 노년기가 멀지 않음을 알고 이제까지의 삶을 되돌아보며 허망함을 느끼기도 하고, 한편으로는 신체적 기능저하와 함께 노후생활을 위한 대책마련과 재적응을 해야 하는 중압감이 무겁게 느껴지는 변화의 시기이다.

이러한 중년의 위기감은 남녀 모두에게 해당되나, 남성의 경우에는 특히 직장에서의 역할상실 등 사회로부터의 냉대, 조기퇴직 등 은퇴에 따른 부담감, 재취업의 제한성, 가정 내에서 가장으로서의 권위 상실 등으로 이어지는 절망감과 무기력감으로 정서적 혼란과 방황을 겪게 된다.

여성의 경우에는 육체적 매력과 생식능력의 상실로 인한 우울증과 성인자녀의 출가로 혼자 남았다는 느낌의 공허함과 외로움을 느끼게 된다.

이러한 중년기 우울증은 불안, 초조, 고민 등의 형태로 나타나지만 남성은 음주, 약물남용, 도박, 분노, 일에 대한 집착 등을 보이기도 하고, 여성은 불면, 두통, 현기증 등 다양한 신체적 부적응 양상을 보이기도 한다.

감성휴먼케어는 감성에 영향을 미치는 자신감 상실, 비관적인 사고, 비합리적인 신념, 인지적 왜곡 등의 부정적 사실관계를 파악하여 감정과 행동의 변화를 유노하고 정서적 안정을 찾아 중년기 위기를 극복할 수 있는 심리치료 및 여가선용 프로그램 등 적정한 치료기법에 참여할 수 있도록 도움을 준다.

제3장 노년기 감성휴먼케어

제1절 노년기 감성휴먼케어

1. 노인의 개념

1.1 노년기의 개념

경제발전으로 인한 삶의 질 향상과 의료기술의 발달로 노인들의 평균수명과 건강수명이 지속적으로 연장되어 왔고 사회의 변화에 따라 노인들의 활동범위와 역할 등의 지위가 달라져 노년기의 시작 나이가 점점 높아지고 있다.

따라서 노년기의 정의는 다양하다. 65세부터 죽음에 이르는 나이로 인생의 마지막 단계로서 신체적 능력의 쇠퇴와 사회적 관계의 축소, 그리고 사회경제적 지위의 하락과 같은 쇠퇴가 일어나는 시기, 또는 60세 혹은 65세 이후 사망할 때까지의 시기 등 노년기의 연령에 대해 학자별로 일치하지 않고 다양하게 정의되어 있다.

외국에서도 노인들의 공공부조 나이 기준을 65세에서 70세나 75세로 연장하는 추세이다.

우리나라 노인복지법에는 노인을 위한 복지서비스의 대상자 나이를 65세로 정하여 다양한 혜택을 주고 있다. 따라서 여기에서는 중년기 이후 노년기 시작의 시기를 65세로 보고자 한다.

1.2 노화의 개념

노화란 정상적인 성장과 발달의 한 과정으로서 나이가 증가함에 따라 인간 유기체에 일어나는 생리, 신체, 심리, 사회적인 측면의 쇠퇴나 무기력한 현상으로 정의하고 있다.

노화는 노년기 이전인 중년기 이후부터 신체적 변화가 두드러지게 나타난다. 그러나 40세 이후부터 신체적 능력과 건강이 쇠퇴하는 노화를 맞이하는 중년기는 신체적 퇴화 이외에는 안정된 삶을 꾸려 나갈 수 있기 때문에 오히려 인생의 전성기로 간주하고 있다.

반면 노년기의 노화는 노화의 정도가 심해질 뿐 아니라 경제적 위기를 비롯하여 제반생활이 불안정한 상태라고도 할 수 있다.

따라서 노년기에서 노화를 중요하게 다루는 것이다. 이 시기의 노화가 다른 어느 시기에서 보다 심각하고 노인이 노화로 인하여 겪게 되는 제반 문제의 근원이 되기 때문이다.

노화의 원인은 환경적 요인과 유전적 요인이 있다. 환경적 요인은 자연환경, 생활환경, 생활습관 따위와 같은 생명체가 존재하는 환경에 의해 결정된다. 유전적 요인은 타고날 때부터 생명체가 소유하고 있는 유전정보에 의해 결정된다는 것이다. 따라서 노화는 환경적 요인과 유전적 요인에 의해 영향을 받아 개인차가 있다.

노화에는 성공적 노화와 생산적 노화가 있다. 성공적 노화란 노화과정에 성공적으로 적응하는 것을 말한다. 기존의 노인상이 질병과 장애를 가지고 있고 경제적으로 무기력하며 사회적으로도 역할을 상실한 모습이었다면 성공적 노화에서는 사회보장제도 등의 성숙으로 경제적 여유를 가지고 사회활동에 적극적으로 참여하는 건강한 노인의 모습을 강조한 것이다.

성공적인 노화의 구성요소를 신체적, 심리·정서적, 사회적 측면으로 나누어 살펴보면 신체적 측면에서는 건강에 대한 욕구가 성공적 노화의 중요한 요소이며 건강이 노년기 삶의 만족도에 가장 중요한 영향을 미치는 요인이라고 하였다. 심리·정서적 측면에서는 자아효능감, 독립성, 수용, 긍정적 사고, 적응성 사고, 적극적 사고, 진취적 사고, 종교 등의 요인이 포함된다. 사회적 측면에서는 사회적 지지 및 관계망, 경제적 상태라고 하였다.

권중돈(2012)은 성공적 노화의 촉진방안을 다섯 가지로 제시하였다.

첫째, 노인의 건강증진을 위한 생활습관의 관리와 2차적 예방이 이루어져야 한다. 먼저 금연, 균형 있는 영양섭취, 체중감량, 성인병 위험요인의 관리, 꾸준한 운동 등과 같은 바람직한 생활습관을 유지하여 질병에 이환되고 신체적 기능이 위축되는 것을 방지하는 1차적 예방활동이 우선적으로 실시되어야 한다. 그러나 이환될 경우 질병으로 악화되어 일상생활에 제약을 받지 않도록 치료하고 일상생활동작능력을 유지시키기 위한 2차적인 예방적 개입이 이루어져야 한다.

둘째, 심리적으로 만족스럽고 정신적으로 건강한 삶을 영위할 수 있도록 지원해야 한다.

셋째, 경제적 안정을 위한 지원을 높여야 한다. 노후생활에 필요한 적정수준의 경제력을 갖추지 못한 경우 가족에게 의존하게 되고 친구관계나 이웃과의 관계도 위축되게 된다.

넷째, 경제활동이나 사회발전에 기여할 수 있는 활동에 참여할 수 있는 기회를 부여해야 한다. 소득보완 효과와 사회관계망이 유지되고 사회적 지위와 역할을 부여받을 수 있는 효과가 있다.

다섯째, 사회적 관계 유지와 적극적 여가 참여를 지원해야 한다. 노년기의 가장 중요한 관계인 부부관계, 노부모-자녀관계를 원만하게 유지할 수 있도록 가족관계를 형성한다.

생산적 노화는 의존적인 존재가 아닌 사회에 다양한 형태로 기여하고 생산적인 활동에도 참여하는 것으로 인식하는 적극적인 개념이다. 생산적 활동은 노동시장에 참여하는 유급 노동에만 한정하지 않고 자원봉사, 가족을 위한 가사활동, 지역사회 참여나 본인의 건강을 유지하기 위한 보건행동까지 포함하고 있다.

노년기의 경제활동은 안정된 소득의 확보는 물론 사회발전에 기여함으로써 느끼는 자기유용감, 건강유지 효과, 사회적 소외감이나 고독감의 억제와 같은 긍정적인 효과를 가지고 있어 삶의 만족도의 중요한 요소라 할 수 있다.

1.3 노인과 어르신의 개념

노년기의 주인공을 "노인이나 어르신"으로 호칭하고 있다. 할아버지나 할머니를 호칭할 때 노인은 하대의 경향이 강하고, 어른신은 존칭의 의미를 포함한다. 그러나 노인을 어르신이라는 용어로 모두 통일하여 사용하는 것보다는 노인은 노년기에 속해 있는 사람을 대표하는 명칭이고 어르신은 이들의 호칭으로 사용하는 것이다.

즉 65세 이상의 할아버지, 할머니를 노인이라는 용어로 사용할 수 있고 호칭을 할 때에는 높이는 뜻으로 어르신이라고 하는 것이 바람직하다.

2. 노년기의 특성

2.1 신체적 변화

노년기의 신체적 변화는 신체내부의 세포, 장기 등 전신에 노쇠의 증상이 심해져 노화가 일어난다.

뼈의 질량 감소와 골밀도가 낮아져 척추가 골절되기 쉽고 디스크의 감퇴로 키는 2.5cm 줄고 몸무게는 60세 부터 줄어든다. 머리카락은 멜라닌 색소의 감소로 머리카락이 흰색으로 변하며 피부의 건조로 주름살이 생기고 탄력성을 잃게 된다. 사마귀나 기미 같은 노화반점인 검은색의 얼룩 반점이 70대에는 70% 정도가 생긴다.

전신에 걸쳐 노쇠의 증상이 심해져 노인의 노화는 외모, 감각, 정신운동 기술, 지적기능, 항상성, 신경계, 소화계, 성(性) 등의 변화가 나타난다. 위의 개념을 정리하면 다음과 같다.

첫째, 어르신들의 신체적 외모의 변화는 늘어나는 주름살, 줄어드는 민첩성, 구부정한 어깨, 불편한 거동, 가늘어진 머리카락 등에서 볼 수 있으며 특히 피부가 주름지는 현상은 조직의 탄력성과 피부의 지방층 상실에 의해 일어난다.

둘째, 감각의 예민함은 대체로 외모의 변화 이후에 악화된다. 촉각은 나이가 들면서 떨어지는데 이는 피부가 건조해지고 주름이 생기고 단단해지기 때문이다. 이외에도 청각, 시각, 미각, 균형감각 따위의 쇠퇴를 가져와 활동에 지장을 초래한다.

셋째, 정신운동기술에서도 젊은이들에 비해 현저하게 저하된다. 젊은이들이 하는 일을 모두 할 수는 있으나 중앙신경계에 의한 정보처리 속도가 늦기 때문에 모든 행동이 느리고 사고를 유발하기도 한다.

넷째, 지적 기능이 노화와 함께 떨어진다는 주장은 옳지 않다. 지능검사에서 노인의 성취도는 낮아지나 실제적인 지적능력은 떨어지지 않는다.

다섯째, 항상성의 능률은 떨어진다. 몸 전체를 유지하는 강화기제들의 활동이 둔해지고 신체적 적응성이 떨어져 심장. 폐기능, 신진대사가 저하된다.

여섯째, 신경계의 기능도 쇠퇴한다. 노화과정에 들어서면 신경계의 변화가 거의 없다고는 하나 일부 신경조직이 섬유질 세포로 대체되면서 반사작용과 반작용이 늦어진다. 뇌세포의 총수는 줄지만 혈액순환에 장애가 없는 한 뇌의 정상기능은 지속된다.

일곱째, 소화계의 기능은 효소, 위액, 침의 양이 떨어지면서 소화과정에 장애를 가져온다. 이것은 스트레스, 정서혼란, 불안 따위에 민감하기 때문에 일어난다.

여덟째, 성에 관한 인식은 바뀌어야 한다. 성에 관한 관심이나 성행위가 감소하는 것은 사실이나 성욕을 상실했다는 것은 잘못된 인식이다.

이외에도 시각 기능이 약해짐에 따라 녹내장, 백내장이 오고 시력이 떨어져 심하면 보이지 않게 되고, 청각기능의 저하로 의사소통이 어려워 보청기를 착용해야 하는 경우가 많이 늘어난다. 또한 미각과 후각의 저하로 식욕이 감소하여 영양불량이 생기기도 한다.

배설은 장의 기능저하, 치아의 손실, 식욕부진, 운동기능 부족, 수분 섭취량의 부족 등으로 변비가 오고 신장 기능과 골반저 근육기능 등의 약화로 빈번한 배뇨현상과 요실금을 경험한다.

순환상태는 혈관이 굳어짐에 따라 순환 불량으로 손과 발이 차고 호흡은 흉막의 신축성 저하로 폐의 기능이 떨어져 충분한 산소를 받아들이지 못한다.

성적요구는 남성은 생식기능과 성교능력이 저하되지만 여성보다는 기능 저하가 적으며 70대 이상에서도 충분히 성적 관계를 유지할 수 있다는 연구가 많다.

2.2 심리적 변화

에릭슨(Erickson)은 노년기의 발달과업을 자아통합 대 절망으로 보고 심리사회적인 위기를 해결하는 능력이라고 하였다. 자아통합은 자신의 인생을 원하는 것을 이루며 살았다고 받아들이고 만족스럽게 생각하며 죽음을 인정하고 수용하는 태도를 말한다. 절망은 자기의 과거 및 현재의 인생을 후회스럽고 불만스럽게 생각하고 죽음 앞에서 불안, 초조해 하는 것을 말한다.

노년기의 인지발달은 노년기까지 지속적으로 성장한다. 그러나 지능의 경우에는 추리력이나 도형지각력 등은 감소하고 이해력과 언어능력은 향상된다. 그리고 기억은 단기기억은 감퇴하나 장기기억은 유지된다.

창의성은 30대에 정점에 이르고 그 이후부터는 조금씩 감퇴하지만 60~70세에도 20대와 같은 수준의 창의성을 발휘할 수 있으며 80세에도 여전히 중요한 일을 수행하는 예가 많이 있다.

노년기의 심리적 변화와 관련된 발달과제의 주요 이론적 개념으로는 통합 대 절망, 심리적 조절, 생애에 관한 회고, 하위지위와 나이차별, 영성과 종교 등을 들 수 있다. 위의 개념을 정리하면 다음과 같다.

첫째, 통합 대 절망을 들 수 있다. 에릭슨(Erickson)이 주장하는 생애의 마지막 단계에서 일어나는 심리적 위기이다. 통합은 개인이 자신의 삶의 의미에 대해 신중히 투영한 후에 가능하다. 통합은 삶에서 일어나는 사실을 받아들이는 능력과 큰 두려움 없이 죽음을 받아들이는 능력을 의미한다. 통합을 성취한 노년기의 노인들은 자신들의 과거를 현존하는 시각으로 조망한다. 그리고 삶에서 벌어졌던 모든 일을 그대로 수용하며 즐겁지 못한 일을 부정하거나 특정 사건을 과장하지도 않는다.

이와는 달리 절망은 죽음을 조용히 수용할 수 있는 태도가 형성되지 않게 한다. 절망 속의 노인들은 자신의 삶을 미완성이나 미성숙한 것으로 간주하고 죽음을 불운한 삶의 종말로 받아들이거나 죽음을 두려워한다.

둘째, 심리적 조절이 있다. 어르신들이 노년기를 의미 있고 기쁘게 만들기 위해서는 반드시 필요한 세 가지 기본 심리적 조절이 필요하다.

고정된 일 역할로부터 “자기분화”, 신체 중시로부터 “신체에 관한 초월”, 자기에의 몰두에서 “자기로부터 초월 이라는 심리적 조절이 있다. 예컨대 비록 직장에서 퇴직하였지만 자신이 그때보다 더 풍부하고 다양한 능력이 있다고 생각하거나(자기분화), 노화로 신체적 열세를 면할 수 없으나 사교관계나 창조적인 정신적 행동으로 만족하려는 태도(신체에 관한 초월), 피할 수 없는 죽음 앞에서 자신을 불쌍하게 생각하지 않고 죽은 나를 거두어줄 사람들을 위해 삶을 한층 의미 있고 행복할 수 있도록 내가 무엇을 할 수 있을 것인가에 대해 관심을 갖는 것(자기로부터의 초월)이 바람직하다.

셋째, 생애에 관한 회고가 있다. 과거의 삶과 미래를 평가 위주로 회상한다. 지난 삶이 의미가 있다고 생각하는 노인의 여생은 안정적이고 삶이 허무했다고 회상하는 어르신들은 죽음을 수용하지 못하고 절망하기 쉽다.

넷째, 하위 지위와 나이 차별을 들 수 있다. 노인의 지위나 위치를 결정하는 것은 젊은이들이다. 원시사회에서는 노인들이 존경받는 높은 사회적 지위를 차지하였으나 산업화되면서 빈곤의 대상이 되었고 사회적 지위가 떨어졌다. 이와 같은 하위 지위는 늙었다는 이유로 부정적인 이미지와 태도를 갖는데 이것은 나이 차별과 밀접하게 관련이 된다.

다섯째, 영성과 종교의 특성을 들 수 있다. 생애의 모든 단계에서와 같이 노년기 삶의 중요한 구성요소이다.

노년기의 성격변화에 대한 연구를 살펴보면 코간(Kogan, 1990)은 노년기에도 젊었을 때와 같이 이전 방식으로 자극에 반응하며 습관적 방식을 유지하기 위해 자신의 사회적 환경을 조정해 가기 때문에 성격변화가 일어나지 않는다고 주장하고 있다. 그러나 윤진(1996)은 노년기에 성격변화가 일어난다고 주장하고 있다. 성격변화의 특징은 ① 내향성과 수동성 증가 ② 조심성의 증가 ③ 경직성의 증가 ④ 우울성향의 증가 ⑤ 생에 대한 회상의 경향 ⑥ 친근한 사물에 대한 애착 증가 ⑦ 성역할 지각의 변화 ⑧ 의존성의 증가 ⑨ 시간전망의 변화 ⑩ 유산을 남기려는 경향이 강해진다고 하였다.

노년기의 성격적 특성을 근거로 노년기 성격유형을 구분하면 <표Ⅱ-3-1> 과 같다(장인협 외, 2006).

표 Ⅱ-3-1 노년기의 성격유형

성격유형	주요특징
성숙형	매사에 신중하고 은퇴 후의 변화를 수용하고 과거에 집착하지도 않으며, 여생이나 죽음에 대한 과도한 불만이 없다.
방어형	노화에 따른 불안을 방지하기 위하여 사회적 활동 및 기능을 계속 유지한다.
은둔형	은퇴 후 과거에 힘들었던 일이나 복잡한 대인 관계에서 벗어나 조용히 수동적으로 보내는 것에 만족한다.
분노형	젊은 시절 인생목표를 달성하지 못하고 늙어버린 것을 비통해하고 실패원인을 외부에 투사하여 남을 질책하고 자신의 늙음에 타협하지 않으려고 한다.
자학형	지난 인생에 대한 후회가 많고 불행이나 실패의 원인이 자신에게 있다고 여겨 자신이 무가치하고 열등하다고 생각하며 의기소침해 하거나 우울증이 있다.

이 외에도 배우자 및 지인의 사망 등으로 상실감을 경험하고 우울증이 증가한다.

노년기에서 죽음을 받아들이는 개인은 자신의 인생을 수용하고 죽음의 공포가 더 이상 개인의 가치를 위협하지 않는다고 생각하고 자연스럽게 받아들인다. 퀴블러로스(Kubler-Ross, 1969)는 죽어가는 사람의 정서적 욕구에 관한 연구를 하여 불치병으로 죽어가는 사람이 부정-분노-타협-우울-수용이라는 단계를 거쳐서 죽음에 이른다고 하였다.

퀴블러로스의 죽음에 대한 심리적 단계에 대하여 살펴보면 <표Ⅱ-3-2>와 같다

표 Ⅱ-3-2 퀴블러로스의 죽음에 대한 심리적 단계

단 계	죽음에 대한 반응
부정 단계	불치병을 인정하지 않고 의사가 오진한 것으로 생각한다.
분노 단계	"왜 하필 나만 죽어야하는가" 건강한 사람을 원망 하거나 주변 사람에게 화를 낸다.
타협 단계	죽음을 받아들이고 해결하지 못한 인생과업을 해결할 때까지라도 살 수 있도록 기원하고 불가사의한 힘과 타협한다.
우울 단계	주변사람과 일상생활에 대한 애착을 보이고 헤어져야 한다는 것 때문에 우울증이 나타난다.
수용 단계	죽음 자체를 수용하고 마음의 평화를 회복해 임종에 직면한다.

2.3 사회적 변화

은퇴를 하여 사회적 책임에서 벗어남으로써 시간적 여유는 많아질 수 있으나 경제적 능력은 감소하고 체력 또한 쇠퇴하기 시작하는 시기이므로 생활환경을 안전하고 효과적으로 관리하는 것이 필요하다.

노년기 사회적 측면에서의 주요 문제는 사회·경제적 힘에 의한 영향, 노년기의 인구증가, 조기퇴직, 경제적 어려움, 사회 안정체계, 학대, 범죄피해를 들 수 있다. 자세히 살펴보면 다음과 같다.

첫째, 사회·경제적 힘에 의한 영향이 노인의 문제를 심화시키고 있다. 이는 노인보다 젊은이에게 관심을 쏟고 있다는 점에 근거한다. 산업화는 에너지가 넘치고 민첩한 노동자를 요구하는 결과를 초래하였다. 급격한 기술변화는 과거 지식의 중요성을 빼앗아 갔다. 이 과정에서 노인들은 생존경쟁에서 밀려나게 되었고 심각하게 되었다.

둘째, 노년기의 인구증가이다. 65세 이상의 인구증가로 초고령 사회로

진입하게 되었다. 저 출산 고령화로 노인인구가 늘면서 다양한 욕구와 문제가 폭발적으로 발생하였기 때문에 사회문제로 등장하게 되었다.

셋째, 조기퇴직이 노인에게 다양한 문제를 일으키고 있다. 노동시장에서 노동력의 공급은 수요를 앞선다. 노동시장의 안정을 위해 조기퇴직을 할 수 밖에 없었으나 개인적으로 준비되지 못한 상황에서 퇴직한 노인들은 빈곤, 질병, 의존 등의 문제로 어려움을 겪는다.

넷째, 경제적 어려움을 들 수 있다. 식량, 주요 의류와 약품, 응급 시 사용할 수 있는 통신수단 등이 부족한 실정이며 대부분 빈곤선 이하의 소득으로 생활하고 있다.

다섯째, 사회보장제도가 노인들에게 적합하지 못하다. 노후의 생활보장은 연금이나 사보험에 의존할 수밖에 없는 실정이다.

여섯째, 노인 학대가 사회문제로 등장하고 있다. 신체학대, 심리적 학대, 재정적 학대, 부양태만을 들 수 있으며 가해자는 노인의 자녀이다.

일곱째, 범죄피해가 중요한 문제로 대두되고 있다. 민첩성 등이 떨어지면서 범죄피해자로 노출된 상태이다. 피해를 입은 주된 범죄유형은 강도, 폭행, 주거침입, 절도, 무례한 행위, 사기 등이 있으며 범죄에 대한 지속되는 공포 속에 생활하고 있다. 노인들은 경찰이나 사법기관과 관계하는 것을 꺼리기 때문에 범죄피해를 알리지 않고 집 비우는 것을 두려워한다.

1) 배우자 사별로 인한 역할변화

자녀의 독립이나 친구의 사망으로 노년기에 친밀감을 형성하며 의지하고 의논할 수 있는 대상자는 인생의 반려자인 배우자이다. 따라서 배우자와 좋은 관계를 형성하는 것이 노년기의 안정적인 행복감을 높일 수 있다. 성공적인 부부관계를 유지하기 위해서는 서로에 대한 애정과 존중, 공통의 관심사의 증진, 동료의식, 성적 친밀감 그리고 서로의 감정을 솔직히 표현할 기회의 증진 등이 필요하다.

이 시기는 배우자의 사별을 경험하는 시기로 혼자 남은 배우자가 새로운 삶에 적응해 가야 하는 과제를 가지고 있다.

배우자와의 사별은 인생에서 가장 심각한 스트레스로 정서적으로는 우울증, 의기소침, 죄의식, 비통함, 불안감, 분노 그리고 사망한 배우자에 대한 끊임없는 상념 등을 경험하게 한다. 배우자와 사별한 남성 노인은 사별하고 6개월 이내에 사망할 가능성이 높고 여성은 만성질환이 더욱 진전되기 쉽다. 따라서 자손이나 주위의 관심과 사랑이 필요하고 자신 또한 심리적 준비와 여가활동 등으로 사회적 관계에 참여하는 것이 필요하다.

2) 조부모의 역할

노인의 지위가 부양자에서 피부양자로 전환되는 과정에서 성인 자녀는 부모에게 정서적 지지와 경제적 도움을 주고 노부모는 손자를 양육하는 가정이 많다.

표 Ⅱ-3-3 조부모 역할 유형

역할구분	조부모 역할 수행의 특성
공식형	조부모의 1/3에 해당하는 가장 보편적인 유형이며 손자에게 관심을 갖고 때때로 필요할 때 돌봐주기도 하며 선물을 주기도 하지만 부모의 역할을 침해하지 않음.
재미추구형	즐거움을 추구하는 유형으로 손자녀와 재미있는 비공식적 상호 작용을 가짐. 손자녀를 여가활동의 원천으로 보고 조손 상호간에 만족함.
대리부모형	대리부모역할을 하는 조부모로 엄마가 직업을 가진 경우에 손자녀의 육아와 교육을 담당함. 가족지혜
저장형	가족의 지혜원천으로 조부모 특히 조부가 지혜, 기술, 자원을 베풀고 부모 및 손자녀들은 이에 복종하는 다소 권위적인 관계.
원거리형	휴일 또는 생일, 명절 때나 방문하며 보통 손자녀와 접촉이 없는 유형.

성별에 따른 조부모 역할의 차이는 할머니가 할아버지보다 손자녀와 더 친밀하고 더 좋은 관계를 유지하는 경향이 있으며 대리부모 역할을 담당하기가 쉽다. 또한 외조부모가 친조부모보다 손자녀와 더 가까우며 위기에 더 많이 관여하는 경향이 있다는 연구도 있다. 조부모는 자녀에 대한 직접적인 책임이 없기 때문에 엄격성보다는 예쁘고 사랑스런 감정이 앞서 온화하고 관대한 특성을 가지고 있다.

중류가정의 조부모를 대상으로 조사한 조부모의 역할 수행 유형을 살펴보면 <표 Ⅱ-3-3>과 같다(Neuggarten & Weinsteim, 1964).

3) 퇴직자의 역할

최근에는 퇴직의 연령이 조기퇴직, 명예퇴직 등의 영향으로 60세 이전에 직장에서 은퇴하고 조기에 퇴직자로서의 역할에 적응하며 신체적·정신적·경제적 어려움을 경험하는 사례가 늘어나고 있다.

현대의 근로지향적인 사회에서 일하는 것을 중단하는 것은 자아정체감에 변화를 가져올 것이 분명하며 예상하지 못한 은퇴는 개인이 삶에서 경험하는 강력한 스트레스 중의 하나에 해당한다.

특히 계속적으로 일하기 원했으나 강제적으로 은퇴를 당하게 되면사기가 떨어지고 지속적으로 우울증으로 고생하게 되며 잊어버리고 있던 과거의 정서적 갈등이 되살아나기도 한다. 또한 노인성 치매로 보일 수 있는 행동이 나타나기도 하고 은퇴 후 3년 이내에 사망하는 사람도 많이 있다.

아처리(Atchley, 1976)는 은퇴자는 4단계를 거쳐 근로하는 사람에서 은퇴자로 이동한다고 하였으며 4단계를 나누어 제시하였다.

1단계: 은퇴이전의 단계로 은퇴가 가까워지고 있으며 언제 은퇴할 것인가를 결정한다. 은퇴 후를 위해 정보를 수집하고 계획을 세운다. 건강이 나쁘거나 해고당했기 때문에 혹은 경제적 여유가 있는 사람은 여유로운 생활을 즐기기 위해 일찍 은퇴한다.

2단계: 밀월기로 은퇴 직후의 시기이며, 수개월동안 새로운 자유를 즐기면서 여행이나 여가를 즐긴다.

3단계: 각성기로 은퇴 후의 13~18개월 사이에 새로운 기분이나 색다른 느낌은 사라지고 목표나 목적의식이 없음을 느끼며 때로는 불행감을 경험한다.

4단계: 적응기로 은퇴 후 6~7년이 지나면 생활에 점차 적응하고 현실적이며 만족스런 생활양식을 확립한다. 현실적 상황을 반영하여 은퇴상태를 활용할 수 있다.

일반적으로 건강하고 안정적인 수입이 있으며 활동적이고 교육수준이 높을수록, 그리고 사회적으로 지지를 많이 받고 은퇴 전 생활만족도가 높은 사람일수록 은퇴에 잘 적응한다. 갑작스런 퇴직일 경우에는 적응하는데 어려움을 겪는다는 보고가 많으며 소득보장에 대한 대비가 미흡한 경우 다시 경제활동에 참여할 수 밖에 없는 상황에 직면하는 경우가 많다. 그러나 재취업을 하더라도 이전까지 종사하던 직업에 비해 직업적 지식이나 기술, 임금수준이 낮은 제 2의 직업이나 교량작업에 종사해야 하는 경우가 많으므로 퇴직 이후의 생활에 적응하는데 많은 어려움을 경험하게 된다.

따라서 사회에서 요구하는 전문지식 및 기술을 현실에 맞게 습득하여 경제적 안정을 추구하고 주위의 지지와 관심으로 신체적, 정신적 건강을 유지하는 등의 퇴직계획을 준비하는 것이 필요하다.

3. 노년기의 발달과업

감성휴먼케어적인 접근으로는 노인들이 발달과업을 습득하여 변화된 삶에 대처할 수 있도록 정보를 제공하고 편안하고 행복한 노후로 삶의 질이 향상되도록 지지해야 한다. 그리고 노인들 스스로 노년기의 발달과업을 이루기 위한 노력이 필요하다.

하비거스트(Havighurst)와 김종서가 제시한 노인의 발달과업이론에 대하여 살펴보면 다음과 같다.

1) 하비거스트(Havighurst)가 제시한 노인의 발달과업이론

① 약화되는 신체적 힘과 건강에 적응하기
② 퇴직과 경제적 수입 감소에 적응하기
③ 배우자의 죽음에 적응하기
④ 자기 동년배 집단과의 유대관계 강화시키기
⑤ 사회적 역할을 융통성 있게 수행하고 적응하기
⑥ 생활에 적합한 물리적 생활 환경을 조성하기

2) 김종서가 제시한 우리나라 노년기의 발달과업

가. 지적 영역

① 세대차와 사회변화 이해하기
② 은퇴생활에 필요한 지식과 생활 배우기
③ 정치, 경제, 사회, 문화에 대한 최신 동향 알기
④ 건강 증진을 위한 폭넓은 지식 찾기

나. 정서적 영역

① 적극적으로 일하고 생활하려는 태도 유지하기
② 취미를 계속 살리고 여가를 즐겁게 보내기
③ 정년퇴직과 수입 감소에 적응하기
④ 소외감과 허무감을 극복하고 인생의 의미 찾기
⑤ 배우자 사망 후의 생활에 적응하기
⑥ 동료 또는 자신의 죽음에 대해 심리적으로 준비하기

다. 사회적 영역

① 동년배 노인과 친교 유지하기

② 가정과 직장에서 일과 책임을 합당하게 물려주기
③ 가정이나 사회에서 어른 구실하기
④ 자녀 또는 손자와 원만한 관계 유지하기

라. 신체적 영역

① 저하되는 체력과 건강에 적응하기
② 노년기에 알맞은 간단한 운동을 규칙적으로 하기
③ 건강 유지에 필요한 알맞은 섭생하기
④ 지병이나 쇠약에 대한 바른 처방하기

제2절 노년기의 특수 욕구에 따른 감성휴먼케어

1. 노년기 특성에 따른 문제별 감성휴먼케어

노년기는 성인기 이후부터 죽음까지의 시기로 인생의 황혼기라고 불린다. 이러한 노년기에는 일반적으로 빈곤, 질병, 고독, 역할상실 등의 고통을 수반하다가 죽음에 이르기 때문에 노년기 노인들은 심리적으로 매우 위축되어 있다.

따라서 노년기 노인들에 대한 감성휴먼케어는 질병치료를 제외하고는 심리·사회적인 문제를 해결할 수 있는 심리치료나 심리상담 등의 도움을 주는 것이 무엇보다 중요하다.

노년기의 부적응 행동 또는 독거 형태, 가족 동거 형태, 거주시설 형태 등 생활 형태를 관찰하고 이를 토대로 노인들의 욕구가 반영된 다양한 심리사회서비스의 혜택을 받을 수 있도록 도움을 준다.

1) 건강 악화

노년기의 노인들은 신체적 노화현상으로 각종 질환에 시달리고 기능손상과 만성질환으로 심리적 위축과 삶의 질이 급격히 떨어진다.

또한 질병 치료를 위하여 치료기관을 이용하거나 장기간 보호가 필요함에도 노인 스스로 결정하여 치료 받기위해 행동으로 옮기는 것이 쉽지 않다.

의료비 부담 문제, 의료기관을 방문하는 경우 동행해 주어야 하는 보호자 문제, 젊은 세대들의 노인 부양의식 약화에 따른 간호 문제 등 해결 해야 할 것이 많다. 이러한 이유 등으로 노인들은 점점 더 말 수가 적어지고 삶에 대한 의욕이 상실된다.

질병이 있는 노인일수록 건강에 자신이 없어 심리적으로 위축되어 있고 부정적인 정서와 우울증적인 성향을 보이는 경우가 많다.

따라서 감성휴먼케어적인 접근은 말벗서비스나 회상요법 등을 통하여 노인이 마음을 열고 현재 상황에서 가장 힘든 부분이 무엇이며 힘들게 만드는 원인과 힘든 상태에서 벗어날 수 있는 방법들, 도움이 필요한 부분과 스스로 할 수 있는 부분들에 대해서 함께 대화를 나누며 실천목록을 만들어 보는 것이 좋다.

특히 질병이 있는 노인들은 거동의 어려움으로 위생청결이 좋지 않거나 영양실조 등의 문제가 있을 수 있으므로 자원봉사자를 통한 주거환경개선 서비스, 도시락 서비스 등을 같이 제공하는 것도 고려해야 한다. 친절하고 따뜻하게 지속적으로 지지해주면서 적극적인 치료를 받을 수 있도록 격려와 관심을 기울이는 것이 중요하다.

그리고 건강 상담을 통하여 노인들이 스스로 건강관리를 할 수 있도록 도와야 한다. 특히 노인 자신의 신체적 변화와 특성을 이해하고 도움을 받아야 할 경우와 응급상황 시 적절하게 대처할 수 있는 응급관리법 등에 대한 정보를 제공하여야 하며, “나의 신체에 대한 이해” 등과 같은 자가 건강관리 프로그램 등을 제공하는 것도 필요하다.

또한 젊은 세대들이 노인의 신체적 특성에 따라 발생할 수 있는 질환 및 증상을 충분히 이해하고, 케어 지식을 습득할 수 있는 건강증진 교육과 자신의 미래 모습을 볼 수 있는 노화의 이해를 통하여 노인을 도울 수 있는 노인 도우미 프로그램 등을 운영하는 것도 필요하다.

그리고 노인의 건강이 악화되지 않도록 근육이나 관절의 위축을 막을 수 있는 수영, 맨손체조, 요가 등과 같은 각종 운동프로그램, 심리적 활력을 찾을 수 있는 여가, 문화 프로그램 등을 지원함으로써 노화를 예방하고 질환으로 인한 합병증이 더 이상 발생되지 않도록 적극적인 관심이 필요한 때다.

2) 치매

치매는 사람의 지적능력을 상실하게 하는 뇌의 질환으로서 기억장애, 언어장애, 시·공간 지각 능력 저하, 성격 및 감정의 변화, 그 밖에 추상적 사고장애, 계산력 저하 등을 수반한다. 주로 알츠하이머병과 혈관성 치매가 가장 많으나 치매의 원인이 과학적으로 정확히 밝혀진 바는 없다.

치매는 누구나가 죽기 전에 절대로 걸리지 않기를 바라는 질병중의 하나다. 자신이 전혀 의식할 수 없는 대화와 행동으로 한 평생 쌓아올린 이미지와 자존감을 무너뜨리는 후유증은 노인을 절망케 한다.

이러한 치매환자는 자신은 물론 가족에게 큰 고통을 안겨준다. 반드시 보호자가 있어서 간호를 전담해야 하기 때문이다.

그러므로 보호자가 없거나 가족은 있으되 환자를 간호할 수 없는 경우에는 환자를 통제할 수 없는 상황이 갑자기 발생하여 환자의 생명조차 위험한 상태에 놓이게 된다.

따라서 치매는 예방이 중요하다. 치매예방 프로그램을 통하여 적극적으로 노인을 도와야 하며, 또한 치매로 의심되는 경우 전문기관의 정확한 진단을 받도록 적극적인 도움을 주어야 한다. 그리고 치매노인 부양가족을 지원하기 위한 각종 상담과 교육의 실시도 필요하다.

3) 우울증

노년의 우울증은 복잡하다. 노년기 우울증이 나타나는 생활사건을 예로 들면 퇴직 등 사회·경제적 능력의 상실로 인한 빈곤, 배우자나 친구의 죽음, 신체기능의 저하와 죽음에 대한 공포, 그리고 자녀와의 불화 등이 있다. 특히 배우자의 죽음은 고인의 생존 시 잘 대해주지 못했다는 후회와 죄책감으로 고통스러워하며 혼자 남은 외로움과 고독감으로 삶의 희망을 잃게 된다.

이러한 우울증은 계속되는 우울, 불안, 공허감, 절망감, 죄책감, 무기력감, 초조감 등의 증상을 나타낸다.

따라서 감성휴먼케어적인 접근으로 노인들이 스트레스를 받지 않도록 편안하게 즐길 수 있는 활동에 참여하여 즐겁고 행복한 생각을 할 수 있도록 유도하며 사회적으로 고립되지 않도록 도와야 한다.

또한 배우자 상실로 우울증이 발생하여 심리지원이 필요한 경우에는 고독과 소외를 극복할 수 있도록 상담과 취미활동 등 효과적인 여가활동 프로그램을 통하여 지원하는 것이 좋으며 죽음을 긍정적으로 받아들이고 앞으로 나에게 다가올 상황을 대비해서 자신의 삶을 정리할 수 있는 집단프로그램 등을 운영하는 것도 필요하다.

4) 임종

최근 호스피스 활동 영역은 의학, 간호학에서 뿐만 아니라 사회복지현장 등 다양한 분야에서 활발히 이루어지고 있다.

호스피스는 죽음을 앞둔 환자와 그 가족을 사랑으로 돌보는 행위로써 죽음으로부터 정신적·육체적 고통이 완화되도록 도와주고 편안한 죽음을 맞이하도록 마음의 준비를 할 수 있는 기회를 제공한다.

따라서 호스피스는 임종과 죽음에 임박한 환자의 회복이나 재활이 아닌 돌봄 행위에 초점이 두어지며, 임종과 죽음을 맞이하는 노인의 가족에까지 감성휴먼케어가 이루어져야 한다.

또한, 임종과 죽음을 맞이한 노인의 경우 노인들이 원하는 종교의 임종 활동을 수용하는 것이 중요하다. 종교에 귀의함으로써 불확실한 사후 세계에 대한 두려움을 덜고, 죽음을 종교적 사후세계로 편안하게 옮겨가는 과정으로 받아들이기 때문이다.

5) 은퇴준비

성인기를 지나 노년기에 이르면 본인의 의사와 관계없이 사회적으로 은퇴가 이루어진다. 이는 신체적 정신적 퇴화로 인해 사회적 의무로부터 해방되어 쉬어야 한다는 은퇴이론에 기반한다. 따라서 나라마다 은퇴연령을 두고 있다.

그러나 현대 사회는 건강한 삶의 필수 조건인 의약학적·식품영양학적 기술의 발달과 경제의 발전으로 삶의 질이 크게 향상되어 건강한 삶을 오래도록 유지할 수 있게 됨에 따라 건강수명도 크게 상승되어 있는 상태이다.

그럼에도 불구하고 지나치게 낮은 은퇴연령은 여러 가지 문제를 야기하고 있다. 즉 은퇴연령과 건강수명 사이의 갭이 크면 클수록 다양한 사회문제가 발생되는 것이다. 한참 일할 수 있는 정열과 풍부한 사회경험을 지니고 있음에도 비자발적으로 사회적인 은퇴가 이루어 진 경우 사회로부터 버림받았다는 소외감과 자존감의 저하에서 오는 우울함, 그리고 소득중단으로 오는 경제적 어려움은 노인에게 큰 고통이다. 물론 젊은 은퇴자가 받아 들 일 수밖에 없는 노인으로서의 갑작스런 삶과 역할에 적응하기도 쉽지 않은 일이다.

따라서 노년기를 맞이하는 사회의 젊은 은퇴자를 위한 관리도 보다 세심하고 다양하게 이루어져야 한다. 또한 이들이 성공적 노화과정을 경험할 수 있도록 은퇴준비 프로그램을 운영하는 것도 필요하다.

소득감소에 따른 경제적 궁핍을 해결하기 위한 노인인력의 고용과 소득보완 사업에 대한 정보의 지원이 이루어져야 한다. 노인에게 새로운 생활과 사회에 적응할 수 있는 역할을 제시하고 자신감을 부여하여 노년기의 삶이 인생의 끝이 아닌 새로운 시작으로 받아들일 수 있도록 지원해야 한다.

6) 노인의 인권

노인의 인권을 보장하기 위해서 우리나라 노인복지법 제2조에는 노인은 존경받으며 건전하고 안정된 생활을 할 권리와 능력에 따라 경제활동 및 사회활동에 참여 권리를 지니고 심신의 건강유지와 사회발전에 기여할 의무를 가진다고 규정하고 있다. 그리고 우리나라 국가인권위원회에서는 노인의 주거권, 건강권, 사회복지권의 보장을 통해 노인의 인권을 증진시키고자 하였다.

그럼에도 불구하고 노인인구의 증가에 따라 노인관련 사회문제가 많이 발생하고 있다. 특히 자녀로 부터의 노인 학대, 경제적 빈곤과 질병, 고독으로 인한 노인자살 등 젊은 세대로부터 보호받고 존중받지 못하고 인간적 권리를 침해당하는 사례가 늘어나고 있는 것이 현실이다.

1991년 유엔총회에서는 노인을 위한 유엔 원칙을 다음과 같이 제시하였다.

첫째, 독립이다. 독립적 생활이 가능하도록 노인에게 적합한 생활조건을 확보하고 가능한 가정에서 오랫동안 살 수 있도록 한다.

둘째, 참여이다. 정치적·사회적으로 참여조건이 확보되어야 한다.

셋째, 돌봄이다. 보호받고 재활할 수 있는 조건을 확보한다.

넷째, 자아실현이다. 잠재력을 발휘할 수 있는 기회의 제공이다.

다섯째, 존엄성이다. 차별 없는 존엄과 안전, 신체적·정신적 학대금지이다.

이와 같이 유엔에서도 노인의 삶의 질 향상을 위한 원칙을 제시하고 노인을 자율적이고 생산성을 보유한 사회의 동반자로 인식하고 있다. 또한 독립된 주체로 보호하며 존중하고자 노력하고 있음을 알 수 있다.

1969년 백악관 노인 회의에서 결의된 미국의 노인헌장에는 다음과 같은 구체적인 노인의 권리를 제시하고 있다.

① 인간으로서의 역할을 수행할 수 있는 권리

② 각자의 능력에 따라 취업할 수 있는 권리

③ 노후생활이 궁핍을 면할 수 있는 권리
④ 여가, 교육, 의료에 대한 지역사회의 자원을 공평하게 향유할 수 있는 권리
⑤ 노후의 필요를 충족시킬 수 있는 주거에 거주할 수 있는 권리
⑥ 가족의 이익에 반하지 않는 한 정신적・경제적 원조를 받을 수 있는 권리
⑦ 본인이 원하는 경우에는 독립하여 생활할 수 있는 권리
⑧ 생존이나 사망 시에도 인간으로서의 존엄성을 잃지 않을 권리
⑨ 노후를 풍부하게 보내는데 필요한 모든 지식에 접근할 수 있는 권리이다.

따라서 노인을 위한 감성휴먼케어자는 위와 같은 노인의 인권을 존중하고 보호해야하는 주요 전문인으로서 그 역할을 담당해야 한다.

7) 고령자 운전

최근 우리나라는 노인 운전 인구가 급격히 증가하고 있다. 이는 평균수명의 증가로 고령자들이 급격히 늘어나고 있으나 이들 고령자들이 운전을 직접 한다는 뜻이다.

이러한 고령운전자의 실태를 통계에서 살펴보면 2000년 이후 전체 연령에 대한 운전면허 보유자는 18,697천 명에서 2008년에는 25,268천 명으로 증가한 반면, 전체 면허소지자 중 65세 이상 운전면허 소지자는 297천 명에서 1,070천 명으로 증가하여 65세 이상 고령운전자 수와 비중이 빠르게 증가하고 있음을 알 수 있다.

그러나 이러한 고령자 운전은 교통사고 빈도도 매우 심각하다. 통계에 따르면 교통사고 사망자 3명중 1명은 65세 이상 노인으로 나타났으며, 또한 교통사고 추이를 보면 2007년에 비해 2010년 고령운전자의 사고건수의 증가율은 연평균 6.2%에 이르고 있는 것으로 나타났다.

이렇게 고령 운전자의 사고건수가 많은 것은 신체적 기능저하에서 그 원

인을 찾을 수 있다. 주요한 원인을 보면 첫째, 시각과 청각의 노화이다. 시각은 일반적으로 40세 이후에 급격히 감소하기 시작한다.

즉 노안이 오기 시작하는 것이다. 노안이 오면 정지시력, 동체시력, 야간시력, 섬광회복력 등 운전에 필요한 중요한 시각적 기능을 제대로 발휘하지 못한다. 청력은 55세 이후에 급격히 감퇴하는데 경적소리를 잘 듣지 못하여 위험에 쉽게 대처하지 못한다.

둘째, 반응속도 저하이다. 이는 생물학적으로 노화와 함께 신경세포가 감소되어 대뇌의 기능이 현저하게 감퇴하게 되는 것으로 운전행동 중 판단처리 기능에 문제를 야기한다.

셋째, 운동기능의 감소와 인지정보처리의 어려움이다. 고령자가 표지를 빠르게 읽고 해석하는 데 어려움을 겪는 이유다.

넷째, 심리적 위축이다. 고령자는 법규나 신호, 도로 표지판 등의 변화하는 교통 환경에 적응하기보다는 기존 경험대로 행동하려 한다.

따라서 감성휴먼케어적인 접근을 할 때에는 고령운전자의 교통안전을 위하여 운전에 필요한 안전운전지침, 변화된 법규 등을 새롭게 익히는 기회를 제공하는 것이 중요하다. 또한 고령운전자의 능력에 맞는 운전방법에 대한 개발과 안내를 위한 노력이 필요하다.

제4장 환자 감성휴먼케어

제1절 건강과 질병

1. 건강과 질병의 의미

의료기술의 발달과 의식주 환경의 변화 그리고 건강관리에 대한 관심 증가로 인간의 평균수명과 건강연령이 매년 높아지고 있으나, 한편으로는 인구의 고령화로 인한 만성질환의 증가가 예상된다.

인간은 누구나 건강한 삶을 위하여 나름대로 노력하고 있다. 오래사는 것도 중요하지만 어떻게 사느냐가 더욱 중요하기 때문이다.

그런 점에서 최근에는 질병없는 상태로 건강하게 오래 살기 위해 많은 사람들이 질병을 예방하고 건강을 유지, 증진시키기 위한 방법에 관심을 기울이고 있다. 환경적 스트레스 제거, 사회적 불평등 해소, 식사습관의 변화, 규칙적인 운동 등을 통하여 삶의 질 향상과 건강연령을 높이기 위해 노력 하고 있다.

1940년대 세계보건기구에서는 건강의 의미를 "신체적, 정신적, 사회적으로 안녕을 완전히 이룬 상태" 라고 정의하였다.

인간의 건강은 외부환경의 자극에 적응하여 건강함을 유지하려는 항상성을 가지고 있다. 따라서 질병이 발생했다는 것은 질병에 직접적인 원인이 되는 세균이나 바이러스에 감염되었거나 유전 또는 영양소 등에 문제가 있거나 또는 외부 환경의 변화나 스트레스 그리고 발병 가능성이 높은 감수성이나 병인에 방어하는 저항력이 약해질 경우에 발생한다.

그러므로 환자를 이해할 때에는 질병의 원인을 신체적, 정신적, 사회적 요인들이 복합적으로 어떻게 이루어져 질병이 발생 하였는지에 대한 이해가 우선되어야 한다.

1.1 생물학적 의미의 건강과 질병

생물학적 의미의 건강은 생리학적 신체구조에 어떤 증상이나 증후가 나타나지 않아 아무 탈이 없는 튼튼한 상태를 의미한다.

질병은 신체의 조직 또는 기관에 정상적인 생리기능이 떨어져 신체적으로 증상이나 증후가 나타나 치료를 받아야하는 건강하지 않은 상태를 말한다.

1.2 정신적 의미의 건강과 질병

정신적 의미의 건강은 여러 상황을 고려하여 개인 스스로 건강상태를 주관적으로 평가하는 것으로 외부환경에 대한 개인의 심리학적 반응으로 스트레스와 관련지어 볼 수 있으며 스트레스에 빠졌을 경우 정신적으로 건강하지 않다고 한다.

1.3 사회학적 의미의 건강과 질병

사회학적 의미의 건강은 사회인으로서 사회에 적응하며 주어진 업무와 역할을 수행할 수 있는 능력이며 사회학적인 질병은 사회에 부적응 또는 어떤 이유로 주어진 역할과 책임을 수행하지 못하는 것을 의미한다.

2. 건강증진과 질병예방

감성휴먼케어접근은 지역사회 또는 병원현장에서 개인이나 집단에게 쉽게 다가가 대상자 입장에서 건강문제를 생각하고 해결하는데 도움을 준다. 특히 건강문제 해결이나 질병에 대한 지식이 결여 되어 있는 대상자들이 감성적으로 편안하게 받아들일 수 있게 됨으로써 자신의 어려움을 쉽게 표출하고 상담할 수 있다.

대상자들은 스스로 문제를 어떻게 해결해 가야 하는지 알 수 없는 상태에서 마음을 이해해 주는 케어자를 만나게 되었을 경우 긍정적으로 신뢰하게 됨으로써 건강을 유지하고 증진하는데 많은 도움을 받는다.

유사이래 인간을 질병으로부터 구하고, 건강하고 오래 살게 하기 위한 노력은 끊임없이 계속되어 왔다. 다만, 과거에는 질병을 치료하고 회복시키는데 역점을 두었다면, 최근에는 질병예방과 건강을 증진하고자 하는 데에 많은 관심과 노력을 기울이고 있다.

리벨(Leavell, 1965)과 클락(Clark, 1965)은 질병의 3단계 중재모델을 제시하였다. 질병의 3단계 중재모델은 감성휴먼케어 접근을 할 때 질병을 단계별로 어떻게 관리해야 하는지에 도움이 되므로 숙지할 필요가 있다.

일차 예방으로는 건강증진과 질병에 대한 구체적인 예방과 유기체의 대처능력을 강화시키는 노력을 말한다. 즉 세포에 병리적 변화가 일어나기 전에 대처하는 것으로 보건교육, 예방접종, 영양개선, 가족계획, 건전한 자녀양육, 치과질환 예방, 부모역할, 생의 위기와 같은 사건에 효과적으로 대처해 나가도록 한다.

이차 예방은 병리적 과정이 확인 될 때부터 조기진단과 조기치료로 질병의 진행을 차단하는 것이다. 가능한 한 빠른 시일 내에 정상기능을 회복하도록 대상자를 돕는 것이다. 예를 들면 정기적인 건강검진을 받거나 검진결과 발생한 이상 상태를 조기에 치료하여 중병으로 진행되는 것을 막는 것이다.

삼차 예방은 질병이나 불구상태에서 최상의 건강상태로 회복되도록 돕는 것이다. 대상자의 재활치료를 돕고 불구 및 불능을 최소화하는 것이다. 예를 들면 뇌졸중 후에 마비나 손상된 신체부위의 기능을 회복하기 위한 물리치료, 작업치료, 운동이 포함되며 직업적, 사회적 재활도 포함된다.

3. 환자의 경험

환자는 외부환경 또는 유전적 원인으로 질병을 갖게 되며 질병으로 인하여 자신의 사회적 역할과 기능에 제한을 받는 등 그가 속한 체계에 영향을 미친다.

3.1 환자의 존중감 저하

1) 치료과정에서 환자의 비인간화

병원구조의 관료주의적 특성 또는 의료진의 편의주의로 인하여 환자로서 존중받지 못하고 있다. 병원은 전문가가 치료를 해주는 입장이고 환자는 치료를 받는 입장이기 때문에 의료진의 편의에 따라 무조건 응해야 한다. 환자로서 병원에 입원하게 되면 가족과 환자자신의 능력, 인간관계, 정체성과 존엄성 등에 위협을 받는 경우도 있다.

2) 치료과정에서 질병에 관한 정보결여

환자와 가족이 질병과 치료과정에 대한 정보를 충분히 설명 받지 못하고 있다. 의료법상에도 질병의 증상, 치료방법의 내용 및 필요성, 예후 및 발생이 예상되는 위험 또는 부작용, 후유증의 발생빈도 등에 대한 설명을 해야 하는 것으로 규정되어 있으나 짧은 회진시간에 충분한 설명을 받지 못한 환자는 정보에 대한 부족으로 불안과 무기력함을 경험한다.

치료는 의사와 환자 그리고 가족이 삼위일체가 되어 협조할 때 더 좋은 결과를 기대할 수 있다. 따라서 환자의 알권리를 존중하고 정보를 충분히 공유하여 환자와 가족의 더 나은 협조가 이루어 질 수 있도록 하는 것이 필요하다.

3.2 환자의 권리와 의무

감성휴먼케어적인 접근을 할 때에는 의료법 제4조제3항 및 의료법시행규칙 제1조의2제1항의 규정에서 제시하고 있는 환자의 권리와 의무에 대한 내용을 숙지하고, 환자의 욕구에 맞는 적합한 케어로 환자의 권리와 의무를 최대한 존중한다.

1) 환자의 권리

첫째, 진료 받을 권리로 환자는 자신의 건강보호와 증진을 위하여 적절한 보건의료서비스를 받을 권리를 갖고, 성별·나이·종교신분 및 경제적 사정 등을 이유로 건강에 관한 권리를 침해받지 아니하며 의료인은 정당한 사유 없이 진료를 거부하지 못한다.

둘째, 알권리 및 자기결정권으로 환자는 담당 의사·간호사 등으로부터 질병 상태, 치료 방법, 의학적 연구 대상 여부, 장기이식 여부, 부작용 등 예상 결과 및 진료비용에 관하여 충분한 설명을 듣고 자세히 물어볼 수 있으며, 이에 관한 동의 여부를 결정할 권리를 가진다.

셋째, 비밀을 보호받을 권리로 환자는 진료와 관련된 신체상·건강상의 비밀과 사생활의 비밀을 침해받지 아니하며, 의료인과 의료기관은 환자의 동의를 받거나 범죄 수사 등 법률에서 정한 경우 외에는 비밀을 누설·발표하지 못한다.

넷째. 상담·조정을 신청할 권리로 환자는 의료서비스 관련 분쟁이 발생한 경우, 한국의료분쟁조정중재원 등에 상담 및 조정 신청을 할 수 있다.

2) 환자의 의무

첫째, 의료인에 대한 신뢰·존중의 의무로 환자는 자신의 건강 관련 정보를 의료인에게 정확히 알리고, 의료인의 치료계획을 신뢰하고 존중하여야 한다.

둘째, 부정한 방법으로 진료를 받지 않을 의무로 환자는 진료 전에 본인의 신분을 밝혀야 하고, 다른 사람의 명의로 진료를 받는 등 거짓이나 부정한 방법으로 진료를 받지 아니한다.

3.3 환자의 질병경험

감성휴먼케어는 환자의 입장에서 환자를 이해하고 가족처럼 돌보는 것이다. 건강했을 때는 사소하게 느껴졌던 감정들이 환자가 되면 신체적·심리적으로 약해져 조금만 불친절해도 화가 나고 약한 충격에도 통증을 심하게 느끼며, 모든 것이 귀찮아지고 힘들게 느껴진다는 것을 이해한다.

1) 환자별 질병 수용도에 미치는 영향 분석

메카닉(Mechanic, 1977)은 환자가 느끼는 질병의 정도를 개인별 질병 경험에 따라 각각 다르게 받아들인다는 것을 파악하고 질병 수용도에 미치는 요소를 분석하였다.

첫째, 증상이 보이고 지각하고 인지되는 정도
둘째, 인지된 증상의 심각성 정도
셋째, 증상이 가족, 일, 다른 사회 활동을 방해하는 정도
넷째, 증상이 보이는 빈도, 지속성 정도, 재발의 빈도
다섯째, 이용 가능한 관련 정보, 지식, 문화적 이해
여섯째, 질병을 인식한 후 증상에 부여된 해석에 대항하고자 하는 욕구
일곱째, 치료자원, 행동에 대한 물리적 접근, 심리적이고 재정적인 비용 등에 대한 이용 가능성 등으로 열거하고 있다.

위와 같은 요소들의 영향으로 환자들은 질병에 대한 경험을 각각 다르게 지각한다고 보았다. 이에 따르면 “막연히 힘들 것이다”라는 접근보다는 질

병을 받아들이는 환자의 전반적인 상황을 구체적으로 이해하는 것이 필요하다는 것이다.

따라서 환자가 질병에 대해 어떻게 반응하는지 그리고 질병에 대한 적응의 정도는 어떠한지 등에 대한 환자의 상황을 이해하기 위해서는 위의 요소들을 이해하는 것이 중요하다.

2) 환자가 질병을 경험하는 단계

서치맨(Suchman, 1965)은 건강에 문제가 생긴 첫 증상을 자각하는 단계 부터 의존적인 환자역할을 거쳐 회복과 재활에 이르기 까지 질병을 경험하는 단계를 다섯 가지로 나누어 제시하였다.

첫 번째 단계는 자신의 상태가 좋지 않고 체력이 약해져 주어진 책임을 수행할 능력이 없으며 외모에도 살이 빠지는 등의 변화를 경험하게 된다. 그러나 이와 같은 증상이나 불안에 대한 감정을 사람들은 임의적으로 축소 해석하는 경향이 있다. 흉통을 소화불량으로 두통은 스트레스의 표시로 에너지의 부족은 신체적 또는 심리적 문제로 치부하고 안도하려고 한다. 사람들은 증상의 의미에 대해 불안해 할 수 있으나 그 심각성을 부인하면서 치료를 지연시키거나 민간요법 또는 자가 치료에 의존하기도 한다.

두 번째 단계는 환자역할에 대해 가장을 하는 단계로 증상의 의미와 그들이 해야 하는 역할에 대해 가족이나 동료로부터 정보를 얻게 된다. 이 단계에서는 질병을 부인할 것인지 일반적인 치료 또는 자가 치료를 계속 할 것인지 의학적 충고를 따를 것인지에 대한 결정을 다시 한 번 하게 된다.

세 번째 단계는 의료진과의 접촉단계로 개인은 의사의 진단 아래 환자역할에 대한 권한을 부여받기도 하고 거부되기도 한다. 환자역할에 대한 권한을 부여받았다면 그 개인과 의사는 다음에 수행할 치료에 대한 협의를 하게 된다. 의사가 환자역할에 대한 권한을 부여하지 않거나 또는 그 개인이 제안 받은 치료를 만족해하지 않으면 그는 다른 의사의 충고를 따르거나 일반적인 치료요법 또는 자가 치료로 다시 돌아가게 될 것이다.

네 번째 단계는 의존적인 환자로 들어가는 단계다. 자신의 상태를 의사나 다른 전문가에게 맡기게 된다. 그러나 어떤 때라도 치료를 종결할 수 있고 또는 자신의 역할 때문에 생기는 부가적 이득을 즐기면서 회복을 위한 노력을 하지 않을 수도 있다. 반면 어떤 경우는 의존적인 환자 역할에 대해 저항하고 그의 상태에 대한 조정능력을 얻기 위해 시도할 수도 있다.

마지막 단계는 회복단계로 환자의 역할을 그만두고 일상적인 책임을 재개하게 된다. 그러나 어떤 경우 환자는 질병이나 장애의 특성 때문에 회복하지 못하고 만성적으로 무기력한 사람 또는 재활을 하는 사람의 역할을 해야 되는 경우도 있다.

환자와 상담을 하면서 환자가 질병을 어떻게 치료하기를 원하는지 이해하는 과정에서 현재 환자의 질병 경험 단계를 파악할 수 있다. 환자가 질병을 경험하는 과정에서 환자들은 질병에 대해 부정하거나 치료를 거부하는 것이 모든 단계에서 나타난다는 것을 이해하고 환자를 "답답해하고 환자의 의견을 무시하는 것이 아니라" 환자의 현재 심리 상태를 수용하고 이해하는 것이 필요하다. 그리고 환자가 치료절차를 수행하거나 결정을 할 때 올바른 판단을 할 수 있도록 충분한 설명과 시간을 주고 격려와 지지를 해주는 것이 필요하다.

3.4 환자의 심리적 반응

질병으로 환자가 경험하는 심리적 반응은 불안, 우울감, 죄의식 등 다양하게 나타나며 성격, 가치관 등에 따라서 정신적으로 스트레스를 받는 정도와 질병에 적응하는 반응이 다른 행동유형으로 표출된다. 따라서 환자의 일반적인 심리반응에 대해 이해하는 것이 중요하다.

1) 건강염려증

질환으로 오랜 기간 고통 받은 경우 건강에 대한 자신감이 결여되어 신체질환의 부위와 전신의 건강상태에 지나치게 염려한다. 따라서 질병과 직접적인 관계가 없는 증상이나 생리적 변화까지도 병적인 것으로 느끼게 상태가 되기 쉽다. 이러한 경향은 신경증적인 사람, 어려서부터 허약했던 사람, 어릴 때 과보호를 받아 신체에 대해 관심을 갖게 된 사람에게 생기기 쉽다.

2) 부정

감당하지 못할 자극으로부터 자신을 보호하려는 심리적 기제로서 환자들이 질병이 있다는 객관적인 증거를 현실적으로 수용하지 않는 것을 말한다. 부정은 신체질환에 따라 나타날 수 있는 최초의 심리반응기제로 병적인 것으로 볼 필요는 없으며 다만 그가 왜 부정을 하는지에 대한 심리적 상태를 파악해야 한다.

3) 퇴행

심신이 건강한 상태에 있는 사람들은 자아 방어기제를 적절히 사용하여 외부의 시련과 좌절, 내부의 갈등과 본능적 욕구를 적절히 대처하고 해결해 나감으로써 성숙한 단계로 적응해 나가려는 심리작용이 이루어진다. 그러나 질병으로 인하여 자아 방어기제가 약화됨에 따라 그동안 잘 다스려왔던 여러 본능적 욕구와 감정적 욕구들에 대한 통제가 어려워짐에 따라 사고나 정서 등의 행동이 미성숙한 단계로 뒷걸음질하는 심리현상을 나타내기도 한다.

4) 정보 수집을 통한 제어

자신의 질병과 관련된 정보를 가능한 많이 수집함으로써 내부의 불안을 제어하고자 하는 심리반응의 형태다. 따라서 환자의 질병에 대한 질문에는 최대한 많은 부분을 알려주는 방법을 취한다.

5) 불안

사람들에게 질병은 하나의 위험상황으로 받아들여지기 때문에 환자들은 이에 대한 불안 심리가 생기게 된다. 환자가 느끼는 불안은 다음과 같다.

① 자율적으로 움직이던 신체의 기본적인 조화가 깨지는 데서 오는 두려움이다.

② 낯선 병원 공간과 낯선 치료진, 낯선 환자들 속에서 본인의 운명이 낯선 사람들에게 달려있다고 생각하는 데서 오는 외부환경에 대한 두려움

③ 사랑하는 사람과 떨어지는 것에 대한 두려움으로 특히 입원환자들에게 나타나는 특징인데 죽음에 대한 걱정이 증가될수록 분리불안 더욱 커진다.

④ 가족 간의 사랑과 인정의 상실에 대한 두려움으로 이는 병과 수술로 인한 신체적 매력과 기능의 상실로 사랑하는 사람들로부터 버림받을 것에 대한 염려에서 생기는 두려움이다.

⑤ 신체적 손상에 대한 두려움으로 이런 두려움이 심해지면 퇴행현상이 일어나고 극히 드물지만 정신병을 초래할 수 도 있다.

⑥ 현재의 병이 과거의 잘못에 대한 벌로 생각하여 죄책감, 수치심과 함께 두려워하는 것이다.

6) 우울

환자들은 병으로 인한 팔, 다리 같은 신체일부의 상실, 신체기관의 기능 손상, 외모나 자존심의 상실 등으로 인해 우울증을 나타낸다. 그런데 우울증은 실제로 상실하지 않더라도 상실이 일어나지 않을까 하는 위협과 우려 때문에 발생하기도 한다.

7) 성기능 변화

사람들은 성에 관한 이야기를 터부시하는 경향이 있다. 그러나 질병으로 인한 성생활의 변화가 발생하는 경우가 흔하기 때문에 의료진이 되도록 환자에게 먼저 질문하여 심리적으로 안정을 느끼게 해주는 것이 좋다. 환자에 따라서는 재발에 대한 염려로 성교를 하지 않거나 덜하거나 아니면 오히려 더 빈번하게 하여 자신의 건강을 확인하기도 한다. 이는 중병에 걸린 환자가 배우자의 사랑을 확인하고 의존심을 충족시키기 위한 방법이기도 하다. 따라서 질병과 성기능 변화에 대한 올바른 설명을 통해 두려움을 감소시켜 주는 것이 필요하다.

8) 질병관과 질병경험

평소 가지고 있던 병에 대한 인식과 병에 걸린 사람들과의 경험은 사람들이 환자가 된 후의 심리반응에 영향을 미친다. 과거 병들었던 가족원에 대한 가족들의 반응, 병든 가족원의 태도, 병의 경과 등에 대한 경험이 환자의 반응에 영향을 미치는 것을 말한다.

병들었던 환자를 잘 보살펴주고 대범하게 처신했던 사람은 자신의 질병에 대해서도 쉽게 적응하나 그렇지 못한 사람들은 불안해하는 경향이 강하다. 따라서 환자의 인생관, 질병관에 대한 사전 파악은 환자의 심리에 대처하는데 도움이 된다.

위기 개입하여 도움을 줄 수 있어야 한다.

① 말기 암이나 선천성 결핍장애 혹은 외상적 손상 시와 같이 회복이 불확실할 때 진단에 따른 공포와 염려에 대해 대처를 용이하게 할 수 있도록 도움을 준다.
② 환자와 가족이 병원의 환경과 의료절차에 대하여 만족하고 직원과의 관계형성이 용이하도록 원조한다.
③ 정서적 균형을 얻을 수 있고 긍정적인 자아상을 유지하도록 하고 불확실한 미래에 대해 준비한 것을 가능하게 한다.
④ 역경에 직면했을 때 희망을 불어넣고 적절한 정보를 제공하며 재확신과 정서적 지지를 제공하고 달성 가능한 목표를 설정하도록 원조하고 대안을 모색함으로써 위기 상황에 대한 대처를 촉진시킨다.
⑤ 사람들이 다른 때보다 위기 시에 원조를 잘 수용하기 때문에 조기 개입은 미래의 역기능을 예방하도록 원조할 수 있다.

제2절 환자의 스트레스와 대처기술

1. 환자의 스트레스

환자에게 스트레스와 질병관리의 문제는 스트레스의 양이 중요한 것이 아니라 환자 스스로 스트레스를 어떻게 지각하고 어떻게 대처하는지가 더 중요하다. 따라서 환자의 스트레스 원과 스트레스 대처방법에 대한 이해가 필요하다.

1.1 스트레스(Stress)의 개념

스트레스는 라틴어의 'strictus'로서 '팽팽하게 쥔다'는 뜻으로 외부의 환경 자극에 대한 개인의 반응을 내포하며 사람의 웰빙 상태를 위협하는 상황에서 겪게 되는 생리적 각성, 주관적 불편감, 외적 행동을 포괄하는 일련의 변화를 나타내는 용어로 정의된다. 또한 내적 혹은 환경적 요구가 개인이 지니고 있는 능력이나 자원을 초과하여 대처할 수 없는 것으로 평가될 때 발생한다.

따라서 질병은 외부환경의 자극으로 발생하는 스트레스와 이러한 환경에 노출되어 있는 개인이 신체적 심리적으로 편안한 상태로 대처하고 조절하는데 실패하여 발생하고 환경과 개인과의 불균형으로 적응장애를 경험하기도 한다.

스트레스로 인한 적응장애의 증상은 청소년이 성인보다 오래 가고 예후도 좋지 않다. 적응장애 진단 5년 후를 추적한 연구결과에 의하면 성인은 21%만이 주요 우울장애나 알코올 중독으로 조사되었으나 청소년은 43%가 정신분열병이나 기분장애, 약물남용으로 발전되었다.

2. 스트레스 대처(Stress Coping)의 개념

스트레스 대처는 개인이 경험한 스트레스에 대한 반응으로 부정적인 감정을 해결하기 위한 사고와 행동방식을 의미하는 것이다. 따라서 스트레스 상황에 잘못 대처하면 부적응을 가져오고 대처에 성공하면 건강한 상태를 유지할 수 있다. 그러나 대처하는 방식은 개인의 성격과 특성에 따라 다양하게 나타나므로 개인의 특성에 맞는 대처법을 개발하는 것이 필요하다.

2.1 스트레스 대처기술

스트레스 해소를 위해 개인, 집단, 가족과 함께 할 수 있는 상담을 추진할 수 있다. 스트레스를 해소하기 위해서는 스트레스의 부담인자를 찾아 최소화하고, 줄이는 것이 어려우면 스트레스에 적절하게 대처할 수 있는 개인의 특성에 맞는 스트레스 해소법을 습득하여 감정을 환기하도록 한다. 그리고 스트레스 인자에 대한 자아조절로 스스로를 관리하여 적응력을 갖도록 지지한다. 대처기술법에는 다음과 같은 것들이 있다.

① 미술, 음악 등 예술로 감정 표현
② 심호흡법, 점진적 근육이완
③ 심상훈련, 자기주장 훈련
④ 자기암시와 자율이완 훈련
⑤ 역할극, 심리극 등

3. 스트레스 반응 및 환자의 스트레스 원(stressor)

스트레스로 인하여 발생하는 신체적, 심리적 반응과 환자의 질병에 영향을 미치는 스트레스 원(stressor)에 대하여 살펴보면 다음과 같다.

3.1 스트레스로 인한 신체적·심리적 반응

1) 스트레스의 심리적 증후

스트레스의 심리적 증후를 살펴보면 <표 3-2-1>과 같다

<u>스트레스 심리적 증후</u>

- *분노, 죄책감, 불안, 절망감, 무관심, 적개심, 권태감, 공포, 분노*
- *성급함, 우울, 피로, 과민성, 좌절감, 주의집중 저하, 초조*
- *죽음에 대한 두려움, 타인으로부터 거부당한 느낌, 정서불안*
- *침착성 감소, 자존감 저하*

2) 스트레스의 행동적 증후

스트레스의 행동적 증후를 살펴보면 <표 3-2-2>와 같다.

<u>스트레스 행동적 증후</u>

- *입술 깨물기, 다리를 떠는 행동, 과잉반응, 충동적인 행동, 말더듬기*
- *머리카락·귀·코 만지기, 부자연스럽고 변덕스러운 행동, 얼굴경련*
- *안절부절, 흥분하고 폭발적 행동, 급작스런 여행, 무단결근, 생활태도의 급변*
- *와해된 행동, 수행능력의 저하, 신경과민, 식습관의 변화*

3) 스트레스의 신체적 증후

① 심장박동이 빨라지면서 혈압이 올라가고 혈액을 팔과 다리로 집중시켜서 신속한 동작을 준비시키므로 위장관으로 가는 혈액은 줄어들게 된다.

② 근육으로 더 많은 산소를 보내기 위해 호흡이 빨라진다.

③ 혈액과 산소가 근육에 집중하므로 근육은 긴장상태가 된다.
④ 신체활동 증가로 상승된 체온을 식혀주기 위해 땀 분비가 증가되고 머리카락이 서기도 한다.
⑤ 상황을 잘 보아야 하므로 눈동자가 커지고 눈꺼풀이 확대되어 시야를 넓혀준다.

3.2 스트레스 관련 질병

① 본태성 고혈압, 협심증, 심근경색증 등
② 소화불량, 위염, 위궤양, 궤양성 대장염, 장애, 변비, 설사 등
③ 신경성기침, 기관지 천식, 과호흡증후군 등
④ 긴장성 두통, 편두통
⑤ 당뇨병, 비만증, 갑상선 질환 등
⑥ 빈뇨, 발기부전, 월경불순, 불임증 등
⑦ 류마티스성 관절염, 근육통, 만성요통, 감염성 질환 등
⑧ 여드름, 원형탈모증, 신경성피부염, 다한증
⑨ 불면증, 우울증, 불안증, 알코올 중독, 약물남용, 자살 등
⑩ 피로, 무기력, 각종 암, 돌연사 등

3.3 환자의 스트레스원(stressor)

① 가족, 여인, 친구, 애완동물 등 친밀한 관계로부터의 분리
② 중환자실, 응급실 등 불쾌감과 불안을 주는 병원환경
③ 의존/독립, 능동적/수동적, 그리고 정체감과 자존감, 능력, 자율성을 위협하는 상황
④ 가족, 직장, 그리고 사회적 관계망에서의 역할과 지위상실
⑤ 앞으로의 계획과 가치를 둔 활동에 대한 위협
⑥ 재정, 주택, 아동양육, 그리고 다른 실질적인 필요를 위한 자원의 고갈

⑦ 고통스럽고 괴로운 증상, 까다로운 진단 및 치료과정
⑧ 신체 일부분을 상실하거나 기능을 상실함으로 혹은 외모의 변화가 초래한 자아상과 다른 사람과의 관계에 대한 위협
⑨ 불안, 우울, 죄책감, 분노, 수치심, 절망 등과 같은 감정이 강렬하여 회복 방해
⑩ 생존에 대한 위협, 심각한 질환의 경우 죽음에 대한 불안, 혹은 만성질환이나 영구적인 장애를 갖게 될 경우 불확실한 미래에 대한 불안
⑪ 이전에 존재해 왔던 스트레스와의 상호작용

3.4 스트레스로 인한 긴장도 점검

생활하면서 경험하는 다양한 상황이 자신에게 어떠한 영향을 미치는지 자신의 신체・심리・행동의 변화 등을 <표 Ⅱ-4-1>의 긴장도 점검표를 통하여 스트레스로 발생하는 자신의 긴장도를 검사한다.

표 Ⅱ-4-1 스트레스 긴장도 점검표

증 상	자주	일주일 1-2회	거의 없다
1. 긴장감이나 분노를 느끼고 신경성 소화불량이 생긴다.	2	1	0
2. 직장이나 가정에서 주위 사람들이 긴장하게 한다.	2	1	0
3. 긴장했을 때 먹거나 마시거나 담배를 피운다.	2	1	0
4. 긴장감, 편두통, 목이나 어깨통증 및 불면증이 있다.	2	1	0
5. 밤이나 주말에 다음날 새롭게 활동할 정도로 긴장을 풀 수 없고 머리를 식힐 수 없다.	2	1	0
6. 일에 대한 걱정 때문에 집중하기 어렵다.	2	1	0
7. 긴장을 풀기 위해 진정제나 다른 약을 먹는다.	2	1	0
8. 긴장을 풀기 위해 시간을 충분히 내기 어렵다.	2	1	0
9. 시간 여유가 있어도 긴장을 해소하는데 사용하지 못한다.	예 (1)	아니오 (0)	
10. 업무의 성격상 마감시간에 쫓기는 편이다.	예 (1)	아니오 (0)	

표 Ⅱ-4-2 스트레스와 긴장정도 채점표

	점 수	긴장수준
A	14점 이상	심각한 긴장 수준
B	10~13점	평균이상
C	6 ~ 9점	평균
D	3 ~ 5점	평균이하
E	0 ~ 2점	거의 긴장이 없음

위의 스트레스 평가는 빈도수를 합산하여 긴장 수준을 평가한다. 스트레스의 원인이 무엇인지를 파악하는 것이 우선이므로 자신에게 변화, 상실, 위협이 가해지는 것이 있는지 생각해본다.ㄴ

제3절 환자와 가족의 이해

1. 환자와 가족과의 관계

가족의 협력 없이는 질병관리와 보호가 안 되는 장애인이나 만성질환자의 재활과정 등에 가족들이 적극적으로 참여할 수 있도록 가족의 기능을 강화한다. 그리고 환자와 가족들이 상호협조 하는 관계를 형성하여 가정 내 환자 발생으로 인한 다양한 스트레스를 긍정적으로 대처할 수 있도록 가족의 역량을 강화한다.

1.1 환자에 대한 가족의 영향

환자가 질병을 이해하고 수용하여 심리적, 정서적으로 안정감을 갖고 스트레스를 긍정적으로 극복하기 위해서는 가족의 따뜻한 지지와 관심이 필요하다.

가족이 환자를 지지하는 방법은 그동안 위기상황에 발생했던 문제를 어떻게 생각하고 대처해 왔으며 그 상황에서 발생했던 스트레스를 어떻게 극복해 왔는지에 대한 가족의 신념체계가 영향을 준다. 따라서 가족 내 환자가 발생한 위기상황에서 그 동안 사용했던 신념체계와 똑같은 방식으로 접근하여 스트레스를 극복하며 대처한다.

환자와 가족이 질병을 치료하는 과정에서 발생하는 지속적인 스트레스를 탄력적이고 창의적으로 대처할 수 있는 것은 환자와 가족이 삶의 도전을 극복하는 능력으로 보았다.

따라서 가족이 원활한 의사소통을 통하여 스트레스를 융통성 있고 유연성 있게 대처할 수 있도록 가족의 기능을 강화하는 것이 필요하다.

가족의 기능 강화를 위한 가족의 취약성과 재생력은 가족이 갖고 있는 자원과 강점, 도전과 위기 사이의 적합성과 균형에 의해 결정된다.

2. 질병에 대한 가족의 반응단계

환자가 가족 내에서 차지하는 위치와 질병의 유형, 질병치유기간, 경제적 부담, 질병의 위험정도, 아동인지 가장인지 등에 따라 가족이 느끼는 반응은 다르다. 이러한 모든 경우 가족의 반응을 살펴보면 다음과 같은 단계로 나타난다.

2.1 가족의 반응 단계별 특성

감성휴먼케어적 접근에서 가족의 심리를 이해하는 것은 매우 중요하다. 특히 환자에게는 가족의 지지와 협조가 필요하나 가족이 현재의 상황을 어떻게 받아들이고 대처하는가에 따라 환자에게 미치는 영향은 다양하게 나타난다. 따라서 가족들이 환자를 빠르게 수용하고 대처할 수 있도록 정보를 충분히 주고 준비해야 할 사항들에 대한 심리·사회적인 서비스가 필요하다.

1) 충격과 부정의 단계

가족 성원 중 질병이 발생했을 때 처음으로 보이는 반응은 충격이다. 무엇을 어떻게 반응해야 할지 모르는 멍한 상태가 되며 진단에 대해 부정한다. 진단에 대해 의심하고 다른 병원과 의사를 찾기도 하며 오진이기를 바란다. 특히 백혈병이나 암, 심근경색증 등의 질환에 많이 나타나며 뇌졸중, 교통사고 등의 외형의 변화가 확실히 나타나는 질병의 경우 가족이 보이는 충격의 정도는 더 크다.

2) 불안과 공포의 단계

부정의 감정은 곧 불안과 공포로 바뀌게 되는데 사망, 영속적 장애, 막대한 경제적 지출 등에 대한 막연한 불안과 공포가 엄습한다. 특히 사망, 장애 등을 가져올 경우 불안과 공포는 더욱 가중된다.

3) 죄책감과 책임감의 단계

질병의 원인에 대한 책임에 대하여 관심을 갖는 시기로 남편의 건강을 잘 보살피지 않아서, 아내의 스트레스를 잘 해소 해 주지 못해서, 임신관리를 잘 못해서 등 생각이 복잡하게 교차하며 죄책감에 사로잡히게 된다. 또한 자신의 부주의, 잘못 등에 대하여 후회하는 마음을 갖게 된다. 특히 유전적 질환의 경우 부모가 아동에게 느끼는 죄책감이 심하며 그로 인한 과도한 책임감을 갖게 된다.

4) 분노와 적의의 단계

분노와 적의를 보이는 단계로 '왜 하필이면 내 자식이, 내 남편이 무엇을 잘못하였다고' 등의 분노감정이 나타나고 의료진의 실수나 잘못에 대하여 민감하게 반응하며 항의하거나 부적절한 요구를 하기도 한다. 때로는 분노와 적의가 사회적 공격성으로 나타나기도 한다.

5) 우울의 단계

분노와 적의의 시기가 끝나면 가족이 우울해지고 슬픔 등의 반응을 보일 수 있다.

6) 수용의 단계

현실적으로 병을 수용하고 가족 차원에서 필요한 조치가 무엇인지 찾아보고 그에 대한 대처방안을 모색한다.

3. 환자와 가족의 주요문제

환자와 가족이 병원에서 또는 가정 내에서 경험하고 있는 문제가 무엇인지를 파악하여 대상자의 입장에서 상황을 공감하고 수용하는 감성휴먼케어 접근방식을 활용한다.

3.1 병원내에서의 환자와 가족문제

병원에서 환자와 가족이 겪는 주요 문제에 대하여 미국사회복지사 협회가 제시한 내용을 살펴보면 다음과 같다.

① 일상생활의 활동과 보호에 관한 문제

② 환경문제

③ 환자와 가족의 반응, 질병과 기능의 변화에 따른 부적응 문제

④ 육체적 · 성적 · 정서적 학대와 관련된 문제

⑤ 친구, 의료진, 가족과의 관계의 문제

⑥ 약물 남용을 포함한 행동 · 인지 · 정신장애와 관련된 문제

⑦ 직업과 교육의 문제

⑧ 법률문제

3.2 가정에서의 환자와 가족문제

재가건강보호에서 환자와 가족이 겪는 주요문제를 심리 · 사회적 부분으로 정리하여 미국사회복지사협회에서 제시한 내용을 살펴보면 다음과 같다.

① 환자와 가족의 부작용 또는 질병과 기능의 변화에 따른 부작용

② 직업과 교육의 문제

③ 경제적 문제

④ 보호자의 스트레스를 포함한 간병문제

⑤ 불량한 주거환경과 가구배치

⑥ 교통수단을 포함한 의료서비스의 접근 장애

⑦ 사회적 고립을 포함한 관계의 문제

⑧ 신체적 · 성적 · 정서적 학대와 방임

⑨ 약물남용

⑩ 우울과 자살을 포함한 정신질환

⑪ 시설의 수용 가능성

3.3 만성질환자의 가족을 위한 지침

만성 환자가 가지고 있는 중증의 신체적 그리고 정신적 상태를 치료할 때 가족의 강점과 자원 그리고 성공적 대처방침을 정립하여 도움을 주는 것이 필수적이다. 스트레스를 처리하고 미래의 위기를 방지하기 위한 환자와 가족을 위한 적용지침은 다음과 같다.

① 질병으로 인한 가족의 스트레스 영향력 감소하기

② 다음사항에 대한 정보제공

- 질병 / 장애, 치료방침, 가능한 예후
- 환자의 능력, 취약성, 잠재성
- 투약, 치료 또는 식이요법, 물리치료. 재활의 중요성
- 가족에게 예측 가능한 심리사회적 도전들

③ 다양한 질병단계들에서 실행할 지침 제공

- 지속적인 스트레스 감소
- 증상과 부작용
- 문제해결과 위기예방
- 적정기능과 복지를 위한 강점의 정립
- 휴식, 가족성원 및 삶의 우선순위에 대한 관심

④ 가족의 보호제공 노력을 지원하고 지역사회에서 환자의 기능을 유지하도록 돕는 서비스 연결

- 가족보건을 위한 지원
- 주간보호, 구조화된 직업프로그램 참여, 사회적 참여
- 생활보조 및 그룹 홈

제4절 생애주기별 환자 감성휴먼케어

생애발달단계에 따라 성장과 발달이 다르게 이루어지고 습득해야 할 과업도 다르다. 그러나 각 단계 별로 신체적 건강과 심리적 안정 그리고 사회적 역할의 수행이 조화롭게 통합적으로 이루어져야 단계에 따른 특성이 올바르게 이루어져 건강하게 살 수 있다.

만약 생리적, 인지적, 정서적, 심리적, 사회적 측면의 발달이 불균형을 초래하여 통합적인 발달에 실패하게 되면 질병 뿐 만아니라 영속적인 장애가 발생할 수 있다

1. 아동기 및 청소년기 환자의 감성휴먼케어

아동과 청소년의 일반적 특징과 환자로서의 특징에 대하여 알아보고 특성에 따른 감성휴먼케어적인 접근에 대하여 파악한다.

1.1 일반적 특징

아동과 청소년의 성장과 발달에 영향을 주는 요인에는 유전적 요인과 환경적 요인이 있다. 유전적인 요인에는 인종, 민족, 가계, 나이, 성별 등과 관련되며 이에 따라 성장과 발달이 다르며 염색체 이상과 선천성 대사 이상에 따라 성장 상태가 영향을 받는다.

환경적 요인으로는 사회경제적 요인, 영양, 질병, 심리적 요인등과 관련이 있다. 영양상태가 개선되면서 신장과 체중이 증가하고 있으나 빈곤과 같은 사회경제적 요인이 있는 경우 영양 상태와 위생 상태가 영향을 받아 발육에 영향을 미칠 수 있다. 질병은 신체 성장에 영향을 주고 부모의 애정 결핍, 교사, 다른 사람과의 대인관계 등의 심리적 요인은 성장에 영향을 미친다.

아동 및 청소년기는 신체적 · 인지적 · 정서적 · 사회적 그리고 심리적인

변화와 성장과 발달이 활발하게 이루어지는 시기이다.

따라서 통합적으로 균형 있게 성숙과 발달이 이루어질 수 있도록 어른들의 관심과 지지가 필요하고 이 시기에 자주 발생할 수 있는 질환과 특성들에 대한 이해로 질병을 예방할 수 있도록 한다.

그리고 아동의 건강증진을 위해서 영양, 식습관, 수면과 휴식, 운동과 활동, 치아건강, 사고 예방과 관련된 사항 등에 대하여 관심을 기울여야 한다.

1.2 질병의 이해

아동기 및 청소년기에 발생하는 질병은 환자와 가족에게 많은 영향을 미친다. 또한 친구관계, 학업수행과 관련된 정보 등을 미리 파악하여 질병으로 인한 영향을 최소한으로 줄일 수 있도록 한다.

1) 질환의 종류

신체적 정신적 질환과 질환의 영향으로 나타나는 다양한 심리적 증상과 함께 사회에 미치는 영향에 대하여 살펴본다.

(1) 신체적 질환

이 시기에 많이 발생하는 신체적 질환으로는 유전성질환(다운증후군, 고셔질환)과 감염병(발열, 불명열, 수막염, 감염 등), 소화기 질환(설사, 변비, 구토, 복통, 위장관출혈), 호흡기 질환, 심혈관 질환, 혈액 질환, 종양성 질환, 신·요로질환, 내분비 질환, 신경계 질환, 골격계 질환, 알레르기 질환, 결체조직 질환(류마티스성 관절염, 전신성 홍반성 낭창, 베체트 병), 피부질환, 안과질환, 사고와 중독(교통사고, 추락, 화상, 익수, 독사교상, 식중독) 등으로 구분한다. 그 외 청소년기에 발생하는 성관련 질환으로 성염색체 이상, 성조숙증, 여성형 유방, 남성생식기 장애 등이 있다.

(2) 정신과 질환

정신과 질병으로는 정신지체, 학습장애, 언어장애, 자폐, 전반적 발달장애, 반응성 애착장애, 주의력결핍・과잉행동장애, 수면장애, 배설장애, 행동장애, 외상후 스트레스장애, 우울장애, 격리(분리)불안장애, 선택적 함구증, 범불안 장애, 강박장애, 양극성 장애, 섭식장애, 정신분열병, 자살, 아동학대와 방임, 운동기술 장애, 대화 장애 등으로 구분한다.

(3) 질병으로 인한 심리적 증상

아동 및 청소년의 심리적증상은 감정(우울, 불안)의 장애, 신체기능의 이상(정신 신체 질환), 행동장애, 반항성 도전장애, 학습장애 등으로 나타나며 대부분 문제들은 선천적 기형, 신체손상, 부적절하고 모순된 양육, 부모재혼 시의 갈등, 만성질환, 과잉보호 등의 신체적, 감정적 스트레스에 의하여 발생한다.

또한 죽음, 손상, 수술 등에 대하여 막연한 불안과 공포 두려움 등을 느끼며 퇴행적 행동과 의존성이 증가하고 질병이 장기화 될 경우 우울감을 호소하고 부모에게 짜증을 내기도 한다.

특히 소아 백혈병 환자들은 약물의 고통(오심과 구토), 외모의 변화로 인한 좌절감, 무균실에서의 고립감과 소외감 등을 경험한다.

이러한 경우에는 개인이나 집단을 통해 대화로서 두려움을 표현하도록 하고, 누군가 자신의 걱정을 들어주고 이해한다는 인식을 하도록 하는 것이 필요하다.

심리적인 변화를 가져오는 원인을 파악하기 위해서는 부모와의 관계, 가족과의 관계, 친구와의 관계, 교사와의 관계, 건강상의 문제 등에서 스트레스를 받는 것이 무엇인지 파악한다.

그리고 환자와 함께 원인에 따른 해결방법을 찾아 환자 스스로 해결할 수 있는 방안과 도움을 주어야 할 대상이 함께 동참할 수 있는 현실적인 계획을 세워 실천하고 필요에 따라 전문가의 도움을 받기도 한다.

(4) 질병으로 인한 사회적 변화

사회적 측면으로는 질병이 또래집단과의 관계형성 및 사회적 규범을 학습할 수 있는 기회를 제한한다. 또한 학업중단으로 인한 역할수행의 어려움으로 자신감 상실이나 자존감 저하 등의 문제가 발생한다.

따라서 질병으로 학업을 포기하지 않거나 사회성이 감소되지 않도록 인터넷 강좌나 자원봉사자들의 재능기부를 통해 다양한 사람들과의 만남과 학업을 지속적으로 수행할 수 있도록 하는 등의 대안교육과 사회적 관계를 맺을 수 있는 기회를 제공한다.

그리고 청소년기는 내면적으로 갈등과 고통을 겪는 정서적 격동기로 스트레스에서 벗어나기 위해 약물남용을 하는 경우가 늘어나고 약물남용으로 성폭력, 절도 등의 비행으로 이어져 사회적인 문제가 된다. 남용되는 약물종류로는 흡연과 알코올 그 외 코카인과 암페타민 등이 있다.

약물남용은 치료하기가 어렵기 때문에 예방이 중요하고 청소년의 사회성 기술, 학업성취, 동료의 유혹을 물리칠 수 있는 기술과 자존감을 향상한다. 그리고 부모, 교사, 친구와의 원할한 의사소통으로 욕구를 긍정적으로 성취하여 만족할 수 있도록 주위의 관심과 지지가 필요하다.

1.3 환자를 위한 감성휴먼케어

감성휴먼케어접근으로 질병을 갖고 있는 아동 및 청소년 환자와 가족의 욕구만족도를 높이기 위해서는 다음과 같은 부분에 대하여 이해하고 준비하는 것이 필요하다.

1) 질환 및 치료과정의 이해를 돕기 위한 정보교환
2) 심리·사회적, 가족 환경적 당면문제에 대한 감정교환
3) 의지강화를 위한 정서적 지지로 대처방안 모색
4) 사회성 기술 훈련, 사회적응 훈련을 목적으로 상담과 집단치료
5) 가족성원간의 욕구와 갈등 조정을 위한 상담
6) 재활을 위해 가족과 환자의 적극적 참여의 중요성 인식

1.4 인지장애 아동의 감성휴먼케어

이 시기에 발생하는 인지장애 아동의 감성휴먼케어접근에 대하여 알아보고자 한다. 인지장애아동을 위해서는 환자와 가족이 질병으로 인하여 경험하는 스트레스가 어느 정도의 수준이며 심리적인 충격으로 발생하는 반응 등에 대하여 이해하는 것이 필요하다.

1) 인지장애의 개념 및 원인

인지장애는 정신장애나 결핍이 있는 상태로 지능발달 지연과 같은 의미로 사용한다. 원인은 경증 지연은 분명하지 않으며 중등도 이상의 원인은 유전, 감염과 중독, 환경, 영양결핍이나 대사성 장애 질환, 미숙아나 저체중아 등의 임신장애, 후천성 뇌질환 등에 의해서 발생한다.

2) 지능발달 지연의 분류

① 경증 지연(IQ 50-55 ~ 70-75)

정신연령은 8~12세 해당되며 특수교육을 통해 3학년에서 6학년수준의 읽고 산술하는 능력은 있다.

② 중등도 지연(IQ 35-40 ~ 50-55)

정신연령은 3-7세 해당하며 단순한 의사소통과 안전습관에 대한 기술은 습득할 수 있으나 읽고 산술하는 능력의 진전은 없다.

③ 중증 지연(IQ 20-25 ~ 35-40)

정신연령은 유아에 해당하며 체계적인 습관 훈련으로 특별한 장애만 없다면 걸을 수 있고 쉬운 말 정도는 이해한다.

④ 극심한 지연(IQ 20-25 이하)

정신연령은 영아기에 해당하며 제한된 방법의 훈련으로 다리, 손, 입을 단순하게 사용할 수 있고 성인의 감독이 꼭 필요한 상태다.

3) 인지장애 아동의 특성에 따른 감성휴먼케어

가족의 지지와 사랑 그리고 양육환경이 인지장애 아동의 건강에 영향을 미친다. 따라서 감성휴먼케어는 가족이 인지장애 아동의 학습능력과 결함의 특성을 이해할 수 있도록 교육의 기회를 넓히고 인지장애 아동 가족의 감정을 수용하는 등의 상호간에 긍정적인 정서적 교류가 필요하다. 인지장애아동의 특성을 살펴보면 다음과 같다.

(1) 주의집중력 저하

주의집중의 저하로 두 개 이상의 자극을 구별하는데 어려움이 있으므로 외부의 자극이 없는 상태에서 난일 신호를 이용한다.

학습과정은 행동으로 직접 움직이며 보여주고 시각자극의 학습을 위해 그림이나 색상을 이용하거나 청각자극을 위해 노래나 리듬을 이용하는 것이 좋다. 그리고 논리적 원칙보다는 한 가지 기술을 바르게 습득할 수 있는 훈련이 필요하다.

(2) 기억력 저하

여러 개의 단어나 숫자를 기억하기가 어려우므로 한 가지씩 세분화하여 단계적 학습을 통해 습득하도록 하며 과제를 내주거나 지시를 할 때에도 다양하게 여러 개를 지시하는 것보다 단순한 것으로 한 가지씩 수행할 수 있도록 한다.

의 체벌을 가하지 않고 격려, 칭찬 등의 긍정적인 보상으로 실시한다.

그리고 개별적으로 장기간에 걸쳐 지속적으로 실시하며 부모 또한 관심을 갖고 훈련할 시간적인 여유가 있는지에 대해서도 알고 있어야 한다.

가족들은 인지장애 아동과 원할한 관계 형성을 위하여 효과적인 의사소통을 할 수 있는 다양한 방법들을 익히고 지능발달 지연 예방프로그램 등에 참여하여 인지장애에 대한 정보를 습득하도록 한다. 인지장애 아동들은 가족들의 관심과 보호와 지지가 많이 필요하다.

2. 청년기·중년기 환자의 감성휴먼케어

청년기·중년기의 일반적 특징과 환자로서의 특징에 대하여 알아보고 특성에 따른 감성휴먼케어적인 접근에 대하여 이해한다.

2.1. 일반적 특징

원가족으로 부터 분리하여 가족을 형성하고 자녀를 양육하며 보호하는 역할과 노부모를 부양해야 하는 책임이 있는 시기 이다.

그리고 적극적인 사회활동으로 경제적 안정과 명예를 획득하고 자아를 성취해가는 시기이다. 그러나 사회의 급격한 변화로 직업의 전환이 발생하거나 실직으로 경제적·심리적인 불안감과 우울감이 증가하기도 하며 성공적인 노년기를 준비해야 하는 전환기로서의 부담감을 갖는 시기이다.

2.2 질병의 이해

신체적 기능이 쇠퇴하기 시작하고 면역력 감소, 신진대사의 변화로 인한 고혈압 · 비만 · 당뇨 등의 만성질환이 많이 발생하고 직장 내에서는 과도한 업무량과 책임감의 증가로 스트레스가 쌓여 이를 해소하기 위해 알코올과 흡연 등에 의지하는 경우가 많다. 이로 인하여 건강에 문제가 발생하여 질병에 걸리면 경제적으로 안정을 유지해야 하는 시기에 사회적 역할,

가정에서의 역할 등을 제대로 수행하지 못하게 된다. 따라서 심리적으로 고립감, 우울, 불안감이 생기고 가족 간의 관계에도 문제가 발생하게 되어 질병이 더욱 악화되거나 합병증이 생겨 치유를 더욱 어렵게 할 수 있다. 그러므로 정서적 지지로 환자의 치료의지 강화 및 가족의 탄력성을 증진하고 심리적 불안정감을 극복하도록 한다. 그 외 개인상담 및 집단치료를 통해 질병의 원인과 치료법, 재활과정 등에 대한 이해를 증진할 수 있는 정보를 제공하여 변화된 가장으로서의 역할, 주부로서의 역할, 사회적 역할을 기능적으로 수행할 수 있도록 한다.

1) 신체적 질환

신체적 성장과 발달이 점차 쇠퇴하는 시기로 신체적으로 많은 변화를 경험한다. 이 시기에는 피부의 탄력성 저하, 흰머리, 시각, 청각 등 감각기관의 기능 저하로 인한 노화증상이 나타나고 골밀도 및 근육과 관절의 기능퇴화로 골다공증, 관절염, 디스크와 같은 질환이 생긴다. 그리고 뜻하지 않은 교통사고 등으로 인한 마비와 뇌졸중으로 인한 기능성장애가 나타나기도 한다.

호흡기 질환으로는 천식과 만성 폐쇄성 질환이 나타나고 호르몬의 저하 및 불균형으로 인한 폐경, 유방암, 자궁암 등과 같은 부인과 질환과 남성에게는 전립선비대증 등이 발생한다.

심장질환으로는 심근경색, 심허혈증, 고혈압 등이 발생하고 관상동맥, 동맥경화증 등과 같은 심혈관문제도 나타난다.

소화기질환으로는 위암, 위염, 간암, 지방간, 대장염 등이 나타나고 신장질환으로는 신부전증과 비뇨기계의 방광염, 내분비계의 갑상선질환과 당뇨병 등이 발생한다.

2) 정신과 질환

정신분열병과 우울증이 대표적으로 많이 발생한다. 직장에서의 업무 과

중, 현실과 이상과의 불일치, 실직으로 인한 역할상실 등으로 우울증과 약물중독, 알코올중독 등이 많고 그 외 다양한 삶속에서 갑자기 일어나는 폭행과 교통사고, 천재지변 등의 위협으로 인한 외상 후 스트레스장애 등을 경험한다.

3) 질병으로 인한 심리적 증상

여성의 경우 폐경으로 인한 안면 홍조, 혈압상승, 두근거림 등의 증상과 집중력 및 주의력이 떨어지고 건망증 증세가 서서히 나타나기 시작한다. 수술환자인 경우에는 마취에 대한 두려움과 죽음에 대한 공포가 있으며 수술 후에는 질병의 합병증으로 인한 두려움, 불안, 우울, 공포, 신경과민 등의 증상이 나타나고 신체외부의 변화가 생겼으면 비관적이거나 절망적인 태도로 대인관계를 피하고 수동적인 자세가 나타난다.

그리고 중년기에 흔한 천식, 소화성 궤양, 대장염 등은 심리적 긴장과 책임감 때문에 많이 발생한다.

장기치료를 해야 하는 고혈압, 파킨슨씨병, 당뇨, 신부전증 등과 같은 만성질환 환자는 장기치료로 인하여 일상생활에 제한을 받고 우울 열등감, 의존심 증대, 무능력감, 포기 등의 성향이 나타난다.

만약 영속적인 장애를 갖게 되면 장애로 인한 자존감과 자신감 저하, 무력감과 의존심이 증가한다. 뿐만 아니라 좌절감과 절망감으로 인한 우울감이 증가하여 전반적인 생활에 적응장애 등을 가져와 방황하거나 고립되어 약물이나 알코올 등에 의지하고 그 후에는 중독에 빠지기도 한다.

사회적 역할 또는 가족구성원으로서의 주어진 역할 상실에 대한 두려움과 불안감을 경험한다. 특히 가계의 수입을 책임지고 있는 가장이 장기 입원으로 입원기간이 길어지면 경제적 안정감이 필요한 시기에 생활비, 자녀 교육비와 같은 생계문제로 압박감을 느껴 가장으로서의 역할수행을 할 수 없는 것으로 인한 심리적인 위축을 경험하고 인간관계의 부적응을 경험하기도 한다.

가족 성원의 기능상실이나 사별 등에 대한 걱정과 불안감, 보호자로서 환자를 케어 해야 한다는 심리적 부담감과 가정 내 엄마로서 학생으로서 직장인으로서 각자의 고정된 역할과 생활을 위해 변화된 새로운 역할에 대한 이중 부담을 가지고 있다. 여기에 경제적으로 어려움이 있다면 생활고까지 책임져야 하는 책임감으로 많은 스트레스를 경험하기도 한다.

가족은 환자의 회복과 재활에 많은 영향을 미치고 있으므로 환자는 물론 가족의 심리적 어려움에도 관심을 가지고 지지하는 것이 필요하다.

4) 질병으로 인한 사회적 변화

사회적으로 가장 많은 활동을 하는 시기이며 직장에서도 중요한 책임을 맡고 있는 시기이다. 그러나 산업 환경의 변화로 평생직장의 개념이 없어진 요즈음 중년기에 질병으로 직장인으로서 역할 수행의 기능에 문제가 생겼을 경우 질병으로 인한 고통뿐만 아니라 실직에 대한 걱정과 직업 전환에 대한 것까지 신경을 써야 하는 스트레스를 경험한다.

또한 가정에서 경제적 주요 수입원인 가장이 질병에 걸렸을 경우에는 가장으로서의 역할 미흡으로 가족에게 미안해하는 죄책감이 작용하여 가족과의 원만한 관계를 피하고 자녀들의 가정교육에도 소극적이고 자신감이 저하되는 성향을 보인다.

따라서 자녀들이 변화된 부모의 역할을 받아들이고 역할 변화에 따른 상황에 적응할 수 있도록 가정 내 역할분담 재조정과 갈등 처리 등을 통하여 가족 간의 상호작용이 원활하게 이루어질 수 있도록 한다.

보호자의 경우 환자의 간병으로 인한 신체적· 정신적 피로감을 해결 할 수 있는 여가시간을 충분히 갖을 수 있도록 가족 간의 간호참여 계획을 수립하여 시행하고, 가족 간의 협조나 이해와 배려 등의 지지와 격려로 환자와 가족이 위기를 잘 해결할 수 있는 가족강화 프로그램이 필요하며, 빈곤의 문제가 있는 경우에는 경제적 어려움을 해결 할 수 있는 자원연결 등 사회복지사의 도움을 받도록 한다.

2.3 환자를 위한 감성휴먼케어

감성휴먼케어의 대상자인 환자에게 적극적으로 개입하고 관여하여 올바른 생활습관을 유지하고 균형 잡힌 식사, 적절한 운동, 여가 및 취미생활 등으로 스트레스 관리를 잘 할 수 있도록 한다.

그리고 치료방침에 따라 적극적인 관리가 이루어질 수 있도록 하고 영구적인 장애를 갖게 될 경우에는 가족의 협조와 이해 그리고 지지와 격려에 힘입어 생활에 활력을 갖고 재활에 성공할 수 있도록 한다.

환자를 위한 감성휴먼케어적인 접근은 청년기·중년기의 발달과업을 습득하는데 어려움을 겪고 있는 환자와 가정 내에서 환자로 인하여 발생하는 상황들로 스트레스를 받고 있는 가족 간에 감정을 교류할 수 있는 분위기를 조성하여 환자와 가족 간에 관계를 증진하고 공감대를 형성하도록 한다.

환자와 가족에게 긍정적인 감성휴먼케어적인 접근을 위해서는 다음과 같은 사항을 이해할 필요가 있다.

① 질환 및 치료과정에 대한 이해증진
② 환자 자신의 괴로운 심정을 표현하도록 하고 공감한다. 환자 자신이 현재 처한 상황을 수용하고 받아들이도록 한다.
③ 결혼생활, 자녀양육. 가정교육법, 가족관계, 가족계획 등 가족과 관계된 사항들에 대한 정보를 수집하여 가족성원간의 갈등 및 위기상황에서도 가족의 기능을 강화할 수 있는 정서적 지지가 필요하다.
④ 심리·사회적, 가족 환경적, 경제적 어려움에 대한 대처방법을 모색하고 전문가의 참여와 자원 등을 연계하는 적극적인 활동도 필요하다.
⑤ 직업 적응에 관계되는 동료나 상사와의 관계, 불만이유, 직장이동 및 실직, 사회적응 등에 관한 사항에 대한 정보를 수집하여 사회성 기술훈련, 사회적응 훈련 등이 필요하면 참여하도록 촉진한다.
⑥ 건강상태에 맞는 사회활동과 직업에 대하여 상담한다.
⑦ 변화된 역할과 환경에 대한 긍정적인 자가 조절로 자아존중감, 자아

성취감, 자신감을 향상한다.

⑧ 재활상담과 일상생활에서의 운동, 식이, 수면, 스트레스 대처법 등의 올바른 생활습관 형성을 위한 생활지도가 필요하다.

⑨ 그 외 감성휴먼케어자는 암의 조기발견을 위한 예방지침과 검진지침에 대한 암 예방에 관한 정보를 대상자에게 제공한다. 그리고 생활 속에서의 꾸준한 관리로 좋은 생활습관을 형성하여 암 발생을 조기에 예방하도록 한다.

2.4 암환자를 위한 감성휴먼케어

이 시기에 많이 발생하는 암환자를 위한 감성휴먼케어에 대하여알아 보고자 한다. 암은 여러 가지 원인에 의해 유전자가 변화를 일으켜 단백질의 특성이 바뀌고 세포성장 조절에 이상이 생겨 정상세포가 암세포로 변한다. 원인은 대부분 생활습관과 환경에 의해 발생되며 흡연 및 만성감염과 식단, 유전요인 등이 복합적으로 작용하여 발생한다. 암은 조기검진과 예방이 최우선이므로 적극적인 개입과 관여가 필요하다.

1) 암 예방을 위한 생활습관 개선

금주, 금연, 영양 섭취 및 식이요법으로 육류나 동물성 지방 섭취는 줄이고 야채, 과일을 많이 섭취한다. 또한 염장식품과 가공육류는 피한다. 만성감염을 예방하고 규칙적인 운동을 하여 정상체중을 유지하고 비소, 석면 등의 유해 산업 환경과 방사선, 그리고 태양광선에 노출되지 않도록 하고 피부의 자외선을 차단하기 위해서는 선스크린 SPF 15이상 자외선 차단제를 사용한다. 조기검진으로 완치가 가능한 암은 위암, 대장암, 유방암 그리고 자궁암 등이므로 정기적인 유방촬영과 자궁암 검진 및 소화기 검진을 하도록 한다.

미각 등이 현저하게 감소함에 따라 백내장·녹내장 등이 자주 발생하고 난청과 식욕저하로 인한 영양불량이 생기고 교통사고나 추락 등의 사고가 자주 발생한다.

그리고 골밀도가 낮아 골다공증과 척추측만증, 디스크 등이 생기고 가벼운 충격에도 골절이 잘되고 핵분열이 느려 조직의 재생이 지연되며 면역력의 저하로 질병에 자주 걸리고 합병증이 많이 발생한다.

소화기관은 위장 운동기능의 감소와 치아상실로 인한 저작기능의 감소로 소화불량이 생기고, 환경과 역할의 변화와 경제적 어려움 등으로 인한 스트레스로 위염·위궤양·위암·간암 등이 생긴다. 잘못된 식습관과 식욕부진, 수분섭취 부족 등으로 변비가 자주 발생하고 대장염·대장암 등의 질병이 발생한다.

순환기관은 생리적으로 혈관이 경화되고, 심장기능의 저하로 혈액순환이 감소하여 뇌에 혈액공급이 원활하지가 않아 산소가 부족하게 되고 뇌졸중으로 혼수상태에 빠져 인지기능의 손상이나 사망을 초래하기도 한다. 또한 심장병이나, 고혈압·동맥경화증이 자주 발생한다.

호흡기질환으로는 천식·폐렴·늑막염·결핵 등과 과다한 흡연과 호흡기능 저하로 호흡기계 염증이나 폐암 등의 질병이 발생한다.

그리고 신장 기능과 골반저 근육기능 약화, 전립선 기능의 저하로 요실금과 변실금·이급후증(裏急後重 : 습열로 기가 몰려 생기는 이질의 주요증상) 등을 경험하기도 한다.

2) 정신과 질환

노인의 정신과적인 장애는 질병이나 사고로 갑작스럽게 배우자가 사망한 경우에 상실감으로 인한 외로움, 고독감, 불면증, 식욕상실 등 일상생활 적응에 어려움이 생기고 우울증 등의 기분장애, 수면장애, 스트레스로 인한 적응장애 등이 올 수 있다. 우울증의 증상으로는 불안과 초조, 히스테리 증상, 신체적 호소, 우울성 가성치매, 사고 및 의욕의 저하 등이 나타난다.

3) 질병으로 인한 심리적 증상

만성질환으로 장기간 병원에 입원하거나 돌봐 줄 사람이 없어서 요양원에서 장기적으로 보호를 받으며 생활해야 하는 경우에는 배우자와 자녀들 간의 경제적 부담감으로 인한 불화로 절망감이 생기고 시설을 찾아오지 못하는 가족들에게 버려졌다는 소외감과 외로움, 허무감, 좌절감을 경험한다.

또한 치매에 영향을 주는 당뇨병, 고혈압, 뇌졸중, 비만 등의 환자들은 치매에 걸릴 것에 대해 염려하고 걱정하며 불안감을 가지고 있다. 그리고 각종 암에 대한 건강염려증의 증상을 보이기도 한다.

만약 배우자 및 지인이 질병으로 사망한 경우 부정적으로 받아들이면 상실에 대한 비통함, 분노, 고독, 죄책감과 죽음에 대한 공포, 불안감 등이 몰려와 타인을 원망하고 우울증의 증상을 보이나 긍정적으로 받아들이면 지나온 자신의 삶을 수용하고 두려움 없이 받아들인다.

신체적·정신적으로 약해진 노인들의 이러한 심리적 정서는 우울증으로 발전하고 질병으로 신체, 정서, 사회, 경제적으로 의존성이 증가함에 따라 자녀에게 부담감만 주는 무능력하고 쓸모없는 사람이라 생각한다. 장기적인 치료 또는 수술을 해야 하는 등으로 비용이 많이 들어갈 경우에는 심리적인 위축과 함께 자신감, 자존감 저하가 오고 불안, 공허감, 죄책감, 무가치감 등이 부가되어 질병을 가진 노인들이 경제적인 어려움으로 인한 생활고를 비관하며 자살을 시도하기도 한다.

4) 질병으로 인한 사회적 변화

질병은 노인의 사회적 역할을 극도로 축소시킨다. 대인관계는 물론 사회참여 활동이 현저하게 줄어들게 되고, 사회적 역할도 직업인에서 은퇴자로 바뀐다. 이는 가장으로서 경제활동을 통한 소득으로 가족의 생계를 책임지던 부양자의 지위에서 도움과 보호를 받아야 하는 피부양자 지위로의 전환을 의미한다. 이러한 지위 변화에 따라 새로운 역할에 맞는 사회화 과정의 습득과 적응을 필요로 한다.

이 과정에서 신체적 질병이나 정신장애의 영향으로 본인의 의지와 관계 없이 연령에 합당한 사회적인 행동 기준에서 벗어나는 행동을 하게 되는 경우에는 사회적인 차별과 비난을 받아 가족과 사회로부터 배제되게 되고, 이로 인하여 사회적응을 더욱 어렵게 하기도 한다.

또한 배우자가 질병으로 갑작스럽게 사망한 경우에는 가장 신뢰가 두터운 정서적 지지자가 없어짐으로 인해 역할혼란과 고립감에 빠져들게 되고, 주위 사람들과의 의사소통이 단절되어 상호작용이 더욱 어려워지게 된다. 즉, 관계 형성의 실패로 인해서 사회적 지지원이 감소하고 사회적 관계망을 축소하는 결과를 초래하게 된다.

3.2. 노인환자의 감성휴먼케어

질병의 특성에 따라 노인을 케어하기 위해서는 노인에게 제공할 수 있는 서비스의 종류에 대하여 알고 있어야 한다. 노인은 일상생활능력이나 질환의 정도에 따라 국가로부터 혜택을 받을 수 있는 서비스의 종류가 다르기 때문에 노인 질환에 대한 기본지식을 습득하는 것이 필요하다.

3.3 노인환자를 위한 감성휴먼케어 접근

노인을 위한 감성휴먼케어자의 역할은 다음과 같다.

1) 환자와 가족이 질환 및 치료과정에 대한 이해를 증진하고 심리적으로 질병을 수용하도록 돕는다.
2) 질환의 특성에 따라 장기보호에 따른 역할분담의 재조정이 필요한 경우 가족과 함께 상담하여 방안을 모색한다.
3) 질병으로 제한 받는 일상생활 수행의 어려움을 극복할 수 있도록 정서적으로 지지하고 노년기 건강수칙을 제정하여 올바른 습관을 형성하도록 한다.
4) 장기요양과 보호에 필요한 물리치료사업, 가정봉사원 파견프로그램,

자원봉사자 연계 등과 같은 자원 연계를 위한 정보를 제공한다.

5) 우울증 환자는 현재 자신의 감정을 참지 말고 말이나 글 또는 그림이나 음악 등으로 표현하여 스트레스를 해소하고 줄일 수 있도록 한다. 또한 즐거운 생각, 넓은 대인관계를 형성하여 지지모임 등에 참여하도록 격려하고 자존감을 높이고 남을 이해하고 수용할 수 있는 너그러움을 갖도록 한다.

6) 배우자 상실에서 오는 문제해결을 위해서는 사별과 죽음을 수용하고 자조집단 프로그램 개발 및 가사역할대행 서비스, 말벗 상담, 여가활동 및 동아리 활동 참여. 노인대학, 경로당, 주간보호시설, 노래교실, 여가프로그램, 문화관광프로그램 등에 참여로 정서적으로 순화할 수 있도록 한다.

7) 질병으로 퇴직한 경우 사회적 역할과 가정에서의 지위변화에 대한 무능감과 부적응 해소를 위해 변화된 신체적 기능을 수용하고 기존 능력이나 새로운 기술을 개발할 수 있도록 원조한다. 그리고 꾸준한 질병관리와 보호자의 지원과 지지, 가족체계의 강화로 고독과 소외문제를 극복하여 남은 여생의 삶의 질 향상을 위해 대비하도록 정보를 제공한다.

8) 빈곤 해소를 위한 일자리 사업, 노인형 아르바이트, 자원봉사활동을 권장한다. 그리고 노년기 삶에 적응하고 보다 의미 있는 생활을 영위하기 위해서 자기 가치에 대한 새로운 인식으로 사회활동에 보나 적극적으로 참여하고 사회적 관계를 유지하기 위한 노력을 하도록 격려한다.

9) 질병 예방을 위한 건강교육, 약물교육(투약실수 및 복용불이행, 과다복용 등), 건강상담, 영양상담, 운동 등과 같은 프로그램과 가족관계 회복, 금전관리, 여가 등과 같은 다양한 프로그램에 참여하여 삶의 만족도를 높이도록 노력한다.

10) 치매예방 프로그램, 치매 조기진단을 위한 검사, 치매노인 부양 가족을 지원할 수 있는 프로그램에 참여하도록 권유하거나 치매예방에 관한 정보를 제공한다.

3.4 치매환자를 위한 감성휴먼케어접근

노년기에 자주 발생하는 치매환자를 위한 감성휴먼케어를 하기 위해서는 정신과 질환중의 하나인 치매에 대한 이해와 예방법에 대한 지식과 기술 습득이 먼저 이루어져야 치매환자에 대한 감성휴먼케어 접근이 가능하다.

1) 치매의 이해

인간의 정신기능은 노년기까지 지속적으로 성장하나 치매환자들은 뇌의 기능이 저하된다. 치매라는 말은 라틴어에서 유래된 말로 '정신이 없어진 것, 제정신이 아닌 것'이라는 의미를 가지고 있다. 한문으로는 어리석을 치(痴 혹은 癡)와 어리석을 매(呆)가 합쳐진 단어로 '의심이 많거나 혹은 아는 것에 병이 든 상태'를 뜻한다. 예전에는 노망, 망령이라 부르며 노화과정의 한 과정이라고 생각하였으나 최근에는 여러 가지 원인에 의하여 뇌에 질환이 생겨서 인지, 행동, 언어 등에 특징적 증상과 함께 여러 가지 장애를 초래하는 것으로 알려져 있다.

2) 치매의 종류

치매는 치료가 불가능한 비가역성 치매, 원인을 제거하면 예방이 가능한 반가역성 치매, 원인문제를 해결하면 치료가 가능한 가역성 치매로 나누어 볼 수 있다.

종류별로 나누어 보면 다음과 같다.

(1) 비가역성 치매

알츠하이머, 전측두엽치매, 루이소체치매 등으로 고령, 가족력, 저학력, 우울증, 두부손상력, 흡연 등으로 발생한다. 초기에 진단을 받으면 인지기능개선제를 통하여 질병의 진행 지연이 가능하며 중기이후에는 정신행동증상에 대한 대증적 치료를 병행한다.

(2) 반가역성 치매

뇌혈관성치매로 고혈압, 심장병, 당뇨병, 동맥경화, 고지혈증, 흡연 등으로 발생하며 알츠하이머병 다음으로 많은 치매이다. 위험요인들을 관리하면 예방도 가능하다. 인지기능개선제, 항혈소판제제, 항응고제 등의 치료제를 사용한다.

(3) 가역성치매

대사성치매, 뇌종양에 의한 치매, 영양결핍에 의한 치매 등으로 갑상선기능저하증, 경막하출혈, 정상압뇌수종, 양성뇌종양, 비타민 B12 결핍 등으로 발생한다. 원인문제를 해결하면 치료가 가능하다.

3) 치매환자의 초기 증상

감성휴먼케어자가 치매 의심 환자를 치매조기진단 검사로 조기에 발견하였을 경우에는 다음과 같은 장점이 있다.

첫째, 치매 초기일 경우에는 치료 후 예후가 좋다.

둘째, 이용 가능한 사회기반시설에 대한 정보제공과 경제적·법적인 대책을 세울 수 있다.

셋째, 치매초기에 약물의 효과가 좋은 것으로 알려져 있다. 따라서 치매초기에 나타나는 증상에 대한 이해가 필요하다.

미국 알츠하이머병원 협회는 가족이나 정신건강 요원들이 치매를 잘 인식할 수 있도록 열 가지 경고증상을 <표 Ⅱ-4-4>와 같이 소개하였다.

4) 치매환자의 주요증상

(1) 인지장애로 기억상실, 지남력 상실(시간 · 장소 · 사람 등), 판단력 상실, 계산 능력의 상실이 온다.

(2) 정신장애로 우울, 조증, 불안, 망상, 환각, 성적 이상행동, 무감동 등의 장애가 온다.

이지 말고 관심을 다른 곳으로 유도한다. 그리고 운동이나 활동이 많은 프로그램에 참여하도록 권하고 심할 경우에는 정신과 의사와 상담한다.

(6) 치매환자가 밖으로 나가 방황하는 경우

이름과 연락처를 적은 명찰이나 팔찌를 해주고 움직일 때 마다 움직임을 확인할 수 있는 방울 같은 기구를 달아준다. 강제로 제제하는 것 보다는 안전한 곳으로 안내하여 환자와 함께 산보를 하고 들어온다. 지역사회에 치매환자가 살고 있다는 것을 알리고 주민들의 관심과 도움을 받아 사고를 예방하거나 도움을 받을 수 있도록 한다.

(7) 수면장애

편안하고 안정된 잠자리에서 수면을 취할 수 있도록 하고 주위의 사물을 식별할 수 있을 정도의 조명을 유지한다. 운동이나 율동 등으로 신체활동양을 증가하고 낮잠을 피하도록 한다.

6) 치매 예방법

치매의 원인은 아직까지 확실히 밝혀진 바가 없기 때문에 예방법도 아직 정확한 것은 없다. 단지 치매 발병을 최대한 지연하고 예방에 도움이 되는 방법을 제시하면 다음과 같으며 젊었을 때부터 생활에서 꾸준히 실천하는 것이 중요하다.

○ 나이가 들수록 책을 읽고 이야기 하는 등 머리를 많이 쓰고 적극적으로 살아간다.
○ 항상 새로운 정보를 접하고 무언가를 배운다.
○ 지나친 음주나 흡연을 삼간다.
○ 젊어서 부터 꾸준히 운동을 하고 적정 체중을 유지한다,
○ 우울증은 치료받고 많이 웃으며 밝게 살도록 노력한다.
○ 기억장애, 언어장애가 있을 때는 신속히 검사를 받는다.
○ 매일 일기를 쓰는 것이 큰 도움이 된다.

○ 스포츠와 같이 신체적 정신적 긴장과 이완이 반복되는 취미생활을 즐긴다.
○ 혼자 지내기보다 친구를 많이 만들고 자주 만나서 즐겁게 지낸다.
○ 고혈압, 당뇨병, 동맥경화증, 고지혈증, 심장질환, 갑상선기능저하증 등 성인병을 사전에 관리하고 적극적으로 치료한다.
○ 어떤 일을 할 때 주의를 집중하는 습관을 들이고 반복해서 기억하도록 한다.
○ 중요한 약속이나 일은 메모하거나 기록해 둔다.
○ 걷거나 손을 많이 쓰는 일은 뇌를 자극하여 뇌의 위축을 방지하는 효과가 있다.
○ 소리를 내서 노래를 부르거나 다른 사람과 대화를 하는 것이 좋다
○ 균형 있는 영양섭취와 노화방지에 도움이 되는 음식을 섭취하되 먹을 수 있는 양의 80%만 섭취하고 충분한 수분을 섭취하는 것이 좋다.
○ 추운 겨울이나 새벽에 하는 운동, 환절기 등 급격한 기온 변화는 가능하면 피한다.
○ 안전운전과 방어운전을 하며 공사장 등에서의 안전사고에 유의한다.
○ 실내공해나 환경오염지역 등에서 독성물질에 오래 노출되지 않아야 한다.
○ 여성일 경우 폐경기 이후 필요하다면 호르몬 치료를 받는 것이 좋다.
○ 적당량의 비타민제, 은행잎 추출제와 아스피린을 복용하는 것이 좋다.
○ 알루미늄, 아연, 구리 등 금속이 많이 들어 있는 음식이나 공기 등을 장기간 섭취・흡입하지 않는다.
○ 노후대책을 미리 세우고 노인이 되어서는 외부활동에 적극적으로 참여한다.

<참고문헌>

강홍구(2012), 의료사회복지실천론, 학현사.

구혜영(2013), 인간행동과 사회환경, 신정

국가인권위원회(2006), 국가인권정책기본계획 권고안(2007~2011).

국가인권위원회(2008), 노인분야 인권교육 교재, 56-82.

국립암센터(2003), 종양전문간호고위과정 교재.

국립암센터(2004), 암정보.

권중돈(2004), 치매환자를 위한 프로그램의 실제, 현학사.

권중돈외(2005), 인간행동과 사회환경, 학지사.

권중돈(2006) 노인복지 실천에서의 인권관점도입 방안 고찰, 노인 인권 증진을 위한 실천적 접근, 44-65.

권중돈(2012), 노인복지론, 학지사

권중돈외(2000),노년기의 삶의 만족도에 영향을 미치는 요인, 한국노년학, 20권 3호

김동배외(1999), 인간행동이론과 사회복지실천, 학지사.

김동배(2008), 한국 노인의 성공적 노화 척도 개발을 위한 연구, 한국사회복지학, 60권 1호

김명권외(2001), 집단상담 과정과 실제, 시그마프레스

김미경(2008), 자폐장애 및 정서행동장애의 이해, 청목출판사

김미예외(2004), 최신아동간호학, 수문사

김양은(2008), 인터넷중독상담 초급과정, 미디어중독예방교육센터

김정남(2000), 직장과 심리학, 경상대학교 출판부.

김태련외(1998), 발달심리학(제2판), 박영사.

김혜경외(2013), 성공적노화를 위한 노인건강, 신정

나병현(2004), 한양사이버대학교 사회복지학과 인간행동과 사회환경 교안(미발간)

문선화외(2005), 한국사회와 아동복지, 양서원

박은숙외(1998), 노인의 건강증진 행위 및 삶의 질에 영향을 미치는 요인, 대한간호학회지28권 3호

박은우(1992). “초등학교 아동의 학교상담 실태분석 및 개선에 관한 연구”, 울산 대학교 대학원 석사학위 논문, 1992.
보건복지가족부(2008), 치매 종합관리대책, 보건복지가족부.
서봉연외(1983), 청소년복지학, 양서원
설기문(1998), 인간관계와 정신건강, 학지사
송명자(1995), 발달심리학. 학지사.
양옥경외(2002), 가족과 레질리언스, 나남출판사
엄태완외(2014), 인간행동과 사회환경, 공동체
오세진외(1999), 인간행동과 심리학, 학지사.
윤명희(2009), 제21기 인터넷중독 전문상담사 양성과정, 한국정보화진흥원 인터넷 중독예방상딤센터
윤진(1996), 성인・노인심리학, 중앙적성출판사.
이근홍(2006), 인간행동과 사회환경, 공동체.
이명재외(2005), 인간행동과 사회환경, 대영문화사
이인정외(1995), 인간행동과 사회환경, 나남출판사.
이춘재·곽금주(2000), 집단따돌림 경험 유형에 따른 자기개념과 사회적지지, 한국 심리학회지 : 발달,
임은희(2005), 인간행동과 사회환경, 양서원
장인협외(2006), 노인복지학, 서울대학교출판부
장휘숙(2004), 청년심리학, 박영사
정옥분(2000), 성인발달의 이해-성인・노인심리학-, 학지사.
정옥분(2004), 발달심리학: 전생애 인간발달, 학지사.
정옥분(2006), 아동발달의 이해, 학지사
조두영(1991), 임상행동과학, 일조각
조홍식외(2010), 인간행동과 사회환경, 학지사
주석진외(2014), 학교사회복지론, 양서원
최덕경외(2013), 인간행동과 사회환경, 양서원
최미현(2000), 영유아 보육의 이해, 창지사
최순남(2002), 인간행동과 사회환경, 법문사
최순남(2005), 인간행동과 사회환경, 법문사.

최옥채외(2012), 인간행동과 사회환경, 양서원
최옥채(1996), 호주의 노인복지관련법과 프로그램, 노인복지정책연구 통권 제3호
표갑수외(2012), 인간행동과 사회환경, 신정.
한덕웅(2001), 인간은 어떤 과정을 거쳐서 발달하는가?, 박영사.
한알사람(2004), 감수성훈련의 실제, 한알출판사
한인영외(2008), 의료사회복지실천론, 학지사
현외성외(2001), 노인케어론, 양서원.
홍창의(2003), 소아과학(7판), 대한교과서 주식회사.
Atchley, R. C.(1976), The Sociology of Rrtiremeny. Cambridge, MA: Schenkman
Cherlin, A. J., & Furstenberg, F. F., Jr(1986), The New American Grandparent: A Place in the Family a Life Apart. N. Y.: Basic Books.
Christensen, K.(1990), Bridges over Trobled Water : How Older Workers View the Labor Market. In P. B. Doeringer, ed., Bridges to Retirement : Older Workers in a Changing Laber Market(pp. 35-47). New York : ILR Press.
Cowles, L. A. F.(2000). Social Work in the Health Field : A Care Perspective. The Haworth Press.
Crain, W. C.(1983), 발달의 이론, 서봉연 역(2007), 중앙적성출판사.
Elkind, D. E.(1978), Understanding the young adolescent, Adolescence, 127-134.
Havighurst(1972). Developmental tasks and education. NY: David McKay.
Hyde, J. S. & Delamater, J. D.(1997), Understanding human sexuality(6th ed.). New York : Mcgraw Hill.
International Labor Office(ILO)(2007), Portability of skill. Committee on Employment and Social Policy, Governing Body, 298th Session(Geneva, March).
Kogan, N.(1990), Personality and Aging. In J. E. Birren, & K. W. Schaie(Eds.), Handbook of Psychology of Aging(3rd ed.). N. Y.: Van Nostrand, 330-346

Kubler-Ross, E.(1969), On Death and Dying. N, Y,: Macmillan.

Lazarus&Folkman(1984)

Levis, S. L., Heitkemper, M. M., Dirksen, S. R., O'Brien, P. G., & Bucher, L. (2007). Medical-Surgical Nursing, 7e. NY: Elsevier Inc.

Lidz Theodore(1968), The Person Throughout the life cycle. NY : Basic Books, Inc.

Mayer, E.(1992), Putting General Education to Work: The Key Competencies Report. Melbourne: Australian Education Council and Minsters for Vocational Education, Employment and Training.

McCubbin&Patterson(1983)

National Association of Social Workers(1995) NASW clinical indicators for social work and Psycho social services in home health care. NASW Press.

Neuggarten&Weinsteim(1964)

Newman, B. M, & Newman, P. R,(1991), Development through Life : A Psychological Approach(5th ed.).CA : Brooks/Cole.

Nonaka, I. and Takeuchi, H.(1995), The Knowledge-Creating Company: How Japanese Companies Create the Dynamics of Innovation. Oxford University Press, USA.

Papalia, D. E., Olds, S. W., & Feldman, R.D.(1998), Human Development(7th ed.). N.Y.: McGraw-Hill Co., Inc.

Piaget, J.(1952), The origins of intelligence in children. New York : International Universities Press.

Shaffer, D. R.(1999), Development Psychology(5th ed.). 발달심리학, 송길연 · 김수정 · 이지연 · 양돈규 역(2000), 시그마프레스

Simonton, D. K.(1990), Does Creativity Decline in Later Years? In M. Permutter(Ed.), Late Life Potential. Washington D.C.: Gerontological Society of America, 83-112.

Specht, R. & Craig, G. T.(1982), Human Development. Englewood Cliffs, NJ : Prentice-Hall.

Specht, R., & Craig, G. J.(1987), Human Development: A Social Work Perspective. NJ: Prentice-Hall.

Suchman, E. (1965). Stages of Illness and Medical Care. Journal of Health and Human Behavior, 6, 114-28.

Zastrow, C. & Kirst-Ashman, K. K.(1997), Understanding Human Behavior and the Social Environment(4th ed.). Chicago, IL: Nelson-Hall Publishers.

Zastrow, C. & Kirst-Ashman, K. K.(2001), Understanding Human Behavior and the Social Environment. Belmont : Wadsworth/Thomson Learning.

제3편

치유방법

제1장 신체적 치유방법

제1절 V(Vegetable)-Stay

1. 채소를 사용한 요리 레시피(recipe) 배우기

음식과 운동은 인간이 생명을 유지하는데 있어 필수적인 요소로서, 인간은 음식을 통해 영양분을 제공받고 건강한 생명을 유지한다. 웰빙(well-being) 시대를 살고 있는 현대인들은 음식 하나를 고르더라도 어떤 것을 먹는 것이 좋은 것인지, 운동 하나를 선택하더라도 자신의 체질에 맞는 것을 선택하기 위해 노력을 기울인다.

오늘날, 우리나라의 서구화 식습관에 따른 각 종 질병 발생 및 난치병 증가, 성인병 예방을 위해 다방면의 노력을 하고 있는 것 중의 하나가 웰빙(well-being) 식단이다. 또한 웰빙(well-being) 식단이 유행하면서 신선한 채소를 맛있게 즐길 수 있는 방법들이 늘어났다. 그 중에서도 각 계절별 구하기 쉬운 채소를 알아보고, 활용 및 응용 할 수 있는 요리 레시피(recipe) 소개, 질병에 따른 식단을 소개함으로 현대인의 질 높은 건강한 삶을 영위 하는데 도움이 되고자 한다.

1.1 계절별 음식재료

1) 봄

봄에는 온몸이 나른해지고 입맛이 떨어지므로 겨우내 부족했던 각종 비타민과 무기질을 충분히 보충해 주어야 하며, 도라지, 마늘종, 미나리, 더덕은 잃어버렸던 입맛을 되찾을 수 있다. 또한 달래, 냉이, 씀바귀 등은 나물로 하여 섭취한다.

표 Ⅲ-1-1 봄의 음식재료

월별	야채류
3월	달래, 냉이, 씀바귀, 도라지, 마늘종, 더덕, 미나리, 상추, 우엉, 유채, 봄동, 배추, 쪽파, 콩나물, 고들빼기, 쑥, 땅두릅, 원추리, 고사리
4월	상추, 미나리, 고사리, 시금치, 죽순, 머위, 쪽파, 쑥갓, 땅두릅, 더덕, 콩나물, 달래, 표고버섯, 취, 쑥, 봄동
5월	감자, 땅두릅, 더덕, 도라지, 머위, 우엉, 시금치, 쪽파, 아욱, 쑥갓, 콩나물, 고구마순, 완두, 미나리, 참취, 파, 상추, 양파, 마늘, 마늘종

출처 : 김윤선(2003), 약이 되는 한국음식, 훈민사.

(1) 감자

감자는 가열해도 파괴되지 않는 비타민 C가 풍부하고, 칼륨과 식이성 섬유가 몸속의 노폐물을 배출하는 역할을 하여 피부 미용에도 좋다. 칼륨과 식이성 섬유는 나트륨을 변과 함께 몸 밖으로 배출하는 역할을 하기 때문에 짠 음식을 많이 먹는 우리나라 사람들에게 감자는 매우 필요한 먹을거리다. 또한 우리나라 사람들은 곡류나 생선, 육류처럼 산성식품의 섭취가 많은 편인데, 감자는 알칼리성 건강식품이기 때문에 산성식품을 섭취가 많은 우리 몸에 바른 균형을 유지 하게도 한다.

(2) 표고버섯

표고버섯은 영양가가 많으면서 칼로리가 낮아 다이어트에 효과적이다. 또 표고버섯에 있는 멜라닌(melanin) 색소는 정신을 안정시켜 주고 스트레스를 해소하며 항암, 항바이러스의 효과도 있다. 표고버섯의 레티닌(retinene) 성분은 장을 맑고 튼튼하게 해주며 고혈압에도 좋다. 생 표고버섯은 수분이 많고 식이섬유가 풍부하다는 장점이 있는 반면 햇볕에 말린 건 표고버섯은 말리는 과정에서 비타민 D가 만들어져 칼슘의 흡수를 돕기 때문에 아이들의 뼈를 성장시키고 여성들의 골다공증을 예방해준다.

(3) 도라지

도라지는 사포닌(saponin) 성분이 풍부하여 가래를 없애주기 때문에 기관지 계통에 좋다. 그래서 오랫동안 기침이나 가래 때문에 고생한다면 도라지즙을 먹으면 좋다. 또 도라지에 함유된 이눌린(inulin) 성분은 몸의 해로운 균을 억제하는 역할을 한다.

2) 여름

여름은 땀으로 수분이 손실되기 쉬우므로 체력 소모가 많고, 지쳐서 입맛을 잃기 쉽다. 그래서 수분과 비타민 공급에 좋은 딸기, 수박, 참외, 토마토 등의 야채와 과일을 충분히 섭취해 주는 것이 좋다. 여름 제철 야채는 열무, 오이, 애호박, 깻잎, 풋고추 등이 있다.

표 Ⅲ-1-2 여름의 음식재료

월별	야채류
6월	근대, 오이, 양배추, 통마늘, 토마토, 우엉, 아욱, 콩나물, 청둥호박, 양파, 부추, 감자
7월	오이, 가지, 호박, 감자, 토마토, 부추, 깻잎, 노각, 콩나물, 양배추, 옥수수, 열무
8월	감자, 강낭콩, 오이, 가지, 배추, 호박, 토마토, 부추, 깻잎, 고구마, 고구마순, 노각, 콩나물, 무, 미역줄기, 땅두릅, 풋고추, 열무, 옥수수

출처 : 김윤선(2003), 약이 되는 한국음식, 훈민사.

(1) 호박

호박은 부기 제거에 탁월한 효과를 발휘하기 때문에 산모에게 필수음식이다. 또한 카로틴(carotene) 성분이 풍부하여 암을 예방하고 치료하는 데 좋고, 비타민 A가 풍부해서 야맹증이나 눈의 피로를 덜어 준다. 베타카로틴(beta-carotene; 엽산과 더불어 산모와 태아에게 꼭 필요한 영양소)은 인체의 면역력을 향상시켜 주고, 비타민과 미네랄은 혈액순환을 돕는다. 또한 위를 튼튼하게 하여 소화 흡수를 원활하게 하고 이뇨 작용을 촉진시키는 일도 한다. 피부 미용에도 영향을 미치는데, 칼륨이나 각종 비타민이 풍부하기 때문에 꾸준히 섭취하면 맑고 생기 있는 피부를 유지할 수 있다.

(2) 고구마

고구마는 감자보다 칼로리는 높지만 당지수가 낮아 다이어트에 효과적이다. 비타민 C와 E가 많이 들어 있어 미용 건강식으로 꼽히며, 항암작용을 하는 식품 가운데에서도 으뜸이다. 게다가 혈액순환을 돕고 혈압을 낮추며, 장을 튼튼하게 해주어 변비를 막아 준다. 밥보다 칼로리가 적으면서 포만감이 크기 때문에 다이어트 식품으로도 일품이고, 피부가 거칠어지는 것을 막고 노화를 예방해주어 미용 목적으로도 흠잡을 데 없는 식품이다. 또한 탄수화물과 조섬유, 칼슘, 칼륨, 인, 그리고 비타민A의 전구체인 베타카로틴(beta-carotene)과 비타민 C 등은 대표적인 알칼리성으로, 우리 몸이 산성화되는 것을 막아 준다.

고구마를 먹을 때 껍질을 까서 먹는 경우가 많은데 고구마 껍질에는 안토시아닌(anthocyanin)이 많이 포함되어 있으므로 가급적 껍질째 먹는 것이 좋다. 그리고 비타민 A와 C, E는 뿌리보다는 잎과 줄기에 더 많이 존재하기 때문에 조리해서 반찬으로 만들어 먹을 것을 권한다.

최근에는 여러 가지 개량 품종들이 등장하여 우리 입맛을 더욱 돋우고 있다. 그 중에서 가장 대표적인 것이 호박고구마와 자색고구마이다. 호박고구마는 베타카로틴(beta-carotene)의 함량이 100g당 14,700mg으로 보통 고구마(113mg)에 비해 훨씬 높으며, 수분이 많이 들어 있어 생식용으로 많이 쓰이고, 아이들이 먹기에도 불편함이 없다. 자색고구마는 안토시아닌(anthocyanin) 성분이 다량 포함되어 있어 항산화작용이 뛰어나다. 자색고구마의 항산화작용은 블루베리와 견주어 보더라도 전혀 손색이 없을 정도로 높다고 한다.

(3) 양배추

양배추는 올리브, 요구르트와 함께 세계 3대 장수식품으로 꼽힌다. 비타민 C를 비롯해 비타민 U, 비타민 K, 칼슘, 식물섬유 그리고 칼륨 등의 미네랄이 풍부하다. 이러한 양배추는 항암작용과 항산화작용을 돕는 성분이 풍부하고 위장의 점막을 강화하여 위궤양과 위암을 예방한다. 또 칼로리가 낮아 살찔 염려도 없고 식이섬유가 풍부해 변비 예방에 좋다.

적양배추는 흰 양배추 보다 식이섬유가 7배 이상 들어 있어 변비에 더욱 좋다. 베타카로틴(beta-carotene), 리코펜(lycopene)과 같은 항산화물질도 풍부하며, 위액분비를 억제하고 궤양조직을 재생시켜 주는 비타민 U는 열에 파괴되기 쉬우므로 생으로 먹는 게 좋다.

3) 기을

가을은 수확의 계절로 "천고마비(天高馬肥)"의 계절이라고 불리울 정도로 곡류와 사과, 배, 감, 밤, 대추, 유자, 모과 등의 과일이 풍성하다. 채소로는 버섯류가 많으며 토란, 연근, 무, 배추, 고구마 등이 많이 난다.

표 Ⅲ-1-3 가을의 음식재료

월별	야채류
9월	가지, 토란, 홍고추, 시금치, 고구마, 싸리버섯, 콩나물, 표고버섯(말린 것), 풋콩, 느타리버섯, 당근, 감자
10월	무, 샐러리, 토란, 자연송이, 시금치, 호배추, 고구마, 싸리버섯 콩나물, 씀바귀, 고추, 팥, 느타리버섯, 양송이버섯, 고들빼기
11월	갓, 시금치, 무, 배추, 샐러리, 대파, 콩나물, 연근, 우엉, 늙은호박

출처 : 김윤선(2003), 약이 되는 한국음식, 훈민사.

(1) 당근

당근에는 녹황색채소에 많이 들어 있는 비타민 A가 풍부하기 때문에 당근을 섭취하면 야맹증을 예방하고 발육을 촉진할 수 있다. 또한 베타카로틴(beta-carotene)이 많아 암 예방에 좋은데, 이 베타카로틴(beta-carotene)은 껍질에 많이 들어 있어 가급적이면 무농약 이상의 당근을 구입하여 깨끗이 씻은 뒤 껍질까지 먹는 것이 좋다. 베타카로틴(beta-carotene)은 식초

(2) 배추

배추는 비타민과 미네랄이 풍부하고 칼슘과 철분, 아연도 많이 들어 있어 겨울철 면역력을 향상시켜 준다. 섬유질이 많아 변비에 좋으며, 신장이 약해져 눈이 침침하거나 어른거리는 노화현상을 치유해 주기도 한다. 그뿐만 아니라 위의 기능을 강화시켜 주고 폐 기능을 좋게 한다.

(3) 무

무는 각종 소화효소가 많이 들어 있다. 전분을 분해하는 디아스타아제(diastase), 단백질 분해효소인 프로테아제(protease)가 대표적인 예이다. 그래서 무는 예로부터 과식을 했을 때 천연소화제로 이용되어 왔다. 또한 무에는 식이섬유가 많아 체내 노폐물을 배출하고 변비를 예방하는 역할을 하는데, 더불어 식이섬유가 당의 흡수를 지연시켜 주기 때문에 당뇨병이 있는 환자에게 좋다. 그 밖에도 무를 먹으면 기침과 천식 개선, 노화방지, 간 기능 개선, 고혈압 개선 등과 같은 효과를 얻을 수 있다.

1.2 계절별 음식 레시피

1) 봄 : 도라지생채

출처 : 김윤선(2003), 약이 되는 한국음식, 훈민사.

그림 Ⅲ-1-1 도라지생채

(1) 재료 및 분량

통도라지 50g, 소금

※ 양념장 : 고추장 1작은술, 다진 파 1/2작은술, 다진 마늘 1/4작은술, 설탕 1/2작은술, 식초 1/2작은술, 깨소금

(2) 조리방법

가. 재료 손질하기

통도라지는 껍질을 제거하고 6cm × 0.3cm × 0.3cm 폭으로 찢어 소금에 주물러 쓴맛을 뺀 다음 물기를 제거한다.

나. 양념장 만들기

파와 마늘을 곱게 다지고 고추장, 설탕, 식초, 깨소금을 넣고 만든다.

다. 그릇에 담기

그릇에 담긴 찢은 도라지에 양념장을 조금씩 넣어 무친 다음 접시에 담는다.

(3) 음식이야기

도라지는 길경(桔梗)이라고 불리며 성미는 맛이 매우 쓰고(苦) 성질은 따뜻하다(溫). 예로부터 호흡기 질환에 이용되어 왔고, 특히 사포닌(saponin)은 기관지 점막의 분비 작용을 도와 가래를 없애 주며 목이 아플 때에도 좋은 약선재료이다. 도라지에는 이눌린(inulin) 등의 성분이 있어 기침, 가래, 해열, 급만성 편도선염, 급만성 기관지염, 화농성 기관지염, 인후염 등에 좋은 효과를 나타낸다. 도라지는 알칼리성 식품으로 우리나라에서는 식용이나 약용으로 사용하지만 다른 나라에서는 약용으로만 사용한다. 보통 2~4년 자란 뿌리의 색이 희고 곧고 탄력이 있는 것이 좋다. 또한 뿌리에는 단백질, 당분, 칼슘, 철분, 회분, 인 같은 무기질이 많을 뿐 아니라 비타민 B_1, B_2도 들어 있다. 날것은 가늘게 갈라서 생채나 나물로 만들어 먹고, 통으로 말린 도라지는 불려서 쇠고기, 버섯 등과 함께 꼬치에 꿰어 적(炙)을 만들고 잡채, 정과로도 이용된다. 또한 도라지의 쓴맛을 제거하기 위해 소금을 넣는데 식초를 약간 넣어 주무르면 도라지 색이 더욱 하얗게 되어 빛깔 좋은 도라지 볶음을 만들 수 있다.

2) 여름 : 오이소박이

출처 : 김윤선(2003), 약이 되는 한국음식, 훈민사.

그림 Ⅲ-1-2 오이소박이

(1) 재료 및 분량

오이 1개, 소금 2큰술, 물 1/2컵

※ 오이소 : 부추 20g, 파 1/2뿌리, 마늘 2쪽, 생강 1/2쪽, 고춧가루 1큰술, 물 3큰술

(2) 조리방법

가. 오이 절이기

오이는 소금으로 문질러 깨끗이 씻은 후에 6cm 길이로 잘라 양끝 1cm를 남기고 십자(+)로 칼집을 넣고 소금물에 절인다.

나. 소 만들기

부추는 0.5cm 길이로 짧게 썰고 파와 마늘, 생강은 곱게 다지며 고춧가루, 소금, 물을 넣고 소를 만든다.

다. 속 채우기

절여진 오이는 물기를 제거하고 칼집 사이에 소를 골고루 넣는다.

라. 그릇에 담기

오이소박이를 그릇에 담고 속을 버무린 그릇에 물을 1/2큰술 넣어 섞고 그 물을 소박이 위에 붓는다.

(3) 음식이야기

오이의 꼭지에는 쿠커바이타신(cucurbitacin)의 쓴맛을 내는 성분이 함유되어 있는데 이 물질은 항암효과가 있는 반면 설사를 일으키기도 하여 음식으로 사용할 때에는 제거하고 이용한다. 오이에는 칼륨도 다량 함유되어 체내 노폐물과 소금기를 배출하는 작용을 하므로 고혈압이나 신장병 환자에게 권할 만한 약선재료이다. 또한 땀띠, 화상, 종기가 있을 때도 이용하고, 목이 아프고 말랐을 때, 가슴이 답답하고 여름에 더위를 먹었을 때 혹은 등산할 때도 이용한다.

3) 가을 : 고구마 다식

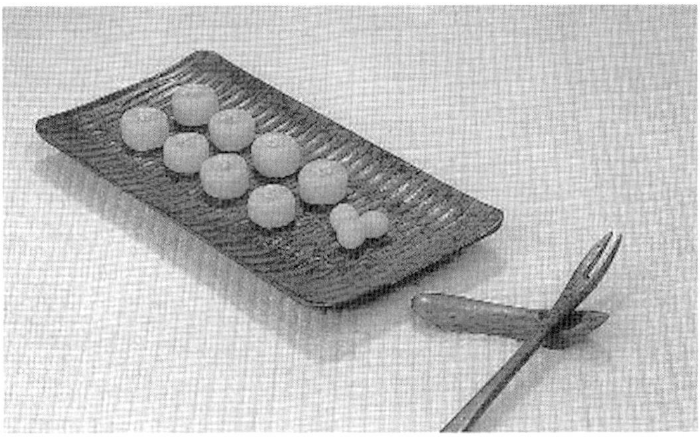

출처 : 김윤선(2003), 약이 되는 한국음식, 훈민사.

그림 Ⅲ-1-3 고구마다식

(1) 재료 및 분량

고구마 2개, 꿀 3큰술, 소금

(2) 조리방법

가. 재료 손질하기

고구마는 삶은 후 으깬 다음 꿀과 소금을 넣어 치댄다.

행인은 종이를 깔고 곱게 다진다.

나. 모양 만들기

반죽을 일정한 크기로 만든 다음 완자모양으로 빚는다.

모양을 빚은 꿀을 묻혀 행인가루를 얹는다.

(3) 음식이야기

고구마는 감저(甘藷)라고 불리며 맛이 달고(甘) 성질은 어느 쪽으로도 치우침이 없다(平). 고구마는 소화기관을 튼튼히 하고 혈액을 보충해 주며 비타민 C를 다량 함유하고 있다. 또한 조리 후에도 70~80%의 영양소가 잔존하여 몸 안의 신진대사를 원활하게 하는 효과를 가지고 있다. 이와 함께 고구마는 당질이 많고 수분이 적은 칼로리 식품으로 열량이 부족한 어린이들에게 좋은 간식이 된다. 그리고 어린이들에게 진액(津液; 땀, 콧물 등의 몸 안의 액체)을 생성시키며, 특히 음식 섭취를 조절하지 못하여 비위(脾胃)가 상하거나 습열(濕熱)이 몰려서 생기는 병인 비감(脾疳)은 얼굴이 누렇고 몸이 여위어 잠을 잘 자지 못하고 머리카락에 윤기가 없는 증상이 나타나기에 이에 권할 만한 약선 재료이다.

4) 겨울 : 무생채

출처 : 김윤선(2003), 약이 되는 한국음식, 훈민사.

그림 Ⅲ-1-4 무생채

(1) 재료 및 분량

무 100g, 파 1/4개, 마늘 1쪽, 고춧가루 1큰술, 소금 1/3작은술, 설탕 1작은술, 식초 1작은술, 깨소금

(2) 조리방법

ㄱ. 무 손질하기

무는 깨끗이 손질하여 길이 6cm × 0.2cm × 0.2cm의 일정한 크기로 썬다.

ㄴ. 양념장 만들기

파와 마늘을 곱게 다지고 고추장, 소금, 설탕, 식초를 넣어 양념장을 만든다.

ㄷ. 그릇에 담기

빨갛게 물들인 무채에 양념장을 넣고 골고루 무쳐 그릇에 담아 낸다.

(3) 음식이야기

무에는 디아스다아제(diastase)라는 소화효소가 들어 있어 예부터 무를 많이 먹으면 속병이 없다는 말이 있을 정도로 위장병에 좋은 식품이다. 뿐만 아니라 비타민 C의 함량이 높은데 특히 무 껍질에 더 많이 함유되어 있어 껍질을 도려내지 말고 깨끗이 씻어서 먹는 것이 좋다. 과식을 했을 때 무즙을 내 먹으면 소화가 잘될 뿐 아니라 산도를 중화시켜 주기도 한다. 또한 소량이긴 하지만 양질의 아미노산을 함유하고 있어 부족하기 쉬운 라이신(lysin)을 공급해 주며 잎에는 비타민 A로 변하는 카로틴(carotene)이 들어 있고 칼슘 함량도 풍부하다. 무를 구입할 경우 모양이 좋고 빛깔이 희며 무청이 달려 있는 것이 싱싱한데, 진흙에서 자란 것이 같은 품종이라도 달고 맛이 좋다. 무로 만드는 음식에는 김치, 무생채, 무나물, 무국 등이 있으며, 초여름과 늦가을에 무를 썰어서 말려 두었다가 필요할 때 불려서 간장이나 고추장으로 무친 장아찌가 별미이다. 무의 매운맛인 알릴(allyl)성분은 육류나 생선의 냄새를 제거하므로 찜, 찌개, 조름 등에 빠지지 않고 조리 된다.

2. 질병과 식단

1.1 대사증후군(metabolic syndrome)

대사증후군이란 뇌심혈관질환 및 당뇨병의 위험을 높이는, 체지방 증가, 혈압 상승, 혈당 상승, 혈중 지질 이상 등의 이상 상태들의 집합을 말한다. 대사증후군이 있는 경우에는 심혈관 질환의 위험을 두 배 이상 높이며, 당뇨병의 발병을 열 배 이상 증가시킨다. 이러한 대사증후군은 단일한 질병이 아니라 유전적 소인과 환경적 인자가 더해져 발생하는 포괄적 질병이다.

1) 고혈압(hypertension)

혈압이란 혈액이 혈관 벽에 가하는 힘을 말한다. 혈압을 읽을 때에는 수축기 혈압(최고혈압)과 확장기 혈압(최저혈압)으로 나누어서 읽는다. 수축기 혈압은 심장이 수축하면서 혈액을 내보낼 때 혈관에 가해지는 압력이고, 확장기 혈압은 심장이 확장(이완)하면서 혈액을 받아들일 때 혈관이 받는 압력이다.

고혈압은 18세 이상의 성인에서 수축기 혈압이 140mmHg 이상이거나 확장기 혈압이 90mmHg이상인 경우를 말한다. 고혈압은 크게 두 가지로 분류할 수 있는데, 원인 질환이 밝혀져 있고 이에 의해 고혈압이 발생하는 경우를 이차성 고혈압이라고 하며, 원인 질환이 발견되지 않는 경우를 본태성(일차성) 고혈압이라고 한다. 전체 고혈압 환자의 약 95%는 본태성 고혈압이다. 본태성 고혈압이 생기는 근본적인 이유는 명확하지 않지만, 심박출량(cardiac output; 심장에서 1분 동안 박출하는 혈액의 양)의 증가나 말초 혈관저항의 증가에 의한 것으로 생각된다. 고혈압과 관련된 위험인자에는 고혈압의 가족력, 음주, 흡연, 고령, 운동 부족, 비만, 짜게 먹는 식습관, 스트레스 등의 환경적, 심리적 요인이 있다.

(1) 실천사항

가. 정상체중을 유지한다.

나. 염분 섭취를 제한한다.

다. 술의 섭취를 주의한다.

- 술의 허용량 : 맥주 1~2캔, 소주 1~2잔, 포도주 120~240㎖ 정도

라. 총 지방 섭취를 제한하며, 포화지방의 섭취를 줄인다.

마. 섬유소는 충분히 섭취한다.

- 섬유소를 섭취할 경우 콜레스테롤 수치도 낮춰 주고 체중조절에도 도움이 된다. 섬유소는 신선한 채소, 잡곡, 콩류, 해조류 등에 많다.

바. 규칙적으로 운동을 한다.

(2) 식단정보

표 Ⅲ-1-5 고혈압의 식단

구분	음식명	재료	분량
아침	콩밥	콩밥	1공기
	무국	무국	1그릇
	달걀찜	달걀	1개
	깻잎나물	깻잎	1작은접시
	도라지생채	도라지, 오이	1작은접시
	김구이	김	2장
	무초절이	무	1/2작은접시
점심	쌈밥	쌀밥	1공기
	쌈장	상추, 깻잎, 케일, 신선초	1접시
	왜된장국	팽이버섯	1그릇
	제육불고기	돼지고기 80g	1작은접시
	해초무침	해초	1작은접시
저녁	잡곡밥	잡곡밥	1공기
	배추국	배추국	1그릇
	삼치구이	삼치	1토막
	두부전	두부	2쪽
	콩나물겨자채	콩나물	1작은접시
	가지나물	가지	1작은접시
	양배추김치	양배추	1/2작은접시
간식	토마토	토마토	1개(대)
	저지방우유	저지방우유	1컵

출처 : www.dietitian.or.kr/index.do 대한영양사협회

2) 당뇨병(diabetes mellitus)

당뇨병은 인슐린의 분비량이 부족하거나 정상적인 기능이 이루어지지 않는 등의 대사질환의 일종으로, 혈중 포도당의 농도가 높아지는 고혈당을 특징으로 하며, 고혈당으로 인하여 여러 증상 및 징후를 일으키고 소변에서 포도당을 배출하게 된다.

당뇨병은 제1형과 제2형으로 구분되는데, 제1형 당뇨병은 이전에 '소아당뇨병'이라고 불렸었으며, 인슐린을 전혀 생산하지 못하는 것이 원인이 되어 발생하는 질환이다. 인슐린이 상대적으로 부족한 제2형 당뇨병은 인슐린 저항성(insulin resistance; 혈당을 낮추는 인슐린 기능이 떨어져 세포가 포도당을 효과적으로 연소하지 못하는 것)을 특징으로 한다. 제2형 당뇨는 식생활의 서구화에 따른 고열량, 고지방, 고단백의 식단, 운동 부족, 스트레스 등 환경적인 요인이 크게 작용하는 것으로 보이지만, 이 외에 특정 유전자의 결함에 의해서도 당뇨병이 생길 수 있으며, 췌장 수술, 감염, 약제에 의해서도 생길 수 있다.

(1) 제1형 당뇨병 실천사항

가. 당질이 함유된 식품은 항상 일정하게 섭취한다.

- 밥, 떡, 감자, 크래커, 과일, 우유 등

나. 설탕이 많이 들어간 음식은 피하고 조리 시에 양념으로 조금만 사용한다. 당질이 농축된 식품들은 혈당을 빨리 올리고 혈당조절을 어렵게 하므로 가능한 피한다.

- 설탕, 꿀, 매실 엑기스, 물엿, 잼, 초콜릿, 청량음료, 아이스크림, 과즙음료 등

다. 섬유소가 많은 음식을 먹는다. 섬유소는 당의 흡수를 지연시켜 혈당조절에 도움을 주며 공복감을 덜어주기 때문에 많이 섭취한다.

- 과일주스보다는 생과일을 섭취한다.
- 채소즙보다는 생채소나 나물반찬으로 먹는다.

- 도정되지 않은 곡류나 잡곡 등을 많이 사용한다.
- 고기나 생선 요리 시 채소를 함께 사용한다.

라. 콜레스테롤과 포화지방산이 많은 음식은 가급적 적게 먹는다. 육류의 기름기, 껍질 및 내장, 버터 등은 콜레스테롤과 포화지방산이 많이 들어 있으므로 가급적 적게 먹는다. 대신 생선이나 콩 및 두부, 식물성기름 등을 이용한다.

마. 가능한 싱겁게 먹는다.

- 건강과 합병증 예방 등을 위해 소금 섭취를 줄이는 습관을 갖는다.
- 가공식품과 염장식품의 섭취를 줄인다.

바. 편식하지 않고 여러 가지 식품을 골고루 먹는다.

사. 외식 시에는 곡류, 어육류, 채소류 등이 다양하게 배합된 음식을 선택한다.

- 비빔밥, 한정식 등

아. 식사는 가족과 함께 즐거운 기분으로 하며, 식사를 거르거나 과식하지 않는다. 혈당조절이 잘 되는 경우 한 달에 한 번 정도 생일, 크리스마스, 명절, 외식 시 '자유식의 날'을 정하여 인슐린이나 운동 등으로 혈당조절을 하도록 한다.

자. 음식을 천천히 꼭꼭 씹어 먹도록 하며, 식사나 간식은 정해진 시간, 정해진 장소에서 먹는다.

차. 저울을 사용하여 눈대중량을 익히도록 한다.

카. 저혈당에 대비하여 간식을 항상 준비해 둔다.

- 설탕물, 요구르트 1개, 오렌지주스 1/2컵, 사탕 2~3개, 콜라 1/2컵 등

(2) 제1형 당뇨병 식단정보

표 Ⅲ-1-6 제1형 당뇨병의 식단

구분	음식명	재료	분량
아침	보리밥	보리밥	2/3공기
	시래기된장국	시래기	1그릇
	장조림(+달걀)	쇠고기 20g, 달걀	1작은접시
	시금치나물	시금치	1작은접시
	김구이	김	1장
	나박김치	나박김치	1작은접시
간식	우유	우유	1컵
점심	잡곡밥	잡곡밥	2/3공기
	콩나물국	콩나물국	1그릇
	불고기	쇠고기 80g	1작은접시
	양배추쌈	양배추	1접시
	오이나물	오이	1작은접시
	김치	김치	1작은접시
간식	과일	배	1/2개
저녁	현미밥	현미밥	2/3공기
	무국	무	1그릇
	조기구이	조기	1마리
	두부부침	두부	1/4모
	버섯나물	버섯	1작은접시
	김치	김치	1작은접시

출처 : www.dietitian.or.kr/index.do 대한영양사협회

(3) 제2형 당뇨병 실천사항

가. 당질이 함유된 식품은 항상 일정하게 섭취한다.

- 밥, 떡, 감자, 크래커, 과일, 우유 등

나. 설탕이 많이 들어간 음식은 피하고 조리 시에 양념으로 조금만 사용한다. 당질이 농축된 식품들은 혈당을 빨리 올리고 혈당조절을 어렵게 하므로 가능한 피한다.

- 설탕, 꿀, 매실 엑기스, 물엿, 잼, 초콜릿, 청량음료, 아이스크림, 과즙음료 등

다. 섬유소가 많은 음식을 먹는다. 섬유소는 당의 흡수를 지연시켜 혈당조절에 도움을 주며 공복감을 덜어주기 때문에 많이 섭취하도록 한다.

라. 기름을 많이 쓰는 튀김보다는 찌거나 삶는 조리방법을 선택한다.

마. 콜레스테롤과 포화지방산이 많은 음식은 가급적 적게 먹는다.

- 육류의 기름기, 껍질 및 내장, 버터 등은 콜레스테롤과 포화지방산이 많이 들어 있으므로 가급적 적게 먹도록 한다. 대신 생선이나 콩 및 두부, 식물성기름 등을 이용하도록 한다.

바. 가능한 싱겁게 먹는다.

- 건강과 합병증 예방 등을 위해 소금섭취를 줄이는 습관을 갖도록 한다.
- 가공식품과 염장식품의 섭취를 줄인다.

사. 편식하지 않고 여러 가지 식품을 골고루 먹는다.

아. 외식 시에는 곡류, 어육류, 채소류 등이 다양하게 배합된 음식을 선택한다.

- 비빔밥, 한정식 등

자. 음식을 천천히 꼭꼭 씹어 먹도록 하며, 식사나 간식은 정해진 시간, 정해진 장소에서 먹는다.

차. 저울을 사용하여 눈대중량을 익히도록 한다.

카. 술은 피하는 것이 좋다.

- 술은 영양소를 전혀 포함하지 않으면서 열량을 많이 내므로 가급적 피하는 것이 좋다.

(4) 제2형 당뇨병 식단정보

표 Ⅲ-1-7 제2형 당뇨병의 식단

구분	음식명	재료	분량
아침	보리밥	보리밥	2/3공기
	시래기된장국	시래기	1그릇
	꽁치조림	꽁치	2토막
	시금치나물	시금치	1작은접시
	김구이	김	1장
	나박김치	나박김치	1작은접시
점심	잡곡밥	잡곡밥	1공기
	콩나물국	콩나물	1그릇
	불고기	쇠고기 60g	1작은접시
	상추쌈	상추	1접시
	채소스틱	오이, 당근	1접시
	김치	김치	1작은접시
저녁	현미밥	현미밥	2/3공기
	육개장	쇠고기 20g, 숙주	1그릇
	두부조림	두부	1/4모
	돌미나리무침	돌미나리	1작은접시
	버섯나물	버섯	1작은접시
	김치	김치	1작은접시
간식	우유	우유	1컵
	과일	감	1/2개

출처 : www.dietitian.or.kr/index.do 대한영양사협회

3) 고지혈증(hyperlipidemia)

고지혈증은 필요 이상으로 많은 지방성분 물질이 혈액 내에 존재하면서 혈관벽에 쌓여 염증을 일으키고 그 결과 심혈관계질환을 일으키며, 최근에는 비정상적인 혈액 내 지질상태를 이상지질혈증(dyslipidemia)으로 정의하기도 한다.

(1) 실천사항

가. 적정 체중을 유지한다.

나. 식사 중 동물성기름 섭취를 제한하고, 식물성기름으로 대체하여 섭취한다.

다. 과량의 당질 섭취를 제한한다. 과잉 섭취 시 중성지방을 상승시키는 식품으로는 밥, 국수, 감자, 고구마, 옥수수, 떡, 설탕, 사탕, 설탕이 들어간 과자나 케이크, 청량음료, 과일류가 있다.

라. 술은 가급적 피한다.

마. 충분한 섬유소를 섭취한다.

바. 싱겁게 섭취한다.

사. 규칙적으로 적절한 운동을 한다.

(2) 식단정보

표 Ⅲ-1-8 고지혈증의 식단

구분	음식명	재료	분량
아침	수수밥	수수밥	1공기
	콩나물국	콩나물	1그릇
	고등어조림	고등어	1토막
	마늘종볶음	마늘종	1작은접시
	오이생채	오이	1작은접시
점심	콩밥	콩밥	1공기
	무순미소된장국	무순	1그릇
	닭다리구이	닭고기 80g	1개
	양배추샐러드	양배추	1작은접시
	깻잎나물	깻잎	1작은접시
저녁	현미밥	현미밥	1공기
	표고탕국	표고탕국	1그릇
	조기구이	조기	1토막
	참나물무침	참나물	1작은접시
	고사리나물	고사리	1작은접시
간식	오렌지	오렌지	1개
	저지방우유	저지방우유	1컵

출처 : www.dietitian.or.kr/index.do 대한영양사협회

4) 죽상동맥경화증(atherosclerosis)

죽상경화증은 오래된 수도관이 녹이 슬고 이물질이 침착하여 지름이 좁아지게 되는 것처럼, 주로 혈관의 가장 안쪽을 덮고 있는 내막(endothelium)에 콜레스테롤이 침착하고 내피세포의 증식이 일어난 결과 '죽종(atheroma)'이 형성되는 혈관질환을 말한다. 죽종 내부는 죽처럼 묽어지고

그 주변 부위는 단단한 섬유성 막인 '경화반(plaque)'으로 둘러쌓이게 되는데, 경화반이 불안정하게 되면 파열되어 혈관 내에 혈전(thrombus; 피떡)이 생긴다. 또한 죽종 안으로 출혈이 일어나는 경우 혈관 내부의 지름이 급격하게 좁아지거나 혈관이 아예 막히게 되고, 그 결과 말초로의 혈액순환에 장애가 생긴다.

동맥경화증은 주로 혈관의 중간층에 퇴행성 변화가 일어나서 섬유화가 진행되고 혈관의 탄성이 줄어드는 노화현상의 일종이다. 이 때문에 수축기 고혈압이 초래되어 심장근육이 두꺼워지는 심장비대 현상이 나타나게 된다.

최근에는 죽상경화증과 동맥경화증을 혼합하여 죽상동맥경화라고 쓰기도 한다.

(1) 실천사항

가. 쇠고기, 돼지고기 등은 살코기만을 사용하며 눈에 보이는 기름은 가능한 제거한다.

나. 가공된 고기(베이컨, 소시지, 햄, 핫도그 등)는 지방이 많으므로 가급적 피한다.

다. 생선은 콜레스테롤을 함유하고 있으나 포화지방산이 적으므로 자주 섭취한다.

라. 기름은 포화지방이 많은 식품보다는 불포화지방이 많은 식물성 기름을 사용한다.

마. 우유는 가능한 저지방우유를 택한다.

바. 과일과 채소에는 비타민, 섬유소, 무기질 등이 풍부하므로 충분히 섭취한다. 그러나 혈액 내 중성지방이 높은 경우 과일은 적당량 섭취한다.

사. 땅콩, 호두, 잣 등의 견과류에는 불포화지방이 많지만, 지방과 열량도 많으므로 섭취 시 주의한다.

아. 간식 섭취 시 주의한다.

- 사탕 및 초콜릿에는 단순당질 및 지방이 많으므로 제한한다.

- 크래커, 감자칩, 쿠키, 케이크, 파이 등에는 포화지방 함량이 높으므로 제한한다. 대신 우유, 빵(토스트), 과일, 채소 등을 간식으로 섭취한다.

(2) 식단정보

표 Ⅲ-1-9 죽상동맥경화증의 식단

구분	음식명	재료	분량
아침	보리밥	보리밥	2/3공기
	시래기된장국	시래기	1그릇
	꽁치구이	꽁치	2토막
	시금치나물	시금치	1작은접시
	김구이	김	1장
	나박김치	나박김치	1작은접시
점심	잡곡밥	잡곡밥	1공기
	콩나물국	콩나물	1그릇
	불고기	쇠고기 60g	1접시
	상추쌈	상추	1접시
	오이초절이	오이	1접시
	김치	김치	1작은접시
저녁	현미밥	현미밥	2/3공기
	육개장	쇠고기 20g, 숙주	1그릇
	두부지짐	두부	1/4모
	돌미나리무침	돌미나리	1작은접시
	버섯나물	버섯	1작은접시
	김치	김치	1작은접시
간식	저지방우유	저지방우유	1컵
	과일	수박	1쪽

출처 : www.dietitian.or.kr/index.do 대한영양사협회

5) 비만(obesity)

비만인 경우 일반적으로 체중이 많이 나가지만 비만이 아니더라도 근육이 많은 사람은 체중이 많이 나갈 수 있기 때문에 체내에 지방조직이 과다한 상태를 비만으로 정의한다. 진단 시 신체비만지수(체질량지수, Body mass index: 체중(kg)을 신장(m)의 제곱으로 나눈 값)가 25 이상이면 비만으로 정의한다(서양인은 30 이상이며, 인종간의 차이를 고려하여 우리나라에서는 25 이상을 비만으로 정의함). 혈장으로부터 지방세포로 유입된 지방산과 포도당이 에스테르화하여 주로 중성지방의 형태로 축적된다.

(1) 실천사항

가. 하루 세끼 규칙적으로 식사한다.

나. 과식하지 않고 천천히 식사한다.

다. 기름진 음식 및 단 음식 섭취를 줄인다.

라. 인스턴트식품 섭취 및 외식 횟수가 많아지지 않도록 한다.

마. 불필요한 간식이나 야식 섭취를 줄인다.

바. 신선한 채소나 해조류는 충분히 섭취한다.

사. 수분은 충분히 섭취한다.

아. 규칙적인 운동을 한다.

(2) 식단정보

표 Ⅲ-1-10 비만의 식단

구분	음식명	재료	분량
아침	현미밥	현미밥	1/2공기
	무맑은국	무맑은국	1그릇
	달걀찜	달걀	1개
	호박나물	호박	1접시
	시금치무침	시금치	1접시
점심	보리밥	보리밥	1/2공기
	두부된장국	두부된장국	1그릇
	낙지볶음	낙지	1접시
	채소쌈	채소쌈	2접시
	쌈장	쌈장	1작은술
저녁	흑미밥	흑미밥	1/2공기
	미역국	미역국	1그릇
	삼치구이	삼치	1작은토막
	무생채	무	1접시
	깻잎나물	깻잎	1접시
간식	저지방우유	저지방우유	1컵
	복숭아	복숭아(중)	1개

출처 : www.dietitian.or.kr/index.do 대한영양사협회

1.2 치매(dementia)

치매라는 말은 라틴어에서 유래된 말로서 '정신이 없어진 것'이라는 의미를 지니고 있다. 태어날 때부터 지적 능력이 모자라는 경우를 '정신 지체'라고 부르는 반면, 치매는 정상적으로 생활해 오던 사람이 다양한 원인에 인해 뇌기능이 손상되면서 이전에 비해 인지 기능이 지속적이고 전반적으로 저하되어 일상생활에 상당한 지장이 나타나고 있는 상태이다. 여기서 인지 기능이란 기억력, 언어 능력, 시공간 파악 능력, 판단력 및 추상적 사고력 등 다양한 지적 능력을 가리키는 것으로 각 인지기능은 특정 뇌 부위와 밀접한 관련이 있다.

수술 후 혼돈 상태와 같이 의식의 장애가 있어 이차적으로 인지 기능의 저하가 나타나고 있는 경우는 '섬망'이라고 하며, 치매와 구분된다. 과거에는 치매를 망령, 노망이라고 부르면서 노인이면 당연히 겪게 되는 노화 현상이라고 생각했으나 최근 많은 연구를 통해 분명한 뇌질환으로 인식되고 있다. 흔히 치매를 하나의 질병으로 생각하고, 치매는 모두 똑같고 별다른 치료법이 없다고 속단해 버리는 경향이 있다. 그러나 치매는 단일 질환을 가리키는 말이 아니고 앞서 정의한 상태에 해당되는 경우를 통칭하는 것이다.

의학 용어를 사용한다면 특정 증상들의 집합인 하나의 '증후군'에 해당되는 것으로 이러한 치매라는 임상 증후군을 유발하는 원인 질환은 세분화할 경우 70여 가지에 이른다. 다양한 치매 원인 질환들 중에서 가장 많은 것은 '알츠하이머병'과 '혈관성 치매'이지만, 그 밖에도 루이체 치매, 전측두엽 퇴행, 파킨슨병 등의 퇴행성 뇌질환들과 정상압 뇌수두증, 두부 외상, 뇌종양, 대사성 질환, 결핍성 질환, 중독성 질환, 감염성 질환 등 매우 다양한 원인 질환에 의해 치매가 발생할 수 있다.

1) 실천사항

(1) 충분한 단백질과 열량을 섭취한다.

(2) 매 끼 균형식을 섭취한다.

(3) 환자의 기호를 충분히 반영하여 식품을 선택하고 다양한 방법으로 조리한다.

(4) 적절한 수분 섭취가 필수적이나 밤에는 과량의 수분 공급을 피한다.

(5) 변비가 되기 쉬우므로 채소나 과일을 충분히 섭취한다.

(6) 알코올의 섭취는 가능한 제한한다.

(7) 환자가 음식을 손으로 잡고 먹을 수 있는 형태로 만들어 주거나 자주 음식을 제공하여 체중 유지에 도움을 준다.

(8) 음식의 온도가 너무 뜨겁지 않도록 한다.

(9) 가능한 식사시간을 규칙적으로 하며, 식사에 대한 적절한 감독과 보호를 한다.

2) 식단정보

표 Ⅲ-1-11 치매의 식단

구분	음식명	재료	분량
아침	보리밥	보리밥	2/3공기
	열무된장국	열무	1그릇
	장조림(+달걀)	쇠고기 20g, 달걀	1작은접시
	시금치나물	시금치	1작은접시
	김구이	김	1장
	나박김치	나박김치	1작은접시
점심	잡곡밥	잡곡밥	1공기
	콩나물국	콩나물	1그릇
	불고기	쇠고기 80g	1작은접시
	가지나물	가지	1작은접시
	오이나물	오이	1작은접시
	김치	김치	1작은접시
저녁	현미밥	현미밥	1공기
	무국	무	1그릇
	조기구이	조기	1마리
	두부부침	두부	1/4모
	버섯나물	버섯	1작은접시
	김치	김치	1작은접시
간식	우유	우유	1컵
	과일	바나나	1개
	두유	두유	1컵

출처 : www.dietitian.or.kr/index.do 대한영양사협회

제2절 W(Walking)-Tour

1. 전국에 있는 걷기 코스를 도는 여행

1.1 걷기 운동의 중요성

인간의 발은 원래 걷기 위해서 만들어진 것이다. 그러므로 인간이 걷지 않는 생활을 하면 그 기능이 약해진다. 현대사회의 기계문명 발달은 인간의 걷기를 기계가 대신하여 주므로 차츰 발을 쓰지 않는 생활로 내몰리게 되었다. 그만큼 생활이 편리해지면서 동시에 운동 부족 현상을 가져왔다.

걷는 것은 몸 전체를 한 지점에서 다른 지점으로 이동시키는 단순해 보이는 움직임이지만, 이 과정이 진행되려면 관절, 뼈, 근육, 신경 등이 마치 오케스트라와 같이 조화롭게 움직여야 한다. 이중 한 부위라도 이상이 생기면 정상적으로 걷기가 불가능해진다. 인간의 장기가 균형을 잃지 않기 위해서는 하루에 최소한 10,000보는 걸어야 한다.

오늘날 의학이 고도로 발달되어 있음에도 불구하고 심장병, 고혈압, 당뇨, 관절염, 암 등이 급증하고 있는 가장 큰 원인은 걷기운동이 부족해서 온다는 것이 판명되었다. 일본의 이시하라 박사는 "암보다 무서운 병이 운동 부족병이다."라고 하였다. 여기에서 운동이 부족하다는 것은 걷기운동이 부족하다는 뜻이다. 하루 최소한 걸어야 될 보수가 부족하다는 것이다.

오늘날 성인병의 예방과 치료에는 걷기운동보다 좋은 것은 없다. 걷기운동을 하면 성인병의 80% 이상을 예방할 수 있으며, 전체 사망 위험을 25% 낮출 수 있다. 미국의 아이젠하워 대통령은 걷기운동만으로 심장병을 치료하였고, 루스벨트 대통령도 오로지 걷기운동만으로 천식을 치료하였다. 케네디 대통령은 걷기 광으로 일주일에 80km를 걸었다. 그래서 걷기는 돈 안 드는 '최고의 건강법'으로 손꼽힌다.

1.2 걷기 운동의 효과

두 발로 걷기는 오직 인간만이 가능한, 수백 종류의 척추동물과는 다른 가장 기본적인 운동 양식이다. 그래서 걷기는 인간이 하는 가장 완벽에 가까운 운동이다. 전신 운동, 체지방 연소 효과, 심폐기능 강화, 릴랙스 효과 등 끝이 없는 장점을 가지고 있는 것이 바로 걷기이다.

무엇보다 걷기는 실내든, 야외든 어디서나 할 수 있다. 의학의 아버지 히포크라테스는 2400여 년 전, “걷는 것보다 좋은 약은 없다.”라고 하였다.

1) 체력유지

체력의 기본 요소인 근력, 근지구력, 유연성, 평형성을 유지시키고 생활습관병을 방지한다.

2) 심폐기능강화

산소섭취량의 증가로 심폐기능이 향상되고, 심장질환을 예방하며, 지구력을 향상시킨다.

3) 인슐린 저항성 개선 효과

체지방을 줄이고 인슐린 작용을 향상시켜 비만, 고혈압 등을 방지한다.

4) 콜레스테롤 통제

몸에 나쁜 LDL 콜레스테롤(저밀도지단백)을 줄이고, 몸에 좋은 HDL 콜레스테롤(고밀도지단백)을 증가시켜 고지혈증, 동맥경화 등을 방지한다.

5) 뇌기능 활성화

뇌작용을 활발하게 하고 오감을 훈련시켜 자기제어 기능을 발휘시킨다.

6) 면역력 증가

자연살해(natural killer : NK) 세포를 강화하고, 각종 암세포를 억제한다.

7) 릴렉스(relax) 효과

스트레스, 불안감, 우울증을 없애고 어깨통, 요통 등을 완화시킨다.

8) 쾌조, 쾌변, 쾌통 효과

생체리듬, 자율신경의 밸런스, 체온 등 몸의 상태를 고르게 하고 숙면을 유도한다. 또한 대장을 활성화시켜 통변이 되게 한다.

9) 뼈를 튼튼하게 만드는 효과

골아세포를 활성화시켜 골밀도를 높여 골다공증이 걸릴 가능성이 30% 낮아진다. 또한 무릎 주변의 근육을 강화시켜 관절염 증상을 개선시킨다.

10) 통풍치료 효과

요산수치를 낮추어 통풍이 치료되게 한다.

11) 치매예방 효과

걷기는 양손과 양발을 리드미컬하게 움직이는 무리 없는 전신운동으로 치매 방지에 효과가 크다.

12) 요통치료 효과

바른 자세를 유지하고 걷는 것은 배와 척추의 근육을 단련시켜 어깨 질환 및 요통을 치료한다.

1.3 전국 유명 걷기 코스

1) 진안군 데미샘과 마실길

고원지대에 자리한 청정지대, 진안에 그 구비구비에 위치한 마을, 하늘, 고개 그리고 사람을 이어주는 여행길이 바로 진안 마실길 여행이다. 진안 마실길은 진안 땅 곳곳 100여개 마을, 40여개 고개를 지나는 열여섯 구간, 214km 코스로 구성되며, 지금은 용담댐과 함께 사라져 버린 옛 마을에서부터 생태산촌 마을인 노채마을까지 아름다운 진안을 흙을 밟으며 여행하는 코스이다. 또한 섬진강의 발원지인 데미샘도 이 길에서 만나게 된다. 작은 옹달샘인 데미샘은 흘러흘러 3개 도, 10개 시군, 34개의 읍을 지나는 225km의 장대한 강물이 된다.

위치 : 전북 진안군 백운면 노촌리 676

출처 : www.데미샘.kr 데미샘자연휴양림, www.jeonlado.com/ 전라도닷컴

그림 Ⅲ-1-1 진안군 데미샘과 마실길

2) 서산 아라메길

서산 아라메길이란 바다의 고유어인 '아라'와 산의 우리말인 '매'를 합친말로 바다와 산이 만나는 서산지역의 특색 있는 길이다. 자연과 사람이 함께 어우러진 대화와 소통의 공간으로 아늑함과 포근함이 담긴 친환경 트레킹 코스이다. 유기방가옥, 보원사지, 황락리미륵불, 해미읍성 등 역사를 만날 수 있으며, 그 구석구석 백제인의 은은한 미소와 마주하게 된다. 아라메길은 유기방가옥에서 해미읍성까지 이어지는 20.1km가 중심코스. 그러나 그 외에도 지선코스가 개발되어 전문 도보여행자뿐 아니라 가족 또는 연인, 친구들이 역사를 만나고 휴식을 취하며 편하게 여행할 수 있는 걷기코스다.

코스 정보 : 5개 코스/ 78.1km/ 20시간 20분

위치 : 충남 서산시 운산면 여미리 203-1

출처 : www.cnslow.net/ 걸어유 충남 도보여행길

그림 Ⅲ-1-2 서산 아라메길 2구간

5) 울릉도 숲길

폭풍우로 출항이 어려운 날, 저동으로 이동하기 위해 옛사람들이 이용했던 숲길을 되살려낸 것이 바로 울릉도 숲길이다. 울릉도 풍경이 한눈에 들어오는 믿을 수 없는 풍경, 섬사람들의 소박한 삶의 기록, 눈이 시리게 푸른 바다까지 울릉도가 품은 가장 아름다운 풍경들을 눈에 담으며 걷는 이 길. 섬 안쪽으로 구석구석 뻗어 있는 작은 농로와 흙길, 숲길, 점점 더 잊혀져 가는 마을과 마을을 이어주던 그 옛날 산길들을 걷는 길이다. 바다에서 시작해서 섬 속으로, 울릉도의 깊은 곳으로 걸어 들어가는 이 길은 현재 72km중 24km가 조성되어 도보여행자들을 기다리고 있다.

코스정보 : 1개 코스/ 25km/ 10시간

위치 : 경상북도 울릉군 울릉읍 저동리

출처 : http://www.koreatrails.or.kr/ 한국관광공사 녹색길

그림 Ⅲ-1-5 울릉도 숲길

6) 금강소나무숲길

한때 보부상들이 생활의 물건들을 짊어지고 삶을 나르던 길이 바로 금강소나무길이다. 이 길은 걸음걸음 자연생태자원과 역사문화자원을 마주하게 된다. 습지인 너불한재, 찬물내기, 산양서식지, 금강소나무군락지, 지금은 보기 힘든 성황당과 보부상들의 흔적인 말래주막거리, 샛재주막터 등을 지난다. 현재 탐방이 가능한 코스는 13.5km의 1코스로, 약 7-8시간이 소요되며, 하루탐방인원의 제한을 하고 있어 예약이 필요하다. 예약은 3일전에 가능하며 하루 40명 정도의 예약을 받고 있다. 또한 출입통제구역은 무단으로 탐방을 하는 경우 법적인 제재를 받을 수 있으므로 주의가 필요하다.

코스정보 : 4개 코스/ 61.9km/ 37시간 10분

위치 : 경북 울진군 북면 두천리

출처 : http://www.koreatrails.or.kr/ 한국관광공사 걷기여행길

그림 Ⅲ-1-6 금강소나무 숲길

7) 제주 올레길

제주올레는 도보여행의 첫 시작이 된 걷기길이다. 온전히 걷는 사람들만을 위한 길, 걷고 싶은 만큼 걸을 수 있는 긴 길을 가진 제주 올레길은 끊어진 길을 잇고, 잊혀진 길을 찾고, 사라진 길을 불러내어 지금의 제주 올레가 되었다. 아름다운 섬 제주의 숨은 비경과 작은 골목이 품은 제주만의 정겨움을 만날 수 있으며, 작은 섬들이 숨겨온 저마다 다른 매력을 올레길을 걸으며 느껴볼 수 있다. 특히 오름에서 바다로 이어지는 코스가 인상적이다. 높고 낮은 오름에서 바라본 제주의 풍경, 시원한 바다와 너른 들판 속에 숨겨진 제주의 비경이 제주올레의 진정한 매력이 무엇인지를 보여준다.

코스정보 : 20개 코스/ 93.3km/ 30시간

위치 : 제주특별자치도 서귀포시 성산읍 시흥리 1214-4번지

출처 : www.jejuolle.org/ 제주 올레길

그림 Ⅲ-1-7 제주 올레길

8) 무악산 둘레길

전국 100대 명산 중 하나인 무학산의 능선을 따라 걷는 무학산 둘레길은 정상을 향해 수직으로 오르는 등산로 개념과는 달리 수평으로 완만하게 걸으며 주변을 둘러보며 걸을 수 있는 건강 트레킹코스이다. 무학산둘레길 능선을 따라 걸으면 시야에는 마산 앞바다의 푸른 물결과 시원한 시가지를 품은 그림같은 경치가 한눈에 들어오고, 전국 100대 명산다운 최고의 자연풍광을 눈과 몸으로 경험할 수 있다. 예곡동 밤받고개에서 시작하여 만날고개, 완월폭포, 서원곡, 앵지밭골을 지나 석전사거리까지 이어지는 총 길이 12.5km의 산책로인 무악산 둘레길은 보통 걸음으로 약 3시간 30분정도 소요된다.

코스정보 : 2개 코스/ 21km/ 10시간

위치 : 경남 창원시 마산합포구 월영동

출처 : http://www.koreatrails.or.kr/ 한국관광공사 녹색길

그림 Ⅲ-1-8 무학산 둘레길

9) 지리산 둘레길

지리산 둘레 3개도(전북, 전남, 경남), 5개시군(남원, 구례, 하동, 산청, 함양) 16개 읍면 80여개 마을을 잇는 300여km의 장거리 도보길, 지리산 둘레길. 2011년까지 각종 자원 조사와 정비를 통해 지리산 곳곳에 걸쳐 있는 옛길, 고갯길, 숲길, 강변길, 논둑길, 농로길, 마을길 등을 환(環)형으로 연결하며 지리산 정상이 아닌 둘레를 돌아, 둘러 넘어가는 길이다. 그 길이 품은 시간의 이야기는 도보꾼을 매혹시키기에 충분하다. 특히 국내 최초의 장거리 도보길인 지리산둘레길은 천천히 걷기를 통하여 느림(SLOW)지향의 문화를 확산하고, 이를 통하여 국민들의 정신과 육체의 건강을 기여하고자 조성되었다.

코스정보 : 5개 코스/ 65.9km/ 27시간

위치 : 전라북도 남원시 주천면 장안리 외평마을

출처 : jirisantrail.kr/ 지리산 둘레길

그림 Ⅲ-1-9 지리산 둘레길

10) 북한산 둘레길

북한산 둘레길은 기존의 샛길을 연결하고 다듬어서 북한산자락을 완만하게 걸을 수 있도록 조성한 저지대 수평산책로로서 산행에 약한 일반인들도 쉽게 걸을 수 있는 길이다. 사람과 자연이 하나 되어 걷는 북한산 둘레길은 각각 13가지 테마로 구성되어 있으며 대도시에서 보기 드물게 자연과 벗할 수 있는 공간이다. 누구나 쉽게 우리의 소중한 자연을 보존하고 서울의 역사, 북한산의 문화, 생태를 체험 할 수 있는 길, 북한산 둘레길은 서울에서 가깝게 찾아갈 수 있는 곳에 위치하고 있다. 서울 어느 곳에서든 쉽게 갈 수 있을 만큼 교통이 편리하여 많은 탐방객들이 방문을 하고 있는 북한산 둘레길. 최근 급격한 탐방객의 증가로 자연자원 훼손 등의 문세가 발생하여, 저지대 자락길로의 탐방객 분산유도 등을 진행하고 있으므로, 북한산 둘레길로 걷기여행을 떠날 때는 코스 확인이 필요하다.

코스정보 : 13개 코스/ 43.8km/ 22시간 20분

위치 : 서울 강북구 수유 4동 산73-1

출처 : www.koreatrails.or.kr/ 한국관광공사 걷기여행길

그림 Ⅲ-1-10 북한산 둘레길

제3절 T(Thoreau)-Program

1. 텃밭 가꾸기와 숲 체험 프로그램

옛말에 "자연과 가까워지면 병과 멀어지고 자연과 멀어지면 병과 가까워진다"는 말이 있다.

인간은 본래 자연에서 태어나 자라왔으며, 자연에 순응하는 삶을 살아왔다. 하지만 산업문명이 들어선 뒤로 흙에서, 숲에서 점점 멀어지면서 그 어느 때보다 사람들의 심신이 병약해지고 있다. 인간을 먹이고, 살찌우던 흙은 지우고 빨고 없애야 할 오염물질, 각종 바이러스의 매개체가 되었으며, 숲은 헐고 베어야 할 개발의 대상으로 치부되었다.

현대인들이 자연에서 멀어지게 되면서 가장 피해를 가장 많이 입게 된 연령층은 바로 어린이들이다. 소아청소년 우울증, ADHD, 왕따, SNS 중독 등 회색빛 도시에서 태어나 시멘트로 된 사각형의 보금자리를 삶의 터전으로 성장하는 요즘의 아이들에게 각종 정신과적인 문제들이 증가하고 있는 이유는 어떻게 보면 자연이 결핍된 데 따르는 후유증 때문일지도 모른다. 미국의 아동교육 전문가 리처드 루브는 <자연에서 멀어진 아이들>이라는 책에서 이 같은 현상을 자연결핍장애(NDD, Nature Deficit Disorder)' 라고 명명하고 있다.

가벼운 정신질환을 앓고 있는 사람들은 자연을 가까이하는 것만으로도 상태가 얼마든지 호전될 수 있다. 세로토닌(serotonin)이 뿜어져 나오는 햇빛을 쬘 수 있고, 사시사철 나무들이 발산해내는 피톤치드(phytoncide)를 마음껏 마실 수 있고, 오감을 자극하는 흙을 만지고 디딜 수 있는 자연은 정신건강을 위한 최고의 힐링 공간이자, 만병통치약이다.

자연 결핍증으로 마음이 점점 시들어가고 있는 현대인들. 이제 자연의 품에서 마음껏 위로받아야 할 때다.

1.1 텃밭 가꾸기

어린 자녀들이 있는 집이라면 텃밭 가꾸기는 가족들의 정신 건강을 함양시킬 수 있는 훌륭한 여가 생활이다. 특히 스마트폰이나 게임기를 끼고 살다시피 하고, 선정적인 춤사위로 무장한 아이돌 가수들이 나오는 TV를 몇 시간씩 들여다보고 사는 우리 아이들에게 생명이 살아 꿈틀대는 텃밭은 훌륭한 인생 교재가 된다. 뿌린 만큼 거두고, 땀 흘린 만큼 되돌려 주는 자연에서 얻는 건강의 이점과 교육적 효과에 대해서는 따로 설명하지 않겠다. 무엇보다도 텃밭을 가꾸면서 부모와 아이들이 자연 속에서 몇 시간씩 노동을 하다보면, 서로 많은 얘기들을 나눌 수 있다.

1.2 화초 가꾸기

회색 아파트 빌딩 숲에서 나고 자라 자연을 접할 기회가 별로 없다면 대신 화초라도 키워 보자. 베란다에 나만의 작은 정원을 꾸려보거나, 여건상 힘들다면 실내에서 화분을 키우는 것도 좋다.

여린 싹과 꽃을 틔우는 데서 생명 에너지를 얻어 마음을 치유하고, 화초와 교감하며 심리적인 안정감을 얻을 수 있다. 또, 식물은 실내공기를 정화하는 작용을 해 각종 공해물질을 없애고, 자연으로 나를 되돌릴 수 있는 가장 쉬운 방법이다.

식물을 키우는 것이 심리적인 안정감을 주고, 희망과 감수성을 높이는데 도움이 된다고 알려지면서 최근에는 마음이 지친 이들에게 '원예치료'가 각광받고 있다. 정신질환자에게 긍정적인 효과가 입증돼 치료법의 하나로까지 자리매김하게 되었다.

1.3 숲 체험

숲으로 난 길을 조용히 혼자 따라 걸으면 계곡과 바람 소리가 어우러져 명상하기 좋은 상태가 된다. 이처럼 숲에서 산책하면서 우울증이나

ADHD와 같은 정신질환을 이겨내도록 도와주는 '숲치유'가 각광받고 있다. 가벼운 우울증, 중독 등은 숲길을 걷거나 숲을 보는 것만으로도 치유 효과가 있다. 서울백병원과 국립삼림과학원이 공동으로 외래 진료 중인 우울증 환자 18명에게 4주간 삼림치유를 시행한 결과, 우울증이 호전되는 것으로 나타났다. 참가자들의 우울증 정도(HRSD, BDI)가 낮아졌으며, 삶의 질(SF-36)은 높아졌다.

숲을 산책할 땐 거울을 하나 가져가면 게 좋다. 눈 아래에 거울을 하나 두고 걸으면 전혀 새로운 세상을 만날 수 있다. 흙과 나무 기둥만 보이는 게 아니라 하늘도 보이고, 새집이 있는 나무 꼭대기도 보면서 전혀 다른 각도에서 세상을 보는 경이로움이 있다.

1.4 국내 주요 자연휴양림

1) 대관령자연휴양림

강원도 강릉시 성산면 어흘리에 있는 대관령자연휴양림은 1988년 우리나라에서 최초로 만들어진 자연휴양림이다. 울창한 숲은 자연이 아니라 인간이 만든 것이다. 1922년부터 씨앗을 심어 싹을 키우고 가꾸었다는 기록이 있다.

대관령자연휴양림 소나무들은 주변에서 보는 흔한 소나무들과는 다르게 줄기가 곧다. 그래서 문화재 복원을 위한 목재로 지정되어 있다. 소나무 숲길은 평탄하게 잘 정리되어 노약자나 환자들도 무리 없이 산책할 수 있다. 고혈압, 당뇨, 비만 등의 육체적 질환을 가진 사람이나 임산부와 같이 과격한 신체 활동이 몸에 좋지 않은 사람에게 아주 좋은 삼림욕 코스이다.

소나무 숲 속을 거닐 때 코에서 폐 깊숙한 곳까지 파고드는 솔 향기는 도심에서 공해에 찌든 폐를 말끔하게 정화시킨다. 소나무에서 나온 피톤치드(phytoncide)는 머리뿐만 아니라 몸속을 돌고 도는 피도 깨끗하게 맑게 해준다. 또 소나무 가지 사이로 불어오는 바람은 가슴속에 쌓여 있던 근심과 걱정을 날린다. 그래서 숲에서 나오면 몸과 마음이 새로워져 내가 달라졌음을 느낄 수 있다.

위치 : 강원도 강릉시 성산면 삼포암길 133

출처 : www.huyang.go.kr/ 국립자연휴양림관리소

그림 Ⅲ-1-11 대관령자연휴양림 산림문화휴양관

2) 유명산자연휴양림

유명산의 숲 특징은 무엇보다도 사람이 만든 인공 숲과 자연이 만든 천연 숲이 함께 어우러져 있다는 것이다. 숲을 대표하는 나무는 잣나무와 낙엽송이다. 우리나라 숲 어디에서나 흔한 나무가 낙엽송이지만, 유명산 낙엽송은 1960년대 초에 심은 것들로 반백년 역사를 자랑한다.

계곡에 물이 풍부한 것도 이 휴양림의 특징이다. 물이 많아 소용돌이치는 곳이 많고, 웅덩이도 많다. 그래서 여름에는 무척 시원하다. 또 물이 많은 곳은 음이온이 풍부하다. 이런 이유로 대표적인 숲 건강 물질인 음이온과 피톤치드(phytoncide)가 풍부한 유명산은 여러 가지 질병 치유에 효과적인 좋은 숲이다.

위치 : 경기도 가평군 설악면 유명산길 79-53

출처 : www.huyang.go.kr/ 국립자연휴양림관리소

그림 Ⅲ-1-12 유명산자연휴양림 자생식물원

3) 조령산자연휴양림

충북 괴산군 영풍면에서 경북 문경시 문경읍까지 이어지는 이 휴양림은 자연과 역사가 어우러진 곳이다. 삼국시대부터 신라와 고구려의 중요한 군사적 요충지였고, 임진왜란 때에는 신립 장군이 왜병의 북상을 막기 위해 방어진을 쳤던 곳이다. 조령산 숲 입구에는 50년에서 60년 된 소나무가 들어차 있고, 숲길을 따라 조령삼관문을 지나 문경새재도립공원으로 넘어가면 드라마 <태조 왕건> 세트장까지 관광할 수 있다. 숲길의 길이는 총 7km 정도로 여유롭게 걷기에 좋다.

위치 : 충청북도 괴산군 연풍면 새재로 1795

출처 : jof.cbhuyang.go.kr/ 조령산자연휴양림

그림 Ⅲ-1-13 조령산자연휴양림

4) 산음자연휴양림

산음자연휴양림은 다양한 종류의 나무로 이루어져 있다. 인공으로 심은 잣나무, 낙엽송을 비롯해서 천연으로 자란 참나무, 층층나무, 단풍나무들이 서로 조화를 이루며 어우러져 있다.

유럽풍의 산속 휴양촌을 연상시키는 숲 속의 집과 다양한 나무들, 그리고 깨끗한 계곡물이 흐르는 산음자연휴양림은 일산을 탈출하여 가족과 함께 오붓하게 지낼 수 있는 곳이다. 또한 휴양림에는 1.5km 길이의, 숲과 자연을 체험하고 공부할 수 있는 코스가 있는데 한 바퀴를 도는 데 2시간 걸린다.

위치 : 경기도 양평군 단월면 산음리 산 84

출처 : www.huyang.go.kr/ 국립자연휴양림관리소

그림 Ⅲ-1-14 산음자연휴양림

5) 축령산 편백나무 숲

축령산의 삼나무와 편백나무 숲은 2000년 생명의 숲 가꾸기 국민운동본부와 산림청이 공동으로 선정한 '아름다운 숲'이다. 수령 30년에서 50년 된 삼나무와 편백나무들은 마치 잘생긴 나무만 모아 놓은 듯 미끈하게 쭉쭉 뻗어 있다.

여러 가지 실험 결과, 편백나무는 아주 많은 양의 피톤치드(phytoncide)를 생산하는 수종으로 알려져 있다. 특히 편백에서 내뿜는 피톤치드(phytoncide)는 살균력이 뛰어나고 아토피 치유에도 큰 효과가 있다고 한다. 축령산의 삼나무와 편백나무 숲에 들어서면 향긋한 피톤치드(phytoncide)가 온몸을 씻어 줘 삼림욕의 진수를 느낄 수 있다.

위치 : 전라남도 장흥군 서삼면 모암리 산 98 외 18필지

출처 : korean.visitkorea.or.kr/kor/inut/index.kto 한국관광공사 대한민국 구석구석 여행정보

그림 Ⅲ-1-15 축령산 편백나무 숲

6) 국립수목원(광릉)

광릉은 우리나라를 대표하는 숲이다. 500여 년 동안 인간의 간섭 없이 그 천연성을 유지해 온 자연보존림이 있기 때문이다. 광릉의 숲은 국립수목원 1,157ha를 포함하여 2,249ha나 되는 광활한 면적을 가지고 있으며, 우리나라 어느 숲보다도 많은 다양성을 가지고 있다.

위치 : 경기도 포천시 소흘읍 광릉수목원로 415

출처 : www.kna.go.kr/ 국립수목원

그림 Ⅲ-1-16 국립수목원(광릉)

7) 축령산자연휴양림

남양주시와 가평군에 걸쳐 있는 축령산자연휴양림은 울창한 숲과 계곡이 어우러진 해발 879m에 자리 잡고 있다.

가평군은 우리나라 제일의 잣 주산지로 가평 잣의 향과 질은 예로부터 유명하다. 축령산 자연휴양림이 유명한 것도 바로 수령 60년 이상 된 울창하고 아름다운 잣나무 숲 덕택이다.

축령산자연휴양림은 봄에는 철쭉꽃, 여름에는 시원한 계곡, 가을에는 아름다운 단풍, 겨울에는 설경을 볼 수 있어 사계절 모두 색다른 경험을 할 수 있는 수도권 최고의 자연휴양림이다.

위치 : 경기도 남양주시 수동면 축령산로299

출처 : korean.visitkorea.or.kr/kor/inut/index.kto 한국관광공사 대한민국 구석구석 여행정보

그림 Ⅲ-1-17 축령산자연휴양림

8) 지리산자연휴양림

우리나라 대표 명산인 지리산의 자연휴양림은 여행의 즐거움과 아울러 평온하고 안락한 자연을 즐기게 한다. 휴양림 주변의 아름다운 자연 경관, 맑은 계곡, 위용을 과시하는 산봉우리, 아기자기한 산촌마을, 오래된 사찰 등은 여행의 맛과 즐거움을 배가시킨다.

지리산자연휴양림은 산 좋고 물 맑다는 벽소령과 백두대간 등반 코스의 시발점이자 지리산의 명봉인 천왕봉을 가까이 두고 있다. 휴양림 주변 숲은 계절에 따라 자태가 다른 아름다움을 연출한다. 봄에는 벽소령의 잔설과 함께 어우러진 산벚나무 꽃의 아름다움을 선사하고, 여름에는 시원한 계곡 물과 더불어 짙푸른 녹색의 숲이 눈을 맑게 씻어 준다. 가을에는 불타는 듯한 단풍으로 보는 이의 마음까지 불태우며, 겨울에는 아름다운 설경 위로 고적감을 선물한다.

위치 : 경상남도 함양군 마천면 음정길 152

출처 : www.huyang.go.kr/ 국립자연휴양림관리소

그림 Ⅲ-1-18 지리산자연휴양림

9) 방장산자연휴양림

예로부터 지리산, 무등산과 함께 호남의 삼신산으로 추앙받던 방장산은 명나라를 숭상하던 조선시대 선비들이 중국의 삼신산 중 하나인 방장산과 비슷하다고 하여 붙인 이름이다. 휴양림에 있는 백양사와 내장사의 비자나무 숲은 볼거리와 동시에 자녀들의 자연 학습 장소로도 좋다. 비자나무는 따뜻한 지역에 자라는 상록 침엽수로, 제주도 비자나무 숲이 규모로는 더 유명하지만 이곳의 비자나무는 거목들이라 학술적인 가치가 크다.

위치 : 전라남도 장성군 북이면 방장로 353

출처 : www.huyang.go.kr/ 국립자연휴양림관리소

그림 Ⅲ-1-19 방장산자연휴양림

10) 방태산자연휴양림

강원도 인제군 방태산은 해발 1,444m 높이로 설악산, 점봉산 등과 이어진 큰 산이다. 우리나라 유일의 활엽수 보호구역인 진동계곡을 중심으로 피나무, 참나무, 박달나무, 거제수나무, 고로쇠나무, 들메나무, 개옻나무 등 다양하고 아름다운 활엽수들이 활개를 치는 곳이다. 이곳의 활엽수들은 천연으로 자랐다. 그래서 모양새도 제각각이다.

위치 : 강원도 인제군 기린면 방태산길 241

출처 : www.huyang.go.kr/ 국립자연휴양림관리소

그림 Ⅲ-1-20 방태산자연휴양림 산림문화휴양관

제2장 정신적 치유방법

제1절 M(Meditation)-Program

1. 명상을 통한 자신을 되돌아보기

명상은 자기 속에 있는 여러 가지 마음을 되돌아보고 그 마음들에서 버려야 할 것들을 마음 빼기를 통해 정확히 버릴 수 있도록 도와주는 마음 수련이다. 명상할 때 사람들은 호흡에 주의하며 집중하거나 또는 정상적으로 의식을 지배하는 생각의 흐름을 중지하기 위해 말이나, 표현 또는 소리를 반복하며 집중한다. 명상은 신체의 이완 상태, 정신의 평온과 심리적 균형을 인도해 준다고 이야기된다. 명상 훈련을 통해 사람들은 감정의 흐름과 벌어진 상황에 대처하여 반응하기 위한 조절법을 기름으로써 변화된다. 명상은 요가나 태극권처럼 정신과 신체 또는 다른 정신과 신체 치료의 일부로 수련될 수 있다. 명상은 걱정, 통증, 좌절, 스트레스나 불면증을 포함한 여러 질병 치료에 활용될 수 있다.

1.1 명상의 개념과 특성

명상은 심신 수양을 위해 정신 집중을 널리 일컫는 말로서 라틴어로 메티타티오(meditatio)라고도 한다. 인간의 의식 바탕에는 고요한 내면의식이 자리를 잡고 있으며 의식을 모아 때 묻지 않은 본성인 내면 의식을 찾아 자아를 정립하고 내면을 돌아봄으로서 인간과 자연이 하나가 되어 조화로운 삶을 살아가기 위한 노력을 진정한 명상이라 할 수 있다.

명상은 육체와 정신의 건강을 완화시키고 안정을 가져다주는 생리적, 심리적 효과가 있다. 따라서 많은 의사들이 환자들에게 여러 명상법을 권하기도 하고, 기업체에서 사원들의 작업 능률의 향상과 원만한 인간관계를 위하여 명상법을 권하기도 한다. 인간은 고요한 자신의 내면을 돌아보는 과정을 통해 인간의 본질에 대해 생각을 하게 되고 자기 자신의 본래의 모습으로 돌아간다고 하였다.

전통적으로 명상은 크게 나누어 집중명상과 통찰명상으로 구분을 할 수 있다. 집중명상은 어떤 고정된 대상을 생각하고 자신의 의식을 집중시켜 내면을 돌아보며 자신을 성찰하며 수행을 하는 것이고 통찰명상은 순간순간 변화하는 어떤 대상의 자극에 모든 의식을 집중하여 자신의 내면의 세계를 성찰하고 돌아보며 수행을 하는 것이다. 일반적으로 명상을 하는 방법에 대해 생각하면 많은 사람들은 통상적으로 주로 가부좌 상태에서 행하여지는 것으로 생각을 하나 명상은 의자에 앉거나 서서 하거나 걸으면서 하거나 누워서 하거나 다양한 방법으로 할 수가 있다.

1.2 명상에 따른 뇌파의 변화

명상을 하면 뇌에 변화가 일어난다. 뇌의 활동은 기본적으로 전기적 활동이다. 뇌에 자극이 오면 뇌 속에 있는 신경세포들은 전기적 펄스를 낸다. 이러한 펄스가 모여 특정한 형태로 나타난 것을 뇌파(EEG)라고 부른다. 뇌파는 수백만 개의 뇌세포가 보여주는 활동이 합쳐진 파형으로 5가지 유형이 있다. 과학자들은 뇌파의 변화를 통해 마음의 변화를 유추할 수 있다고 말한다.

초당 1~4의 주파수를 보이는 매우 느리고 불규칙한 뇌파가 델타(δ)파다. 델타(δ)파는 잠을 잘 때 나타나는 수면파다. 초당 4~8의 느린 주기를 보이는 뇌파인 세타(Θ)파는 각성과 수면 사이를 반영한다. 흔히 세타(Θ)파가 우세할 때 사람들은 깊은 통찰력을 경험하기도 하고 창의적인 생각이나 문제해결력이 솟아나기도 한다. 세타(Θ)파는 유쾌하고 이완된 기분과 극단적인 각성과도 관련이 있고 동시에 어떤 일을 수행하겠다는 의도성과 관련이 있는 뇌파다.

초당 8~13의 주기인 알파(α)파는 안정 상태 때 나타난다. 쾌적하고 마음이 편안할 때 보이는 뇌파가 바로 알파(α)파다. 초당 13~30의 주파수를 가진 베타(β)파는 대체로 눈을 뜨고 생각하고 활동하는 동안 나타나는 뇌파다. 정상적 인지기능이나 불안 또는 흥분과 관련된 정서상태 또는 각성상태일 때 나타나는 뇌파가 베타(β)파다. 쉽게 말해 생각이 많거나 걱정을 할 때 베타(β)파가 두드러진다. 초당 40 정도의 빠른 주파수를 보이는 감마(γ)파는 깊은 주의집중이 이뤄질 때 또는 자비심을 가질 때 특징적으로 잘 나타난다.

위에서 언급한 뇌파 가운데 특히 명상하는 동안 나타나는 뇌파가 세타(Θ)파다. 오랫동안 명상을 수행한 사람은 명상을 하지 않는 평소에도 세타(Θ)파를 쉽게 보여줄 수 있다. 다시 말해 임의대로 세타(Θ)파를 낼 수 있는 것이다. 일반인들도 어떤 통찰이나 창의적인 생각이 일어나는 순간 세타(Θ)파를 경험한다.

실험에 따르면 어려운 문제에 시달리고 있다가 해결책이 발견되는 순간 세타(Θ)파가 일어난다고 한다. 즉 세타(Θ)파 발생은 어떤 통찰이나 직관적 깨달음이 일어날 때 나타나는 현상이라고 할 수 있다. 한편 세타(Θ)파의 출현은 뇌속에서 일산화질소(NO)라는 신경전달물질이 발생하는 것과도 밀접한 관련이 있다고 알려져 있다.

명상은 세타(Θ)파를 발생시켜 인지기능을 높여주는 것 외에 신체적 실행능력도 탁월하게 발휘할 수 있도록 해준다. 운동 경기에서 대기록을 수립한 사람들은 경기 도중 명상과 비슷한 무념무상의 상태에 이른다고 한다. 즉 세타(Θ)파가 발생해 고통, 피로감, 실패에 대한 공포감 등 온갖 생각이 사라지고 최고 경지의 쾌감만이 뒤따른다고 한다.

최근에는 기능적자기공명영상(fMRI) 장치가 활용되면서 명상이나 이완, 또는 일반적인 휴식상태에서 일어나는 두뇌 활동의 실체를 실시간으로 밝힐 수 있게 됐다. 즉 fMRI는 특정한 순간 뇌의 여러 부위로 혈액이 흘러가는 모습을 정확히게 보여줌으로써 순간순간 뇌의 어느 부위가 활동하고 있는가를 알아볼 수 있게 해 준다.

미국 하버드대 의대 내과 허버트 벤슨 박사팀은 집중명상 때 나타나는

'안정과 동요'라는 심리적으로 서로 모순되는 상태가 어떻게 뇌 속에서 일어나는가를 fMRI를 통해 밝혔다. 집중명상이란 특정한 대상(불교에서는 '화두'라고 부른다)에 정신을 집중한 채 수행하는 명상법이다. 안정과 동요 현상은 명상도중 통찰이 일어날 때 더욱 두드러진다. 즉 과거부터 지속돼 오던 정신적 또는 정서적 타성이 깨지는 순간 촉발된다는 것이다. 집중명상으로 통찰에 이를 때 나타나는 fMRI 데이터를 분석해보면 뇌의 전반적인 활동성은 줄어들지만 혈압, 심장박동, 호흡의 조정과 관련된 뇌 부위의 활동성과 주의집중, 공간-시간 개념이나 의사결정과 관련이 있는 뇌 부위의 활동성은 오히려 증가해 있다.

이처럼 명상하는 동안 평소 머리를 아프게 해 오던 난제가 풀리는 통찰적 상황이 일어나면 뇌 대부분의 활동은 줄어들지만, 주의나 각성을 담당하는 뇌 부위나 평화와 이완감을 담당하는 뇌부위의 활성은 오히려 증가하므로 '안정과 동요'의 상황이 일어난다. 이는 선(禪)에서 언급하는 성성적적(惺惺寂寂)의 상태를 신경과학적으로 입증한 셈이다.

현대인들이 왜 그렇게 명상 훈련에 적극적인지는 다음의 3가지 관점에서 이해될 수 있을 것이다. 첫째, 스트레스에 관련된 질병을 이완시킬 수 있을 뿐만 아니라 통증 관리, 모든 스트레스로부터 자신을 스스로 조절할 수 있으며 둘째, 자신을 이해하고 자신의 정신 치료를 위해서 자기 성찰의 정신생물학적 형태로서 자기 탐구의 도구로 활용되며, 셋째, 다양한 종교적인 수련 속에서 일어나는 정신적 자기 해방을 위해서도 매우 좋은 도구가 되기 때문이 아닌가 생각된다.

1.3 단계별 명상법

명상의 한 예를 다음과 같이 수행하는 데는 약 10~15분 정도 소요된다.

1) 가능하다면 잔잔하고 부드러운 음악을 낮은 볼륨으로 틀어 놓고 바닥이나 의자에 편안히 앉는다. 이때 품이 넉넉한 옷을 입고 양팔을

편안하게 늘어뜨려 놓는다. 그리고 몇 분 동안 힘을 빼고 편안한 자세를 유지한다.

2) 생각이 산만하다면 편안한 상태로 돌아가도록 가볍게 움직이는 동안 그대로 내버려 둔다.

3) 시작하기 위해 당신 앞에 보이는 나무나, 촛불이나, 그림 같은 특별한 목표물에 눈을 고정시키고 그들의 단순함과 아름다움에 주목한다.

4) 더욱 편안해질 때 점점 숨을 들이마시고 내 뱉는 속도를 천천히 낮추고 호흡에 집중한다(멈춤).

5) 긴장을 풀고 즐긴다(멈춤).

6) 입을 다물고 어깨의 힘을 뺀다(멈춤).

7) 천천히 숨을 깊게 코로 들이마셔 복부가 밖으로 나올 정도로 호흡한다.

8) 천천히 넷까지 셀 때까지 호흡을 멈춘다. 그리고 천천히 여섯까지 셀 때까지 입을 통해 나오도록 호흡한다.

9) 숨을 들이마신다(셋, 넷, 다섯, 여섯).

10) 숨을 죽인다(둘, 셋, 넷).

11) 숨을 뱉는다(셋, 넷, 다섯, 여섯).

12) 숨을 들이마신다(셋, 넷, 다섯, 여섯).

13) 숨을 죽인다(둘, 셋, 넷).

14) 숨을 뱉는다(셋, 넷, 다섯, 여섯).

15) 숨을 들이마신다(셋, 넷, 다섯, 여섯).

16) 숨을 죽인다(둘, 셋, 넷).

17) 숨을 뱉는다(셋, 넷, 다섯, 여섯).

18) 숨을 들이마신다(셋, 넷, 다섯, 여섯).

19) 숨을 죽인다(둘, 셋, 넷).

20) 숨을 뱉는다(셋, 넷, 다섯, 여섯).
21) 숨을 들이마신다(셋, 넷, 다섯, 여섯).
22) 숨을 죽인다(둘, 셋, 넷).
23) 숨을 뱉는다(셋, 넷, 다섯, 여섯).
24) 계속해서 숨을 들이마신다(넷, 다섯, 여섯).
25) 숨을 죽인다(둘, 셋, 넷).
26) 숨을 뱉는다(셋, 넷, 다섯, 여섯).
27) 생각들이 방황한다면 가볍게 이완할 수 있도록 하는 것을 상기한다(멈춤).
28) 이제 숨을 쉴 때 조용히 편안하게 반복한다.
29) 호흡이 순조롭고 리듬이 있는 상태다(멈춤).
30) 호흡이 쉽고 조용하다(멈춤).
31) 매우 기분이 좋음을 느낀다.
32) 기본적인 명상에 익숙해질 때, 눈을 감기를 원할 것이고 음악에 집중하거나, 연관지어 온 목표물을 계속 응시한다.
33) 계속 반복한다.
34) 호흡이 순조롭고 리듬이 있는 상태다(멈춤).
35) 평화롭고 차분해진다.
36) 계속해서 깊은 심호흡과 리듬 있는 호흡을 한다. 숨을 내쉴 때 긴장이 사라지도록 한다. 음악은 부드럽게 해 주도록 한다(멈춤).
37) 눈을 감았다면 살짝 눈을 뜨고 앞에 놓인 목표물을 응시한다(멈춤).
38) 날자를 바꿔 반복한다. 그럴수록 평화롭고 더욱 집중이 되며 이완에 이르기 쉽다.

출처 : www.hksundo.com 한국선도

그림 Ⅲ-2-1 명상

제2절 H(healing)-Letter

1. SNS을 통해 격려의 글 보내기와 치유의 음악 듣기 프로그램

21세기를 살아가는 현대인들은 각 종의 스트레스로부터 공격을 받는다. 따라서 오늘날 신체적 건강 보다 정신건강을 중요시 여겨 세계보건기구(WHO)는 '멘탈 헬스(mental health)'를 장려하기 위해여 최근 '2013~2020년 글로벌 멘탈 헬스 액션 플랜(The Global Mental Health Action Plan 2013-2020 - Zero draft)'을 발표했다. 2013년부터 2020년까지를 기간으로 두고 있는 '글로벌 멘탈 헬스 액션 플랜(The Global Mental Health Action Plan)'의 비전을 보면, '멘탈 헬스(mental health)'에 그 가치를 두고 정신적인 장애를 효과적으로 예방, 이런 장애를 겪는 사람들이 의료 서비스 및 사회복지 프로그램을 제공받아 사회적인 낙인이나 차별에서 벗어나 사람으로서의 권리를 완전히 누릴 수 있는 세상을 만드는 것을 비전으로 하고 있다. 또 액션플랜(Action Plan)의 목표는 "정신적인 웰빙(well-being)을 장려하고, 정신장애를 예방하며, 정신적 장애가 있는 사람들의 사망률과 심신장애를 감소시키는 것"이라고 한다. 액션플랜(Action Plan)에 나와 있는 '멘탈 헬스(mental health)'는 "각 개인이 자신의 능력을 실현, 삶의 스트레스를 견디고, 생산적이고 결실 있게 일할 수 있게 하고, 자신의 공동체에 기여할 수 있는 건강한 상태로 살아 나갈 수 있도록 제시한다.

세계보건기구가 장려하는 멘탈 헬스(mental health)란, 단순히 질병이 없는 상태가 아니라, '육체적, 정신적, 사회적으로 완전히 건강한 상태'를 뜻한다. 개개인이 자신의 능력을 완성하고, 삶에서 오는 스트레스를 다룰 수 있고, 생산적으로 일을 하여 사회에 공헌해야 한다는 것이다.

이처럼 정신적 건강을 위해 SNS를 통한 격려의 글 보내기, 또는 치유 음악 듣기는 마음 안정 혹은 정신 안정에 효과를 기대 할 수 있다.

※ 정신건강의 날

정신병에 대한 부정적인 인식과 편견으로 치료받지 못하는 것을 방지하기 위하여 1968년 대한신경정신의학회에서 4월 4일로 제정하였다. 4월 4일은 정신병이 부정적이라는 편견을 버리고 치료가 필요한 질병 중 하나라는 것을 강조한다는 의미이다. 우리나라에서 숫자 4는 죽을 사(死)와 소리가 같다고 하여 금기시되어 왔는데 이것이 단순한 편견일 뿐인 것처럼 정신병에 대한 사회적 선입견을 깨야 한다는 의미에서 숫자 4를 두 번 사용한 것이다.

1.1 격려의 글(법정스님의 무소유의 삶과 침묵 中)

가장 귀하고 아름다운 말
많은 말 중에서 가장 귀하고
아름다운 말은 격려의 말입니다.
그래서 사람들은 격려의 말을
예술이라고 표현하는데 주저하지 않습니다.

당장 화가나 작가가 될 수는 없지만
그보다 더 좋은 사람들에게 영향을 미치는
격려의 예술가는 될 수가 있습니다.
마크 트웨인은 멋진 칭찬을 들으면 그것만 먹어도
두 달은 살 수 있다고 하였습니다.

그렇습니다.
지금 대부분의 사람들은
음식을 못 먹어서 배고픈 것이 아니라
격려와 칭찬과 긍정적인 말에 목말라 있습니다.

부정적인 말을 피하고
긍정적인 말을 합시다.

불평과 원망의 말
상처 주는 말은 멈추고
좋은말, 칭찬의 말, 격려의 말
긍정적인 말을 하도록 합시다.

격려는 기적을 낳습니다.
격려는 그러나 하고 일어서게 합니다.
격려하면 받는 사람의 기쁨이 크지만
격려하는 사람에게도 기쁨이 남습니다.

격려는 꽃과 같아서
그것을 주는 사람의 손에도
향기의 일부를 남기기 때문입니다.

이 세상에서 영원한 것은 아무것도 없다.
어떤 어려운 일도
어떤 즐거운 일도 영원하지 않다.
모두 한 때이다.

1.2 격려 명언

1) 지탱해 주는 격려

사람들은 할 수 있다고 믿어 줄 때 자신이 할 수 있는 것보다 훨씬 더 많이 발전한다. - 존 맥스웰

나는 열심히 일하지 않으면서 자신의 지위를 향상시킨 사람을 보지 못했다. 사람은 비판적인 마음보다 긍정적인 마음에서 더 큰 노력을 내뿜는다. - 찰스 슈왑

누군가 좋은 일을 할 때 박수갈채를 보내라. 그러면 두 사람이 행복해질 것이다. - 새무얼 골드윈

실의가 당신을 움직이게 하지 마라. 그러면 분명히 성공할 것이다. - 에이브러햄 링컨

2) 향상시켜 주는 격려

우리 인생의 최고의 것들은 대부분 다른 사람의 격려를 통해 나온 것이다. - 조지 매튜 애덤스

오늘을 말하고 긍정적인 것을 이야기하라. 그러면 죽었을 때 무덤의 비석조차 좋은 말을 할 것이다. - 존 맥스웰

격려가 필요한 사람이 누구인지 어떻게 찾을 수 있을 까? 당신 곁에서 숨 쉬고 있는 바로 그 사람이다. - 투르잇 케이시

지금 보이는 대로 사람을 대하지 마라. 그 사람은 발전하지 못할 것이다. 꿈꾸는 것을 이미 이룬 사람처럼 대하라. 그러면 꿈을 이루는 사람이 될 것이다. - 괴테

인생을 되돌아볼 때 정말로 살아 있다고 느끼는 순간들은 사랑으로 행하는 순간이었다는 것을 알게 될 것이다. - 헨리 드럼몬드

다른 사람을 위해서 할 수 있는 가장 좋은 것은 물질을 나누는 것이 아니라 그 사람이 가지고 있는 것을 일깨워 주는 것이다. - 벤자민 디즈레일리

3) 희망을 주는 격려

믿음은 믿음의 사람을 지켜 준다. - 마더 테레사

격려 안에는 희망이라는 비밀이 있다. - 존 맥스웰

격려는 영혼의 산소이다. - 조지 매튜 애덤스

그러나 다른 존재로 말미암아 불길은 되살아난다. 우리는 이 불을 다시 붙여 주는 사람에게 깊은 감사의 빚을 지는 것이다. - 알버트 슈바이처

4) 변화시켜 주는 격려

아무리 바쁘다고 해도 다른 사람을 소중하게 만들 시간만큼은 반드시 가져야 한다. - 메리 케이 애시

우리의 능력을 믿는 사람들은 우리를 더 많이 격려한다. 그리고 우리가 좀 더 쉽게 성공할 수 있는 환경까지 만들어 준다. - 존 스팰딩

자신을 격려하는 최고의 길은 다른 사람을 격려하는 것이다. - 마크 트웨인

5) 공동체에 힘이 되는 격려

팀워크를 위해 가져야 할 좋은 태도는 항상 다른 사람 편에 서는 것이다. - 마거릿 카티

6) 위대함으로 이끄는 격려

자동차는 순간적으로 불꽃이 점화되어야 비로서 기계들이 작동하고, 어디든지 달릴 수 있다. 나는 우리 팀의 모든 선수가 자신들이 전체를 움직이는 불꽃이라는 것을 느끼게 만들고 싶다. - 크누트 로크니

당신의 과거는 중요하다. 그러나 미래를 바라보는 것보다 중요하지는 않다. - 존 맥스웰

사람들을 믿으라. 그러면 당신에게 진실해질 것이다. 사람들을 가치 있게 대하라. 그러면 자신들의 가치를 보여 줄 것이다. - 랠프 W. 에머슨

모든 시작은 하나의 결과이며 어떤 것의 끝이다. - 폴 발레리

1.3 치유음악

음악은 인간의 신체적(physical), 감정적(emotional), 정신적(mental)인 면에 영향을 준다. 따라서 음악은 정서적으로, 신체적으로 장애가 있는 사람들을 치료하기 위해서 사용되고 있는 반면에, 건강한 사람들을 위한 성

장의 원천으로서 사용되기도 한다.

먼저 음악에 대한 신체적 반응을 보면, 최근 대뇌 생리학에서 연구 발표한 음악의 작용은 음악을 들음으로써 대상자의 맥박이 촉진되고 음악은 심장이나 위 등의 순환기나 소화기 계통에 영향을 주며 특히 신경계통, 호흡기와 관련이 깊다고 한다. 또한 음악은 분노와 증오의 감정을 생리적으로 진정시키는 효능이 있으며 생리적으로 스트레스를 해소시키는 작용이 있다고 한다.

치유음악은 힐링 뮤직(healing music)으로 불리는데 몸이나 마음을 치유한다는 뜻을 가진 힐링(healing)이라는 단어와 음악 뮤직(music)의 합성어이다.

힐링 뮤직(healing music)은 음악으로써 몸을 치료한다기보다는 마음의 평안과 안정을 찾는 데 도움이 되는 음악 장르를 의미한다. 최근 들어 정신과 마음을 치유하는 힐링 뮤직 콘서트(healing music concert)가 사람들의 관심을 끌고 있다.

이 장르의 대표적인 음악가로는 우리나라의 자닌토(Janinto)라는 아티스트가 2006년부터 본격적으로 힐링 뮤직(healing music)을 표방하며 음악을 발표하기 시작했다. 이에 앞서 미국의 팀 제니스(Tim Janis)는 1996년도에 자신의 음악을 알리기 위해 Tin Janis Ensemble을 창단하여 미국 전역으로 연주 여행을 다녔으며 그 결과 그의 음악은 미국의 병원이나 연구소 등에서 치료나 카운슬링(counseling)을 할 때 이용되기 시작하였고, 유명한 마요 클리닉에서도 그의 음악을 치료 목적으로 사용하게 되어 2002년부터 본격적으로 치유 음악을 시작했으며 암과 에이즈 퇴치 그리고 저 소득 국가의 음악 교육을 위해 자선 공연과 앨범 판매수익금을 기부하고 있다.

출처 : http://www.mnet.com/ mnet, http://www.amazon.com/ amazon

그림 Ⅲ-2-2 자닌토(Janinto)와 팀 제니스(Tim Janis) 앨범

이와 같이 음악은 치유의 힘이 있다. 우리는 음악을 통해 마음을 정화시키고 안정시킨다. 우리의 주변에서도 접할 수 있는 숲 속의 음악회, 선상음악회, 명소에서 열리는 작은 음악회 등은 세상으로부터 받은 상처와 스트레스를 해소 시키며, 심신 안정에 도움이 되기에 권한다.

1.4 국내 주요 힐링 뮤직 콘서트(healing music concert)

1) 힐링뮤직페스티벌

(1) 진천 힐링뮤직페스티벌(2008~2010)

충청북도 진천군 진천읍 장관리에서 매년 7월 진천군 주관으로 개최되던 음악 축제로 진천군에서는 수려한 자연환경 속에서 음악을 통하여 마음의 여유와 평안을 찾자는 취지로 2008년 7월 25일 제1회 진천힐링뮤직페스티벌을 개최하였다. 제1회 행사는 'Heal Through the Music'이라는 테마로 피곤에 지친 현대인들의 마음에 윤택함을 주는 음악인 및 음악들을 선별하여 선보였다.

진천힐링뮤직페스티벌은 ‘마음치유음악공연’과 ‘마음치유놀이터’로 나뉘어 진행되는데, 중심 공연인 ‘마음치유음악공연’은 치유 음악을 중심으로 한 뮤직페스티벌로서 치유와 쉼, 여유 등을 주제로 진행되었다. ‘마음치유놀이터’는 치유를 테마로 한 부대행사로서, 심리 치료 등의 다양한 체험 행사와 함께 생거진천 농특산물이 전시 판매되었다.

출처 : https://www.arko.or.kr 한국문화예술위원회

그림 Ⅲ-2-3 진천힐링뮤직페스티벌 포스터

(2) 제주 힐링뮤직페스티벌(2012)

제주돌문화공원 일대에서 현대인의 욕구들과 완전히 해결되지 않는 스트레스로부터 일 년에 딱 한번, 음악의 모성인 힐링 뮤직으로 마음껏 벗어날 수 있는 음악축제인 힐링뮤직페스티벌이 세계자연보전총회(WCC)를 기념하여 세계의 자연문화유산으로 등재된 제주돌문화공원 일대에서 개최되었다. 이 페스티벌은 세계 환경올림픽의 의의와 제주의 자연을 한반도를 넘어 세계인과 공감할 수 있는 기회를 제공하였고, 제주의 수려한 자연환경 속에서 여유 있게 힐링 뮤직을 감상하고 다양한 예술치유(Art Teraphy)를 경험해볼 수 있는 장을 마련하였다.

(3) 서울 힐링뮤직페스티벌(2013)

5회를 맞는 힐링뮤직페스티벌에서는 'music for healing'에 일본을 대표하는 세계적인 뉴에이지 피아니스트 유이치 와타나베, 흙으로 빚은 악기 오카리나의 대가 소지로, 뉴에이지 트리오 <어쿠시틱 카페Acoustic Cafe)>의 리더 츠루노리히로, 각기 다른 개성을 가진 일본 뉴에이지 연주자 세 그룹이 함께 공연을 갖아 음악을 통한 기억 속 이미지를 찾고 이를 통해 마음의 공감을 얻어 치유코자 하는 프로젝트로 수행되었다.

(4) 파주 힐링뮤직페스티벌(2014)

제6회 힐링뮤직페스티벌(The 6th Healing Music Festival)은 평화의 계곡에서의 기도(Prayer in A Peaceful Valley) 라는 슬로건으로 임진각 평화누리 야외공연장에서 펼쳐졌다.

자연을 닮은 음악, 평화와 치유를 테마로 진행되었던 축제는 힐링뮤직 분야에서 널리 알려진 국내외 힐링뮤지션 20여 개 그룹이 초청되었고, 힐링뮤직스테이지와 함께 예술치유 프로그램들을 다양하게 접할 수 있는 "Healing Playground" 도 운영되어 몸과 마음 다양한 치유의 경험을 해볼 수 있었다.

출처 :http://www.healingfestival.co.kr 힐링뮤직페스티벌

그림 Ⅲ-2-4 힐링뮤직페스티벌 포스터

제3절 SH(Self-Help)-Group 운영

1. 자조집단(self-help group)

공통적인 문제를 가진 사람들이 모여 공통의 목적을 위하여 자발적인 비전문적 활동을 함으로써 집단 성원 개개인이 도움을 얻는 모임을 말하며, 전문적 관계에서 잘 표출되지 않는 욕구를 충족시키는 수단이 된다. 자조모임 구성원들은 동료애를 발휘하여 사회적 고립이나 낙인에 의한 은둔을 방지할 수 있고 주거, 보건, 고용 기회 면에서도 도움을 받을 수 있다.

1.1 자조집단의 개념

자조집단은 알콜중독자 모임에서 시작하여 흑인, 여성, 동성애자, 장애인, 장애인 가족, 질병 환자 모임 등으로 다양하게 형성되어 왔다.

대상의 다양성에 따라 개념과 의미가 조금씩 차이는 있지만 기본적으로 자조집단은 경험 중심의 기술을 사용하는 동료집단으로 볼 수 있다. 현대사회에서 자조집단은 국가나 전문가로부터 지원을 받을 수 있는 개개인이 모여 자신의 삶을 스스로 돕고자 조직되고 발전되었다.

▶ 다양한 자조집단의 개념화 과정에서 보이는 공통점

- 당사자주의
- 공동의 문제 해결
- 자발적이고 비전문적인 모임
- 구성원 간의 상호 호혜적 관계 구축

자조집단에 대한 일반적인 개념은 주로 공통의 문제나 삶의 특별한 욕구를 가진 사람들이 모여서 당사자 간의 지지와 도움을 구하고 함께 문제나 욕구를 해결하고, 지역사회의 자원을 공유하는 집단이다.

표 Ⅲ-2-1 자조집단에 대한 개념

구분	개념 또는 정의
사회복지학 (NASW, 1995/1999)	공통적인 문제를 가지고 있는 사람들이 모여 공통의 목적을 위하여 자발적이고 비전문적인 활동을 하는 모임
사회학 (Smith & Pillemer, 1983) (고영복, 2000)	대다수 참여자에 의해 변경 가능하고 개인적이라 인지되는 문제들을 개선하기 위한 수단으로서 인격적 상호작용과 상호부조를 가치 있게 여기는 자발적 집단 심리적 건강 회복을 위해 상호지원을 하기 위한 집단치료운동
Borkman (1976)	공통의 문제를 공유하면서 상호 원조적 노력을 통해 문제를 해결하고자 구성된 인간중심 서비스를 지향하는 자발적 협의체
Katz & Bender (1976)	특정한 목적을 달성하기 위하여 서로 돕는 소규모의 자발적인 집단
DAG SHG (1987)	질병이나 심리적 혹은 사회적 문제의 공동해결을 위한 활동을 지향하는 사람들의 자발적이고 자유로운 연합체
HHS (1987)	공동의 관심사를 나누고 서로에게 정서적 지지와 물질적 도움을 나누는 집단
Stewart (1990)	생활 장면에 있어서 사람들이 스트레스 상황이나 사건에 직면했을 때 그 스트레스를 줄이거나 문제행동을 통제할 수 있는 경험 중심의 기술을 사용하는 동료집단
이경준 (2006b)	공동의 혹은 유사한 장애특성을 안고 있는 당사자로서 각 개인들이 자발적 의지와 협력적 상호연대, 정기적 · 지속적 경험 및 정보교류와 이를 통한 정서적지지 및 상호 환류로써 문제의 해결을 모색함과 동시에 개인 · 사회(정치)적 변화를 도모하는 소규모 결사체
Zastrow (2008)	공통의 조건, 경험, 문제적 상황을 나누는 사람들로 구성하여 공통 요인과 관련된 적응능력을 향상시키기 위해 상호 원조하는 집단
송남영 외 (2014)	같은 관심을 가진 사람들이 경험을 나누고, 서로 도와 성장하기 위해 당사자 스스로 운영하는 모임 2명 이상의 여러 사람이 모여서 우리 스스로 하고 싶은 일을 회원들과 같이 결정하며 만들어 가는 모임

1.2 자조집단의 기능

자조집단이 가지는 주요 기능은 정보보급, 지지, 옹호이다.

1) 정보보급

자조집단은 개인이 직면한 상황, 조건 혹은 질병에 대한 풍부한 정보의 원천이 될 수 있다. 여기에서 전문가들이 제공하지 못하는 다양한 정보가 보급될 수 있으며 전문가들이 제공하는 정보와 중복되지 않는다. 장기적인 질병이나 상황에 영향을 받는 사람들이 직면하는 많은 실제적인 문제들에 대한 적절한 대처법이 제공될 수 있다. 그 방법은 대면적인 접촉을 통하거나 집단이 발행하는 출판물을 통해 중요한 정보를 전달하기도 한다. 정보의 내용 중에는 전문적인 서비스 제공자 선택에 관한 정보가 자조집단의 주요 관심사에 속한다. 모임 구성원들은 자신이 치료를 받은 전문가나 기관에 대한 경험적 정보를 통하여 바람직한 서비스를 얻기 위한 자료를 다른 성원들에게 제공할 수 있다.

2) 지지

자조집단은 개인적 친밀감 속에서 상호 지지한다. 그것은 전문가들이 제공하기 어려운 동료애와 격려 그리고 긍정적인 견해를 가져다 준다. 사람은 유사한 상황에 있었거나, 그것을 경험하고 극복한 누군가의 지속적인 동료애를 통해 전문가들이 주는 것과는 다른 종류의 지지를 제공받는다. 동료의 인정은 사람들이 행복감을 느끼게 돕는 특별한 잠재력을 가지고 있다. 자조 모임의 또 다른 이점은 공식적인 공간이 아닌 구성원이 참여하는 집단의 일상 활동에서 간접적으로 표현될 수 있는 인정과 칭찬이다. 즉 그들은 일상적인 활동 속에서 서로를 칭찬하고 인정할 수 있다.

3) 옹호

구성원들은 자조 집단 내에서 개별적인 경험이 늘어갈수록 옹호 활동에 연관되도록 자극 받는다. 즉 옹호는 다른 사람들에게 제공하는 도움의 일부분이 된다.

자조집단이 가지고 있는 다양한 기능을 종합해 보면, 자조집단을 통해 개인내적(intrapersonal)으로 자신의 잠재적 능력(evolving capacity)과 사회적 지지체계를 형성할 수 있고, 자조집단을 통해 개인간(interpersonal)의 사회참여와 권리옹호가 이루어진다.

1.3 자조집단의 유형

자조집단의 사회적 배경과 역사, 운영주체, 목적에 따라 다양한 유형 과 형태로 나뉠 수 있으나, 공통적으로 크게 기존 조직이나 단체의 지원하에 이루어진 당사자 조직과 당사자 자신에 의해 만들어진 당사자 자치조직으로 분류된다.

표 Ⅲ-2-2 자조집단의 유형

<table>
<tr><td>Whittaker (1982)</td><td colspan="5">개인적 변화형</td><td colspan="5">사회적 변화형</td></tr>
<tr><td>Rhoades (1986)</td><td colspan="2">자치적 집단모델</td><td colspan="3">부분적모델</td><td colspan="3">서비스</td><td colspan="2">체계모델연합모델</td></tr>
<tr><td>ISAB (1994)</td><td colspan="3">당사자 자조집단</td><td colspan="4">외부지향적 자조집단</td><td colspan="3">사회운동</td></tr>
<tr><td>河東田 (1996)</td><td>시설 지원형</td><td colspan="3">조직 관여형</td><td colspan="2">장애인 단체형</td><td colspan="3">순수 당사자형</td><td>여가 활동형</td></tr>
<tr><td>沖倉 (2001)</td><td colspan="2">지역형</td><td colspan="3">연합형</td><td colspan="3">부분형</td><td colspan="2">서비스 체계형</td></tr>
<tr><td>Adams (2007)</td><td colspan="3">전문가 필수형</td><td colspan="4">전문가 촉진형</td><td colspan="3">자율형</td></tr>
<tr><td>최복천 외 (2013)</td><td colspan="2">서비스시스템형</td><td colspan="3">부분형</td><td colspan="3">연합형</td><td colspan="2">자치형</td></tr>
<tr><td>윤재영 (2014)</td><td colspan="3">문제해결형</td><td colspan="4">자기개발형</td><td colspan="3">의식화형</td></tr>
</table>

1.4 자조집단 활동을 통하여 얻어지게 되는 효과

자조모임 활동을 통하여 얻어지게 되는 효과는 다음의 몇 가지로 나누어서 제시 할 수 있다.

첫째, 자조모임에 참여하는 구성원들은 동일한 상황에 처해 있는 사람들과의 교류를 통하여 자신의 현재 상태에 대한 사실과 지식을 얻게 된다는 점이다.

둘째, 동일한 상황에 있으면서도 성공적으로 살아가는 사람들에게서 상황에 대한 대처 기술을 학습 할 수 있게 된다는 점이다.

셋째, 유사한 인생 경험을 공유한 사람들과의 의사소통을 통해서 동기와 지지를 획득하게 된다는 점이다.

넷째, 동일한 상황에 있는 사람들과의 집단 과정을 통하여 집단 내에서 이루어지는 성공적인 문제해결 행동을 모방 할 수 있게 된다는 점이다.

다섯째, 구성원 개인이 갖고 있는 문제 상황에 대한 지식이나 대처 기술 등에 관하여 집단 구성원들 간의 공유와 상호 환류 (feedback)를 통하여 스스로의 변화를 쉽게 인식하고 평가하게 된다는 점이다.

여섯째, 모임을 통하여 개인과 모임을 동일시하고 구체적인 소속감을 확보함으로써 소외와 고립을 최소화 할 수 있게 된다는 점이다.

일곱째, 모임을 통하여 다른 사람에 대한 이타적(利他的) 관심과 상호작용의 경험을 얻게 된다는 점이다.

1.5 자조 모임의 예

1) 알코올 중독자 자조 모임(AA)

알코올 중독 문제의 자조적 해결을 위한 대표적 자조 모임은 1953년부터 활동을 시작한 '익명의 알코올 중독자 모임(AA)'로 알려져 있으며, 현재 세계 141개국 8만 9000개의 집단에서 200만 명 이상이 활동하고 있고, 우리나라에서는 전국적으로 45개 집단 1,000여 명이 참여하고 있다. 이외에도 알코올 중독 관련 자조 모임은 알코올 중독자 가족 모임(Al-anon), 알코올 중독자 자녀 모임(Al-ateen) 등이 세계적으로 활동하고 있다. AA는 알코올 문제의 해결 방법으로서 절주가 아닌 완전한 단주를 제안하며, 알코올 중독을 질병으로 본다는 측면에서 의학적 관점을 견지하고 있으며, 종교적인 관점에서 파생한 태도와 원칙을 결합한 특징을 가지고 있다. 그리고 단주를 강조하고 의학적 관점에서 파생한 원칙들을 받아들이는 AA는 알코올 문제 해결을 위한 특수한 치료 모델의 하나로 이해되고 있다.

자조 모임으로서 AA가 가지는 효과에 관하여 새로운 삶을 추구하는 재활 효과, 단주 혹은 절주와 같은 행동 변화, 그리고 1차적 보호나 예방을 들고 있다. 그리고 AA의 효과성을 회복의 단계에 따라 음주 조절력 상실에 대한 인식, 음주 조절 능력, 소속감, 안정감, 지지망 그리고 환경에 대한 통제력 획득 등을 제시했다. AA 자조 모임 참여 효과에 관하여 회고적 연구라는 한계는 있지만 AA 참여자들의 실태 조사에서 참여자들이 참여 이전보다 음주량이 감소되었음을 보고했으며, 사회적 지지를 비교하여 참여자들이 비참여자들에 비해 많은 사회적 지지를 받고 있으며 높은 사회적 지지에 대한 만족도를 보인다고 했다.

알코올 중독자 자조 모임 참여의 효과를 정리해 보면, 첫째로 개인의 행동 변화 측면에서 음주량의 감소를 들 수 있다. 둘째로는 개인의 심리적인 측면에서 자아 존중감이나 환경에 대한 통제의 느낌을 의미하는 자기 효능감의 증진이다. 셋째, 소속감, 안정감, 사회적 지지 등을 통한 사회적 기능의 향상이나 만족의 증진이다. 이와 같은 치료 효과들 간의 관계를 보면, 알코올 중독자 모임의 1차적 목적은 알코올 문제의 해결이고, 내적 친밀감이나 상호 인정, 지지 등은 집단 참여를 통해 얻게 되는 2차적 효과로 볼 수 있다. 따라서 자아 존중감, 자기 효능감과 같은 개인의 심리적 효과나 사회적 관계의 증진은 음주량의 감소라는 1차적 목적 달성을 통해 매개되는 효과로 볼 수 있다.

2) 단도박모임(gamblers anonymous)

단도박 자조 모임은 익명의 알코올 중독자 모임에서 유래한 것으로, 도박 중독자 또는 회복자들이 중독 문제를 치료하고 회복 상태를 유지하기 위해 정기적으로 모여 12단계의 원리에 따라 상호 격려와 지지를 제공하는 모임이다. 스코틀랜드에서 단도박 자조 모임에 참여하고 있는 232명의 병적 도박자를 조사한 결과, 1년 추적 조사에서 8%, 2년 추적 조사에서는 7%가 단도박 상태를 유지하는 것으로 나타났고, 단도박 모임이 도박 중독 치료 후 그 효과를 유지하는 데 기여한다고 주장했다. 배우자와 함께 단도박 모임에 참석하는 도박 중독자가 혼자 참석하는 중독자보다 단도박 효과가 높고, 그 효과도 오래 지속되는 경향이 있다고 보고했다.

※ 우리나라 단도박모임(www.dandobak.co.kr)은 도박을 끊고 재기하려는 병적도박자를 지지하고 동기를 부여하고 돕는 도박중독자의 순수한 자조모임이다.

제3장 사회적 치유방법

제1절 P(Psycho)-Drama

1. 역할 연극(psychodrama)을 통한 사회적 치유

루마니아 태생인 오스트리아 정신과 의사 제이콥 레비 모레노(Jacob Levy Moreno)가 창시한 심리요법으로 심리극이라고도 하며, 그는 사이코드라마를 '진실의 극장'이면서 '행위과학'이며, 자기개방 혹은 '정신적 실현'이라고 표현하였다.

극의 주제가 사적인 문제를 취급할 때는 사이코드라마(psychodrama)라고 하고, 공적인 문제를 주제로 할 때는 소시오드라마(sosiodrama)라고 한다.

사이코드라마(psychodrama)의 근원적 뿌리를 찾아간다면 원시시대의 주술적인 샤마니즘, 아리스토텔레스의 카타르시스 이론, 괴테의 드라마를 통한 치료 효과, 역할 바꾸기로 자리잡은 소크라테스와 소피스트들의 문답법 등 많은 자료들을 찾아볼 수 있을 것이다. 그러나 이러한 것을 Psycho drama로 묶어 낸 사람이 바로 J. L. Moreno이다.

사이코드라마(psychodrama)는 Psyche(정신) + Drama(dram: 저항을 극복하는 행동)이 합성어로 마음의 긴장과 갈등을 상상력이라는 인간의 기본적 특성을 이용해 드라마적인 상황으로 표현하는 것이다.

일정한 대본이 없이 등장인물인 환자에게 어떤 역할과 상황을 주어 그가 생각나는 대로 연기를 하게하고 그의 억압된 감정과 갈등을 표출하게 하여 적응장애(適應障碍)를 고치는 방법이다. 때문에 사이코드라마는 심리극(心理劇)이 라고는 하지만, 예술행위라기 보다는 정신분석적 심리치료 행위에 더욱 가깝다.

1.1 사이코드라마(psychodrama)의 구성

사이코드라마(psychodrama)를 구성하는 것은 첫째, 주인공으로 주인공은 반드시 환자가 아니더라도 가능한데 주어진 집단에서 웜업(warm up)을 하는 도중 집단의 자발성이 충분히 강해지면 자발적으로 주인공이 선정된다. 둘째, 사이코드라마(psychodrama)의 무대 감독이며 연출가인 치료자가 있다. 셋째, 보조자아라고 불리 우는 치료자의 조수가 있다, 이 보조자아는 필요에 따라 주인공과 같이 극중의 인물이 되는 경우가 있다. 넷째, 관중이 있다. 관중은 주인공에 대해서는 여론으로써의 의미를 가지며 또 관중 자신도 연극을 관람함으로써 자신이 지니고 있는 문제의 치료에 도움을 받을 수 있다. 다섯째, 사이코드라마(psychodrama)가 펼쳐지는 무대가 있다. 방법에 있어서는 연출가는 주인공이 정해지지 않고 관중석에 있을 때 미리 관객과 대화 및 행동을 나누는 준비작업을 갖는다. 그런 다음 주인공이 결정되면 무대 위에서 자발적으로 대사를 결정하도록 하여 자기 스스로가 연기를 하게끔 만든다. 그 때 상대하게 되는 사람으로서는 보조자아 또는 관객 중에서 자유로이 선택하게 된다. 이렇게 하여 주인공은 무대 위에서 자신의 현실생활을 재현하고, 그 연기를 통해서 또 연출가의 치료적 연출과 관객의 도움을 받아 그의 장애를 극복하고 현실생활에 대한 자신감과 자발성을 되찾을 수 있게 된다.

1.2 사이코드라마(psychodrama)의 진행

사이코드라마(psychodrama)에는 주인공이 자기 자신의 느낌, 환상, 현실을 연기해보는 역할 놀이(role playing), 대인관계에서 갈등이 되는 상대의 역할을 해보는 역지사지를 통해 객관적으로 자신을 볼 수 있도록 돕는 역할 바꾸기 기법 등이 있다. 그 외에도 거울에 비추듯 자신을 돌아보는 거울(mirroring) 기법, 미래의 상황을 현실에 재연해 보는 미래투사(future projection) 기법, 다른 사람의 얘기를 등 뒤에서 들어보는 등 뒤(behind your back) 기법 등 수십 가지의 기법이 개발되어 있다. 다루는 주제가 사적인 문제인 경우에는 '사이코드라마(psychodrama)', 공적이거나 사회적 문제인 경우에는 '소시오드라마(sociodrama)'라고 하며 점점 정교하게 발전해 왔다.

일반적인 사이코드라마(psychodrama)는 다음과 같이 구성하여 진행된다. 무대 위에는 주인공, 보조자, 연출자가 올라가고, 관객들이 둘러앉는다. 첫 번째 단계는 '워밍업(warming-up)'이다. 게임 등으로 참여자들이 긴장을 풀고 자발적으로 드라마에 빠질 수 있도록 하면서, 드라마에서 자신의 문제를 이야기할 주인공을 뽑는다.

두 번째 단계는 주인공으로 뽑힌 사람이 무대 위로 올라와 자신의 갈등을 행동으로 옮기는 '액팅 인(acting in)'으로 사이코드라마(psychodrama)의 핵심 단계다. 이때 연출자는 '보조자아(auxiliary ego)'를 적절히 활용하면서 주인공 마음 안의 두려움, 갈등, 갈망, 불안 등을 표현할 수 있도록 도와주고, 자신의 내면을 돌아볼 수 있는 기회를 제공한다.

여기에서 보조자아가 흥미로운 역할을 한다. 주인공이 극을 풀어나갈 때 실제 주변인물이나 상상 속의 인물을 대신 보여주고 행동을 함께 해줄 사람이 필요한데, 보조자아가 그 역할을 한다. 대개 사이코드라마(psychodrama)에 능숙하고 연기 경험도 있는 사람이 보조자아를 맡는데, 주인공이 쉽게 상황에 몰입할 수 있게 지원하고 주인공 자신의 상상과 생각, 감정을 재경험 하도록 행동으로 돕는다. 총 진행을 맡은 연출자는 주인공의 핵심적 문제를 간파하여 극의 중심으로 끌어들이고 주인공이 무대 위에서 자발성과 창조성을 마음껏 발휘하도록 이끈다. 지나치게 감정에 휩싸여 현실감각을 잃지 않으면서 충분히 극에 몰입할 수 있도록 하며, 연출자의 직접적 지시나 제안이 아니라 주인공 본인이 직접 깨달을 수 있도록 돕는 가장 중요한 지도자적 역할을 한다.

세 번째 단계는 마무리로 주인공과 관객, 그리고 연출자 등이 모두 그날 경험한 감정을 나누며 교감하고 공감하는 '셰어링(sharing)'이다. 그동안 했던 역할에서 벗어나기, 경험을 나누며 대화하기, 가져가야할 내용과 느낀 것에 대한 피드백을 주인공, 보조자아, 관객들이 나누는 것이다.

1.3 사이코드라마(psychodrama)의 특징

1) 심리극 세계는 현실세계의 위험들이 없는 세계이다.

무대라는 공간에서 역할을 통해 표현하기 때문에 자신의 마음속의 세계를 마음껏 표현한다고 해서 현실처럼 자신에게 불이익이 오거나 누군가가 실제적인 피해를 입지 않는 것이다. 현실 속에서는 시어머니에게 서운함이나 화를 이야기를 하게 되면 불이익을 당할 수 있지만 심리극에서는 내가 무슨 행동을 하던지 시어머니 역할을 맡은 사람에게 보복을 당할 염려가 없고 단지 드라마로서 끝나는 것이다.

무대라는 안전한 공간에서 그동안 마음속에 쌓아두었던 시어머니에 대한 서운함과 화를 말과 행동으로 마음껏 표현함으로써 주인공은 그동안 쌓아두었던 부정적인 감정들을 말끔히 해소할 수 있게 된다. 부정적인 감정들은 합리적인 생각을 갖지 못하게 하고 몸을 상하게 함으로써 삶을 파괴하고 몸을 상하게 하는데 이러한 감정들이 말끔하게 씻어지는 것이다.

본래 세상이란 회색빛도 아니고 밝은 색도 아니다. 하지만 우리들 마음이 회색빛이면 세상은 회색이 되고 우리들 마음이 밝으면 세상은 밝아지게 된다. 옛말에 일체유심조라고 하지 않았던가. 심리극에서는 마음속의 억울하고 분하고 화나는 감정들을 말끔하게 해소시켜줌으로써 마음그릇에 담겨있던 긍정적인 마음들이 떠오를 수 있도록 도와준다. 본래 마음이란 긍정도 부정도 없지만 부정이 사라진 크기만큼 긍정이 떠오르게 되면서 심리극을 체험하기 이전보다 밝고 맑아진 세상을 체험하게 되는 것이다.

2) 심리극에서의 체험들은 현실보다 강력한 체험들이다.

심리극이 사람을 변화시키는 강력한 효과를 발휘하는 이유는 체험을 통해 변화를 가져다주기 때문이다. 백문이 불여일견이라는 말이 있다. 백번 듣는 것보다 한번 보는 것이 낫다는 것이다. 하지만 백번 보는 것보다 나은 것이 한번 체험하는 것이다. 1등하는 비결을 설명해놓은 책을 본 학생이 1등을 할 확률과 1등을 해본 학생이 1등을 할 확률은 큰 차이가 있다. 1등을 해본 학생은 확신이 있기 때문에 다음에도 1등을 할 수 있지만 막연히 책을 읽은 학생은 확신이 없기 때문에 1등을 하기가 어려운 것이다. 그러므로 자신이 원하는 삶을 살기 위해서는 자신이 원하는 삶을 체험해보는 것이 필요하다. 무대에서 주인공은 자신이 그동안 한 번도 해보지 않았던 행동들을 체험하게 된다. 마음속에 있었지만 하지 못했던 말을 하게 되고, 이루지 못했던 꿈을 실현시켜보고, 원하는 삶을 살아봄으로써 자신도 할 수 있다는 자신감을 갖게 되고 자신의 잠재능력을 개발시키게 된다.

꿈에 대해서 생각해보자. 꿈속에서 가위눌리는 체험을 하는 동안 꿈꾸는 사람이 "이건 꿈이야!"라고 생각한다면 가위를 눌리지 않을 텐데 꿈을 꾸는 동안에는 그런 생각이 들지 않는다. 분명히 가상현실이지만 현실과 같은 체험을 하게 되는 것이다. 무대 위에서의 심리극체험도 마찬가지이다. 분명 무대라는 가상공간이지만 그 무대가 내가 살던 고향이 되기도 하고 내가 부모님과 싸우던 장소가 되기도 하고 보조자아가 부모님으로 느껴지게 되는 것이다. 이러한 체험은 인간이 가진 상상력 때문에 가능하다. 무대 위의 시간과 장소에 몰입하게 되면 주인공의 상상력은 가상현실을 현실처럼 느끼게 함으로써 강렬한 체험을 가져다주게 되는 것이다.

무대에서의 체험을 현실처럼 느끼고 심리극의 진행을 위해서는 몰입이 필요하다. 심리극의 성패를 좌우하는 것은 주인공의 몰입정도에 달려있다고 할 수 있다. 몰입을 위해서 주인공은 자신이 가지고 있던 고정관념과 두려움을 벗어나 용기를 갖는 것이 필요하다. 용기 있게 자신의 세계를 마음껏 표현해 봄으로써 자신이 원하는 새로운 나를 창조하게 되는 것이다.

1.4 현대 사회에서의 사이코드라마(psychodrama)

오늘날 사이코드라마(psychodrama)는 전 세계 각국에서 진행되고 있다. 우리나라에는 1969년에 신경정신과 전문의였던 한동세 박사가 최초로 사이코드라마(psychodrama)를 소개했으며, 이후 한국에 사이코드라마(psychodrama)에 관심을 갖는 사람들이 많아지면서 1997년에 '한국사이코드라마학회(현 한국사이코드라마/소시오드라마학회)'가 창립됐다. 사이코드라마(psychodrama)가 시작된 초기에는 주로 정신과 환자들을 대상으로 실시됐으나, 현대에 들어 사이코드라마(psychodrama)는 아동부터 성인에 이르기까지 다양한 연령층 및 계층을 대상으로 시행되고 있다. 최근에는 정신과 의사 외에도 임상심리사, 사회사업가, 그리고 간호사 등 다양한 직업군에 속한 사람들이 디렉터로 활동하고 있고, 그 외에도 교정시설, 지역 상담 센터, 학교 상담센터 등에서 활발하게 사이코드라마와 소시오드라마가 실시되고 있다.

사이코드라마(psychodrama)는 일방적이던 기존의 치료자-환자 관계에 대한 문제의식을 던지면서 정신의학에 새로운 관점을 제공해 주었다. 두 번째로는 치료가 꼭 일대일의 개인적 방법일 필요는 없으며 여러 사람들과의 역동적 관계 속에서 치료적 효과를 기대할 수 있음을 알림으로써, 이후 집단치료 기법의 발전을 가져왔다. 세 번째, 일상의 스트레스나 대인관계의 갈등과 같은 상대적으로 가벼운 문제일 경우 충분히 드라마적 방식으로 해결이 가능하다는 점을 보여주면서 미술치료, 음악치료, 영화치료와 같은 다양한 예술치료가 발전할 수 있는 단초가 되었다. 마지막으로 행동으로 직접 실행해 보는 것이 치료에 큰 효과가 있다는 점을 증명하여 행동치료의 시발점이 되었다.

제2절 C(Counseling)-Program

1. 상담 프로그램 운영

사회환경의 다변화로 개인의 내적 변화 및 심리적 갈등, 소외 등 내담자가 치한 생활환경에 따라 상담자의 역할도 종전에 비하여 한층 복잡하고 다양해졌다. 오늘날의 상담자는 초·중·고등학교나 대학 같은 교육기관뿐만 아니라, 상담활동이 예방과 발달에 초점을 두게 되면서 자살 기도자, 약물 또는 알코올중독자 등 응급치료를 요하는 사람을 위한 여러 봉사시설, 일반병원, 정신병원, 양로원, 장애인 수용소 같은 다양한 보호 및 치료시설, 취업 및 재활을 위한 상담소, 산업체, 교회, 정부 산하의 정신건강 및 복지 관련 부처, 그리고 개인사업 등의 시설과 기관에서 활동한다. 이에 상담자는 인간발달, 정신건강 및 사회개선운동에 적극적 참여를 요구받고 있다.

1.1 상담의 개념

상담(counseling)이란 언어 또는 비언어적 커뮤니케이션(communication)을 통해 타인의 행동변화를 시도하는 인간관계이다. 좀 더 구체적으로 진술하면, 상담이란 언어 및 비언어적 커뮤니케이션(communication)을 통해 타인의 행동변화를 목적으로 한 인간관계이다. 그래서 상담은 부적응의 개선이라고 하는 치료적 측면과 자신의 생활을 돌아보면서 보다 성숙한 인격적 성장을 지향하는 개발적 상담의 측면을 갖고 있다..

상담을 하기 위해서는 두 존재가 있어야 하는데, 한쪽은 개인적 문제에 대하여 이야기하는 사람이다. 개인적 문제란 정서적 문제나 자신의 삶의 방식에 관련된 문제의식 등, 그 사람의 적응이나 성장을 촉진하기 위한 것이다. 이런 문제로 찾아온 사람을 내담자(client)라고 부른다. 다른 한쪽은 상대방의 이야기를 듣고 그 사람의 문제 해결에 도움을 주는 역할을 하는 사람이다. 상담에 응하는 이런 사람을 상담자(counselor)라고 한다.

결국 상담이란 정서적 문제를 갖고 있는 사람, 기본적으로 자신의 삶의 방식에 문제의식을 갖고 있는 사람, 여기에는 아동, 청소년, 성인, 노인을 망라하고 있으며 이런 사람들에게 심리적 커뮤니케이션(communication)을 통해 도움을 주는 인간적 노력이라고 말할 수 있다.

1.2 상담의 필요성과 목적

1) 상담의 필요성

현대사회는 산업화, 기계화, 도시화, 정보화, 세계화로 특징지어지고 있으며, 오늘의 지식산업사회를 살아가고 있는 우리 모두에게는 삶의 복잡성, 장래에 대한 불확실성, 가치관의 혼란, 부정과 비리가 판치는 세상, 의사결정과 선택의 곤란성, 취업의 곤란과 실직의 문제, 결혼 또는 가정의 문제, 한층 복잡하고도 심각해진 입시 위주의 교육문제, 피상적 인간관계에 따른 소외감과 고독의 문제, 세대 간의 갈등과 격차, 성 문제, 빈부의 격차로 인한 상대적 박탈감, 출세주의에 따른 일류병, 노인문제 등 옛사람들이 전혀 상상도 경험도 하지 못한 여러 가지 문제들에 직면하게 됨으로써 더 한층 고조된 심적 불안과 긴장, 크나큰 정신적 고통을 겪고 있다. 다시 말해서 현대인이 경험하는 이런 문제들은 그 양(量)에 있어서나 질(質)에 있어서 그 심각성이 날로 더해 가고 있다.

그러므로 많은 현대인에게는 스스로의 힘으로나 부모, 교사, 동료, 친척과 같은 비전문가의 상식적 도움으로는 도저히 감당할 수 없는 그들의 일상생활에서 직면하는 어려운 문제가 산더미처럼 쌓여 있다. 이러한 문제를 원만하게 해결하고 선택하며 적응하려면 무엇보다도 상담전문가의 적극적 도움이 필요하다.

2) 상담의 목적

상담의 일반적 목적은 장래에 개인의 발달에 영향을 미치는 것들에 대하여 현명한 선택을 하도록 촉진시키는 것이다. 그러기 위해서는 첫째, 내담자의 자기노출이 요구된다. 둘째, 내담자의 자기이해를 발전시켜야 한다. 셋째, 내담자의 행동변화를 가져와야 한다. 따라서 상담의 궁극적 목적은 상담자로 하여금 자기 자신과 자신의 문제를 이해하고, 그것을 해결할 수 있는 능력을 배양하고 최대한의 자율적 성장을 할 수 있도록 돕는 데 있다. 또한 상담은 다음과 같은 종합적 목적을 갖는다.

(1) 행동의 긍정적 변화

(2) 내담자의 잠재력 촉진과 개인의 효율성 증진

(3) 문제해결과 증상 제거

(4) 의사결정의 기조

(5) 자아정체감 확립과 긍정적 자아개념 형성

1.3 상담의 형태

1) 위기상담

상담자가 거의 파멸상태에 도달한 내담자를 대할 때 행하게 된다. 위기상태에 이른 내담자는 자기의 일을 제대로 대응할 수 없으므로 자기의심, 불안, 죄책감 등의 파괴적 감정에 따라 파멸 직전에 이르고 자신을 해치는 행동을 하게 된다. 이러한 위기는 즉시 주목되어야 하며 보살펴 주어야 한다. 그러지 않으면 더 심각한 장애가 초래된다. 그러므로 일반적 위기는 가족의 사망, 배우자의 사망, 절박한 이혼, 배신, 약물이나 알코올 남용, 자녀의 가출, 비행, 실직, 심각한 병증 등에서 출발한다.

2) 촉진상담

학생들이 장차 미래의 탐색, 즉 진로탐색이나 문제를 걱정하는 것과 같이 비교적 명백한 활동을 성취하도록 도와주는 것이다. 예컨대, 학업문제, 진학문제, 이성문제, 그 밖에 개인에게 부딪치는 여러 가지 문제를 자기의 입장과 능력에 맞게 선택하고 결정하며, 대응해 나갈 수 있는 적응력을 기르도록 촉진해 주는 상담이다.

3) 예방상담

내담자에게 장차 일어나게 될 여러 가지 문제를 사전에 요구되는 행동을 취해서 방지하는 상담이다. 생활지도원리에서도 치료보다는 예방지도에 역점을 두어야 하는 것처럼 예방상담도 미리 사건이 발생하기 전에 예방하는 것이다. 예컨대, 약물교육이나 성교육 프로그램 등은 장차 이런 문제가 발생할 것을 예방하기 위한 시도로 교육 현장에서 지도되는 것이다. 여기서는 상담자가 직접 내담자에게 관계되는 정보를 제공하거나 적합한 프로그램에 내담자를 위탁하기도 하며, 상담은 계속 접촉·진행하면서 이러한 문제에 대한 인식과 이해를 높여 주는 개별상담까지를 망라한다.

4) 발달상담

개인의 전 생애를 통해서 이루어지는 상담유형이다. 상담자는 각 연령층에 속하는 내담자로 하여금 이완되고 압력을 느끼지 않고 위기를 느끼지 않는 상황에서 개인적 성장이 일어나도록 돕는 것이다. 주로 초등학교 시기에는 적극적 자아개념의 발달을 촉진하는 문제가 다루어져야 하고 중·고등학교 시기에는 정체감(identity)의 확립과 직업의 선택과 적응문제가 다루어져야 한다. 그리고 성인의 경우에는 직업문제, 가족문제, 건강문제, 생애목표문제 등의 변화를 수용하는 문제가 다루어진다. 발달상담에서는 이 같은 문제들이 위기상황에서 이루어지는 게 아니라 편안한 분위기에서 다루어진다.

1.4 상담의 과정

상담은 문제를 해결하기 위한 하나의 과정으로 볼 수 있다. 상담의 과정은 상담자와 내담자가 만나는 순간부터 시작되며 문제를 파악하고 해결방법을 찾는 단계를 거쳐 종결·평가하는 단계까지 연속적으로 진행된다.

1) 관계 형성(relationship building)

상담의 과정에서 상담자와 내담자의 관계는 무엇보다도 중요하다. 하지만 많은 경우의 상담에 있어서 상담자는 내담자와 처음 만나거나 그룹 내에서 몇 번의 만남만 있을 뿐 신뢰를 형성하지 못한 경우가 대부분이다. 따라서 성공적인 상담을 위해서는 내담자와의 신뢰감 형성이 무엇보다도 중요하다. 신뢰감 형성에 있어서 필요한 것은 초기 상담에서 상담자가 내담자에게 집중하고 있으며, 내담자의 이야기를 잘 듣고 공감한다는 것을 표현하는 것이다.

2) 사정과 진단(Assessment and diagnosis)

내담자와의 관계 형성 후에 상담자는 사정과 진단을 통하여 내담자의 문제가 무엇인지 본격적으로 탐색하는 단계를 갖게 된다. 사정은 상담자가 내담자의 문제를 파악하고 문제 해결을 위해 목표를 세우는 단계로, 이 과정에서 상담가의 전문가적 자질을 나타낼 수 있다.

사정을 하기 위한 도구는 크게 규격화되어 있는 것과 규격화되어 있지 않는 것 두 가지로 나눌 수 있다. 규격화되어 있는 것으로는 내담자의 일반적인 정보나 성격을 알아보기 위한 질문지, 체크리스트(checklist) 등이 있으며, 규격화되어 있지 않은 것으로는 행동관찰, 치료를 위한 면접, 다른 전문가에 의한 관찰 기록 등이 있다.

진단은 상담자가 내담자의 문제 중 질병으로 분류될 수 있는 부분을 판단하는 것으로 DSM-Ⅳ(Diagnostic and statistical Manual of Mental Disorders Ⅳ; 미국정신의학협회에서 만든 정신과 질환 진단기준으로 심리장애를 분류하는 기준)와 같이 공식적으로 규격화된 기준에 의해 판단된

동의 자기수정"이라고 하는 내담자의 일련의 과정을 상담자가 도와주게 된다. 즉, 내담자는 상담에 의해 자신을 받아들이게 되고 이제 자기다운 모습을 보여주면서 적극적으로 행동하게 된다. 자신의 일이나 대인관계에 대해 새로운 관점에서 목표를 세우고 그것을 향해 자신의 행동을 조정하기 시작한다.

5) 종결 : 내담자의 독립을 지켜본다.

상담이 오래 지속된다고 좋은 것은 아니다. 무거운 짐을 어깨에 메고 산속을 헤매고 있는 내담자 앞에 상담자가 나타나 부축을 하게 된다. 그리고 내담자가 짐을 내려놓고 자기 나름대로의 살아가는 길을 찾는 과정을 도와주면서 활기차게 자신의 길을 걸어가는 모습을 보게 되면 상담자는 점차적으로 내담자와 거리를 멀리하게 된다. 이렇게 해서 상담과정은 종결을 맺게 된다. 마지막에서는 그가 실천하도록 주변의 환경을 만들어 주고 돕는 게 가장 중요하며, 조금은 힘들어하는 내담자의 새로운 길에 지나친 온정적 태도는 내담자의 재활을 가로막는 장애가 됨을 인식해야 한다.

제3절 D(Divide)-Project

1. 나눔 봉사

나눔 봉사는 우리사회의 품격을 높이는 필수조건으로 따뜻한 손길이 필요한 소외지역을 방문, 환경 정화 활동 등 다양한 맞춤형 봉사활동을 펼치는 것이다.

1.1 자원봉사의 개념

자원봉사활동이 최근 활발하게 전개됨에 따라 '자원봉사'라는 말은 우리 주위에서 널리 사용되고 있다. 어원적으로, '자원봉사(自願奉仕)'란 '자원'과 '봉사'의 합성어이다. 우리말 사전은 '자원(自願)'을 "일정한 일을 자기 스스로 원함"이라고 풀이하고 있다. 또 '봉사(奉仕)'는 "1) 남의 뜻을 받들어 섬김, 2) (국가나 사회 또는 남을 위하여) 자기 이해를 돌보지 않고 노력이나 힘을 들여 친절하게 보살펴 주거나 일함"으로 서술되어 있다. 그러므로 자원봉사란 '자기 스스로 원하여 다른 사람이나 사회를 위해 도움을 제공하는 활동'이라고 할 수 있다. 이렇게 볼 때, 그 용어의 차이는 다소 있다고 하더라도 인간사회가 존재하면서부터 이미 자원봉사는 함께 존재하였다고 보아도 무방할 것이다.

사실 요즘 사용되고 있는 자원봉사라는 말은 외국에서 들어온 volunteer(자원봉사자), volunteerism(자원봉사활동) 등에서 따온 것으로 볼 수 있다. 그런데 이는 라틴어의 'voluntas(자유의지)'와 'eer(사람)'의 복합어에서 비롯된 것으로 이해되고 있다. 따라서 자원봉사자는 '자유의지를 가지고 강제 받지 않는 상태에서 자기 스스로 다른 사람이나 사회를 위해 헌신하는 사람'이라는 의미를 지닌다. 그리고 자원봉사활동은 이러한 자원봉사자의 개인적·집단적 행위와 활동을 모두를 일컫는다.

자원봉사활동은 이렇게 오랜 역사적인 배경을 가지고 인간 사회에 존재해 왔다. 다만 현대사회에 와서는 그 어느 사회 및 시대와도 다르게 사회봉사활동이 중요한 행위 혹은 제도적 요청으로서 주목받게 되었다는 것이다.

1.2 자원봉사자 역할의 유형화

1) 직접적 역할과 간접적 역할

자원봉사자의 역할이 직접적이냐 간접적이냐 하는 점에서 본 역할이다. 만일 자원봉사자가 자신이 직접적으로 어떤 행위를 통해 지금 도움이 필요한 사람 혹은 자연환경 등에 유익을 끼쳤을 경우, 그것은 직접적인 봉사활동으로 볼 수 있다.

반면에 자원봉사자가 어떤 사회봉사조직이나 기관을 도와 궁극적으로 고충을 가진 사람을 원조하는 데 기여하는 경우도 있다. 이때는 간접적인 봉사활동으로 간주할 수 있다. 경우데 따라서는 매개적, 중개적인 역할도 할 수 있는데, 이러한 활동은 그 성격에 따라 직접적 혹은 간접적 역할로 각각 분류할 수 있다.

2) 전문적 역할과 일반적 역할

자원봉사활동이 전문가로서 참여하느냐 혹은 일반인으로서 봉사활동에 참여하느냐에 따라 그 역할이 달라질 수 있다. 만일 특정 분야의 전문가가 반대급부 없이 자발적으로 참여하였을 경우, 이는 전문적인 자원봉사활동으로 분류되어 전문적인 역할을 수행하였다고 볼 수 있다. 그러나 보통의 자원봉사활동은 일반인의 평범한 역할이 대부분이다.

3) 분야별 역할

자원봉사자들이 수행하는 분야에 따라 역할이 달라질 수 있다. 예를 들어, 상담활동에 자원봉사자들이 참여하였을 경우는 상담자원봉사자로서,

재가복지활동에 참여하였을 경우에는 재가봉사자로서, 일반적인 행사지원에 참여하였을 경우에는 행사지원자의 역할을 수행하였다고 할 수 있다. 오늘날 자원봉사 분야가 다양해지면서 자원봉사자의 역할도 매우 복잡하고 다양해지고 있다.

4) 문제해결자로서 역할과 사회구조 변화자로서 역할

이는 자원봉사의 연속적인 과정의 측면에서 본 자원봉사자의 역할이다. 문제해결자로서 역할은 현재 문제에 봉착한 사람이나 조건에 관여하는 자원봉사자의 경우에 해당한다. 독거노인이 가지는 일상적인 가사의 불편함을 해결하는 일환으로서 가정봉사원 서비스에 참가하였을 경우, 이는 문제해결자로서 역할이라고 할 수 있다.

반면에 어떤 문제를 발생하는 조건과 구조 혹은 환경 여건을 변화시킴으로써 궁극적으로 문제해결을 시도하려는 활동에 자원봉사자로서 참여하였다면, 이는 사회구조 변화자로서의 역할을 담당한 것이다. 이러한 경우는 특정 문제의 정책을 변화시키거나 새롭게 정책을 수립하게 함으로써, 문제해결을 도모하려는 활동에 참여하는 경우다.

1.2 자원봉사자 의무

1) 공감에의 책임

공감은 기쁨, 질투, 흥분, 두려움, 슬픔 등의 감정을 공유할 때 명료하게 된다. 그러나 타인의 경험을 완전하게 이해할 수 없고 타인과 완전히 동일한 기분이 될 수 없다. 공감은 다양한 감정이나 태도를 수반한다. 무엇보다도 사람의 말을 듣고 마음을 열고 관심을 가지려고 하는 것이 중요하다. '함께 있는 편'이 '무엇인가를 하는 것'보다 중요하다.

2) 신뢰받을 책임

약속을 꼭 지켜야 한다는 것은 대부분의 사람이 다 알고 있는 일이지만 때때로 어떤 약속은 다른 약속에 비해 우선되기도 한다. 사람에 따라 어떤 일이 가지는 중요도나 의미는 각기 다르기 때문에 결정은 개인의 가치관에 좌우된다. 자원봉사자에게는 자신과 가족의 욕구도 중요하다. 그러나 자원봉사활동에서는 최대한 약속을 지키는 것이 중요하며, 만약 약속을 지킬 수 없을 때에는 미리 기관이나 클라이언트에게 알려야 한다.

3) 비밀보장의 책임

자원봉사자의 중요한 책임의 하나는 비밀을 지켜야 한다는 것이다. 이것은 가장 기본적인 준수사항으로 언제나 명심하고 있지만, 경우에 따라 아무 의식 없이 타인에 대한 개인적인 정보를 발설해 후회하기도 하고 이까짓 것 쯤이야 하고 자위하기도 한다. 간혹 누군가를 특정화하지 않는 한 무엇을 이야기해도 상관없다고 생각하기도 하고, 도움을 받으려면 이 정도는 밝힐 각오를 하지 않으면 안 된다고 간단히 생각해 버리기도 한다. 자원봉사자는 타인의 질문에 "당신에게 말할 수 없다.", "그 질문에는 대답하기 어렵다."고 말할 권리와 의무가 있다. 자원봉사자는 자신이 비밀을 지키지 않는 것은 자신이 속한 조직의 신용을 저해하는 것임을 명심해야 한다. 만약 혼자서 비밀을 지켜 나가기 어려운 문제라면 가장 먼저 자원봉사 조정자와 상의해야 한다.

4) 수용적이고 비심판적 태도의 책임

자신과 다른 타인을 인정하고 다른 가치를 수용한다는 것은 쉬운 일이 아니다. 사람을 인정한다는 것은 반드시 그 사람의 모든 행동을 받아들이라는 말이 아니라, 우선 '사람'이 있고 그 다음에 '문제'가 있다는 의미이다.

5) 충고의 위험성에 대한 인식 책임

사람이 무언가를 결정하도록 돕는 것은 충고나 조언보다 훨씬 중요한 일이다. 충고를 하다 보면 상대를 위해서라기보다는 충고하는 쪽을 위한 것이 될 때가 많다. 충고를 할 때 사람은 자신이 마치 대단한 사람이라도 된 것과 같은 우쭐한 마음을 느끼지만 상대는 좌절감을 느끼거나 무시당한다는 느낌을 가질 수 있다. 따라서 충고와 정보 제공은 다르다는 것을 인식해야 한다.

6) 경청하는 사람으로서 책임

사람은 자신의 감정, 기쁨, 슬픔, 한탄, 실망이나 욕구불만을 말할 수 있는 상대를 필요로 한다. 잘 듣는다는 것은 말로 표현되는 것뿐 아니라 표정이나 신체 등 비언어적인 부분을 존중하며 들어준다는 것을 의미한다.

7) 슬픔의 이해자로서 책임

사랑하는 사람, 애완동물, 재산, 자신의 고유한 역할 등을 포함한 여러 가지 상실을 겪으면 사람에 따라 차이는 있으나 슬픔을 체험하게 되는데, 이러한 슬픔은 인정되어야 한다. 우리는 슬픔에 빠져 있는 사람을 위해 자신이 무엇을 해 줄 수 있을까 고민하기도 하고 그를 위로하지 못하는 자신에게 실망을 느끼기도 한다. 그러나 가장 좋은 위로는 상실을 체험한 그 사람의 방식대로 슬픔을 느끼게끔 도와주는 것이다. “이제 다시 일어설 때다.”, “불행 중 다행이다.”라는 말은 격려했다고 여기며 말한 사람을 기분 좋게 할지는 몰라도 슬퍼하는 사람에게는 그렇지 않을 수 있다. 중요한 것은 슬픔을 통해 상실 이전의 자신으로 되돌아가는 것이 아니라 상실로 인해 새롭게 변화된 현실에 적응하도록 하는 것이다.

1.3 나눔 봉사 사례

1) 빌리지 멀티케어(Village Multi-Care) 봉사단 - 멀티케어사업단

멀티케어 사업단에서는 빌리지 멀티케어(Village Multi-Care) 봉사단을 구성하여 현재 각 과에서 운영되고 있는 봉사단과 지역사회내의 자원봉사단의 네트워크 연결을 통해 빌리지 멀티케어봉사단 구성하고 멀티케어봉사교육을 통해 Power J.B.U. Volunteers, 비단 뫼(사회복지학과), 너울가지(노인복지학과), 파랑새가족봉사단(금산군자원봉사센터) 등의 전문성 강화하고 있다. 마을어르신들로부터 입소문에 의한 입시홍보와 취업홍보 효과, 지역 농촌사회의 삶의 활력 제고, 대학과 지역이 함께하는 건강한 지역사회 구현, 봉사단 참여 학생들의 자기활용감 고취 및 지역사회 기여로 인한 지역인재 배출 등의 기대효과를 볼 수 있다.

(1) 감성세라피교육팀

가. 마을 음악회(Music Therapy)나 경로당 순회를 통한 1일 이동 경로극장(Flim Therapy) 운영, 건강꾸러미 뮤지컬 공연과 같이 찾아가는 감성치유 프로그램 운영

나. 노년층 3고(질병고, 빈고, 고독고) 중 고독에 대한 고통을 덜어주기 위한 감성대화조를 편성하는 1일 토크 프로그램 실시

다. 환경보건교육이나 금연교육 등에 관한 보건교육서비스를 주기적으로 실시

(2) 웰빙힐링팀

가. 마을 음악회(Music Therapy)나 경로당 순회를 통한 1일 이동 경로극장(Flim Therapy) 운영, 건강꾸러미 뮤지컬 공연과 같이 찾아가는 감성치유 프로그램 운영

나. 음식궁합에 맞는 요리법 특별강좌 등 체질별 맞춤형 건강식단 특별

강좌 프로그램

(3) 복지서비스팀

가. 찾아가는 복지서비스 상담 및 지역복지단체와 연계 지원을 통한 복지서비스

나. 교내 봉사단과 교외 봉사단의 네트워크 연결을 통한 VMC 봉사단 구성

다. 멀티케어봉사교육을 통해 Power J.B.U. Volunteers, 비단 뫼(사회복지학과), 너울가지(노인복지학과), 파랑새가족봉사단(금산군자원봉사센터) 등의 전문성 강화

출처 : http://multi.joongbu.ac.kr 중부대학교 멀티케어사업단

그림 Ⅲ-3-1 VMC 봉사단 활동

2) 중부대학교 교직원과 학생들의 연탄 나눔 봉사

2010년을 시작으로 매년 총동아리 연합회의 주관으로 실시해 온 사랑의 연탄 나눔 봉사활동으로 대상 독거노인 및 소외계층은 금산군의 협조에 의해 총 20여 가구가 선정되었으며, 이 분들에게 따뜻한 겨울을 날 수 있도록 직접 가정방문을 하여 연탄 7,000장과 쌀 40포대를 직접 전달했다.

또한, '중부 우수리 나눔 사업회'는 2008년 중부대학교 노동조합 교직원들이 이웃과 더불어 살아가는 사회를 만들기 위해 매월 급여에서 1만원 미만의 모은 돈으로 매년 가정형편이 어려운 학생들에게 장학금과 복지사각지대에 있는 대상자를 찾아 다양한 방식으로 도움을 주고 있다.

출처 : http://blog.naver.com/statis1 중부대학교 네이버 블로그

그림 Ⅲ-3-2 연탄봉사행사

3) 중부대학교 행복나눔 봉사단

'중부 행복나눔 봉사단'은 학우들에게 해외봉사활동의 기회를 제공하여 인성계발 및 글로벌 인재육성과 함께 해외 개발도상국에 대한 이해를 돕고 글로벌 시민으로써의 의식 함양 차원에서 캄보디아의 시엠립 일대에서 진행되었다.

이번 해외봉사에서 중부대학교 학우들은 우물파기와 마을 공동시설 보수작업, 벽화그리기 등의 노력봉사와 아이들의 수준에 맞는 수업과 위생에 대한 교육을 실시하였으며, 바자회를 통해 지역사회 주민들을 대상으로 한국 제품을 저렴하게 팔아 전 수익금을 아동 관련 기관에 기부하는 등 다양한 봉사활동을 진행하였다.

출처 : http://blog.naver.com/statis1 중부대학교 네이버 블로그

그림 Ⅲ-3-3 중부대학교 행복나눔 봉사단 활동

제4장 문화적 치유방법

제1절 S(Street)-Humanities(인문학)

1. 길 위의 인문학 강의를 통해 나와 사회를 이해

인문학은 인간의 사상 및 문화를 대상으로 하는 학문영역으로 자연을 다루는 자연과학(自然科學)에 대립되는 영역으로, 자연과학이 객관적으로 존재하는 자연현상을 다루는 데 반하여 인문학은 인간의 가치탐구와 표현활동을 대상으로 한다. 광범위한 학문영역이 인문학에 포함되는데, 미국 국회법에 의해서 규정된 것을 따르면 언어(language), 언어학(linguistics), 문학, 역사, 법률, 철학, 고고학, 예술사, 비평, 예술의 이론과 실천, 그리고 인간을 내용으로 하는 학문이 이에 포함된다. 그러나 그 기준을 설정하기는 매우 어렵기 때문에 이에 대한 의견의 일치가 이루어지지 않고 있다. 예를 들면 역사와 예술이 인문학에 포함되느냐 안되느냐에 대한 이론(異論)들이 있기도 하다.

이 용어는 시세로(Cicero)가 일종의 교육 프로그램을 작성할때 원칙으로 삼은 라틴어「휴마니타스」(humanitas:humanity 또는 humaneness)에서 발생되었으며, 그 후에 겔리우스(A. Gellius)가 이 용어를 일반 교양교육(general and liberal education)의 의미와 동일시하여 사용하였다. 인문학을 중시하는 경향은 그리스와 로마를 거쳐 근세에 이르는 동안 고전교육(classical education)의 핵심이 되었고 특히 18세기의 프랑스, 19세기의 영국과 미국의 교양교육의 기본이념이 되었다.

이 말에 어원을 둔 오늘날의 인문학(Humanities)은 그야말로 '인간본성(humannature)' 또는 '인간성(humanity)'의 의미를 지닌다.

오늘날 인문학은 그 열풍이 거세다고 할 만큼 인문학을 쉽게 접할 수 있다. KBS의 '생각의 집', KTV '공감토크 Q' 비롯하여, 〈생각하는 인문학〉 〈이끌림 인문학〉 등 다수 책들은 이미 서민들의 일상에서 접점을 찾고 있다. 인문학의 열풍의 진원지는 작자 이지성에 의해 시작되었다. 이지성은 2005년 『성공하는 아이에게는 미래형 커리큘럼이 있다』라는 책에서 초등학생의 인문서적 읽기의 가능성을 거론하면서 부터다. 또한 스티브 잡스(Steve Jobs)의 영향도 컸다. 스티브 잡스(Steve Jobs)의 애플은 인문학과 과학기술의 교차점에서 탄생했기에 자연히 다수의 기업이 인문학을 통한 애플의 성공비결을 배우고자 했다. 그리고 하버드대학 교수인 마이클 샌델(Michael Sandel)의 『정의란 무엇인가』란 책이 국내에 소개된 2010년을 기점으로 각계각층에서 인문학의 필요성을 역설함으로써 최근 출판계에서 인문학 서적의 출간이 급격하게 늘고 베스트셀러 상위권도 인문학 분야가 차지하고 있으며 신문과 인터넷 뉴스에서도 빈번히 관련 내용을 다루고 있다

1.1 길 위의 인문학

인문학과 지역문화가 만나고, 책과 길이 만나고, 저자와 독자가 만나고, 공공도서관과 지역주민이 만날 수 있는 것이 길 위의 인문학이다.

1) "재미있고 유익한" 프로그램을 통한 인문학 확산

우리는 인문학을 전문가만 할 수 있는 어려운 것으로만 생각하고 있다. 공공도서관 '길 위의 인문학'은 재미있고 유익한 인문학 프로그램을 통해 우리 자신을 돌아보고, 삶에서 행복을 느끼는 계기를 제공한다.

공공도서관을 거점으로 하는 '길 위의 인문학'을 통해 지역주민에게 인문학을 향유하게 함으로써 자신과 역사를 성찰하고 삶의 행복을 추구하는데 기여하고자 한다.

2) 지역 공공도서관을 인문학 대중화의 거점으로 발전

지역 주민이 이용하는 공공도서관을 통해 현장과 생활 속에서 함께하는 인문학을 구현하고자 한다.

역사·철학·문학 등의 인문학자들과 주민들이 인문학 강연 및 탐방에 함께 참여함으로써 인문학과 가까워질 수 있고, 이런 과정을 통해 인문학의 일상화·생활화를 추구한다.

3) 책, 현장, 사람이 만나는 새로운 독서문화의 장(場) 구축

공공도서관 '길 위의 인문학' 프로그램은 강연과 탐방으로만 그치는 것이 아니라 독서와 결합하여 새로운 독서문화의 장(場) 구축을 목표로 한다.

독서에 현장을 연결함으로써 독서문화를 활성화 시키고 이 문화행위들이 서로 결합하여 훨씬 다채롭고 흥미로운 문화형식을 창조하고 있다.

1.2 인문열차, 삶을 달리다

국립중앙도서관, 조선일보, 코레일이 공동 주최하는 '인문열차, 삶을 달리다' 사업은 관광열차를 이용하여 추억과 낭만이 있는 탐방 환경을 조성, 책·현장·사람이 만나는 새로운 독서문화 분위기 조성 및 책 읽기 문화 확산의 대중적 기반을 마련하고자 하는 도서관 인문학 프로그램이다

'인문열차, 삶을 달리다'는 참여자가 강연 인사와 함께 각 탐방 주제와 관련 있는 주변을 투어(tour)하는 형태로 이루어진다.

현장 속의 인문학, 쉬운 인문학, 생활 속의 인문학을 정착시키고, 책, 현장, 사람이 만나는 새로운 독서문화를 통해 인문학 진흥의 촉매제 역할을 담당하며, 인문학 사전강연과 현장탐방 등 인문학적 계기를 통해 자기 성찰, 인간 사랑의 연결 줄이 되고자 한다.

출처 : http://nl.go.kr/tour/index.jsp 인문열차 삶을 달리다

그림 Ⅲ-4-1 인문열차, 삶을 달리다

공공도서관과 지역주민이 만날 수 있는 것이 길 위의 인문학이다.

1.3 마인드브릿지 인문학 콘서트

「마인드브릿지」는 2012년부터 '워킹피플을 위한 비즈니스 캐주얼 브랜드'라는 콘셉트에 맞춰 인문학을 통해 직장인의 삶을 업그레이드하기 위한 활동을 펼치고 있다. 양질의 인문학 콘텐츠를 무료로 제공하는「마인드브릿지」모바일 페이지도 운영하고 있다. 2012년에는 '동유럽의 기적'이라 불리는 석학 슬라보예지젝을 초청했으며 2013년에는 와우북 페스티벌과 일에 대한 생각을 나누는 공동 콘서트를 개최하였고, 2014년에는 사회적으로 인문학과 자연과학의 융합 및 소통을 위해 마련됐다. 2005년 출간된 도서 '대담-인문학과 자연과학의 만남'을 모태로 10년 만에 다시 펼쳐지는 두 석학의 대담이 진행되었다. 이처럼 마인드브릿지는 인문학 보급 확대에 앞장서고 있다.

출처 : http://www.mindbridge.co.kr/board/mind365/HTML/SUB_00.php 인문학과 마인드브릿지

그림 Ⅲ-4-2 마인드브릿지 인문학 콘서트 포스터

1.4 세계인문학포럼

1) 배경

세계인문학포럼은 범세계적 변화의 시기에 삶의 의미와 인간됨의 의미를 논하는 인문학적 토론과 대화의 장을 제공하기 위한 목적으로 2011년 유네스코와 대한민국의 교육부에 의해 발족했다. 세계인문학포럼의 또 다른 목적은 전 지구적 당면 과제에 있어서 인문학의 역할과 연구 역량을 강화하는 데에 있다.

2) 목적

(1) 학자, 예술가, 지식인, 정책입안자, 일반 대중들이 인문학적 관점에서 전 지구적 이슈를 바라볼 수 있게 하기 위해 적합한 대화의 장을 제공한다.

(2) 인문학적 가치 증진 및 뉴 휴머니즘 실천을 위한 전 지구적인 토론

과 행동을 강화하여 모두를 위한 지속가능한 미래를 달성한다.

(3) 전 세계의 관계 청중들에게 최첨단 인문학 지식과 세계인문학포럼의 결과물을 전파함으로써 유사한 이니셔티브를 국가적, 지역적 차원에서 촉진한다.

(4) 자연과학, 예술, 사회 과학 같은 타 학문 분야와 인문학 간의 연계 강화를 통해 당면 과제에 대한 다학제적·통합적 토론을 장려한다.

(5) 인문학 지원 기관들의 역량을 강화하여 국가적, 지역적, 국제적 차원에서의 학문적 성찰과 공론에 기여한다.

3) 2014 제3회 세계인문학포럼

포럼은 첫째, 오늘날 인류가 직면하고 있는 중대한 도전을 인문학적 관점에서 성찰하고, 둘째, 시대의 도전에 적극적으로 대응하기 위해 인문학의 현 주소와 역할을 점검하며, 이를 통해 셋째, 인류와 인문학의 미래를 전망하고 새로운 비전을 제시하는 것을 목적으로 한다.

2011년 11월 부산에서 열린 제1회 포럼에서는 '다문화 세계에서의 보편주의'라는 주제아래 글로벌 시대의 정체성, 문명의 갈등, 지구윤리와 문화 간 소통 등의 문제를 다루었다. 2012년 11월 같은 도시에서 개최된 제2회 포럼은 '치유의 인문학'이라는 주제 아래 오늘날 전 세계에 범람하는 갈등과 충돌, 그로 인한 인류의 고통과 상처에 인문학이 어떤 치유의 역할을 할 수 있는가의 문제를 다루었다. 오늘날 과학과 산업이 급속히 발전하면서 인간의 상황은 사회적 환경에서 개인적 경험의 영역에 이르기까지 이전에는 상상하기 어려웠던 변화를 겪고 있다. 컴퓨터과학을 필두로 하는 통신 산업의 급속한 발전은 인간의 사회적 환경을 근본적으로 바꾸어 놓고 있으며, 뇌과학과 생물학은 인간에 대한 기존의 관념을 흔들고 있다. 이 변화는 새로운 가치관의 정립, 새로운 인간규정, 새로운 사회상의 구성 등, 다양한 인문학적 성찰을 요구한다. 이제 대한민국 세계인문학포럼 추진위원회는 이러한 시대적 상황에 주목하여 "질주하는 과학기술 시대의 인문학"을 제3회 세계인문학포럼의 대주제로 진행되었다.

출처 : http://www.worldhumanitiesforum.org/ 세계인문학포럼

그림 Ⅲ-4-3 세계인문학포럼 포스터

1.5 EBS 특집 다큐 '길 위의 인문학'

최근 화두가 되고 있는 창조경제는, 자유로운 사고를 바탕으로 한 무한한 상상력을 밑거름으로 한다. 상상력과 창의력을 언급할 때, 우리는 종종 애플 신화의 주인공 '스티브 잡스'나 페이스북 창업자 '마크 주커버그'와 같이 새로운 신화와 트렌드를 이끈 천재들을 떠올린다. 창의력과 상상력은 어떻게 키울 수 있는 것일까? 많은 사람들이 '인문학'을 상상력과 창의력의 밑거름으로 보면서 인문학은 유례없는 열풍을 끌고 있다. EBS는 문화체육관광부와 공동으로 이러한 인문학의 지속적인 확산과 발전을 이끄는 도서관 프로젝트, <길 위의 인문학>을 특집 방송했다.(2013년 11월 19일(화)~21일(목))

- 제1부 도서관과 나, 때때로 당신

도서관을 사람의 생애주기 또는 생로병사에 비유하여 바라본 도서관의 프로그램을 소개했다. 태어나기 전 전국의 도서관에서 실시하는 BOOK Start 운동-어린이-청소년-장년기-노년기 그리고 죽음에 이르기 까지 길 위의 도서관에서 실시하는 다양한 프로그램을 스토리 구성에 맞추어 소개했다. 전국도서관 대회에서 대통령상을 수상한 서울시립어린이 도서관의 성공사례와 실제 이 도서관이 많은 학부모와 어린이들에게 사랑을 받는 이유를 찾아봤다.

- 제2부 도서관, 세상에 말 걸다

어떤 도서관이 좋은 도서관인가? 도서관의 역사와 운영 방법 등 세계 유수의 도서관을 통해 우리에게 맞는 도서관 운영방식을 택한 국내 빛나는 도서관을 중심으로 도서관이 세상을 바꿀 수 있다는 길 위의 인문학 프로그램을 소개했다.

- 제3부 우리 동네 도서관 참 좋다

우리 동네 커뮤니티를 통해 발전하는 도서관의 주요 사례들을 중심으로 길 위의 인문학 프로그램을 소개했다. 역설적이게도 도서관의 규모와 상관없이 도서관이 발전하면 우리 동네가 발전할 수 있는 다양한 실제 사례와 가능성들을 보여줬다.

1.5 인문학 콘서트

EBS FM에서 매주 토요일 '토요 인문학 콘서트' 가 방송되는데 역사, 철학, 문학, 예술, 교양 등 인문학 분야의 화제의 저자를 초대해 책에 관한 이야기를 나누는 프로그램으로, 토크 콘서트를 통해 '책으로 보는 우리 사는 세상'을 이야기하고, 저자의 인문학 특강을 통해 '깊이 있는 인문학적 사고'의 방법을 제시한다.

제2절 W(Writing)-Healing

1. 글쓰기를 통한 힐링

사람들은 흔히 글을 쓴다는 것은 무언가 특별한 목적을 가진 사람들이 하는 일로 이해하지만 글을 쓴다는 것은 자신을 돌아볼 수 있는 좋은 기회를 제공한다는 점에 더 큰 의의가 있다. 글쓰기는 자신이 가지고 있는 궁금증에 집중하는 것이고, 그 궁금증을 따라가다 보면 여러 가지 글쓰기 주제들을 만나게 되는데, 서로 다른 것처럼 보이던 주제들이 사실은 하나의 '커다란 궁금증'에서 만나게 되는 것이다. 그런 의미에서 글쓰기란 나를 발견하는 여행이 되는 것이다.

1.1 글쓰기의 자세

1) 먼저 생각하는 습관을 가져라

글을 써보고 싶다면 먼저 생각하는 습관을 가져야 한다. 작가가 된다는 것은 남보다 더 깊게 생각을 해본다는 말과 다르지 않다. 잠자리에 들었다가도 좋은 아이디어가 떠오르면 일어나서 메모를 할 만큼 생각하기를 습관화하자. 그것이 작가가 되는 첫걸음이다.

글쓰기를 하는 데 자문능력이 부족한 것은 염려할 필요는 없다. 물론 작문능력은 필요하지만 보도기사나 법률문서와 같은 전문적인 글에서처럼 글쓰기의 전제조건이 되는 것은 아니기 때문이다. 게다가 생각하기가 훈련이 되어 있다면 작문능력은 자연스럽게 따라오게 된다. 따라서 글쓰기에 대해 작문기술 중심주의에서 벗어나 자신의 생각을 표현하는 즐거운 놀이로 인식하는 사고의 전환이 필요하다.

2) 자기 자신을 발견하라

글쓰기에서 무엇보다 의미 있는 것은 자기 자신을 발견하고 그것을 겸허하게 받아들이게 만드는 것이다. 우리는 매일 매일 바쁜 일상생활에서 자신이 추구하는 외부의 목표에 매몰되기 쉽지만, 글쓰기를 통해 자기 인생에서 가장 중요한 목표는 무엇인가를 생각할 수 있는 시간을 가질 수 있다. 자기 인생에서 가장 중요한 목표가 무엇인가를 찾기 위해서는 먼저 내가 정말로 원하는 것은 무엇일까 라고 스스로에게 솔직히 질문해 볼 수밖에 없다.

하지만 자기 자신을 안다는 것은 쉬운 일이 아니다. 공자는 사람의 나이 오십이 지천명(知天命)이라고 말했지만, 많은 어른들은 나이를 먹어도 자기 자신에게서 스스로도 몰랐던 모습을 발견하게 된다고 말하곤 한다. 자신을 발견하기란 이처럼 매우 어려운 일이다. 따라서 글쓰기의 최우선 목표는 자신이 정말로 하고 싶은 이야기를 글을 통해 제대로 끄집어내는 것이 되어야 한다.

1.2 글의 구상

1) 질문은 글쓰기의 시작이다

한 권의 책을 쓴다는 것은 한마디로 하나의 주제에 관하여 다양한 분야를 통섭적으로 이해하는 활동이다. 이 말은 궁금증을 따라 생각하게 되면 처음에는 몰랐던 정보들도 하나의 맥락에서 이해하게 된다는 의미다. 그래서 좋은 주제를 정하기 위해서는 좋은 질문을 해야 하며, 질문을 하는 것이 글쓰기의 시작이 된다. 이때 시작된 질문은 글쓰기가 끝날 때까지 자신의 글을 따라다니면서 정확한 방향으로 글쓰기를 인도하게 될 것이다.

하지만 정확한 질문을 하는 것이 그렇게 쉬운 일은 아니다. 좋은 질문의 기준이 되는 것 중 하나는 자신다운 것이어야 한다는 점이다. 수박 겉핥기식의 남의 이야기로는 진정성이 묻어나올 수 없다. 책이 독자를 움직이는 이유는 글쓴이가 자신이 가장 잘 아는 문제를 독자들에게 정확하게 질문으로 던졌기 때문이다.

2) 베스트셀러는 정확한 질문을 제시한다.

베스트셀러들의 공통점은 정확한 질문을 가지고 있다는 점이다. 스튜어트 다이아몬드(Stuart Diamond)의 『어떻게 원하는 것을 얻는가』와 마이클 샌델((Michael J. Sandel) 교수의 『정의란 무엇인가』는 모두 정확한 한 문장으로 독자의 마음을 흔들어 놓을 수 있는 질문을 제시했다. 혜민 스님의 『멈추면, 비로소 보이는 것들』을 읽은 한 독자는 서점에서 '멈추면'이라는 글자를 본 순간 책 앞에 멈춰 서게 되면서 책의 의미를 느끼게 되었다고 말했다. 그만큼 정확한 질문은 그 자체만으로 어필이 된다.

3) 한 문장으로 질문을 요약해 본다.

자신이 쓰고 싶다고 생각한 주제도 정말 자신이 원하는 이야기가 아닐 가능성이 크다. 우리는 자신에 대해 잘 알지 못하는 경우가 많기 때문이다. 정말로 하고 싶은 이야기인지 알기 위해서는 한 문장의 질문으로 이야기를 요약해 보면 된다.

한 문장의 질문은 곧 책이 말하고자 하는 메시지가 된다. 흔히 책의 첫 50 페이지 이내에서 책의 판매량이 결정된다는 말이 있는 것처럼 좋은 질문 하나가 책 전체를 끌고 가는 힘을 갖게 된다. 그러기 위해서는 좋은 질문 정도가 아니라 명확하게 문제를 제기할 수 있는 '정확한 질문'이 되어야 한다.

4) 자료조사

자료수집 역시 질문을 하는 과정상에 위치해 있다. 책을 이끌어가는 질문이 뚜렷하면 뚜렷할수록 책의 주제를 설명하는 좋은 사례는 얼마든지 발견될 수 있다.

작가의 머릿속에서 좋은 질문에 대한 감이 잡혔다면 이제 글로 정리할 시간이 다가온 것이다. 자신의 책장에 꽂힌 책을 읽지 않아도 책의 표지만 보고 책의 내용을 알게 된다는 작가 움베르토 에코(Umberto Eco)의 농담

과도 같이 질문에 대한 촉(觸)이 생기는 순간이 올 것이다.

이때 날을 잡아 PC에 책의 가제목을 정해 문서파일을 만들고 그 동안 수집한 자료를 리뷰하면서 필요한 자료를 취사선택하여 문서파일에 배치하면서 자신의 생각의 글로 풀어 나가다보면 글쓰기가 본격적으로 시작되는 것이다.

5) 독서하기

자신의 질문을 발전시키기 위해 관심을 가진 주제와 관련된 책들을 찾아 읽는 '끝장독서' 또는 '기획독서' 방식의 독서도 필요하다. 끝장독서란 자신이 원하는 자료가 있는지 여러 책을 돌아가면서 읽고 그 책에 나와 있는 궁금증을 풀기 위해 관련된 다른 책을 찾아 읽으면서 그 다음, 그 다음으로 궁금증이 풀릴 때까지 계속 하나의 주제에 몰입해서 읽는 것을 말한다. 그렇게 읽어나가다 보면 자신의 질문이 무엇이었는지 좀 더 감을 잡을 수 있다.

6) 글을 써나가며 구상하라.

처음 떠오른 생각을 글로 풀어 쓸 때에는 정작 자신이 무엇을 써야 하는지 모르는 상태인 경우가 많다. 그러나 자신이 무엇을 써야 하는지를 아는 것이야 말로 가장 중요한 작업이며, 거기에 가장 많은 시간을 투자해야 한다. 책상에 앉아 글을 쓰는 시간은 무엇을 써야 할지를 생각해 보는 시간이 되어야 하는 것이다. 그래서 글을 쓰고 지우고 다시 다른 방향으로 쓰면서 자신의 생각에 가장 맞는 구성을 찾아가야 한다.

처음 생각하는 것을 그대로 옮겨 적은 것이 최종 원고가 되는 일은 거의 불가능하다. 더 많이 생각할수록 더욱 좋은 글이 나오기 때문에 최초의 구상을 수정하기 위한 시간이 필요하다. 무엇을 써야 할지를 정한 후 글을 쓰는 것이 아니라, 글을 써나가면서 자신이 정말 무엇을 쓰고 싶어 하는가를 아는 과정으로 여기며 글을 시작해야 한다.

1.3 글의 구성

1) 구성은 이야기를 하는 순서다.

구성에서 중요한 것은 순서다. A-B-C-D로 말할 것과 A-C-D-B로 말하는 것은 엄연한 차이가 있다. 즉 구성은 중요한 것과 중요하지 않은 것의 위치를 선별하여 배치함으로써 어떻게 원하는 메시지를 가장 잘 전달할 수 있느냐를 결정하는 작업이다.

2) 소설의 구성원리를 차용하라.

소설에서는 작가가 알고 있는 사건의 진실을 독자에게 언제 알려주느냐 하는 시점에 따라 구성방식을 구분한다. 이것을 보통 플롯(Plot)형과 스토리라인(Storyline)형이라고 부르는데, 플롯(Plot)형에서 작가는 주인공이 사건의 비밀을 알게 되는 시점까지 독자에게 비밀을 숨기기 때문에 사건의 진실은 대개 작품 마지막에 밝혀지게 된다. 반면에 스토리라인(Storyline)형에서 독자는 주인공과 달리 작품의 초반부부터 사건의 전모를 알게 되는 상태에서 이야기가 펼쳐진다.

이로 인해 플롯(Plot)형은 작가가 독자로 하여금 끝까지 궁금증을 유지시킬 수 있는 장점이 있는 반면, 스토리라인(Storyline)형은 독자가 이미 사건의 진실을 알게 되기 때문에 어떻게 문제가 해결되는가를 전체적으로 조망할 수 있다는 면에서 장점을 갖는다. 이러한 소설적 구성방식은 어느 정도는 실용서에서도 차용할 수 있다. 예컨대 실용서에서 작가가 말하고자 하는 메시지를 후반부에 위치시킬 것인가, 혹은 초반부터 메시지를 확실히 말하고 시작할 것인가 하는 것도 플롯(Plot)형이냐 스토리라인(Storyline)형이냐 하는 구성방식의 특징을 나타낸다고 할 수 있다.

3) 구성은 블록 쌓기다.

구성잡기는 블록을 쌓는 것과 같다고 생각하면 구성 잡는 일이 쉽게 이해될 것이다. 블록을 쌓기 위해서는 먼저 전체적인 모양을 떠올려야 한다. 그리고 기준이 되는 한 지점을 찾아 모양을 맞춰나가면서 전체적인 모양이 유지되도록 재료를 사용해서 완성해 나간다. 이렇게 잡힌 구성은 이후에 글쓰기의 지도 역할을 하게 된다. 구성을 따라 조금씩 글을 써내려가다 보면 전체의 글이 완성되는 것이다. 만약 특정한 부분이 어울리지 않는다고 여겨지면 전체의 지도 위에서 그 글의 적합한 위치를 찾아 다시 배치할 수도 있는데, 이것이 바로 구성작업의 효과이다.

4) 각자에게 맞는 방식을 취하라.

구성작업이 반드시 글을 쓰기 전에 완료되어야 하는 것은 아니다. 책상 앞에 앉아 일필휘지로 글을 쓰는 린포워드(Lean-Forward)형 작가들에게는 처음 구성이 곧 최종 구성이 될 가능성이 높지만, 침대 위에서 TV를 틀어놓은 채 배 위에 넷북을 올려놓고 글을 만지는 린백(Lean-Back)형 작가들에게 구성은 글을 쓰면서 언제든지 변경될 수 있는 작업이 된다. 따라서 구성이란 글을 쓰기 전에 하는 '임시 구성'과 실제 글을 쓰면서 수정을 거쳐 결정되는 '최종 구성'으로 구분할 수 있다.

5) 결론을 열어두어라.

구성은 책상 위에서만 이뤄지는 것은 아니다. 마치 운동선수들의 이미지 트레이닝처럼 구성의 변화는 머릿속에서 작업이 이뤄진다. 매일 밤 잠자리에 들면서 자신이 생각하는 책의 구성을 다듬으며 잘 수 있다면 어린 아이가 잠자리에서 아빠의 이야기를 들으면 잠을 더 잘 자는 것처럼 기분 좋은 수면이 될 수 있다.

6) 서두르지 마라.

글의 구성은 마치 자연이 스스로 자기정화를 하듯이 글 스스로가 답을 찾아내 자연스러운 결론에 도달하기를 기다리는 것처럼 그냥 얼기설기되도록 내버려두어 시간을 가지고 생각이 성숙되기를 기다려야 한다. 급히 먹은 음식이 체하는 법이다. 그 대신 그 기간 동안 더 나은 답을 찾을 때까지 구성하기를 멈추지 말고 찰흙을 빚듯이 구성을 항상 다듬어라. 어쩌면 그 시간이 진정 글쓰기의 진수를 느끼게 해주는 시간이 될 것이다.

1.4 스토리텔링

1) 인과관계 만들기

스토리(story)는 '과거에 있었던 일에 대한 서술'이란 뜻으로 '역사'를 의미하는 History와 같은 어원을 가지고 있다. 그러나 스토리는 단순히 '과거에 있었던 일'이라는 의미를 뛰어넘을 수 있는 잠재력을 가진 개념이다.

스토리를 스토리답게 만드는 장치가 바로 '인간관계'다. '왕이 죽었고 왕비도 죽었다'는 하나의 사건일 뿐이지만, '왕이 죽었고 그 슬픔으로 여왕도 죽었다"는 스토리가 될 수 있다는 문학이론처럼 적절한 인과관계의 설정은 좋은 스토리를 만드는 지점이 된다. 이와 같이 인과관계를 가진 사건이 연속되는 것을 내러티브(narrative)라고 하는데, 좋은 스토리란 좋은 내러티브를 통해 만들어진다는 점에서 작가의 일이란 좋은 내러티브를 만들어내는 것이라고 할 수 있다.

2) 흥미로운 소재를 찾아라.

아무리 좋은 이야기라도 흥미롭지 못하다면 독자로부터 선택받기 어려울 것이다. 소설을 의미하는 'novel'이란 단어의 원뜻 역시 '새롭고 혁신적인 것'이라는 의미인 것처럼, 새롭고 들어본 적 없는 이야기를 들려주는 것이야말로 독자의 흥미를 유도하는 핵심적인 방법이 될 것이다.

우리는 자극적인 소재로 이야기를 전개하는 TV 드라마를 가리켜 막장드라마라고 비판하지만, 셰익스피어(William Shakespeare)가 관객의 흥미를 이끌어내기 위해 취한 전략도 오늘날의 막장 드라마와 크게 다르지 않다. 『햄릿』에서 아버지를 살해한 삼촌이 어머니와 결혼하고 왕위를 차지하고, 죽은 망자의 유령과 대화하며 복수의 칼을 가는 왕자의 이야기야말로 정말 끝내주게 자극적인 스토리다.

『로미오와 줄리엣』은 원수 집안의 남녀가 만나 사랑에 빠지고, 그 와중에 남자는 사랑을 이루기 위한 방법으로 독약을 먹고 자살한 것으로 위장하면서 여자를 기다리지만, 여자는 실제로 자신이 사랑하는 남자가 목숨을 끊은 것으로 믿고 독약을 마시고 생을 마감한다는 막장 드라마다. 따라서 문제는 자극적인 소재냐 아니냐가 아니라 어떻게 이 소재들을 기반으로 작품의 완성도와 품격을 만들어 내느냐 하는 것이므로 독자들의 흥미를 끄는 이야기를 하는 것 자체를 두려워할 필요는 없다.

3) 전문적 경험에 기초하라.

작가는 독자의 관심을 지속적으로 유지할 수 있는 이야기를 전달해야 한다. 이를 위해 작가는 자신이 전하고자 하는 메시지를 디테일한 묘사속에서 캐릭터가 돋보일 수 있는 입체적인 스토리로 제공하는데, 가장 기본적인 방식은 작가 자신이 가장 전문성을 가지고 있는 분야의 지식을 바탕으로 이야기를 전개해 나가는 것이다. 비행 조종사였던 생텍쥐페리(Antoine Marie Roger De Saint Exupery)는 『어린왕자』에서 화자의 직업을 조종사로 설정했고, 오랫동안 직장생활을 했던 연금관리공단에서 일했던 카프카(Franz Kafka)는 『변신』에서 샐러리맨을 주인공으로 설정했듯이 말이다.

전문적 경험은 실용서에서도 진가를 발휘한다. 미래학의 권위자로 평가되는 존 나이스비트(John Naisbitt)는 데뷔작 『메가 트렌드』로 책을 쓰기 시작한 이래 평생을 오직 트렌드 예측에 대한 책만을 써왔고, 짐 콜린스(Jim Collins)는 데뷔작『성공하는 기업의 8가지 습관』을 통해 위대한 기업을 만드는 요인을 설명한 이후 '위대한 기업은 어떻게 만들어지는가?'라는 주제만으로 활발하게 저술활동을 해오고 있다.

1.5 원고 수정하기

1) 시도 때도 없이 메모하라.

아이디어가 떠오르면 놓치지 말고 메모하라. 메모는 아이디어가 떠오르는 순간을 기록하고 나중에 다시 그 아이디어를 기억하도록 도와줄 것이다. 작가에게 가장 아까운 것은 아이디어를 잃어버리는 것이다.

새로운 아이디어가 생각나는 순간은 언제가 될지 모른다. 따라서 항상 메모장을 가까이 하는 습관을 가져야 한다. 나중에 책상에 앉아서 쓰려고 하면 생각이 잘 나지 않을 수 있다. 따라서 적어도 어떤 생각을 했는가는 꾸준히 메모해 놓는 것이 좋다. 가급적이면 PC에 직접 메모하는 것이 좋지만 안 되면 스마트폰에서 자신에게 메일을 보내 생각을 저장해 놓아야 한다.

2) 메모를 그룹핑(grouping)하라.

메모가 모이면 메모에 담긴 글들을 문서로 잘 옮겨놓아야 한다. 메모를 문서로 옮길 때에는 비슷한 생각끼리 그룹핑(grouping)하는 것이 좋다. 그러면 이후에 새로운 생각이 났을 때 앞서 메모했던 내용에 추가하여 연속성을 가진 하나의 챕터(chapter)로 발전시켜 나갈 수 있게 된다. 처음에는 몇 개의 단어로 시작되지만 점점 하나의 주제를 가진 생각의 덩어리로 발진시킬 수 있게 되는 것이디.

메모는 금쪽같은 생각의 기록이기 때문에 메모를 문서로 이동시키는 시간은 신성한 의식과도 같은 시간이 된다. 주로 이메일에 저장했던 메모를 PC로 옮겨놓는 작업을 하게 되는데, 이를 통해 PC로 이동한 메모들은 이제 하나의 문서 안에서 주인의 애정 어린 손길을 거쳐 완성된 글로 발전하게 될 준비를 마치는 것이다.

3) 자료를 잘 모아놓아라.

"개똥도 약에 쓰려면 없다"는 속담이 있다. 이렇게 되지 않으려면 평소 자신이 다루고자 하는 주제와 관련된 것들을 관심을 가지고 봐야 한다. 눈에 띌 때 자료를 모아놓지 않으면 나중에 필요할 때 찾으려 해도 어렵기 때문이다

생생한 아이디어가 필요할 때는 현장을 직접 취재하는 것도 좋다. 만화가 허영만도 카메라를 메고 현장에 나가 취재하는 것으로 유명하지만, 화가들조차 그림을 그리기 전에 사진을 찍어 그 사진을 보며 그림을 그리기도 할 정도로 직접적인 경험이나 취재는 강한 느낌을 전달해 준다.

4) 과감하게 수정하라.

책이 출판된 후에도 자신이 만족할 수 있는 수준으로 글을 마무리하지 못한다면 두고두고 후회하게 될 것이다. 그러므로 초고가 완성된 순간은 글쓰기의 끝이 아니라 진짜 글쓰기가 시작되는 순간이다. 작가의 진면목을 발휘하는 시간이 돌아온 것이다. 지금까지 머릿속에서 연결되지 않았던 요소들이 이제 연결되기 시작할 것이다.

대강의 생각을 마쳤을 때와 생각의 끝에 도달했을 때 글의 결론은 백팔십도로 달라질 수 있다. 그러므로 수정은 과감하게 해라. 자기의 고정관념을 완전히 부정하고 혁명적으로 다 바꿔라. 이 과정을 거치면 글은 마무리를 향한 마지막 여정에 접어들게 된다.

5) 짜투리 문장은 파킹(parking)해 놓아라.

분명히 그 자체로 좋은 아이디어가 담긴 문장이지만 앞뒤 맥락에 연결되지 않는 문장이 나올 수 있다. 그때는 글을 지우지 말고 주차장에 차를 주차시켜 놓듯이 멀찌감치 보관해 놓는 것이 좋다. 지금 쓰고 있는 부분에는 적합하지 않지만 괜찮은 문장이라고 여겨지면 버리지 말고 원고의 맨 뒤나 맨 앞부분에 별도 보관해 놓는 것이다. 그러면 시간이 지나면서 그 글을 발전시킬 수 있는 기회를 찾을 수 있게 될 것이다.

원고의 맨 뒤에는 정리되지 않은 글을 파킹(parking)해 놓고, 원고의 맨

앞부분에는 지금 쓰고 있는 원고에 바로 삽입할 수 있는 문장을 파킹해 놓는다면 좀 더 효율적일 것이다. 완성되지 않은 단 한 문장이라도 귀히 여겨야 한다. 그 한 문장 한 문장이 모여 원고를 풍성하게 만들어줄 것이다.

1.6 글쓰기 비법

<나의 문화유산답사기>의 저자 유홍준 교수가 이야기 하는 글쓰기 비결, 열다섯 가지에 대해서 알아보자.

1) 주제를 장악하라. 제목만으로 그 내용을 전달할 수 있을 때 좋은 글이 된다.
2) 내용은 충실하고 정보는 정확해야 한다. 글의 생명은 담긴 내용에 있다.
3) 기승전결이 있어야 한다. 들어가는 말과 나오는 말이 문장에 생명을 불어넣는다.
4) 글 길이에 따라 호흡이 달라야 한다. 문장이 짧으면 튀고, 길면 못 쓴다.
5) 잠정적 독자를 상정하고 써라. 내 글을 읽을 독자는 누구일까, 머리에 떠올리고 써야 한다.
6) 본격적인 글쓰기와 매수를 맞춰라. 미리 말로 리허설을 해 보고, 쓰기 시작하면 한 호흡으로 앉은 자리서 끝내라.
7) 문법에 따르되 구어체도 놓치지 마라. 당대의 입말을 구사해 글맛을 살리면서 품위를 잃지 않는다.
8) 행간을 읽게 하는 묘미를 잊지 마라. 문장 속에 은유와 상징이 함축될 때 독자들이 사색하며 읽게 된다.
9) 독자의 생리를 따라야 하니, 가르치려 들지 말고 호소하라. 독자 앞에서 겸손해야 한다.

10) 글쓰기 훈련에 독서 이상의 방법이 없다. 좋은 글, 배우고 싶은 글을 만나면 옮겨 써 보라.
11) 절대 피해야 할 금기사항. 멋 부리고 치장한 글, 상투적인 말투, 접속사.
12) 완성된 원고는 독자 입장에서 읽으면서 윤문하라. 리듬을 타면서 마지막 손질을 한다.
13) 자기 글을 남에게 읽혀라. 객관적 검증과 비판 뒤 다시 읽고 새로 쓰는 것이 낫다.
14) 대중성과 전문성을 조화시켜라. 전문성이 떨어지면 내용이 가벼워지고 글의 격이 낮아진다.
15) 연령의 리듬과 문장이란 게 있다. 필자의 나이는 문장에 묻어 나오니 맑고 신선한 젊은이의 글, 치밀하고 분석적인 중년의 글을 즐기자.

2. 감사 일기 쓰기

캘리포니아 데이비스 대학교 심리학과 교수인 로버트 A 에먼스(Robert A. Emmons)와 마이애미대학교 심리학과 교수인 마이클 E. 맥컬로우(Michael E. McCullough)는 “감사가 사람에게 정신적으로, 육체적으로 어떤 영향을 끼치는가?” 를 실험했다. 실험대상을 세 그룹으로 분류했는데 A그룹은 기분 나쁜 일, B그룹은 감사할 일, C그룹은 일상적인 일에 나누어 일주일 동안 세 가지 말과 행동에 집중토록 했다. 그들의 심리를 분석한 결과 감사하는 태도에 주력한 B그룹이 가장 행복감을 느낀 것으로 나타났다. 이 연구를 1년 동안 연장하여 연구한 결과 감사하는 태도를 갖기 위해 의식적으로 노력한 실험 참가자들은 놀라운 변화 10가지를 경험하게 되었다. 첫째, 낙천적인 성격으로 변했으며, 열정적으로 활동하게 되었다. 둘째, 스트레스를 이기는 힘이 이전보다 커졌다. 셋째, 예전보다 운동을 열심히 하게 되었다. 넷째, 숙면을 취하게 되었으며 눈에 띄게 건강해졌다.

다섯째, 다양한 것에 흥미가 생겼으며, 열린 시각으로 상황을 바라보게 되었다. 여섯째, 주위 사람들로부터 유머감각이 생겼다는 이야기를 듣는다. 일곱째, 결단력이 강해졌고, 체계적으로 일 처리를 한다는 이야기를 듣는다. 여덟째, 다른 사람들로부터 관대하고 친절한 사람이라는 평판을 듣는다. 아홉째, 인생의 목표를 다시 세웠으며, 그것을 이루기 위해 노력하게 됐다. 열째, 가족관계가 돈독해졌다.

이런 효과를 체험하기 위해서 '감사노트' 쓰기를 권한다.

1.1 감사의 습관

"오늘도 거뜬하게 잠자리에서 일어날 수 있어서 감사합니다. 유난히 눈부시고 파란 하늘을 보게 해주셔서 감사합니다. 점심 때 맛있는 스파게티를 먹게 해주셔서 감사합니다. 얄미운 짓을 한 동료에게 화내지 않았던 저의 참을성에 감사합니다. 좋은 책을 읽었는데 그 책을 써준 작가에게 감사합니다."

'토크쇼의 여왕' 오프라 윈프리(Oprah Gail Winfrey가 자신의 감사일기에 적은 것들이다. 세계에서 가장 인기가 높고 부유한 스타이지만 생각한 것보다 감사의 내용이 거창하지 않으며 도리어 일상 속의 아주 작은 것들에 감사하고 있다는 사실을 알 수 있다.

오프라 윈프리(Oprah Gail Winfrey는 감사일기 쓰기를 실천해 고통과 절망에서 허덕이던 인생을 기쁨과 희망이 넘치는 인생으로 전환시킨 대표적 인물로 알려져 있다. 가난, 가출, 마약, 성폭행, 미혼모, 아이의 죽음 등 온갖 불행한 환경에 노출돼 있다가 인생의 소중함을 깨달은 그녀는 매일 잠자리에 들기 전에 그날 하루 동안 있었던 일들 중에서 고마운 것들 다섯 가지를 적으며 삶에 대한 희망을 갖게 되었다.

<평생감사>의 저자 전광 목사도 "감사일기 작성을 통해 사람들은 스스로 축복받았다는 사실을 깨닫고 감사해야 할 대상을 더 많이 발견하게 된

다"면서 "그래서 많은 심리학자들은 행복지수를 높이고 고난을 극복하고 다시 회복할 수 있는 능력을 키우는 방법으로 주저 없이 '감사일기' 쓰기를 꼽고 있다"고 강조했다. 감사를 마음으로만 담고 있는 것은 부족하고, 그 느낌을 말과 글과 행동으로 표현해야 효과가 배가된다는 말도 덧붙였다.

※ 오프라 윈프리처럼 감사일기 쓰는 10가지 방법

오프라 윈프리는 감사의 일기를 통해 두 가지를 배우게 되었다고 한다. 하나는 인생에서 소중한 것이 무엇인지를, 또 하나는 삶의 초점을 어디에 맞춰야 하는지를. 감사의 습관은 그래서 오늘의 오프라 윈프리를 만든 에너지가 된 셈이다.

1. 내 맘에 꼭 맞는 작은 노트를 장만한다.
2. 감사할 일이 생기면 언제 어디서든 기록한다.
3. 아침에 일어날 때나 저녁에 잠자리에 들 때 언제든 하루를 돌아보며 감사의 제목을 찾아 기록하는 시간을 갖는다.
4. 거창한 감사의 제목을 찾기보다 일상의 소박한 제목을 놓치지 않는다.
5. 사람을 만날 때 그 사람으로부터 받는 느낌, 만남이 가져다준 기쁨 등을 기록해 나간다.
6. 교회나 학교에서 '윈프리 일기 쓰기 모임'을 만들어 함께 쓴다.
7. 버스에 있거나 혼자 공공장소에 있을 때 그동안의 감사제목들을 훑어본다.
8. 정기적으로 감사의 기록들을 나누고 격려한다.
9. 나의 감사제목이 어떻게 변화하고 있는지 지켜본다.
10. 카페나 정원 등 나만의 조용하고 편안한 장소를 선택하여 자주 그곳에 앉아 감사의 일기를 쓴다.

1.2 감사의 논리

긍정심리학자들은 심신을 최적의 상태로 만들기 위해서는 '감사하는 마음'이 긴장을 푸는 명상이나 기분 좋은 일을 생각하는 것보다 효과가 더 높다고 말한다. 나아가 감사를 습관으로 찰싹 몸에 붙이기 위해서는 장기간에 걸쳐 띄엄띄엄 하는 것보다는 단기간에 몰아서 집약적으로 하는 것이 좋다고 권한다. 행복을 가져오는 의도적 노력은 규칙적 습관이 되도록 해야 할 필요가 있음을 알 수 있다.

사람의 마음과 몸을 최상의 상태로 유지시켜주는 것은 긴장을 푸는 명상이나, 기분 좋은 일을 생각하는 것보다도 감사하는 마음이다. 감사하는 마음이야말로 긍정심리학이 지향하는 최선의 마음 상태다. 긍정성 향상을 위한 마음의 훈련을 한다면, 감사하기 훈련이 최선이라는 뜻이다.

감사하기 훈련도 여러 가지가 있지만 그 중 가장 효과적인 것은 다음과 같다. 우선 매일 밤 잠자리에 들기 전에 그날 있었던 일들을 돌이켜 보면서 감사할 만한 일을 다섯 가지 이상 수첩에 적어둔다. 인생에 대한 막연한 감사가 아니라, 하루 동안 있었던 일 중에서 구체적으로 적어야 한다. 머릿속으로 회상만 하는 것으로는 부족하다. 반드시 글로 기록한 후에 잠자리에 들도록 한다.

이렇게 하면 우리의 뇌는 그날 있었던 일을 꼼꼼히 회상해보면서 그 중에서 감사할 만한 일을 고르게 된다. 다시 말해서 감사한 마음으로 그날 하루에 있었던 일을 돌이켜보다가 잠들게 되는 것이다. 잠들기 전에 하는 것이 효과적인 이유는 대부분의 기억의 고착화 현상은 잠자는 동안에 일어나기 때문이다. 즉 긍정적 마음으로 그날 하루 일을 회상하는 뇌의 작용을 일종의 습관으로 만드는 데 있어 효과적이다.

감사일기 적기를 며칠 하다보면 우리의 뇌는 아침에 일어날 때부터 감사한 일을 찾기 시작한다. 즉 일상생활을 하는 동안 늘 감사한 일을 찾게 되는-나에게 벌어지는 일들을 감사하게 바라보는-습관이 자연스럽게 들기 시작한다.

3. 감사의 손 편지 보내기

손 편지는 닫힌 마음을 여는 마법의 열쇠이다. 손으로 꾹꾹 눌러 쓴 편지 한통은 값비싼 선물보다 더 사람의 마음을 열어주는 특별한 열쇠가 된다.

손 편지는 많은 정성이 들어가는 일이다. 컴퓨터 앞에 앉아서 휘리릭 자판을 두드리는 것과는 그 차원이 다르다. 손 편지를 쓰려면 우선 편지지를 구해야 하고 펜을 들어야 하며, 글자 한 자 한 자 힘을 들여 글씨를 써야 한다.

또한 손 편지에는 받는 사람을 생각하고 있다는 느낌이 들어 있다. 편지지를 구하고 편지를 쓰고, 편지를 우체통에 넣는 동안 '당신을 생각하고 있습니다'라는 의미가 새겨진다. 손 편지를 받는 사람 역시 보내는 이의 그런 마음을 느낀다. 그래서 글씨가 이상하든 맞춤법이 틀렸든 상관하지 않는다.

1.1 손 편지와 SNS의 차이점

사람들이 손 편지는 최소한 종이를 펼쳐 놓고 쓸 수 있는 공간을 찾아야 되는 '수고로움'이 있지만, SNS는 아무 곳에서나 할 수 있기 때문에 그런 수고로움이 들지 않는다는 것이다. 또한 손 편지는 같은 메시지를 보낸다고 해도 더 많이 생각하고 쓰게 되지만, SNS는 쉽게 즉흥적으로 쓸 수 있어 '생각의 수고로움'이 다르다고 했다. 사람들은 손 편지와 SNS가 마음을 담는 크기가 다르다고 느끼고 있었다.

SNS란 일단 쉽고 편리한 것이었다. 내 의견을 즉각적으로 제시할 수 있고, 한꺼번에 많은 사람들에게 소식을 전할 수 있는 매개체였다. 그래서 짧은 시간 안에 많은 정보를 확보할 수 있고, 신속하게 접근할 수 있는 정보들을 통해 내가 미처 알지 못했던 사실들을 알 수 있다는 장점도 있었다. 그러나 그런 이점이 있는 반면에 신뢰성은 떨어진다고 생각했다. 쉽게 작성되고 쉽게 사라지는 글의 특성과 글쓴이를 명확하게 알 수 없다는 익명성 때문에 글을 완전히 신뢰하기는 힘들다는 것이다. 그래서 SNS가 장점들을 많이 가지고 있어도, 개인적인 이야기를 깊이 있게 나누기는 쉽지 않다고 생각했다.

손으로 편지를 쓰다 보면 마음이 흘러가는 대로 글을 쓸 수밖에 없다. 아무리 머릿속으로 계산된 글을 쓰려고 해도 펜은 머리가 아닌 가슴에서 나오는 말들을 받아 적기 때문이다. 컴퓨터의 자판을 두드리는 것처럼 빠르게 쓸 수도 없고, 마음에 들지 않는다고 삭제 버튼을 누르듯 금방 지울 수도 없다. 손 편지는 종이를 펼치고 펜을 잡은 이상 마음이 흘러가는 대로 놔둘 수밖에 없는 것이다.

마음의 소리를 받아 적은 편지는 닫혀 있는 마음의 문을 열어준다. 그리고 편지가 한 번 열어 놓은 마음은 쉽게 닫히지 않는다. 언제든 내가 원할 때 수시로 드나들 수 있고 상대방도 내 마음속으로 언제든 들어올 수 있게 된다. 편지 한통으로 진짜 소통이 시작되는 것이다.

1.2 손 편지의 구성

편지 글에는 흐름이 있다. 편지는 보통 '첫인사', '본문', '끝인사'로 구성된다. 첫인사 부분에서 받는 사람의 안부를 묻고, 보내는 이의 안부를 전한다. 본문에서는 전하고 싶은 이야기를 하고, 마지막 줄에는 끝인사를 한다. 그리고 가장 마지막으로 날짜와 보내는 이를 적는다. 편지는 다른 어떤 글보다도 간단하고 쉽게 쓸 수 있다. 물론 글쓰기를 두려워하는 이들에게는 편지 한 장을 쓰는 일도 쉬운 일이 아니겠지만, 일기 다음으로 쉽고 편하게 쓸 수 있는 글이 바로 편지다.

1) 첫문장

편지를 쓸 때는 최대한 솔직하고 편안하게 쓰는 게 좋다. 그러려면 뭔가 '아름다운 문장으로 시작해야 한다'는 선입견을 버려야 한다. 글을 쓸 때는 첫 문장이 중요하다고 하지만, 중요하다는 것이 꼭 아름다운 문장이어야 한다는 뜻은 아니다. 이미 손 글씨에 감동해서 반가운 마음으로 편지를 읽는 사람에게는 당신의 솔직한 인사가 가장 아름다운 문장일 것이다.

2) 첫인사

첫인사 부분은 '안녕하세요?'라든가, '그동안 잘 지냈니?' 정도로 해결할 수 있지만, 가장 중요한 본문의 내용은 어떻게 해야 할지 난감할 때가 있다. 처음 시작을 어떻게 해야 할지 모르겠고, 이 이야기를 해도 될지 망설여지기도 한다. 편지나 글을 자주 썼던 사람이라면 편지에 쓸 내용을 머릿속으로 정리해서 바로 편지지에 옮길 수 있지만, 그런 습관이 몸에 배지 않은 사람들은 편지지를 채우기가 쉽지 않을 것이다.

3) 본문

본문에 쓰고 싶은 이야기가 있는데 어떻게 써야 할지 모르겠다면, 메모지에 그 내용들을 정리해 보는 것도 하나의 방법이다. 편지에 내가 전하고자 하는 이야기들을 한 줄로 간단하게 정리하고, 비슷한 내용들을 묶어서 재배치해 보자. 그리고 정리된 것을 보고 편지지에 차례로 풀어서 쓰면 된다. 손 편지는 한 번 쓰고 나면 쉽게 수정하기가 쉽지 않다. 그래서 쓰다가 찢어 버리거나 구겨 버리는 경우가 많은데 요점을 정리하는 습관을 들이면 편지지를 낭비하지 않을 수 있다.

4) 끝인사

끝인사는 본문의 내용에 맞게 쓸 수 있다. 어떤 흐름으로 인사를 하는 것이 좋을지는 쓰는 사람 각자의 몫이다. 본문의 글이 추억을 상기시키는 내용이었다면 '다음에 또 좋은 추억을 만들자'고 할 수도 있고, 쾌유를 바라는 위로 편지였다면 '하루 빨리 건강을 되찾길 바란다'라고 끝인사를 할 수도 있다. 편지의 흐름에 맞는 끝인사로 마무리를 하려면, 끝인사를 쓰기 전에 본문의 내용을 다시 한 번 읽어보는 것이 좋다. 편지를 다시 한 번 읽어 보면 가장 자연스러운 인사법이 떠오를 것이다. 끝인사는 글의 흐름에 맞게, 각자의 개성에 맞게 인사하며 마무리를 하면 된다.

1.3 감사편지 쓰기

『THANK YOU 365』의 저자 존 크랠릭(John Kralik)은 감사편지를 쓰면서 자신의 가장 가까운 곳부터 살폈다. 그는 가장 먼저 아이들을 떠올렸다. 부모의 이혼에도 불구하고 잘 자라고 있는 아이들에게 감사했기 때문이다. 그리고 점점 주변을 확대해 갔다. 동료, 친구, 가게 점원, 병원 의사 등으로 말이다.

감사편지를 쓸 때 사람을 먼저 떠올려도 좋고, 감사할 거리를 먼저 떠올려도 좋다. 무엇이든 '감사'라는 단어를 떠오르게 하는 것이 있다면 그냥 지나치지 않는 게 중요하다. 예를 들어 이불에서 쏙 빠져나온 채로 출근했는데 돌아와 깔끔하게 정리되어 있는 방을 보게 된다거나, 누군가 내게 전화 메모를 전달해 준다거나, 주문한 물건을 택배로 전달해 주는 기사를 만났을 때, 우리는 그것들에 대해 감사할 수 있다. 나와 가까운 곳부터 관심을 가지고 보면 감사를 전해야 할 곳이 의외로 많다는 걸 깨닫게 될 것이다.

실제로 누군가에게 감사편지를 쓰면 삶이 달라진다는 연구보고서가 있다. 김경미와 조신형이 쓴 논문인 「보육교사 교육생의 감사편지 쓰기 효과」에 따르면, '감사편지 쓰기는 행복 및 심리적 자원을 증진시키는 효과적인 활동이며, 더불어 심리적·신체적인 자원을 확장하는 역할을 하는 것이 확인된다고 한다. 이는 감사편지를 쓰는 것만으로도 편지를 쓰는 사람의 행복도가 올라간다는 뜻이며, 자신의 삶을 긍정적으로 생각하게 된다는 의미이다.

마음을 열고 주변 사람들의 행동을 잘 살피면서 그들에게 감사할 것들을 찾아보자.

제3절 C(Chorus)-Program

1. 합창단, 중창단을 구성해 본인도 치유

음악은 인간이 자신의 감정이나 생각을 표현하는 예술인 동시에 이를 다른 사람들에게 전달하는 커뮤니케이션(communication) 수단이다. 그래서 음악은 언어와 더불어 인간의 가장 보편적인 커뮤니케이션(communication) 수단으로 이용해 왔다. 특히 합창은 혼자가 아니라 여럿이 함께하는 공동체 음악이기 때문에 특별한 음악적 재능을 갖지 못했거나 음악 교육을 받지 않았어도 누구나 참여할 수 있는 사회적 활동이다. 따라서 여럿이 모여 합창을 한다는 것은 음악에 담긴 감정과 정서를 함께 공유하고 음악적 조화와 균형을 잘 이루도록 표현함으로써 듣는 이들을 감동시키는 사회적 활동을 체험할 수 있는 커뮤니케이션(communication) 과정이기도 하다.

1.1 음악

19세기 벨기에의 음악학자 페티스(Fetis)는 음악이란 “음의 배합에 의해 사람의 감정을 감동시키는 예술”이라고 정의했다. 또 음악은 “인간의 감정이나 사상을 ‘음(sound)’을 재료로 해 표현하는 시간적·청각적 예술”이라고도 할 수 있다. 좀 더 구체적으로는 “인간이 들을 수 있는 영역의 음과 소음을 소재로 해 박자, 선율, 화성, 음색 등을 일정한 법칙과 형식으로 종합해서 사상과 감정을 나타내는 예술”을 말한다.

오늘날 음악은 우리의 삶에서 보편적으로 존재하고 있지만 정확히 언제부터 시작되었는지 알기는 어렵다. 음악은 소리로 표현되는 동시에 사라져 버리는 시간 예술이라는 특성을 갖고 있기 때문에 세월이 흐른 뒤에 그 흔적을 찾아내는 것은 사실상 불가능하다. 고대의 음악은 사람들의 기억을 통해서 전승되었을 뿐이고, 음악을 기록하고 보존하는 수단이 등장한 것은 음악이 발달한 지 꽤 오랜 후의 일이다. 기보법 체계의 발달로 음악을 기록할 수 있게 되었지만 후대에서 이를 가지고 똑같이 음악을 재현해 내는 것 역시 불가능에 가깝다.

여기서 문득 드는 의문 가운데 하나가 음악이 먼저일까 말이 먼저일까 하는 것이다. 아주 먼 옛날 공동체를 구성하기 시작한 우리의 선조들은 다른 사람에게 자신의 생각이나 느낌을 전달하기 위해 말을 했을까, 아니면 소리의 높낮이나 길이, 억양을 다르게 내는 원시 음악의 한 형태인 노래로 전달했을까? 고고학적 연구에 의하면 사람이 말로 의사소통을 하기 시작한 때는 약 8만 년 전, 노래 비슷한 것을 흥얼거리거나 외침으로 표현하기 시작한 것은 약 50만 년 전부터라고 한다. 따라서 노래는 말에 앞서 감정을 표현하고 전달하는 수단이었던 것으로 생각된다.

노래가 말보다 앞섰을 것이라고 생각하는 이유는 사람의 발성 기관 발달과도 관계가 있다. 노래는 성대의 울림만으로도 충분히 부를 수 있지만 말은 그렇지 않다. 치아나 입술, 혀의 기능이 상당히 발달해서 모음뿐 아니라 여러 가지 자음까지 구사할 수 있을 정도로 신경 계통이나 기타 모든 조건이 섬세하게 발달한 후에야 비로소 말을 통한 의사소통이 가능하다. 따라서 말이 생기기 전에는 노래를 통해서 자신의 욕구나 감정을 표현했을 것이다.

이렇게 사람들은 오래전부터 음악을 통해 자연의 아름다움에 감탄하기도 하고, 이런 자연을 만든 창조자에 대한 경배와 찬양을 해 왔다. 또한 사랑하는 사람에 대한 연정이나 비애, 희로애락의 온갖 감정들을 다양한 형태의 음악으로 표출해 왔다. 언어가 발달하면서 음악적 감정 표현은 더욱 풍부해지고 다채로워졌다. 이러한 감정 표현은 때때로 자신 내부의 에너지를 분출하는 개인 행위이기도 하지만 때로는 자신의 감정이나 생각을 다른 누군가에게 표현하고 전달한다.

1.2 합창음악

여러 사람이 함께 노래하면서 화성적 조화를 추구하는 합창은 음악의 한 유형이다. 음악에는 기악과 성악이 있다. 기악(instrumental music)은 말 그대로 악기를 이용해서 소리를 내는 것이기 때문에 발성 기관의 생리적 조건에 따라 제약을 받는 성악보다 음량, 음색, 음역 등에서 폭넓은 표현이 가능하며 악기 고유의 특성에 따른 다양한 음악 양식이 발전해 왔다.

반면, 성악(vocal music)은 표현의 다양성에서는 기악을 따라갈 수 없지만 특별한 훈련이나 기교 없이도 누구나 갖고 있는 목소리를 가지고 음악을 하는 것이다. 커뮤니케이션(communication) 수단으로서 성악이 가진 장점은 가장 효과적인 상징 체계인 언어를 수반한다는 점이다. 가사의 의미가 음악적 표현과 결합함으로써 더욱 쉽게 사람들의 공감을 얻을 수 있는 것이다.

성악은 다시 독창과 중창 그리고 합창으로 구분된다. 독창(solo)은 말 그대로 한 사람이 처음부터 끝까지 혼자서 노래하는 것을 말한다. 음악적인 표현은 물론 그 음악에 담긴 감정이나 의미의 전달까지 혼자 해야 하기 때문에 웬만한 실력이 아니면 무대에 서는 것이 쉽지 않다. 물론 피아노나 오케스트라, 밴드 등의 반주가 뒷받침하는 경우가 많지만 혼자서 청중의 마음을 사로잡는 것은 성악을 전공한 사람이나 전문적인 보컬 훈련을 받은 가수들에게도 부담스러운 일다.

비교적 적은 수의 사람들이 함께 노래하는 경우를 일컫는 중창(vocal ensemble)은 여러 성부로 이루어진 곡을 노래한다는 점에서 합창과 유사하지만 각 성부를 한 사람이 부른다는 점에 차이가 있다. 한 성부를 혼자 노래하기 때문에 독창과 마찬가지로 음악 실력이 필요한 동시에 다른 성부와 회성적 조화까지 이루도록 고려해야 한다. 나뉘는 성부에 따라 2중창(duet), 3중창(trio), 4중창(quartet) 등으로 구분한다.

합창(chorus)은 다성부의 곡을 연주하되 한 성부를 여러 사람이 함께 노래하는 것을 일컫는다. 그래서 노래하는 사람의 숫자가 중창보다는 많아지지만 숫자를 기준으로 합창과 중창을 구분하는 것은 잘못이다. 다만 두세 명이 한 성부를 노래할 경우에는 각자의 개성이 드러나 소리를 통일하기 어렵기 때문에 통상 한 성부에 4명 이상이 노래할 때 합창으로 분류하곤 한다. 단일 성부의 곡을 여러 사람이 부르는 경우는 제창(unison)이라고 한다.

이렇게 다양한 음악 가운데 주목하는 것은 합창이다. 합창도 다른 음악과 마찬가지로 작곡자가 자신의 감정이나 사상을 표현한 것을 연주자 나름대로 해석하고 연주하여 청중에게 전달하는 전형적인 음악 커뮤니케이션(communication)의 하나다. 하지만 합창은 혼자가 아니라 여러 사람이 함께 참여해 하나의 음악을 표현해 내는 공동체적인 활동이기 때문에 커뮤니케이션(communication) 차원에서 다른 음악 유형과는 다소 다른 특성을 갖고 있다.

합창 지휘자는 먼저 어떤 곡을 연주할 것인지, 또 그 곡에 담긴 작곡자의 의도가 무엇인지를 이해하고 이를 나름대로 해석하고 실제 연주 과정에서 어떻게 표현할 것인지를 결정해야 한다. 다음으로는 이렇게 결정해 마음속에 형성한 '음악의 상'을 실제 연주를 하는 합창 단원들에게 효과적으로 전달하는 과정이 필요하다.

이러한 과정을 통해 모든 단원들이 같은 감정과 의미를 공유해야 아름다운 합창 연주가 가능해진다. 그리고 이렇게 완성된 음악이 청중에게 전달되어 감흥을 불러일으킬 때 비로소 음악 커뮤니케이션(communication)이 완결되는 것이다. '코랄 커뮤니케이션(choral communication)'이란 표현은 이와 같은 합창만이 가진 고유의 특성을 담기 위한 의도로 사용된 것이다.

1.3 합창의 특성

합창은 다성부 악곡의 각 성부를 여러 사람이 부르는 연주형태와 그 집단을 말한다. 단일 성부의 악곡을 여러 사람이 부르는 것은 제창이라고 하고, 다성부의 곡이라도 각 성부를 한 사람이 부르는 경우는 중창이라고 한다.

서양 음악사에 합창 음악이 등장한 것은 9세기 무렵부터다. 그 이전 그레고리오 성가 등의 가창 형태는 독창 또는 제창이었다. 합창 음악은 14세기 아르스 노바(ars nova) 무렵 본격화했고, 르네상스 시대에는 다성 합창곡의 전성시대를 맞이했다. 교회를 중심으로 한 종교 음악이 주류를 이루었으며 바로크 시대에는 오페라, 칸타타, 오라토리오, 수난곡 등 극적이고 장렬한 합창 음악이 융성했다. 이후 오랫동안 기악이 서양 음악의 중심으로 자리 잡았지만 합창은 오늘날까지도 꾸준히 명맥을 유지하며 발전해왔다.

합창은 다음과 같은 고유의 음악적 특성을 갖고 있다.

첫째, 인위적으로 만들어진 것이 아니라 누구나 천부적으로 가지고 태어난 목소리를 이용한 성악의 한 형태라는 점이다. 사람의 목소리로 낼 수 있는 음역은 한계가 있기 때문에 음색과 음역이 다양한 악기들로 연주하는 기악에 비해서는 표현의 다양성이 좁을 수밖에 없다. 하지만 연주기량을 갖추기 위해 많은 훈련을 받아야 하는 기악에 비해 성악은 발성에 특별한 어려움이 없는 한 누구든 참여할 수 있다는 장점이 있다.

둘째, 합창에는 인간의 가장 중요한 커뮤니케이션(communication) 수단인 언어로 이루어진 가사(lyric)가 수반된다. 따라서 합창을 통한 감정 표현은 다른 음악보다 훨씬 더 직접적이고 명확하다. 물론 일상 언어와 달리 합창 언어는 그 자체로 의미를 전달하는 것이 아니라 비언어적 수단인 음악과 결합하기 때문에 그 해석 방식은 다소 복잡하다. 때문에 음악이 가진 고유의 정서와 가사가 일치하지 않으면 오히려 감정의 전달이 어려워질 수도 있다.

셋째, 합창은 여러 사람이 함께 참여하는 공동체 음악이다. 합창에 참여하는 모든 사람은 항상 동일한 표현을 해야 한다. 하나의 음악을 연주하면서 단원들 각자의 심리 상태에 따라 다른 얼굴 표정이나 다른 음색, 다른 자세로 노래하면 제대로 된 음악이 만들어질 수 없다. 이렇게 합창에서는 늘 전체 구성원 속에 나라고 하는 개인이 존재하므로 음악 목적을 달성하기 위해서 각 단원들은 파트 간에 조화로운 소리를 창출해 내기 위해 소리에 대한 균형 감각을 가져야 한다.

1.4 합창의 효과

합창을 하면 커뮤니케이션(communication) 차원에서 다음과 같은 효과를 거둘 것으로 기대된다.

첫째, 합창은 자기표현 능력을 강화해 준다. 사람이 다른 사람에게 자신의 생각이나 감정을 표현하는 것은 사회생활에서 꼭 필요하지만 막상 복잡하고 다양한 인간관계의 틀에서 그럴 수 있는 기회는 많지 않다. 그러다 보니 자기표현 능력이 떨어지는 경우가 많은데 이로 인해 서로에 대한 오해가 생기는 경우도 있고 갈등의 해결에 어려움을 겪기도 한다. 합창 활동은 노래가 가진 감정이나 생각을 표현하는 것이기 때문에 이러한 경험이 쌓임으로써 일상에서도 자신의 생각을 시각적으로든 청각적으로든 정확하게 표현할 수 있는 능력을 갖게 되는 것이다.

둘째, 합창은 타인에 대한 경청과 배려심을 키워 준다. 합창이 추구하는 아름다움은 자신을 드러내는 것이 아니라 다른 사람의 소리를 듣고 여기에 자신의 소리를 맞춰감으로써 가능한 것이다. 그렇기 때문에 합창 활동을 하면 다른 사람의 소리를 듣는 습관이 생긴다. 또한 자신보다는 다른 사람의 입장을 먼저 배려하는 태도가 자연스럽게 형성될 수 있다.

셋째, 합창을 통해 성부 간 화성적 조화를 이루기 위한 연습을 함께하면서 자연히 사회성이 좋아지는 경험을 할 수 있다. 합창은 모든 단원들이 같은 시간에 함께 모여 연습하고 연주를 하는 행위다. 개인 사정으로 연습에 참여하지 못하면 전체적인 조화와 균형을 이루기 어렵고, 함께 연습하지 못한 채 무대에 오르면 예상치 못했던 그 사람의 소리 때문에 공연을 망칠 수도 있다. 합창의 이런 점 때문에 자신보다는 전체를 생각하는 사회성이 길러지는 것이다.

넷째, 크고 작은 청중 앞에서 함께 연주하는 과정에 참여함으로써 자신감이 고양되는 효과도 기대할 수 있다. 정도의 차이는 있겠지만 사람들은 남들 앞에 서면 자신도 모르게 긴장하거나 떨게 되는 무대 불안감이 생긴다. 특히 무대 위에 혼자 있을 경우에는 더욱 불안감이 높아지기 마련이다. 그러나 합창은 여러 사람이 함께 무대에 오르는 것이기 때문에 서로에 대한 믿음으로 불안을 극복할 수 있게 된다.

<참고문헌>

김수동 외(2004), 싸이코드라마의 이론과 적용, 학지사.

김영곤(2010), 참 건강의 길잡이 보완·대체의학, 도서출판 대한의학서적.

김윤선(2003), 약이 되는 한국음식, 훈민사.

김주환(2011), 회복탄력성, 위즈덤하우스.

김형일(2014), 코랄 커뮤니케이션, 커뮤니케이션북스.

김희수 외(2014), 노인상담의 이해, 양서원.

데보라 노빌(2008), 감사의 힘, 위즈덤하우스.

박에스더(2008), 아름다운 동행, 아름다운동행 제46호.

서울대학교 교육연구소(1995), 교육학용어사전, 하우동설.

신원섭(2013), 숲으로 떠나는 건강 여행, 지성사.

윤성희(2015), 관계를 바꾸는 작은 습관 기적의 손 편지, 스마트북스.

이강옥(2015), 야외에서 읽는 걷기책, 스마티비즈니스.

이효선(2008), 노인상담과 연구, 신정.

전광(2007), 평생감사, 생명의말씀사.

정광조 외(2013), 예술치료, 시그마프레스.

정남주(2010), 명상수련에 따른 뇌지수의 변화가 집중력, 학습태도 및 심리적 안녕감에 미치는 효과, 원광대학교대학원.

조성기(2015), 나를 향해 써라. 좋은책만들기.

존 맥스웰(2015), 격려가 필요한 당신에게, 지혜의 샘.

최복천 외(2014), 발달장애인 자조집단 사례분석 연구, 한국장애인개발원.

최재숙(2011), 친환경 음식 백과, 담소.

최헌진(1999), 사이코드라마 이론과 실제, 학지사

최희봉(2010), 인문학, 인문학 실천, 그리고 인문치료, 인문과학연구 제25집.

한국심리학회(2014), 심리학용어사전, 한국심리학회.

현외성(2011), 자원봉사론 강해, 학지사.

pmg 지식엔진연구소(2012), 시사상식사전, 박문각.

World Health Organization(WHO), ZERO DRAFT GLOBAL MENTAL

HEALTH ACTION PLAN 2013-2020
http://health.mw.go.kr 국가건강정보포털
http://korean.visitkorea.or.kr/kor/greentourism/GreentourismBoard.kto?func_name=main 녹색관광
http://navercast.naver.com/ 네이버캐스트
http://nl.go.kr/tour/index.jsp 인문열차 삶을 달리다
http://science.dongascience.com/ 과학동아
https://www.dietitian.or.kr/index.do 대한영양사협회
http://www.ebs.co.kr/main EBS
http://www.gamsanews.com/ 감사나눔신문
http://www.hidoc.co.kr/healthqna/list 하이닥
http://www.libraryonroad.kr/ 공공도서관 길위의 인문학
http://www.mindbridge.co.kr/board/mind365/HTML/SUB_00.php 인문학과 마인드브릿지
http://www.snuh.org/pub/index.jsp 서울대학교병원
http://www.worldhumanitiesforum.org/index.php 세계인문학포럼